Existenzgründung – Beiträge
zur Gründungsforschung

Stephan Schöning
Jörg Richter
Heike Wetzel
Dirk Nissen
(Hrsg.)

Existenzgründung – Beiträge zur Gründungsforschung

PETER LANG
Frankfurt am Main · Berlin · Bern · Bruxelles · New York · Oxford · Wien

Bibliografische Information Der Deutschen Bibliothek
Die Deutsche Bibliothek verzeichnet diese Publikation in der Deutschen Nationalbibliografie; detaillierte bibliografische Daten sind im Internet über <http://dnb.ddb.de> abrufbar.

ISBN 3-631-55070-7

www.peterlang.de

Vorwort der Herausgeber

Für die deutsche Wirtschaft, die sich im Strukturwandel von der Industrie- zur Dienstleistungs- und Informationsgesellschaft befindet, sind erfolgreiche Unternehmensneugründungen von erheblicher gesamtwirtschaftlicher Bedeutung. Aber auch Gründungen, die im Zusammenhang mit Nachfolgeregelungen bei bestehenden Unternehmen stehen, verdienen angesichts der hohen Anzahl an Unternehmern, die sich auf der Suche nach geeigneten Nachfolgern befinden, eine gesteigerte Aufmerksamkeit. Die wissenschaftliche Beschäftigung mit gründungsrelevanten Aspekten ist gleichwohl eine noch recht junge Disziplin und ein Großteil der wissenschaftlichen Forschung fokussiert weiterhin auf die Belange der Großunternehmen. Die Übertragbarkeit der hierbei gewonnenen Erkenntnisse auf Gründungsunternehmen ist in der Regel angesichts der wesentlich geringeren internen Ressourcen und der ausgeprägten Personenzentriertheit nur eingeschränkt gegeben, so dass es eigenständiger Forschungsansätze bedarf.

Der vorliegende Sammelband greift unter dem Oberthema „Existenzgründung“ ausgewählte wirtschafts- und rechtswissenschaftliche Fragestellungen mit aktuellem Bezug zu Gründern und Grundungsunternehmen auf. Präsentiert werden Forschungsergebnisse von Nachwuchswissenschaftlerinnen und -wissenschaftlern des Fachbereichs Wirtschafts- und Sozialwissenschaften der Universität Lüneburg, dessen Forschungsaktivitäten seit längerem auf KMU ausgerichtet sind und unter anderem in zwei Forschungsschwerpunkten gebündelt wurden: C*R*EPS – Center for Research in Entrepreneurship, Professions, and Small Business Economics – (www.uni-lueneburg.de/creps) und SUCCESS – Erfolg in mittelständischen Unternehmen – (www.uni-lueneburg.de/success). Das Buch folgt den in den Jahren 2003, 2004 und 2005 vorgelegten und ebenfalls im Peter Lang Verlag erschienenen Sammelbänden „Fokus Mittelstand – Einzelaspekte der Mittelstandsforschung“, „Mittelstandsforschung – Beiträge zu Strategien, Finanzen und zur Besteuerung von KMU“ und „Kleine und mittlere Unternehmen in Umbruchsituationen“.

Die Beiträge dieses Buches sind in einem Spannungsbogen angeordnet, beginnend mit Überlegungen zur Gründerperson und -persönlichkeit, marktpolitischen Fragestellungen, aktuellen Aspekten zur Rechtsformwahl bis hin zu finanziellen und steuerlichen Themen mit Bezug zu Gründern und Gründungsunternehmen. Dabei wird explizit keine einheitliche Vorgabe für die Art und Größe der Gründung vorgegeben, da sich die einzelnen Beiträge mit überaus verschiedenen Facetten von Gründungsaktivitäten beschäftigen. Gemeinsam ist den Beiträgen, dass in ihnen eine Verbindung zwischen theoretischen Erkenntnissen und praktischem Bezug hergestellt werden soll.

Die Herausgeber bedanken sich an dieser Stelle bei allen derzeitigen und ehemaligen Mitarbeiterinnen und Mitarbeitern des Fachbereiches Wirtschafts- und Sozialwissenschaften der Universität Lüneburg, die einen Beitrag zu diesem Buch geleistet haben. Unser Dank gilt auch dem Centrum für Existenzgründung in Theorie & Anwendung e.V. (ceta), Lüneburg (www.ceta-ev.de), der Universitätsgesellschaft Lüneburg e.V. (www.uni-lueneburg.de/unigesellschaft) und dem Fachbereich Wirtschafts- und Sozialwissenschaften der Universität Lüneburg (www.uni-lueneburg.de/fb2), die durch ihre finanzielle Unterstützung das Entstehen dieses Buches gefördert haben.

Die Herausgeber — Lüneburg, im Januar 2006

Inhaltsverzeichnis

Autorenverzeichnis

Hans-Jürgen Bartz – Dr. med., MBA, Consultant Anaesthetist, Capio Healthcare, Newcastle upon Tyne, Vereinigtes Königreich.

Susanne Braun – Dr. iur., wiss. Mitarbeiterin, Universität Lüneburg, IfR Institut für Rechtswissenschaften: Bürgerliches Recht, Wirtschaftsrecht und Umweltrecht.

Mareike Deutschmann – Dipl.-Kffr., wiss. Mitarbeiterin, Universität Lüneburg, Institut für Betriebswirtschaftslehre: Gründungsmanagement – Stiftungsprofessur Existenzgründung.

Angelika Eichenlaub – Dipl.-Kffr., wiss. Mitarbeiterin, Universität Lüneburg, Medien- und Öffentlichkeitsarbeit.

Fabian Eggers – Dipl.-Kfm., wiss. Mitarbeiter, Universität Lüneburg, Institut für Betriebswirtschaftslehre: Gründungsmanagement – Stiftungsprofessur Existenzgründung.

Angelika Eichenlaub – Dipl.-Kffr., wiss. Mitarbeiterin, Universität Lüneburg, Medien- und Öffentlichkeitsarbeit.

Dietrich Jacobs – Dipl.-Kfm., Steuerberater, Dr. W. Schlage & Co. oHG, Hamburg, Lehrbeauftragter an der Universität Lüneburg.

Eeva Korjamo – KTM, wiss. Mitarbeiterin, Universität Lüneburg, Institut für Betriebswirtschaftslehre: Marketing und Technologiemanagement.

Tobias Lücke – Dipl. Kfm., wiss. Mitarbeiter, Universität Lüneburg, Institut für Betriebswirtschaftslehre: BSL Bankseminar Lüneburg.

Dirk Nissen – Dr. rer. pol., Leibniz Akademie e. V., Hannover.

Bernd Nolte – Dipl.-Kfm., Doktorand, Universität Lüneburg, Institut für Betriebswirtschaftslehre: BSL Bankseminar Lüneburg.

Oliver Obermann – Dipl.-Kfm., wiss. Mitarbeiter, Universität Lüneburg, Institut für Betriebswirtschaftslehre: Rechnungswesen und betriebswirtschaftliche Steuerlehre.

Jörn Pistorius – Dipl.-Kfm., wiss. Mitarbeiter, Universität Lüneburg, Institut für Betriebswirtschaftslehre: Rechnungswesen und betriebswirtschaftliche Steuerlehre.

Jörg Richter – Ass. iur., Akad. Rat, Universität Lüneburg, IfR Institut für Rechtswissenschaften: Finanz- und Steuerrecht.

Stephan Schöning – Dr. rer. pol., Hochschulassistent, Universität Lüneburg, Institut für Betriebswirtschaftslehre: BSL Bankseminar Lüneburg.

Frank Stummer – Dr. rer. pol., ipoque GmbH, Leipzig.

Silke Tegtmeier – Dipl.-Kffr., wiss. Mitarbeiterin, Universität Lüneburg, Institut für Betriebswirtschaftslehre: Gründungsmanagement – Stiftungsprofessur Existenzgründung.

Heike Wetzel – Dipl.-Kffr., wiss. Mitarbeiterin, Universität Lüneburg, Institut für Volkswirtschaftslehre: Wirtschaftspolitik.

Abkürzungsverzeichnis

a. A.	andere(r) Ansicht
a. F.	alte Fassung
Abb.	Abbildung
ABl.	Amtsblatt
Abs.	Absatz
AfA	Absetzungen für Abnutzung
AG	Aktiengesellschaft, Anspruchsgruppe, Die Aktiengesellschaft (Zeitschrift)
AktG	Aktiengesetz
Alt.	Alternative
Anm.	Anmerkung
AO	Abgabenordnung
Art.	Artikel
ÄrzteGH	Ärztegerichtshof
Ärzte-ZV	Zulassungsverordnung für Vertragsärzte
AT	Österreich (Länderkennung)
Aufl.	Auflage
Az.	Aktenzeichen
BaFin	Bundesanstalt für Finanzdienstleistungsaufsicht
BÄK	Bundesärztekammer
BB	Betriebs-Berater (Zeitschrift)
Bd.	Band
BDI	Bundesverband der Deutschen Industrie e. V.
BE	Belgien (Länderkennung)
Begr.	Begründung
Beschl.	Beschluss
betr.	betreffend, betreffs, betrifft
BFH	Bundesfinanzhof
BFH/NV	Sammlung amtlich nicht veröffentlichter Entscheidungen des BFH (Zeitschrift)
BFuP	Betriebswirtschaftliche Forschung und Praxis (Zeitschrift)
BGB	Bürgerliches Gesetzbuch
BGBl. I	Bundesgesetzblatt Teil I
BGH	Bundesgerichtshof
BGHZ	Amtliche Sammlung der Entscheidungen des Bundesgerichtshofs für Zivilsachen
BMBF	Bundesministerium für Bildung und Forschung
BMF	Bundesministerium der Finanzen
BMWi	Bundesministerium für Wirtschaft und Technologie
BRDrs.	Bundesratsdrucksache

brit.	britisch
bspw.	beispielsweise
BStBl. I/II	Bundessteuerblatt Teil I/Teil II
BTDrs.	Bundestagsdrucksache
Bum	Bank und Markt (Zeitschrift)
BVerfG	Bundesverfassungsgericht
BVerfGE	Amtliche Sammlung von Entscheidungen des Bundesverfassungsgerichts
BzFdG	Bundesverein zur Förderung des Genossenschaftsgedankens e. V.
bzgl.	bezüglich
bzw.	beziehungsweise
c. p.	ceteris paribus
CA	Companies Act
ca.	circa
CAD	Capital Adequacy Directive
CDS	Credit Default Swap
CDU	Christlich Demokratische Union
CMA	Centrale Marketing-Gesellschaft der deutschen Agrarwirtschaft mbH
Co.	Company, Compagnie
CR	Computer und Recht (Zeitschrift)
CSU	Christlich Soziale Union
d. h.	das heißt
DÄBl.	Deutsches Ärzteblatt (Zeitschrift)
DB	Der Betrieb (Zeitschrift)
DBW	Die Betriebswirtschaft (Zeitschrift)
DE	Deutschland (Länderkennung)
DGRV	Deutscher Genossenschafts- und Raiffeisenverband e. V.
DIHK	Deutscher Industrie- und Handelskammertag
Diss.	Dissertation
DK	Dänemark (Länderkennung)
DSGV	Deutscher Sparkassen- und Giroverband e. V.
DStR	Deutsches Steuerrecht (Zeitschrift)
dt.	deutsch
DTI	Department of Trade and Industry (London)
e. V.	eingetragener Verein
ed.	editor
EFG	Entscheidungen der Finanzgerichte (Zeitschrift)
eG	eingetragene Genossenschaft
EG	Europäische Gemeinschaft
EGBGB	Einführungsgesetz zum Bürgerlichen Gesetzbuch

EGMR	Europäischer Gerichtshof für Menschenrechte
EG-V	Vertrag der Europäischen Gemeinschaft
EL	Griechenland (Länderkennung)
ERS	Economic Research Service
ES	Spanien (Länderkennung)
ESTB	Der Ertragsteuerberater (Zeitschrift)
EStG	Einkommensteuergesetz
et al.	et alii (und andere)
etc.	et cetera (und so weiter)
EU	Europäische Union
EuGH	Europäischer Gerichtshof
EuGRZ	Europäische Grundrechte Zeitschrift
EuGVVO	Europäische Verordnung über die gerichtliche Zuständigkeit und die Anerkennung und Vollstreckung von Entscheidungen in zivil- und Handelssachen
evtl.	eventuell
EWG	Europäische Wirtschaftsgemeinschaft
Ex. Gr.	Existenzgründung
EZB	Europäische Zentralbank
F&E	Forschung und Entwicklung
f.	folgend
FB	Finanz-Betrieb (Zeitschrift)
ff.	fortfolgend(e)
FG	Finanzgericht
FGF	Förderkreis Gründungs-Forschung e. V. Entrepreneurship Research
FI	Finnland (Länderkennung)
Fn.	Fußnote(n)
FR	Finanz-Rundschau (Zeitschrift), Frankreich (Länderkennung)
GE	Geldeinheit, Gesetzentwurf
GenG	Genossenschaftsgesetz
GesR	Gesellschaftsrecht (Zeitschrift)
GewStG	Gewerbesteuergesetz
ggf.	gegebenenfalls
ggü.	gegenüber
GH	Gesamthochschule
GM	Gründungsmanagement
GmbH	Gesellschaft mit beschränkter Haftung
GmbHG	Gesetz betreffend die Gesellschaften mit beschränkter Haftung
GmbHR	GmbH-Recht (Zeitschrift)
GMG	Gesetz zur Modernisierung der Gesetzlichen Krankenversicherung

grds.	grundsätzlich
GuV	Gewinn und Verlust(rechnung)
h. M.	herrschende Meinung
H.	Heft
Habil.	Habilitation
HFA	Hauptfachausschuss
HGB	Handelsgesetzbuch
hrsg.	herausgegeben
Hrsg.	Herausgeber
http	Hypertext Transfer Protocol
HWG	Heilmittelwerbegesetz
i. d. R.	in der Regel
i. S. d.	im Sinne des/der
i. S.	im Sinne
i. V. m.	in Verbindung mit
IAS	International Accounting Standards
IASB	International Accounting Standards Board
IDW	Institut der Wirtschaftsprüfer
IE	Irland (Länderkennung)
IfM	Institut für Mittelstandsforschung
IFRIC	International Financial Reporting Interpretations Committee
IFRS	International Financial Reporting Standards
IHK	Industrie- und Handelskammer
IRB	Internal Rating Based
ISI	Fraunhofer-Institut für System- und Innovationsforschung
IT	Informationstechnologie, Italien (Länderkennung)
Jg.	Jahrgang
JStG	Jahressteuergesetz
KfW	Kreditanstalt für Wiederaufbau
KG	Kommanditgesellschaft
KMU	Kleine und mittlere Unternehmen
KStG	Körperschaftsteuergesetz
KuK	Kredit und Kapital (Zeitschrift)
KWG	Kreditwesengesetz
LBGH	Landesberufsgericht
LEH	Lebensmitteleinzelhandel
LG	Landgericht
Ltd.	Limited
LU	Luxemburg (Länderkennung)
m. w. N.	mit weiteren Nachweisen
MA	Mindestanforderung
MaK	Mindestanforderungen an das Kreditgeschäft

MaRisk	Mindestanforderungen an das Risikomanagement
MBI	Management Buy-In
MBO	Management Buy-Out, Musterberufsordnung für Ärzte
MDR	Monatsschrift für Deutsches Recht (Zeitschrift)
MedR	Medizinrecht (Zeitschrift)
MindestKapG	Gesetz zur Neuregelung des Mindestkapitals der GmbH (Entwurf)
Mio.	Million(en)
Mrd.	Milliarde(n)
MVZ	Medizinisches Versorgungszentrum
n. F.	neue Fassung
Nachdr.	Nachdruck
NJW	Neue Juristische Wochenschrift (Zeitschrift)
NJW-RR	NJW-Rechtsprechungsreport Zivilrecht (Zeitschrift)
NL	Niederlande (Länderkennung)
No.	Number
Nr.	Nummer
NRW	Nordrhein-Westfalen
NZG	Neue Zeitschrift für Gesellschaftsrecht (Zeitschrift)
o. a.	oben angeführt(e/r/s)
o. g.	oben genannt(e/r/s)
o. Jg.	ohne Jahrgang
o. S.	ohne Seite
o. V.	ohne Verfasser
o. Vol.	ohne Volume
OFD	Oberfinanzdirektion
oHG	offene Handelsgesellschaft
OLG	Oberlandesgericht
OVG	Oberverwaltungsgericht
pdf	Portable Document File
pkm	Personenkilometer
PT	Portugal (Länderkennung)
RKW	Rationalisierungs- und Innovationszentrum der Deutschen Wirtschaft e. V.
Rn.	Randnummer(n)
RS	Rechtssache
Rz.	Randziffer
S.	Satz, Seite
S.	Satz, Seite
s.	siehe
SCE	Societas Cooperativa Europea
SE	Schweden (Länderkennung)

sect.	section
SGB V	5. Buch des Sozialgesetzbuch
SGB	Sozialgesetzbuch
SMS	Short Message Service
sog.	so genannt(e/es)
SPD	Sozialdemokratische Partei Deutschlands
SRI	Stanford Research Institute
StEntlG	Steuerentlastungsgesetz
StSenkG	Steuersenkungsgesetz
Tab.	Tabelle(n)
TDG	Teledienstgesetz
tkm	Tonnenkilometer
Tz.	Textziffer
u. a.	und andere, unter anderem
u. E.	unseres Erachtens
u. U.	unter Umständen
u.	und
UK	Großbritannien (Länderkennung)
Univ.	Universität
Urt.	Urteil
USA	Vereinigte Staaten von Amerika
usw.	und so weiter
UWG	Gesetz gegen den unlauteren Wettbewerb
v. a.	vor allem
v. H.	vom Hundert
v.	von, vom
vgl.	vergleiche
VO	Verordnung
Vol.	Volume
vs.	versus
w. N.	weitere Nachweise
WiSt	Wirtschaftswissenschaftliches Studium (Zeitschrift)
WPg	Die Wirtschaftsprüfung (Zeitschrift)
WRP	Wettbewerb in Recht und Praxis (Zeitschrift)
z. B.	zum Beispiel
z. T.	zum Teil
ZBB	Zeitschrift für Bankwirtschaft und Bankrecht
ZfbF	Zeitschrift für betriebswirtschaftliche Forschung
ZfG	Zeitschrift für das gesamte Genossenschaftswesen
ZfgK	Zeitschrift für das gesamte Kreditwesen
ZGR	Zeitschrift für Gesellschaftsrecht
ZInsO	Zeitschrift für Insolvenzrecht

ZMP	Zentrale Markt- und Preisberichtstelle für Erzeugnisse der Land-, Forst- und Ernährungswirtschaft GmbH
ZPO	Zivilprozessordnung
Zshg.	Zusammenhang
zugl.	zugleich

Personenzentrierte Einflussfaktoren der Gründungsaktivität

Stand, kritische Würdigung und Perspektiven des Trait Approach

Silke Tegtmeier

Inhaltsverzeichnis

1 Einführung

Die personenzentrierte Forschung zur Erklärung der Gründungsaktivität, die die Entscheidung zur Gründung beziehungsweise das Gründungsverhalten an sich umfasst, wird seit den 60er Jahren des vergangenen Jahrhunderts vom so genannten Trait Approach (Eigenschaftsansatz) dominiert. Dabei werden fixe Persönlichkeitseigenschaften und vor allem so genannte dynamische Eigenschaften (Motivbündel)[1] untersucht. Im Folgenden werden Grundzüge und zentrale Ergebnisse des Trait Approach zur Erklärung der Gründungsaktivität aufgearbeitet, um anschließend aus den Ergebnissen einer kritischen Würdigung Perspektiven für die weitere Erforschung der Gründungsaktivität ableiten zu können.

2 Stand der Forschung zum Trait Approach

2.1 Begriff und Wesen des Trait Approach

Der Trait Approach geht davon aus, dass es einen besonderen Unternehmertyp gibt, dessen stilistische Wesenszüge, Persönlichkeitseigenschaften und unternehmerspezifische Bedürfnisse bzw. Motive ihn von Nichtunternehmern unterscheiden. Der psychologischen Denkrichtung folgend, dass Persönlichkeitseigenschaften das Verhalten einer Person beeinflussen, wird unterstellt, dass bestimmte Eigenschaften das Gründungsverhalten bedingen. In empirisch-

---

1 Nach Cattell lassen sich diese Untersuchungsobjekte den Wesensmodalitäten „stilistischer Wesenszug" und „dynamischer Wesenszug" zuordnen, vgl. Cattell (1973), S. 150.

statistischen Untersuchungen dieses Ansatzes wird unter anderem versucht, die typischen Persönlichkeitsmerkmale und Motive von Unternehmern aufzudecken.[2] Die Untersuchungsobjekte des Trait Approach lassen sich zwar eigenschafts- und motivationstheoretischen Ansätzen zuordnen[3], meist erfolgt jedoch keine Einbettung in eine einschlägige Theorie. So begnügen sich die Untersuchungen mit so genannten Ad-hoc-Theorien oder entbehren gar jeglicher theoretischen Fundierung.[4]

Die empirische Forschung zu unternehmerischen Eigenschaften geht vor allem zurück auf McClelland, der sich vorrangig mit den weiter unten diskutierten Motivbündeln befasste.[5] Der psychologischen Forschung folgend werden in diesem Beitrag jedoch zunächst als Messmodelle der stilistischen Wesenszüge die auf die „16 Primärfaktoren nach Cattell" aufbauenden „Big Five" herausgehoben, die Persönlichkeitsstile auf ihren Einfluss auf die Gründungsaktivität untersuchen.[6] Anschließend wird auf motivationstheoretische Ansätze eingegangen, die den Einfluss von dynamischen Wesenszügen (Motivbündel) auf die Gründungsaktivität behandeln.

2.2 Stilistische Wesenszüge

Der „16 Primärfaktorentest" nach Cattell[7] ist ein Persönlichkeitstest, bei dem die Persönlichkeit mit 192 Fragen erschlossen und 16 daraus generierte Primärdimensionen[8] erklärt werden sollen. Aus den 16 Primärfaktoren ist eine Konzentrierung auf fünf, die übrigen Eigenschaften zusammenfassende Kernmerkmale hervorgegangen.[9] Zu diesen so genannten „Big Five" zählen Gewissenhaftigkeit, Extraversion, emotionale Stabilität, Freundlichkeit, und Offenheit für Erfahrungen.[10] Nachfolgend werden diese Merkmale kurz erklärt,

---

2 Vgl. Wanzenböck (1998), S. 17 und Zumholz (2002), S. 35. Einen guten Überblick geben Gemünden/Konrad (2000), S. 249-252.

3 Vgl. Mugler (1996), S. 24-26.

4 So auch Klandt/Münch (1990), S. 177; Krueger/Carsrud (1993), S. 318 und Picot et al. (1989), S. 2. Preisendörfer hebt die Schwierigkeit hervor, Merkmale des Sozialprofils aus einem „geschlossenen theoretischen Ansatz" herzuleiten, vgl. Preisendörfer (1996), S. 15. Die sorgfältige Überprüfung theoriegeleiteter Modelle wird jedoch vielfach von Kritikern gefordert, vgl. Carsrud et al. (1987); Gartner (1989) und Low/MacMillan (1988).

5 Vgl. McClelland (1961); McClelland (1964) und McClelland (1965); vgl. auch Robinson et al. (1991), S. 14; siehe auch Zumholz (2002), S. 35.

6 Vgl. auch den Überblick bei Gemünden/Konrad (2000), S. 250-252. Zu psychologischen Tests in der Entrepreneurship-Forschung siehe auch Caird (1993).

7 Cattell (1973).

8 Vgl. Kuipers (1990), S. 80.

9 Eine ausführliche Diskussion zur Auswahl der „Big Five" ist bei Digman (1990), S. 417-440 zu finden.

10 Vgl. Barrick/Mount (1991).

wobei zu berücksichtigen ist, dass empirische Erkenntnisse bezüglich ihrer Bedeutung für die Gründungsaktivität bislang nur in bescheidenem Umfang vorliegen. Um dennoch die grundsätzliche Bedeutung der Merkmale für berufliche Tätigkeitsfelder – also möglicherweise auch für Existenzgründungen – zu verdeutlichen, wird jeweils ihre Relevanz für beruflichen Erfolg kurz umrissen. Zu beachten bleibt hierbei jedoch, dass die Erfolgswirksamkeit nicht gleichgesetzt werden kann mit der Entscheidung für ein berufliches Tätigkeitsfeld an sich, also auch nicht mit der Gründungsentscheidung. Um einen Zusammenhang zur Gründungsaktivität herzustellen, werden im Anschluss an die Erläuterung der Faktoren im Zusammenhang mit beruflicher Leistung die Ergebnisse einer Studie wiedergegeben, die allerdings diesbezüglich mit Verzerrungen behaftet ist.

Mit dem Oberbegriff Gewissenhaftigkeit werden Eigenschaften wie Zuverlässigkeit, Gründlichkeit, Sorgfältigkeit und Verantwortlichkeit beschrieben. Weiterhin wird gewissenhaften Personen eine gut organisierte Handlungsweise, vorausschauende Planung und Leistungsorientierung bescheinigt.[11] Gewissenhaftigkeit gilt als valides Indiz für berufliche Leistung, da die geschilderten Eigenschaften in vielen beruflichen Tätigkeitsfeldern von elementarer Bedeutung sind.[12] Extraversion steht für Außenorientierung, Mitteilungsfreude, Aktivität und Geselligkeit.[13] Für Berufe, die durch ein hohes Maß an sozialer Interaktion gekennzeichnet sind (zum Beispiel Verkäufer/in), gilt Extraversion als Indikator für den beruflichen Erfolg.[14] Ein hoher Wert an emotionaler Stabilität kennzeichnet selbstbewusste, joviale, belastbare sowie positiv denkende Personen. Diese werden vor allem abgegrenzt von ängstlichen, depressiven, verärgerten und zornigen Charakteren. Emotionale Stabilität gilt als erfolgswirksame Eigenschaft insbesondere in stressbelasteten Tätigkeitsfeldern.[15] Freundlichen Personen wird kooperatives, nachgiebiges, verzeihendes und vertrauensvolles Verhalten sowie Höflichkeit, Toleranz, Flexibilität und Offenheit bescheinigt. Abgesehen von Berufen, die besonderes soziales Engagement erfordern, gilt Freundlichkeit allerdings nicht als erfolgswirksam. Vielmehr kann sie kontraproduktiv wirken, wenn sie von anderen ausgenutzt wird.[16] Unter Offenheit für Erfahrungen werden Neugierde, Phantasie, Kreativität, Intelligenz und Originalität subsumiert. Weder zur beruflichen

11 Vgl. Kichuk/Wiesner (1997), S. 198 f.

12 Vgl. Gemünden/Konrad (2000), S. 250 f.

13 Vgl. Barrick/Mount (1991), S. 315.

14 Vgl. Gemünden/Konrad (2000), S. 251.

15 Vgl. Gemünden/Konrad (2000), S. 251.

16 Thoms/Moore/Scott konnten in ihrer Untersuchung zu selbstgesteuerten Arbeitsgruppen bei multipler Regression keinen Zusammenhang mit der Selbstwirksamkeit dieser Gruppen feststellen, vgl. Thoms et al. (1996), S. 354 und S. 356 f.; w. N. bei Gemünden/ Konrad (2000), S. 251, Fn. 25.

Leistung noch gezielt zum Erfolg einer Existenzgründung ist ein Zusammenhang nachweisbar.[17]

In einer jungen Studie untersuchen Envick/Langford,[18] inwiefern sich Manager und Entrepreneure, hier definiert als Personen, die ein eigenes Unternehmen besitzen und dieses auch leiten, sich in den Ausprägungen der „Big Five" unterscheiden. Wenngleich hier Unternehmer mit einer Gruppe von Nichtunternehmern verglichen werden, zielen die Autoren dieser Studie eher auf die Identifizierung von Erfolgsfaktoren von Entrepreneuren im Gegensatz zu Erfolgsfaktoren von Managern als auf die Ermittlung von Einflussfaktoren der Gründungsentscheidung ab. Die betrachteten Manager blicken durchschnittlich auf eine berufliche Laufbahn von 17 Jahren zurück, während die untersuchten Entrepreneure im Mittel bereits seit 14 Jahren ihr laufendes Geschäft betreiben. Diese Erfolgsverzerrung ist gewollt, da bereits in den Hypothesen auf die Erfordernisse erfolgreicher Tätigkeit abgestellt wird. Somit wird jedoch nicht der Einfluss auf die Gründungsaktivität untersucht. Abgesehen davon, dass bei beiden Gruppen die erfolglosen Personen ausgegrenzt werden, wird eine mögliche Dynamik hinsichtlich der Faktoren weder untersucht noch diskutiert. Entsprechend bleibt die Frage offen, ob Manager beispielsweise von Geburt an in ihrer Persönlichkeitsstruktur gewissenhafter sind und möglicherweise aus diesem Grund die Beschäftigung im Management gewählt haben, oder ob sich diese Eigenschaft bzw. dieses Handeln mit den Jahren beruflicher Tätigkeit einstellt oder verstärkt, da es Erfolg versprechend ist. Hinsichtlich der Gründungsaktivität liegt damit die Vermutung nahe, dass eine retrospektive Verzerrung vorliegt, da die Untersuchung erst etliche Jahre nach der Gründung stattfindet. Gleichwohl liefert die Studie Erkenntnisse hinsichtlich der Gründungsaktivität. So belegen die Ergebnisse, dass sich erfolgreiche Entrepreneure von erfolgreichen Managern in zwei Merkmalen der „Big Five" signifikant unterscheiden: Manager sind demnach sowohl gewissenhafter als auch freundlicher als Entrepreneure. Bezüglich der übrigen Faktoren spiegeln die Ergebnisse tendenziell die von den Autoren erwarteten Unterschiede und Richtungen wider; sind jedoch nicht signifikant. So liegen die Mittelwerte bei Managern etwas höher bei den Faktoren emotionale Stabilität und Extraversion als die der Entrepreneure, während letztere im Mittel etwas höhere Werte beim Faktor Offenheit für Erfahrungen aufweisen. Abschließend ist festzuhalten, dass kaum Untersuchungen auffindbar sind, die die „Big Five" entweder singulär oder in ihrer Gesamtheit oder gar als ausschließliche Erklärungsmerkmale für die Gründungsaktivität nachweisen konnten.[19]

---

17 Vgl. Barrick/Mount (1991).

18 Vgl. Envick/Langford (2000).

19 So auch Gemünden/Konrad (2000), S. 251.

2.3 Dynamische Wesenszüge

Zu den dynamischen Wesenszügen zählen Motive, Neigungen, Einstellungen und Bedürfnisse. Die dynamischen Wesenszüge sollen motivationale Ursachen eines bestimmten Verhaltens aufdecken.[20] Zurückgehend auf die Untersuchungen von McClelland haben sich insbesondere die folgenden vier Motive herauskristallisiert[21]: Need for Achievement (Leistungsmotiv), Locus of Control (Machbarkeitsdenken), Need for Independence (Unabhängigkeitsstreben) und Risk Taking Behaviour (Risikobereitschaft).

Leistungsmotiv (Need for Achievement):

Das Leistungsmotiv gilt in der Gründungsforschung überwiegend als *die* zentrale personenzentrierte Einflussgröße sowohl bezogen auf die Gründungsaktivität als auch auf den hier nicht näher betrachteten Gründungserfolg. Auch McClelland, der als Pioneer der Konzipierung und Erforschung dieses Konstrukts gilt und auf den sich zahlreiche nachfolgende Studien beziehen[22], sieht in dem Leistungsstreben das bedeutsamste unternehmerische Motiv. Zurückgehend auf seine Untersuchungen wird dieses Konstrukt als Streben nach Effizienz, also als Streben nach maximalem Nutzen bei minimalem Einsatz bezeichnet.[23] McClelland führte unter anderem eine Langzeitstudie bei Studierenden durch und wies einen signifikant positiven Zusammenhang zwischen der Ausprägung des Leistungsmotivs bei der Untersuchungsgruppe und deren späterer Berufswahl nach. Danach ist eine hohe Leistungsmotivation kennzeichnend für die spätere Wahl eines Anstellungsverhältnisses mit unternehmerischen Funktionen oder einer selbständigen Tätigkeit. Nach McClelland lässt sich das Leistungsstreben in derartigen Beschäftigungen am besten verwirklichen.[24] Da die Definition unternehmerischer Tätigkeit bei McClelland sehr breit angelegt ist (sie umfasst beispielsweise auch Verantwortliche großer Firmen), lassen sich die Ergebnisse der Studien von McCelland weniger ausgeprägt für die Existenzgründungsforschung nutzen als spätere Studien, die den Entrepreneur-Begriff enger fassen. So gesehen sind weniger die Ergebnisse seiner Studien als die Spezifizierung des Leistungsmotivkonstrukts für diesen Beitrag von Bedeutung.

Klandt fragte das Leistungsmotiv in seiner Untersuchung zu tatsächlichen Gründern im Vergleich zu potentiellen Gründern, das heißt Personen, die Existenzgründungsseminare besucht haben, anhand dreier unterschiedlicher

20 Vgl. Gemünden/Konrad (2000), S. 252 und Wanzenböck (1998), S. 16.
21 Vgl. McClelland (1961); siehe z. B. auch Brockhaus (1982) und Corsten (2002).
22 Vgl. Brockhaus (1982), S. 40 f. und Shapero/Sokol (1982), S. 74 f.
23 Vgl. McClelland (1961), insbesondere S. 36-46.
24 Vgl. McClelland (1965), S. 389-392.

Messinstrumente ab.[25] Die Anwendung einer dieser Skalen führte zu einem signifikant positiven Zusammenhang des Leistungsmotivs mit der Gründungsaktivität, während sich bei den anderen kein signifikanter Zusammenhang nachweisen ließ.[26]

In den vorliegenden Studien wurde vorwiegend ein positiver Zusammenhang zwischen dem Leistungsmotiv und der Gründungsaktivität[27] erkannt,[28] wobei Klandt zu differenzierten Ergebnissen gelangt. Dagegen konnten Hull/Bosley/Udell in ihrer großzahligen Studie keinen signifikanten Zusammenhang dieser zentralen Einflussgröße mit der Gründungsaktivität nachweisen.[29] Sie stellten ihre Ergebnisse auch in Bezug zu der vielfach zitierten Arbeit Borlands, deren Resultate die Bedeutung des Leistungsmotivs für die Entscheidung zu einer Unternehmensgründung ebenfalls nicht bestätigen.[30] Ähnliches ergab die großzahlige Studie von Sexton/Bowman aus dem Jahr 1983, in der auf Grundlage des „Work Values Inventory" nach Williams Motive gemäß ihrer relativen Bedeutung für den Probanden in eine Reihenfolge zu bringen waren. Das Leistungsmotiv wurde von allen befragten studentischen Gruppen und nicht nur von denjenigen mit Hauptfach Entrepreneurship unter die ersten fünf Motive gewichtet; somit gilt das Leistungsmotiv als dominantes Motiv bei allen Gruppen.[31] Auch Begley/Boyd heben hervor, dass sich die Untersuchungsgruppe ihrer Studie zwar signifikant von der Kontrollgruppe unterscheidet, die absoluten Differenzen aber nicht hoch sind.[32]

Wenngleich damit nicht alle Studien zu dem Ergebnis kommen, dass sich Gründer gegenüber anderen Gruppen durch das Leistungsmotiv in besonderem

---

25 Klandt übersetzte den Lynn Achievement Motivation Questionnaire ins Deutsche und entwickelte zudem zwei weitere eng an das Konzept McClellands angelehnte Skalen, die er als Leistungsmotiv-Faktor A und Leistungsmotiv-Faktor B bezeichnet, vgl. Klandt (1984), S. 144 f.

26 Vgl. Klandt (1984), S. 148; signifikant positiver Zusammenhang bei Leistungsmotiv-Faktor A.

27 Vereinfachend soll in zusammenfassenden Bewertungen der Studien von der Gründungsaktivität die Rede sein. Es ist jedoch zu berücksichtigen, dass die Gründungsaktivität in den Untersuchungen nicht einheitlich definiert wird. Bspw. wird in einigen Studien die unternehmerische Aktivität im Sinne eines unterschiedlich definierten Entrepreneurship untersucht.

28 Vgl. Ahmed (1985); Begley/Boyd (1987); Cromie/O'Donaghue (1992); Durand/Shea (1974); Hornaday/Aboud (1971) und Perry et al. (1986).

29 Vgl. Hull et al. (1980).

30 Vgl. Borland (1974); zitiert nach Hull et al. (1980), S. 18 und Shapero (1975), S. 84.

31 So stellen Sexton/Bowman abschließend fest, dass ihre Studie Fragen hinsichtlich des Leistungsstrebens als unternehmerisches Motiv aufwerfe, da sich die Ergebnisse nicht mit denen der dort zitierten Untersuchungen decken, vgl. Sexton/Bowman (1983), S. 225.

32 Vgl. Begley/Boyd (1987), S. 90.

Maße auszeichnen,[33] wird dieses Konstrukt in der Literatur überwiegend als zentrales unternehmerisches Motiv angesehen.[34] Allerdings gibt es auch kritische Stimmen zum Zusammenhang zwischen dem Leistungsmotiv und der Gründungsaktivität. So gelten beispielsweise auch Manager, die mithin eine spezifischere und sinnvollere Kontrollgruppe darstellen, als signifikant stärker leistungsmotiviert als der Bevölkerungsdurchschnitt.[35] Ferner können Shapero/ Sokol die Bedeutung des Leistungsmotivs für das Unternehmertum nicht bestätigen. Nach ihren Untersuchungen gibt es zu viele Unternehmer, auf die dieses Motiv nicht zutrifft. Abschließend bleibt zu beachten, dass durch die Umschreibung des Entrepreneur-Begriffs bei McClelland einige Datensätze einfach aus der Definition und damit aus der Untersuchungsgruppe herausfallen.[36]

Für die Gründungsförderung ist es nicht unbedeutend, inwiefern das Leistungsmotiv als erlernbar gelten kann.[37] Über die statische Sichtweise der behandelten Studien hinausgehend haben McClelland/Winter bereits im Jahr 1969 eine Studie bei indischen Geschäftsleuten durchgeführt, die positive Auswirkungen eines Programms zur Steigerung des Leistungsstrebens im Hinblick auf die von McClelland gewählte Definition unternehmerischer Tätigkeit zeigt.[38] Im Zusammenhang damit wird entsprechend auch kritisch gesehen, ob es tatsächlich eine Korrelation zwischen der Gründungsentscheidung und einem „natürlichen", angeborenen Leistungsstreben gibt. Da einige Studien nur erfolgreiche Gründer einbeziehen, lässt sich ebenso vermuten, dass erst der unternehmerische Erfolg das Leistungsstreben stärkt.[39] Abschließend lässt sich konstatieren, dass das Leistungsmotiv als das am häufigsten untersuchte und – die Probleme der Vergleichbarkeit der vorliegenden Studien einräumend[40] – immerhin am seltensten zu verwerfende Gebilde innerhalb der Gründungsforschung angesehen werden kann.[41]

---

33 So auch die Studien von Cromie/Johns (1983) und Mescon/Montanari (1981).

34 Vgl. Klandt (1990a), S. 88; vgl. auch Cromie/O'Donaghue (1992), S. 69 und Hornaday/ About (1971), S. 142. Hingegen hebt Shapero die Bedeutung des Machbarkeitsdenkens hervor, vgl. Shapero (1975), S. 84 f.; siehe dazu weiter unten. Beide Motive werden gleichermaßen betont bei Perry et al. (1986), S. 55 und S. 62.

35 Vgl. Brockhaus (1982), S. 55; Cromie/O'Donaghue (1992), S. 69; Huuskonen (1993), S. 46; Klandt (1990a), S. 91; Klandt (1984), S. 147 und Sexton/Bowman (1985), S. 131. In der Studie von Hines galten Manager mittlerer Ebenen allerdings als weniger leistungsmotiviert als Ingenieure und Buchhalter, vgl. Hines (1973).

36 Vgl. Shapero/Sokol (1982), S. 74 f.

37 Eine Erlernbarkeit des Leistungsmotivs wird z. B. unterstellt bei McClelland (1965).

38 Vgl. McClelland/Winter (1969).

39 Vgl. Brockhaus (1982), S. 42 f.

40 Siehe dazu genauer weiter unten zur kritischen Würdigung der Ansätze.

41 Vgl. Klandt (1984), S. 355.

Machbarkeitsdenken (Locus of Control):

Eine weitere gewichtige Rolle in der personenbezogenen Gründungsforschung kommt der auf Rotter zurückgehenden Verhaltenskontrolle, dem so genannten Machbarkeitsdenken, zu. Das Machbarkeitsdenken beschreibt das Ausmaß der Überzeugung einer Person, auf für sie bedeutsame Gegebenheiten Einfluss nehmen zu können. In der angelsächsischen Literatur werden die Gegenpole Internal und External Locus of Control, das heißt interne und externe Verhaltenskontrolle, unterschieden, wobei erstere ein hohes, letztere ein geringes Machbarkeitsdenken ausdrückt.[42] Eine Person mit hoher interner Kontrollüberzeugung geht davon aus, die „Geschicke selbst in die Hand nehmen", also die Umwelt erheblich durch die eigene Person sowie das eigene Handeln beeinflussen zu können und damit in hohem Maße Einfluss auf für sie relevante Ergebnisse zu haben. Dies bedeutet auch, dass sich eine solche Person die Verantwortung für das eigene Handeln selbst zuschreibt. Menschen mit externer Kontrollüberzeugung gehen hingegen davon aus, dass Ereignisse vor allem durch Einflüsse außerhalb der eigenen Kontrolle, das heißt durch Zufall, Schicksal oder das Einwirken Dritter, zustande kommen und aufgrund der Komplexität der die Person umgebenden Kräfte nicht vorhersehbar sind.[43] Personen mit hoher interner Verhaltenskontrolle gehen tendenziell bewusster mit solchen Umweltaspekten um, die nützliche Informationen für ihr zukünftiges Verhalten versprechen. Sie unternehmen Schritte, um ihre Umfeldbedingungen zu verbessern und legen größeren Wert auf die Steigerung ihrer Leistungen und Fertigkeiten. Zudem beschäftigen sie sich stärker mit ihren Fähigkeiten und insbesondere ihren Misserfolgen. Schließlich sind sie vergleichsweise resistent gegenüber subtilen Versuchen anderer, ihr Verhalten zu beeinflussen. Sie tendieren weniger dazu, ihr Leben von anderen dominieren zu lassen und sind eher proaktiv als reaktiv im Umgang mit ihrem Umfeld.[44]

Das Machbarkeitsdenken steht aufgrund von Überschneidungen in engem Bezug mit dem oben beschriebenen Leistungsmotiv, welches als deutlich besser erforscht gilt.[45] Es liegt nahe, dass Personen mit hoher interner Verhaltenskontrolle auch ein hohes Leistungsstreben zeigen und dass sie deutlich größere Anstrengungen unternehmen, wenn sie davon ausgehen, dass die Handlungen in direkter persönlicher Leistung münden. Zum Zusammenhang zwischen interner Verhaltenskontrolle und dem Leistungsmotiv wurden allerdings widersprüch-

42 Vgl. Rotter (1966).

43 Vgl. Rotter (1966), S. 1 und S. 25; so auch Ahmed (1985), S. 781; Durand/Shea (1974), S. 58 und S. 62; Klandt (1984), S. 188 sowie Shapero (1975), S. 84.

44 Vgl. Cromie/Johns (1983), S. 321 und Rotter (1966), S. 25.

45 Vgl. Klandt (1990a), S. 96; Klandt (1984), S. 189 f. und Robbins (1983), S. 82 f. Das Machbarkeitsdenken gilt neben dem Leistungsmotiv als Schlüsseleigenschaft von Gründern, vgl. Cromie (2000), S. 17-19.

liche Ergebnisse gefunden.[46] Welchem der beiden Ansätze letztlich eine größere Relevanz für die Gründungsentscheidung zukommt, ist umstritten.[47]

Einige Arbeiten zum Machbarkeitsdenken belegen, dass sich die Untersuchungsgruppen der Gründer bzw. Entrepreneure signifikant von der jeweiligen Kontrollgruppe unterscheiden.[48] In anderen Studien konnte dieser Unterschied allerdings nicht bestätigt werden.[49] Auch Sexton/Bowman fanden in ihrer Untersuchung lediglich signifikante Unterschiede zwischen den Studierenden mit Hauptfach Entrepreneurship und Studenten, die nicht das Fach Wirtschaft studieren. Zu den Wirtschaftsstudierenden, die auch als potentielle Manager gelten können, wurden indes keine signifikanten Abweichungen ermittelt.[50] Dagegen setzen sich die Untersuchungsgruppen bei Durand/Shea und Cromie/O'Donaghue deutlich von der jeweils gewählten Gruppe der Manager ab.

Abschließend ist an dieser Stelle festzuhalten, dass die Studien nicht zu einheitlichen Ergebnissen gelangen und daher eine abschließende Aussage zur Bedeutung der internen Verhaltenskontrolle als typische Eigenschaft von Gründern nicht möglich ist. Insbesondere eine Abgrenzung von Managern wurde nicht durchgehend nachgewiesen. Ähnlich wie bei dem weiter oben charakterisierten Leistungsmotiv wird vereinzelt vermutet, dass die interne Verhaltenskontrolle erlernbar ist. Hinsichtlich einer Existenzgründung kann dies beispielsweise durch Exkursionen zu Unternehmern oder das Erstellen von Geschäftsplänen in studentischen Seminaren erfolgen.[51]

Unabhängigkeitsstreben (Need for Independence[52]):

Neben dem Leistungsmotiv und dem Machbarkeitsdenken wird das Unabhängigkeitsstreben als bedeutsames unternehmerisches Motiv hervorgehoben. Insbesondere Collins et al. sehen in diesem das zentrale Motiv für eine unternehmerische Tätigkeit.[53] Das Unabhängigkeitsstreben resultiert aus einer

46 Vgl. Brockhaus (1982), S. 43 und Rotter (1966), S. 21. Einen Überblick über Untersuchungen zum Zusammenhang zwischen dem Leistungsmotiv und der Verhaltenskontrolle geben Perry et al. (1986), S. 61 f.

47 Klandt beispielsweise hält das Leistungsmotiv-Konstrukt für den umfassenderen Ansatz, vgl. Klandt (1984), S. 189. Im Vergleich zum Leistungsmotiv sieht Shapero allerdings auf der Basis vorliegender Studien im Machbarkeitsdenken einen besseren Indikator für unternehmerische Aktivitäten, vgl. Shapero (1975), S. 84 f.; so auch Low/MacMillan (1988), S. 147. Siehe auch weiter oben zum Leistungsmotiv.

48 Vgl. Ahmed (1985); Cromie/Johns (1983); Cromie/O'Donaghue (1992) und Durand/Shea (1974).

49 Vgl. Begley/Boyd (1987); Hull et al. (1980) und Mescon/Montanari (1981).

50 Vgl. Sexton/Bowman (1985).

51 Vgl. Shapero (1975), S. 133.

52 In manchen Testinstrumenten auch als „Need for Autonomy" bezeichnet.

53 Vgl. Collins et al. (1964).

ablehnenden Haltung gegenüber Autoritäten und hierarchischen Unterordnungen. Es lässt sich auch als Wunsch nach Selbstbestimmung, -verwirklichung, Autarkie und Eigenständigkeit umschreiben.[54] Es ist vielfach nachgewiesen worden, dass Gründer ein hohes Unabhängigkeitsstreben haben,[55] wenngleich die Unterschiede zu anderen Personen nicht durchgängig signifikant sind.[56] Ähnlich wie zwischen dem Leistungsstreben und der internen Verhaltenskontrolle wird zwischen letzterer und dem Unabhängigkeitsstreben ein Zusammenhang vermutet. Danach führen Menschen mit hohem Machbarkeitsdenken ihr persönliches Schicksal auf sich selbst zurück und tendieren daher dazu, unabhängiger zu sein.[57]

Risikobereitschaft (Risk Taking Behaviour):

Das Merkmal Risikobereitschaft gibt Auskunft über die Neigung einer Person, Risiken einzugehen.[58] Da Existenzgründungen in der Regel in hohem Maße mit Risiken behaftet sind, liegt die Vermutung nahe, dass diejenigen, die sich zu einem solchen Verhalten entschließen, eine höhere Risikoneigung haben als andere gesellschaftliche Gruppen. Die Tatsache, dass eine Gründung mit besonderen Risiken behaftet ist, lässt sich mit der geringen Strukturiertheit und Unsicherheit des unternehmerischen Umfelds sowie der ultimativen Entscheidungsverantwortung des Gründers erklären.[59] Nach Liles riskiert der Gründer neben dem finanziellen auch sein psychologisches Wohlergehen, Karrierechancen in alternativen Beschäftigungen und, bedingt durch hohen persönlichen Einsatz für das Gründungsunternehmen, auch seine familiären Beziehungen.[60] Im Fall eines Misserfolgs können die persönlichen finanziellen Verpflichtungen, die der Gründer im Zusammenhang mit der Unternehmung eingegangen ist, zu größeren Verlusten des Gründers als Individuum führen und damit seinen zukünftigen Lebensstandard gefährden. Darüber hinaus ist zu berücksichtigen, dass sich der Gründer in der Regel dem Unternehmen in hohem Maße widmet und sich als Person damit identifiziert. Somit kann der unternehmerische

54 Vgl. Gemünden/Konrad (2000), S. 254.

55 Vgl. z. B. Kuipers (1990), S. 174-181 und Plaschka (1986), S. 113.

56 Vgl. Mescon/Montanari (1981).

57 Vgl. Cromie/Johns (1983), S. 318.

58 Ähnlich begreifen Sexton/Bowman Risikoneigung als die Orientierung einer Person, in einer Entscheidungssituation Risiken einzugehen. Aufgrund der Tatsache, dass dieser Faktor mehrere Dimensionen aufweist, sehen sie Messprobleme dieser Größe. Es gibt Umfeldfaktoren, die die Wahrnehmung einer risikobehafteten Situation verändern können. Bspw. beeinflusst das Maß an Unsicherheit, das jemand in einer Entscheidungssituation wahrnimmt, den Risikograd, den die Person eingeht, vgl. Sexton/Bowman (1983), S. 216 f.

59 Vgl. Gasse (1982), S. 60 f.

60 Vgl. Liles (1974); siehe dazu ausführlich Klandt (1984), S. 167-169.

Misserfolg mit einem persönlichen Scheitern verbunden sein, das entsprechende emotionale Konsequenzen nach sich zieht.[61] Ferner lässt sich ein Gesundheitsrisiko anführen, da an den Gründer besondere physische Anforderungen in Form stressbedingter Situationen gestellt werden.[62] Klandt stellt allerdings infrage, dass das Sicherheitsstreben und die Risikobereitschaft eines Gründers entgegengesetzte Pole eines eindimensionalen Merkmals sind. Der Gründer ist per se risikobehafteten Entscheidungssituationen ausgesetzt. Grundsätzlich kann er jedoch davon ausgehen, dass die Selbständigkeit mit einem größeren Maß an Sicherheit verbunden ist als beispielsweise ein unsicherer Arbeitsplatz.[63] McClelland brachte die Risikoeinstellung mit seinem Konzept der Leistungsmotivation in Zusammenhang. Da leistungsorientierte Gründer mäßig schwierige, aber erreichbare Ziele anstreben, liegt die Vermutung nahe, dass sie kalkulierbare Risiken bevorzugen, also eine mittlere Risikobereitschaft aufweisen.[64]

In zahlreichen weiteren Studien wird die Risikoneigung von Gründern behandelt, wobei zu berücksichtigen bleibt, dass insbesondere die Untersuchungsgruppen unterschiedlich definiert werden. Vor allem die Studie von Brockhaus hat viel Beachtung gefunden.[65] Er stellte fest, dass sich die Risikoneigung von Gründern nicht signifikant von der der Manager unterscheidet. Auch zu der bei Kogan/Wallach unterstellten Normpopulation konnten keine signifikanten Abweichungen festgestellt werden.[66] Er kommt daher zunächst zu dem Schluss, dass sowohl Entrepreneure als auch Manager eine durchschnittliche Risikoneigung aufweisen.[67] Dagegen wird in anderen Studien ein signifikanter Unterschied zwischen Untersuchungs- und Kontrollgruppe gefunden.[68] Die Untersuchung von Sexton/Bowman aus dem Jahr 1983 kommt zudem je nach Testinstrument zu differenzierten Ergebnissen. So hebt sich die Risikoneigung der Studierenden mit Hauptfach Entrepreneurship je nach Skala von anderen studentischen Gruppen ab oder auch nicht.[69] Diese ex ante Befragung mit einer Untersuchungsgruppe potentieller Gründer lässt folglich darauf schließen, dass zumindest eines der gewählten Testinstrumente nicht valide ist oder aber hinsichtlich der Testinstrumente keine einheitliche

61 Vgl. Brockhaus (1980), S. 510 f.

62 Vgl. Klandt (1984), S. 169.

63 Vgl. Klandt (1984), S. 169 f.

64 Vgl. McClelland (1961), S. 211-225.

65 Siehe z. B. Cromie (2000), S. 19; Sexton/Bowman (1983) oder Klandt (1984).

66 Vgl. Brockhaus (1980).

67 Vgl. Brockhaus (1982), S. 47.

68 Vgl. Ahmed (1985); Begley/Boyd (1987); Cromie/O'Donaghue (1992); Hull et al. (1980); Sexton/Bowman (1985) und Sexton/Bowman (1986).

69 Vgl. Sexton/Bowman (1983). Auch Sexton/Bowman heben in einem Review hervor, dass in der Folgestudie mit einem anderen Testinstrument gearbeitet wurde, vgl. Sexton/ Bowman (1985), S. 132-134.

Definition der Risikoneigung vorliegt. Auch in ihren späteren Studien, durchgeführt jeweils mittels derselben Skala, ermitteln Sexton/Bowman sowohl bei ex ante als auch bei ex post Befragungen signifikante Unterschiede zwischen Untersuchungs- und Kontrollgruppe.[70] Begley/Boyd stellen ebenfalls Unterschiede zwischen ihrer Gründer- und der Kontrollgruppe fest. Letztere bestand hier aus Geschäftsführern von solchen kleineren und mittleren Unternehmen, die von anderen gegründet worden waren. Die Unterschiede, gemessen mit selbiger Skala wie in den späteren Studien Sexton/Bowmans, sind sogar hoch signifikant.[71] Auch so genannte Ad hoc-Skalen bringen zum Teil signifikante Unterschiede zwischen der jeweiligen Untersuchungs- und der Kontrollgruppe hervor,[72] zum Teil aber auch nicht[73]. Auf anderen Skalen aufbauende Studien kommen wiederum zu signifikanten Unterschieden hinsichtlich der Risikoneigung.[74]

Intuitive Ansätze[75] wie das von Schumpeter geprägte Bild des „Pionierunternehmers" haben den Mythos des besonders risikogeneigten Gründers hervorgebracht. Später angesiedelte empirische Studien, insbesondere die vielfach zitierte Untersuchung von Brockhaus aus dem Jahr 1980, widerlegen jedoch zumindest zum Teil, dass Gründer besonders risikogeneigt sind und sich damit von anderen gesellschaftlichen Gruppen absetzen.[76] Bis heute wird davon ausgegangen, dass der „Mythos" des risikofreudigen Gründers nicht aufrecht erhalten werden kann,[77] obwohl einige der oben dargestellten Studien durchaus Unterschiede zu anderen Gruppen bestätigen.

Abschließend ist festzuhalten, dass die vorliegenden Untersuchungen in ihren Ergebnissen uneinheitlich sind und somit keine eindeutige Aussage hinsichtlich einer besonderen Risikobereitschaft von Gründern getroffen werden kann. Diese Schlussfolgerung ist unter anderem damit zu begründen, dass sich die

70 Vgl. Sexton/Bowman (1985) und Sexton/Bowman (1986).

71 Vgl. Begley/Boyd (1987). Begley/Boyd setzen Entrepreneurship mit Unternehmensgründung gleich.

72 Vgl. Hull et al. (1980).

73 Vgl. Klandt (1984).

74 Vgl. Ahmed (1985) und Cromie/O'Donaghue (1992).

75 Als Vorgänger des Trait Approach gilt der sog. Intuitive Approach. In früheren Arbeiten wurden danach Unternehmerbilder konzipiert, die keiner empirischen Überprüfung unterzogen wurden, so z. B. bei Say (1841), Schumpeter (1926) oder Sombart (1909).

76 Brockhaus selbst befasste sich 1987 in einem Review mit den widersprüchlichen Resultaten verschiedener Studien. Bisherige Überzeugungen beruhen danach vor allem auf „Folklore" oder Gerüchten und sind nicht eindeutig durch Studien fundiert. Der Autor stellt daher fest, dass deutlich mehr Forschung notwendig sei, bevor eine zuverlässige Aussage zum Risikoverhalten von Entrepreneuren getroffen werden kann, vgl. Brockhaus (1987).

77 Vgl. Bowen/Hisrich (1986), S. 398; Gasse (1982), S. 60 f.; Huuskonen (1993), S. 46 und Low/MacMillan (1988), S. 147.

vorliegenden Studien hinsichtlich zahlreicher Faktoren unterscheiden und daher ein Vergleich der Ergebnisse auch hinsichtlich dieses Merkmals kaum sinnvoll erscheint.[78]

3 Kritische Würdigung des Trait Approach

Bei den vorgestellten Studien zum Trait Approach handelt es sich fast ausschließlich um Arbeiten, die in den 80er Jahren oder früher entstanden sind. Die Tatsache, dass es kaum jüngere und damit aktuellere Untersuchungen dieser Art gibt, ist offensichtlich darauf zurückzuführen, dass dieser Ansatz bisher kaum überzeugende, konsistente Ergebnisse hervorgebracht hat. Die eigenschaftsorientierten Ansätze sind inzwischen vielfach kritisiert und häufig auch verworfen worden.[79] Die kritischen Anmerkungen sollen hier aufgegriffen und an einigen Stellen vertieft werden.

Auswahl der Untersuchungs- und Kontrollgruppe:

Es ist zu konstatieren, dass die Autoren der Studien zu den stilistischen und dynamischen Wesenszügen sehr unterschiedliche Untersuchungs- und Kontrollgruppen gewählt haben. Bei einer Vielzahl der Arbeiten kann nicht von einer Unterscheidung zwischen Existenzgründern und anderen Bevölkerungs- oder Berufsgruppen gesprochen werden. Beispielsweise werden die Entrepreneure als Untersuchungsgruppe häufig deutlich von der Gruppe der Existenzgründer abgegrenzt. Unter die Gruppe der Entrepreneure fallen je nach Definition nicht zwingend alle Gründer. So gelten die Gründer kleiner und mittlerer Unternehmen häufig gerade nicht als Entrepreneure, sondern werden vielmehr als Kontrollgruppe herangezogen. Andererseits schließen die meisten Definitionen zum Entrepreneur auch Managergruppen mit ein, so dass die Ergebnisse vieler Studien auch nicht auf eine Unterscheidung zwischen Existenzgründern und Managern schließen lassen.[80] Jedoch würde gerade die Abgrenzung von dieser Berufsgruppe eine mögliche Einzigartigkeit von Existenzgründern erkennbar machen. Um die Gründungsaktivität zu erklären und herauszustellen, wie sich Gründer von anderen Gruppen unterscheiden, ist es außerdem nicht zweckmäßig, als Untersuchungsgruppe nur erfolgreiche Gründer zu wählen.[81] Studien, die etablierte, also zumindest mäßig erfolgreiche Gründer heranziehen, vernachlässigen solche, die hoch riskante Unternehmungen eingegangen und gescheitert sind, ebenso wie diejenigen, die Unternehmen mit geringem Risiko initiiert haben und mit diesen scheiterten.[82] Bereits aufgrund der Tatsache, dass den

78 Vgl. nachfolgend die kritische Würdigung.
79 Vgl. Shaver/Scott (1991), S. 39.
80 Vgl. Sexton/Bowman (1985), S. 135 f.
81 Vgl. Sexton/Bowman (1983), S. 218.
82 Vgl. Brockhaus (1980), S. 512.

zahlreichen empirischen Untersuchungen keine einheitlichen Definitionen zugrunde liegen, verbieten sich ein direkter Vergleich und die Verallgemeinerung der Ergebnisse.[83] Die nachfolgenden Kritikpunkte werden dieses Urteil noch bekräftigen.

Gründer als homogene Gruppe:

Konzeptionell ist davon auszugehen, dass die Annahme, Gründer seien eine mehr oder weniger homogene Gruppe, die sich in ihrer Gesamtheit von anderen Bevölkerungs- bzw. Berufsgruppen, insbesondere den Managern absetzt, nicht haltbar ist.[84] Werden die Gründer hingegen als heterogene Gruppe betrachtet, heben sich möglicherweise Teilgruppen deutlicher von Nichtgründern ab.[85] Die Heterogenität der Gründer wird in zahlreichen Studien bereits in konzeptioneller Hinsicht vernachlässigt, was die Entwicklung stichhaltiger Theorien verhindert.[86] Jüngere Arbeiten differenzieren Gründer beispielsweise nach ihrer unternehmerischen Zielsetzung und stellen damit eine Verbindung von Eigenschaften und situativen Faktoren her.[87]

Auswahl und Größe der Stichprobe:

Leider basieren die meisten Studien auf relativ kleinen Stichproben. Nicht selten liegt ein Sample mit weniger als 100 Probanden vor.[88] Ferner sind die Stichproben häufig regional begrenzt.[89] Darüber hinaus ist davon auszugehen, dass die Ausprägung von Wesenszügen vom jeweiligen kulturellen und gesellschaftlichen Kontext abhängt.[90] Insofern ist zu berücksichtigen, dass etliche häufig zitierte Studien bereits Jahrzehnte zurückliegen und damit nicht unbedingt auf

---

83 Vgl. Cromie (2000), S. 22 und S. 24 sowie Stewart et al. (2003), S. 30. Ähnlich kritisch auch bereits Brockhaus (1980), S. 510 in Bezug auf das Merkmal Risikobereitschaft. Möglicherweise haben die Untersuchungen von Brockhaus nicht zuletzt deshalb so viel Beachtung gefunden, weil er klar zwischen Menschen, die sich kurz, d. h. innerhalb von drei Monaten vor der Befragung selbständig gemacht haben, und Managern unterscheidet. Brockhaus konstatiert denn auch, dass es eine wohl definierte unternehmerische Bevölkerung nicht gibt und aus diesem Grund Forschungsergebnisse kaum zu vergleichen sind, vgl. Brockhaus (1987), S. 2.

84 Die Wahrscheinlichkeit ist hoch, dass sich diese als homogen angenommene Gründergruppe von der Gruppe der Manager statistisch nur minimal unterscheidet, da letztere ein ähnliches Aufgabenspektrum erfüllen.

85 Vgl. Cromie (2000) sowie Stewart et al. (2003), S. 28 und S. 41.

86 Vgl. Stewart et al. (1999), S. 191 und S. 193.

87 Vgl. Stewart et al. (2003), S. 28.

88 Vgl. z. B. Brockhaus (1980); Durand/Shea (1974) und Mescon/Montanari (1981).

89 Vgl. Sexton/Bowman (1983), S. 218.

90 Auch McClelland unterstellt, dass sich das Leistungsstreben in einem Sozialisierungsprozess herausbildet und es daher Gesellschaften gibt, die mehr Entrepreneure hervorbringen als andere, vgl. McClelland (1961), S. 63-106.

heutige Gründer übertragen werden können. Überdies ist bei Berücksichtigung der Einflüsse des Makroumfeldes zu vermuten, dass Ergebnisse beispielsweise hinsichtlich der Gründer in Amerika nicht auch für Gründer in Deutschland gelten.[91]

Auswahl der Testinstrumente und Messprobleme:

In den Studien zum Trait Approach werden typischerweise bipolare Skalen eingesetzt, um die stilistischen und dynamischen Wesenszüge zu ermitteln. Dabei handelt es sich um Eigenschaftsskalen, die von einem Verhaltensextrem durch einen neutralen Punkt zu einem anderen konträren Verhaltensextrem reichen.[92] In den Studien zu den Motivbündeln werden durchaus unterschiedliche Testinstrumente bzw. Skalen zur Überprüfung eines Merkmals eingesetzt. Widersprüchliche Ergebnisse können unter anderem auf die Auswahl des Testinstruments zurückzuführen sein.[93] Bisher wurde keine Einigkeit darüber erzielt, welche Instrumente sich jeweils am besten eignen.[94] Auch herrscht Dissens darüber, ob der Einsatz solcher Fragebögen grundsätzlich zweckmäßig ist. Insbesondere das Leistungsmotiv gilt als sehr komplexes Konstrukt, dessen Überprüfbarkeit umstritten ist. Neben den klassischen „paper-and-pencil“ Tests kann dieses Motiv anhand projektiver Methoden oder mittels eines Interviews getestet werden.[95] Darüber hinaus deckt das Verfahren der linearen Regression möglicherweise nicht alle Effekte auf, vor allem, da im Einzelfall bereits auch nicht-lineare Zusammenhänge nachgewiesen wurden.[96]

Bedeutung der Motive:

Immer wieder wird unterstellt, dass jemand „zum Unternehmer geboren sein muss“, dass es also bestimmte Eigenschaften oder Attribute gibt, die diese Gruppe einzigartig machen. Insbesondere Studien, in denen Unternehmer Managern gegenübergestellt werden, zeigen allerdings, dass es keine besonderen Unterschiede zwischen diesen beiden Gruppen gibt. Sowohl Unternehmer als auch Manager sind, wenngleich unterschiedlich, in den Planungs-, Kontroll-, Organisations- und Verwaltungsprozess von Unternehmen involviert. Daher liegt es nahe, dass beide Gruppen ähnliche Tätigkeiten ausführen, gleiche Wertvorstellungen teilen und bestimmte gemeinsame Qualifikationen benöti-

91 Siehe dazu auch weiter unten zum Situationsbezug.

92 Vgl. Sexton/Bowman (1983), S. 220.

93 Vgl. Brockhaus (1987), S. 1; Sexton/Bowman (1983), S. 225 und Stewart et al. (2003), S. 41.

94 Vgl. Cromie (2000), S. 22 und S. 24 sowie Cromie/O’Donaghue (1992), S. 67.

95 Vgl. Begley/Boyd (1987), S. 90 und Reynolds (1992), S. 61.

96 Vgl. Begley/Boyd (1987), S. 90.

gen.[97] Besondere Beachtung in der internationalen Forschung haben die Motivbündel erfahren. Häufig werden dabei das Leistungsmotiv und die interne Verhaltenskontrolle als zentrale unternehmerische Eigenschaften hervorgehoben. Wenngleich die Wichtigkeit dieser Motive für Erfolg versprechendes unternehmerisches Verhalten nahezu unumstritten ist, muss doch bezweifelt werden, ob diese Eigenschaften einzig für den Gründer gelten. Leistungsbereitschaft und interne Verhaltenskontrolle sind notwendige Eigenschaften für jeden, der auf irgendeinem Gebiet erfolgreich sein will, ob im Management, im Profi-Sport oder in der Wissenschaft. Eine Einzigartigkeit des Gründers als besondere Spezies begründet sich damit nicht. So gesehen können diese Konstrukte – eine Erfolgsabsicht unterstellt – zwar als notwendige, aber nicht als hinreichende Bedingungen für die Gründungsentscheidung gesehen werden.[98]

Statische versus dynamische Ansätze:

Die statischen Ansätze zur Erklärung des Gründerverhaltens werden zunehmend in Zweifel gezogen. Ihnen ist entgegenzuhalten, dass sie unterstellen, typische Gründereigenschaften seien angeboren und unveränderlich. So stellt sich bei vielen Studien die Frage, ob der Gründer diese Charakteristika tatsächlich zum Zeitpunkt der Gründung besaß, und wenn ja, ob diese sich im Zeitablauf verändert haben.[99] So zeigt beispielsweise die Studie von Cromie/Johns, die zwischen etablierten und angehenden Entrepreneuren differenziert, dass letztere eine signifikant höhere Verhaltenskontrolle haben als erstere. Daraus kann geschlossen werden, dass angehende Entrepreneure Motive besitzen, die bezogen auf den Gründungsprozess einzigartig sind, die sich aber nach einigen Jahren verändern und damit dynamisch sind.[100]

Jüngere Ansätze gehen dagegen davon aus, dass die Gründungsentscheidung das Ergebnis eines individuellen Entwicklungsprozesses ist. Dabei wird den Persönlichkeitsattributen eher eine indirekte Wirkung zugeschrieben.[101] Aus den Eigenschaften allein kann dementsprechend nicht das Verhalten in bestimmten Situationen abgeleitet werden, sondern sie bedingen lediglich eine Verhaltenstendenz.[102] Für eine dynamische Betrachtung spricht weiterhin, dass höhere Werte bei angehenden als bei etablierten Gründern oder Managern hinsichtlich zahlreicher unternehmerischer Eigenschaften festgestellt wurden. Offensichtlich tendiert ein zunächst unabhängig agierender Entrepreneur mit zunehmender

97 Vgl. Cromie/Johns (1983), S. 323.

98 Vgl. Cromie (2000), S. 17 und Sexton/Bowman (1986), S. 43.

99 Vgl. Sexton/Bowman (1983), S. 219.

100 Vgl. Cromie/Johns (1983), S. 323.

101 Vgl. z. B. Cromie (2000), S. 25 und Zumholz (2002). Auch Ripsas hebt die Einbeziehung situativer Komponenten und der „Lebensgeschichte“ des Gründers hervor, vgl. Ripsas (1997), S. 177.

102 Vgl. Herkner (2001), S. 125-127.

Dauer seiner Geschäftstätigkeit dazu, zu einem vorrangig verwaltenden Unternehmer zu werden, bei dem bestimmte unternehmerische Eigenschaften und Motive nicht mehr nachweisbar sind. Möglicherweise ersetzt administrative Rationalität die unternehmerische Leidenschaft, nachdem die anfänglich einzigartige Arbeit der Gründung und Frühentwicklung des Unternehmens vorüber ist.[103] Andererseits gibt es Hinweise, dass die individuelle Sozialisierung erst bestimmte individuelle Gründermerkmale entfaltet. So ist zu vermuten, dass Selbständigkeit der Eltern positiven Einfluss auf das Machbarkeitsdenken haben könnte.[104] Darüber hinaus ist eine Wechselwirkung zwischen dem Erwerb von Kompetenzen und der Herausbildung von Eigenschaften bzw. Motiven denkbar. Könnten sich Motivbündel entwickeln im Sinne einer dynamischen Erlernbarkeit, ergäbe sich hier ein wichtiges Feld für die Gründerausbildung und -förderung.[105]

Situationsbezug:

Die Verfolgung des Trait Approach lässt situative Elemente außer Acht. Die untersuchten Merkmale gelten über die Zeit und über einzelne Situationen hinweg als relativ stabil. Dabei bleibt unberücksichtigt, dass Merkmale wie zum Beispiel die Risikobereitschaft je nach Situation durchaus stark variieren können.[106] Situativen Ansätzen zufolge lässt sich das menschliche Verhalten nicht nur durch personenimmanente Faktoren bestimmen, sondern ist vielmehr Ergebnis aus der Wechselwirkung zwischen Personen und den situativen und sozialen Gegebenheiten, in denen sie sich befinden.[107] Im Einzelnen gehen diese Ansätze davon aus, dass eine aktive Auseinandersetzung des Menschen mit seiner Umwelt erfolgt. Das bedeutet, dass situative Aspekte bedeutsamen Einfluss auf das menschliche Verhalten haben. Somit werden Verhaltensweisen wie zum Beispiel Handlungen von Personen erst durch die Aufdeckung des Kontexts, in dem sie verübt werden, verständlich. Der Begriff Situation umfasst demnach „die Gesamtheit der objektiv herrschenden und der von den handelnden Individuen wahrgenommenen und erlebten Handlungsbedingungen"[108]. Die Analyse von Handlungen darf also nicht nur an der „objektiven" Situation ansetzen, sondern muss in erster Linie die „subjektive" berücksichtigen.[109] Die Person macht sich aufgrund individueller Informationsgewinnung und -verarbeitung ein eigenes subjektives Bild von ihrer Umgebung. Nur das, was wahrge-

---

103 Vgl. Cromie/Johns (1983), S. 323 f.

104 Vgl. Klandt (1990b), S. 33.

105 Vgl. Sexton/Bowman (1983), S. 214 f. Zur Frage der Kausalität siehe auch Cromie (2000), S. 17.

106 Vgl. Brockhaus (1987), S. 4.

107 Vgl. Bandura (1979), S. 19; siehe auch Cromie (2000), S. 25 und Zumholz (2002), S. 44.

108 Staehle (1999), S. 196.

109 Vgl. Karg/Staehle (1982), S. 19 f.

nommen und akzeptiert wurde, ist Grundlage der menschlichen Entscheidung und Handlung. Somit bestimmen wahrgenommene Reize der Umwelt das Verhalten, das sich als Reaktion auf diese ergibt.[110]

Für die personenbezogene Gründungsforschung bilden situative Ansätze einen Gegensatz zu den statischen Ansätzen, die beispielsweise unveränderliche Persönlichkeitseigenschaften als handlungsweisend in den Vordergrund stellen. Die situative Sicht würde demnach nicht davon ausgehen, dass sich zum Beispiel besonders gewissenhafte Menschen mit einer größeren Wahrscheinlichkeit selbständig machen als weniger gewissenhafte. Vielmehr würden sich diejenigen für eine Existenzgründung entscheiden, deren Wahrnehmungen der erlebten Umwelt, also deren Erfahrungen zu einer gegenüber einer Gründung aufgeschlossenen Einstellung und zu einer Gründungsintention führen. Als besonders bedeutsame situative Variable im Hinblick auf die Gründungsaktivität gilt die Kultur. So wird angenommen, dass das kulturelle Umfeld Auswirkungen auf unternehmerische Werte und Motive hat. So lassen sich durchaus Unterschiede zwischen Unternehmern verschiedener Länder feststellen.[111]

4 Forschungsperspektiven

Perspektiven für die weitere Forschung könnten sich zunächst aus den zahlreichen Kritikpunkten ergeben. Um einen möglichen dynamischen Charakter der Traits zu untersuchen, empfehlen sich demnach Langzeitstudien. Eine direkte Vergleichbarkeit der Studien miteinander erscheint erst dann sinnvoll, wenn Untersuchungs- und Kontrollgruppe sinnvoll vereinheitlicht sind und ein einheitliches Testinstrument angewendet wird. Dazu ist zunächst die Eignung der Testinstrumente zu überprüfen. Als Kontrollgruppe sollte dabei nicht die durchschnittliche Bevölkerung, sondern vielmehr die Gruppe der Manager herangezogen werden, da an letztere ähnliche Anforderungen gestellt werden. Weiterhin sollten die Studien überregionalen, möglichst internationalen Charakter haben und größere Stichproben aufweisen als die meisten vorliegenden Arbeiten. Um Erfolgsverzerrungen auszuschalten, gebietet sich ein prospektiver Ansatz oder doch zumindest eine Untersuchung kurz nach der Gründung. Darüber hinaus erscheint es zweckmäßig, Gründer als heterogene Gruppe zu betrachten und einzelne Untergruppen miteinander zu vergleichen.

Es ist jedoch zweifelhaft, ob sich die Beseitigung der oben dargelegten Kritikpunkte überhaupt als wegweisender Ansatz eignet. Inzwischen wird das Bild personenbezogener Ansätze insbesondere in angelsächsischen Zeitschriften

---

110 Vgl. Staehle (1999), S. 196 f.

111 Vgl. z. B. Stewart et al. (2003). Hingegen bestätigt eine andere Untersuchung, dass sich Unternehmer in ihren Wertvorstellungen von anderen Berufsgruppen unabhängig vom kulturellen Umfeld unterscheiden, vgl. McGrath et al. (1992).

eher durch stärker prozessorientierte Modelle geprägt.[112] Diese Trendwende wird insbesondere auf die Auseinandersetzung Gartners mit dem Trait Approach im Jahre 1988 zurückgeführt. Danach werden dem Entrepreneur in diesen Arbeiten derart viele Eigenschaften zugeschrieben, dass er als überhöht dargestellt wird und als eine Art „generic everyman" gilt.[113]

Der Trait Approach in der Gründungsforschung folgt dem in der traditionellen Psychologie dominierenden Konzept, nach dem Verhalten durch persönliche Dispositionen erklärt werden soll. Jedoch ist es in der Verhaltensforschung nicht gelungen, maßgebliche Zusammenhänge nachzuweisen. So korrelieren Persönlichkeitseigenschaften nur schwach mit spezifischen Verhaltensausübungen. Vielmehr können diese erst durch ein Set verschiedener Aktivitäten erklärt werden. Unaufrichtigkeit beispielsweise ließe sich über einen multiplen Aktivitäts-Index aus Stehlen, dem Einbehalten von Fundsachen, dem Betrügen bei der Einkommensteuer usw. identifizieren. Ähnlich kann sich Leistungsmotivation ausdrücken durch besondere Leistungen im Spiel, Sport, Management oder auch im Rahmen einer selbständigen Erwerbstätigkeit und anderes.[114] Ähnliche Probleme wirft der so genannte Attitude Ansatz auf. Dieser versucht, spezifisches Verhalten anhand der Einstellungen gegenüber dem Verhaltensobjekt zu erklären. Beispielsweise wird davon ausgegangen, dass Menschen ein Gebet vor dem Essen sprechen, wenn sie eine positive Einstellung gegenüber Religion haben. Bezogen auf den Gründungskontext bedeutet dies, dass eine positive Einstellung gegenüber Selbständigkeit eine Gründung nach sich zöge. Doch auch die Einstellungs-Verhaltens-Relation ist meistens eher schwach, da relativ stabile zugrunde liegende Einstellungen situationsspezifische Elemente (zum Beispiel Kontext, Zeitbezug) außer Acht lassen.[115] Beide Ansätze werden in der Verhaltensforschung inzwischen infrage gestellt. Zur Erklärung disponibler Faktoren bietet sich als Lösungsansatz eine Aggregation über mehrere verschiedene Aktivitäten und Situationen an. Da in der hier fokussierten Gründungsforschung jedoch nicht Persönlichkeitseigenschaften, sondern spezifisches Verhalten (nämlich die Gründungsaktivität) erklärt werden soll, eignet sich dieser Ansatz nicht. Auf diesem Feld müssen vielmehr Faktoren identifiziert werden, die den Zusammenhang zwischen Dispositionen und Verhalten moderieren.

Es erscheint also sinnvoll, keine allgemeinen sozialen Bedingungen, Persönlichkeitseigenschaften oder den sozialen Kontext, sondern personenbezogene Annahmen und Einstellungen der Personen im Hinblick auf eine

---

112 Vgl. z. B. Baron (2004); Gartner (1989); Huuskonen (1993); Katz (1992); Kolvereid (1996) und Shaver/Scott (1991); siehe auch Davidsson et al. (2001).

113 Vgl. Gartner (1988).

114 Vgl. Zimbardo (1995), S. 480-483.

115 Vgl. Herkner (2001), S. 125-127.

Existenzgründung zu untersuchen. Diese Informationen können genutzt werden, um aktuelles Verhalten vorherzusagen. Eine maßgebliche, die Einstellungs-Verhaltens-Relation moderierende Größe ist die Intention. Zur Erklärung der Gründungsaktivität, der eine Gründungsabsicht vorausgeht, eignen sich Intentionen basierte Modelle (Intention Approach). Einen solchen systematischen theoretischen Rahmen bietet die „Theory of Planned Behavior“[116] nach Ajzen. Erste Forschungsbemühungen lassen darauf schließen, dass sich die „Theory of Planned Behavior“ auch zur Erklärung der Gründungsaktivität eignet.[117] Eine Existenzgründung stellt ein spezifisches geplantes Verhalten dar, das als Zielverhalten dieses Modells gesehen werden kann. Die Anwendung eines solchen an Einstellungen ansetzenden kognitiven Verhaltensmodells lässt Hinweise darüber erwarten, welche Überzeugungen die Entscheidung für, aber auch gegen eine Existenzgründung beeinflussen.

Literatur

Ahmed, S. U. (1985): nAch, risk-taking, propensity, locus of control and entrepreneurship, in: Personality and Individual Differences, Vol. 6 (1985), S. 781-782.

Ajzen, I. (1985): From intentions to actions: A Theory of Planned Behavior, in: J. Kuhl/J. Beckmann (Hrsg.): Action control: From cognition to behavior, Berlin/Heidelberg, 1985, S. 11-39.

Ajzen, I. (1991): The Theory of Planned Behavior, in: Organizational Behavior and Human Decision Processes, Vol. 50 (1991), S. 179-211.

Bandura, A. (1979): Sozial-kognitive Lerntheorie, Stuttgart 1979.

Baron, R. A. (2004): The cognitive perspective: a valuable tool for answering entrepreneurship's basic "why" questions, in: Journal of Business Venturing, Vol. 19 (2004), S. 221-239.

Barrick, M. R./Mount, M. K. (1991): The big five personality dimensions and job performance: A meta-analysis, in: Personnel Psychology, Vol. 20 (1991), S. 313-340.

Begley, T. M./Boyd, D. P. (1987): Psychological characteristics associated with performance in entrepreneurial firms and smaller businesses, in: Journal of Business Venturing, Vol. 2 (1987), S. 79-93.

Borland, C. M. (1974): Locus of control, need for achievement and entrepreneurship, unveröffentlichte Doktorarbeit, University of Texas, Austin 1974.

Bowen, D. D./Hisrich, R. D. (1986): The female entrepreneur: A career development perspective, in: Academy of Management Review, Vol. 11 (1986), S. 393-407.

Brockhaus, R. H. (1980): Risk taking propensity of entrepreneurs, in: Academy of Management Journal, Vol. 23 (1980), S. 509-520.

Brockhaus, R. H. (1982): The psychology of the entrepreneur, in: C. A. Kent/D. L. Sexton/K. H. Vesper (Hrsg.): Encyclopedia of Entrepreneurship, Englewood Cliffs, NJ 1982, S. 39-57.

---

116 Ajzen (1985) und Ajzen (1991).

117 Vgl. Kolvereid (1996); Tkachev/Kolvereid (1999) und Zumholz (2002).

Brockhaus, R. H. (1987): Entrepreneurial Folklore, in: Journal of Small Business Management, o. Vol. (1987), July, S. 1-6.

Caird, S. P. (1993): What do psychological tests suggest about entrepreneurs?, in: Journal of Managerial Psychology, Vol. 8 (1993), H. 6, S. 11-20.

Carsrud, A. L./Gaglio, C. M./Olm, K. W. (1987): Entrepreneurs-mentors, networks, and successful new venture development: An exploratory study, in: American Journal of Small Business, Vol. 12 (1987), S. 13-18.

Cattell, R. B. (1973): Die empirische Erforschung der Persönlichkeit, Weinheim/Basel 1973.

Collins, O. F./Moore, D. G./Unwalla, D. B. (1964): The enterprising man, East Lancing, Michigan 1964.

Corsten, H. (2002): Determinanten der Gründungsentscheidung – Ein empirischer Befund –, in: H. Corsten (Hrsg.): Dimensionen der Unternehmungsgründung: Erfolgsaspekte der Selbständigkeit, Berlin 2002, S. 1-41.

Cromie, S. (2000): Assessing entrepreneurial inclinations: Some approaches and empirical evidence, in: European Journal of Work and Organizational Psychology, Vol. 9 (2000), H. 1, S. 7-30.

Cromie, S./Johns, S. (1983): Irish entrepreneurs: Some personal characteristics, in: Journal of Occupational Behaviour, Vol. 4 (1983), S. 317-324.

Cromie, S./O'Donaghue, J. (1992): Assessing entrepreneurial inclinations, in: International Small Business Journal, Vol. 10 (1992), H. 2, S. 66-73.

Davidsson, P./Low, M. B./Wright, M. (2001): Editor's introduction: Low and MacMillan ten years on: Achievements and future directions for entrepreneurship research, in: Entrepreneurship Theory and Practice, Vol. 25 (2001), H. 4, S. 5-15.

Digman, J. M. (1990): Personality structure: Emergence of the five-factor model, in: Annual Review of Psychology, Vol. 41 (1990), S. 417-440.

Durand, D./Shea, D. (1974): Entrepreneurial activity as a function of achievement motivation and reinforcement control, in: The Journal of Psychology, Vol. 88 (1974), S. 57-63.

Envick, B. R./Langford, M. (2000): The five-factor model of personality: Assessing entrepreneurs and managers, in: Academy of Entrepreneurship Journal, Vol. 6 (2000), H. 1, S. 6-16.

Gartner, W. B. (1988): "Who is an entrepreneur?" is the wrong question, in: American Journal of Small Business, Vol. 12 (1988), H. 4, S. 11-32.

Gartner, W. B. (1989): Some suggestions for research on entrepreneurial traits and characteristics, in: Entrepreneurship Theory and Practice, Vol. 14 (1989), H. 1, S. 27-37.

Gasse, Y. (1982): Elaborations on the psychology of the entrepreneur, in: C. Kent/D. Sexton/K. H. Vesper (Hrsg.): Encyclopedia of Entrepreneurship, Englewood Cliffs, NJ 1982, S. 57-71.

Gemünden, H. G./Konrad, E. D. (2000): Unternehmerisches Verhalten als ein bedeutender Erfolgsfaktor von technologieorientierten Unternehmensgründungen – eine kritische Würdigung von Erklärungsansätzen verschiedener Modellkonstrukte, in: Die Unternehmung, 54. Jg. (2000), S. 247-272.

Herkner, W. (2001): Lehrbuch Sozialpsychologie, 2. Aufl., Bern 2001.

Hines, G. H. (1973): Achievement motivation, occupations, and labor turnover in New Zealand, in: Journal of Applied Psychology, Vol. 58 (1973), S. 313-317.

Hornaday, J. A./Aboud, J. (1971): Characteristics of successful entrepreneurs, in: Personnel Psychology, Vol. 24 (1971), H. 2, S. 141-153.

Hull, D. L./Bosley, J. J./Udell, G. G. (1980): Renewing the hunt for the Heffalunp: Identifying potential entrepreneurs by personality characteristics, in: Journal of Small Business Management, Vol. 18 (1980), H. 1, S. 11-18.

Huuskonen, V. (1993): The process of becoming an entrepreneur: A theoretical framework of factors influencing entrepreneurs' start-up decisions (preliminary results), in: H. Klandt (Hrsg.): Entrepreneurship and business development, Aldershot 1993, S. 43-53.

Karg, P. W./Staehle, W. H. (1982): Analyse der Arbeitssituation, Verfahren und Instrumente, Freiburg i. Br. 1982.

Katz, J. A. (1992): A psychological cognitive model of employment status choice, in: Entrepreneurship Theory and Practice, Vol. 17 (1992), H. 1, S. 29-37.

Kichuk, S. L./Wiesner, W. H. (1997): The big five personality factors and team performance: Implications for selecting successful product design teams, in: Journal of Engineering and Technology Management, Vol. 14 (1997), S. 195-221.

Klandt, H. (1984): Aktivität und Erfolg des Unternehmensgründers. Eine empirische Analyse unter Einbeziehung des mikrosozialen Umfeldes, Bergisch Gladbach, Köln 1984.

Klandt, H. (1990a): Das Leistungsmotiv und verwandte Konzepte als wichtige Einflußfaktoren der unternehmerischen Aktivität, in: N. Szyperski/P. Roth (Hrsg.): Entrepreneurship – Innovative Unternehmensgründung als Aufgabe, Stuttgart 1990, S. 88-96.

Klandt, H. (1990b): Zur Person des Unternehmensgründers, in: W. K. M. Dieterle/E. M. Winckler (Hrsg.): Unternehmensgründung, München 1990, S. 29-43.

Klandt, H./Münch, G. (1990): Gründungsforschung im deutschsprachigen Raum – Ergebnisse einer empirischen Untersuchung, in: N. Szyperski/P. Roth (Hrsg.): Entrepreneurship: innovative Unternehmensgründung als Aufgabe, Stuttgart 1990, S. 171-186.

Kolvereid, L. (1996): Prediction of employment status choice intentions, in: Entrepreneurship Theory and Practice, Vol. 21 (1996), S. 47-57.

Krueger, N. F./Carsrud, A. (1993): Entrepreneurial intentions: Applying the Theory of Planned Behavior, in: Entrepreneurship & Regional Development, Vol. 5 (1993), S. 315-330.

Kuipers, M. (1990): Erfolgsfaktoren der Unternehmungsgründung. Eine Untersuchung erfolgreicher und erfolgsloser Unternehmungsgründer in der Schweiz, Bamberg 1990.

Liles, P. R. (1974): Who are the entrepreneurs?, in: Michigan State University Business Topics, 1974, Winter, S. 5-14.

Low, M. B./MacMillan, I. C. (1988): Entrepreneurship: Past research and future challenges, in: Journal of Management, Vol. 14 (1988), H. 2, S. 139-161.

McClelland, D. C. (1961): The Achieving Society, Princeton, NJ 1961.

McClelland, D. C. (1964): The roots of consciousness, Princeton, NJ 1964.

McClelland, D. C. (1965): N-achievement and entrepreneurship: A longitudinal study, in: Journal of Personality and Social Psychology, Vol. 1 (1965), S. 389-392.

McClelland, D. C./Winter, D. G. (1969): Motivating economic achievement, New York 1969.

McGrath, R. G./MacMillan, I. C./Scheinberg, S. (1992): Elitists, risk-takers, and rugged individualists? An exploratory analysis of cultural differences between entrepreneurs and non-entrepreneurs, in: Journal of Business Venturing, Vol. 7 (1992), S. 115-135.

Mescon, T. S./Montanari, J. R. (1981): The personalities of independent and franchise entrepreneurs, in: Academy of Management (Hrsg.): Proceedings, San Diego 1981, S. 413-417.

Mugler, J. (1996): Das Unternehmen im Lebenszyklus, in: J. Mugler (Hrsg.): Materialien des Instituts für Betriebswirtschaftslehre der Klein- und Mittelbetriebe an der Wirtschaftsuniversität Wien, Wien 1996.

Perry, C./Macarthur, R./Meredith, G./Cunnington, B. (1986): Need for achievement and locus of control of Australian small business owner-managers and super-entrepreneurs, in: International Small Business Journal, Vol. 4 (1986), H. 4, S. 55-64.

Picot, A./Laub, U.-D./Schneider, D. (1989): Innovative Unternehmungsgründungen. Eine ökonomisch-empirische Analyse, Berlin/Heidelberg 1989.

Plaschka, G. (1986): Unternehmenserfolg. Eine vergleichende empirische Untersuchung von erfolgreichen Unternehmensgründern, Wien 1986.

Preisendörfer, P. (1996): Gründungsforschung im Überblick: Themen, Theorien und Befunde, in: P. Preisendörfer (Hrsg.): Prozesse der Neugründung von Betrieben in Ostdeutschland, Rostocker Beiträge zur Regional- und Strukturforschung, H. 2, Universität Rostock, Wirtschafts- und Sozialwissenschaftliche Fakultät, Rostock 1996, S. 7-29.

Reynolds, P. D. (1992): Sociology and entrepreneurship: Concepts and contributions, in: Entrepreneurship Theory and Practice, Vol. 16 (1992), H. 2, S. 47-70.

Ripsas, S. (1997): Entrepreneurship als ökonomischer Prozeß: Perspektiven zur Förderung unternehmerischen Handelns, Wiesbaden 1997.

Robbins, S. P. (1983): Organizational behavior: concepts, controversies and applications, 2. Aufl., Englewood Cliffs, NJ 1983.

Robinson, P. B./Stimpson, D. V./Huefner, J. C./Hunt, H. K. (1991): An attitude approach to the prediction of entrepreneurship, in: Entrepreneurship Theory and Practice, Vol. 15 (1991), H. 4, S. 13-31.

Rotter, J. B. (1966): Generalized expectancies for internal versus external control of reinforcement, in: Psychological Monographs: General and Applied, Vol. 80, (1966), H. 1, S. 1-28.

Say, J. B. (1841): Traité d'économie politique, 6. Aufl., Paris 1841.

Schumpeter, J. (1926): Theorie der wirtschaftlichen Entwicklung. Eine Untersuchung über Unternehmergewinn, Kapital, Kredit, Zins und den Konjunkturzyklus, 2. Aufl., München/ Leipzig 1926.

Sexton, D. L./Bowman, N. B. (1983): Comparative entrepreneurship characteristics of students: Preliminary results, in: J. A. Hornaday/J. A. Timmons/K. H. Vesper (Hrsg.): Frontiers of entrepreneurship research, Wellesley, MA 1983, S. 213-232.

Sexton, D. L./Bowman, N. B. (1985): The entrepreneur: A capable executive and more, in: Journal of Business Venturing, Vol. 1 (1985), H. 1, S. 129-140.

Sexton, D. L./Bowman, N. B. (1986): Validation of a personality index: Comparative psychological characteristics analysis of female entrepreneurs, managers, entrepreneurship students, and business students, in: R. Ronstadt/J. A. Hornaday/R. Peterson/K. H. Vesper (Hrsg.): Frontiers of entrepreneurship research, Wellesley, MA 1986, S. 40-51.

Shapero, A. (1975): The displaced, uncomfortable entrepreneur, in: Psychology Today, Vol. 9 (1975), November, S. 83-88 u. S. 133.

Shapero, A./Sokol, L. (1982): The social dimensions of entrepreneurship, in: C. Kent/D. Sexton/K. Vesper (Hrsg.): Encyclopedia of entrepreneurship, Englewood Cliffs, NJ 1982, S. 72-90.

Shaver, K./Scott, L. R. (1991): Person, process, choice: The psychology of new venture creation, in: Entrepreneurship Theory and Practice, Vol. 16 (1991), H. 2, S. 23-45.

Sombart, W. (1909): Der kapitalistische Unternehmer, in: Archiv für Sozialwissenschaft und Sozialpolitik, Bd. 29 (1909).

Staehle, W. H. (1999): Management: eine verhaltenswissenschaftliche Perspektive, überarbeitet von P. Conrad/J. Sydow, 8. Aufl., München 1999.

Stewart, W. H. (Jr.)/Carland, J. C./Carland, J. W./Watson, W. E./Sweo, R. (2003): Entrepreneurial dispositions and goal orientations: A comparative exploration of United States and Russian entrepreneurs, in: Journal of Small Business Management, Vol. 41 (2003), H. 1, S. 27-46.

Stewart, W. H. (Jr.)/Watson, W. E./Carland, J. C./Carland, J. W. (1999): A proclivity for entrepreneurship: A comparative study of entrepreneurs, small business owners, and corporate managers, in: Journal of Business Venturing, Vol. 14 (1999), H. 20, S. 189-214.

Thoms, P./Moore, K. S./Scott, K. S. (1996): The relationship between self-efficacy for participating in self-managed work groups and the big five personality dimensions, in: Journal of Organizational Behavior, Vol. 17 (1996), S. 349-362.

Tkachev, A./Kolvereid, L. (1999): Self-employment intentions among Russian students, in: Entrepreneurship & Regional Development, Vol. 11 (1999), S. 269-280.

Wanzenböck, H. (1998): Überleben und Wachstum junger Unternehmen, Wien/New York 1998.

Zimbardo, P. G. (1995): Psychologie, 6. Aufl., Berlin/Heidelberg 1995.

Zumholz, H. (2002): Wege in die Selbständigkeit: Die Gründungsaktivität als Resultat eines individuellen Entwicklungsprozesses, Wiesbaden 2002.

Weibliche Selbständigkeit und ihre Erfolgsaussichten – Defizitär oder einfach nur anders?

Mareike Deutschmann

Inhaltsverzeichnis

1 Einleitung

In der Gründerinnenforschung gilt es mittlerweile als empirisch gesicherte Erkenntnis, dass die Erfolgssaussichten weiblicher Selbständigkeit aufgrund einer in mehrfacher Hinsicht geringeren Ressourcenausstattung im Vergleich zu männlichen Gründern als defizitär zu bezeichnen sind. Angesichts des geringen Erklärungsgehaltes bisheriger empirischer Studien wird in diesem Beitrag der Frage nachgegangen, ob möglicherweise nicht immer neue Ursachen gesucht, sondern die zugrunde liegende Bewertungssicht hinterfragt werden sollte.

Dazu soll zunächst auf die Problematik und Vorgehensweise der allgemeinen Bewertung des Gründungserfolges (unabhängig vom Geschlecht) eingegangen werden. Es werden die gängigen Erfolgsindikatoren vorgestellt. Abschnitt 3 befasst sich anschließend mit den Erfolgsaussichten weiblicher Unternehmensgründungen. Dabei werden bisherige empirische Ergebnisse und deren Ursachen vorgestellt. Im vierten Abschnitt soll dann die Möglichkeit einer weiblichen Sicht auf die Bewertung des Gründungserfolges aufgezeigt werden. Dazu wird auf Grundlage der Gründerinnen-Typologie von Hodenius zunächst die Erfolgswahrnehmung von Gründerinnen herausgearbeitet. Durch die Kombination mit Müller-Böling/Klandts Beschreibung des Gründungserfolges aus Abschnitt 2 soll ein weiblicher Bewertungsansatz des Gründungserfolges erarbeitet werden. Der Beitrag schließt mit einer Diskussion der Ergebnisse im Fazit.

2 Die Bewertung des Gründungserfolges

Seit jeher ist es eine große Herausforderung für die Gründungsforschung, den Begriff des „Gründungserfolges“ zu definieren und einzugrenzen. Besondere Probleme bereitet in diesem Zusammenhang die Frage nach geeigneten Indikatoren zur Messung des Gründungserfolges. Dieser Frage widmen sich auch Müller-Böling/Klandt in dem von ihnen entwickelten Bezugsrahmen für die Gründungsforschung (vgl. Abb. 1).

Gründungserfolg im weiteren Sinne			
Voraktivität der Gründung	**Gründungsaktivität**	**Qualifizierter Gründungserfolg**	
P: Einstellung	U: Unternehmung	Objektiver Erfolg	Subjektiver Erfolg
P: Überlegung, konkret P: Entscheidung zur Selbständigkeit	P: wirtschaftlich selbständige Existenz - Dasein	U: Unternehmerisches Überleben* P: Selbständiges Überleben*	
P: Konzeption - Zielplanung - Alternativen-entwicklung - Ausführungs-planung	- Sosein	U: Einkommen (absolut/Wachstum/ relativ) U: Mitarbeiterzahl (absolut/Wachstum) U: Umsatz (absolut/Wachstum) U: „branchenrelativ“ U: Gewinn (absolut/Wachstum) U: Umsatzrendite U: Kapitalrentabilität U: Marktposition U: Potenzial S: Versorgungsgrad S: Wohlfahrt einer Region U/S: Arbeitsplätze/-quote	P: Zielerreichungsgrad - Macht - Unabhängigkeit - Gesellschaft - Leistung - Prestige - Selbstverwirklichung P: Arbeitszufriedenheit P: Lebenszufriedenheit P: Gründungszufriedenheit U: Erwartungen Umsatz U: Erwartungen, Gewinn etc. S: Lebenszufriedenheit Dritter
Merkmalsträger i. S. der Erhebungseinheit: P: Personen, U: Unternehmung, S: sonstige Dritte (z. B. Region) * für eine bestimmte Zeit			

Abb. 1: Indikatoren des Gründungserfolges[1]

Die im Bezugsrahmen von Müller-Böling/Klandt zusammengestellten Erfolgsindikatoren gelten auch heute noch als maßgeblich für die Gründungsforschung.

1 Vgl. Müller-Böling/Klandt (1993), S. 154 (leicht angepasst).

Dabei wird die Aufmerksamkeit vor allem auf den objektiv-qualifizierten Gründungserfolg gelegt.[2]

Nach Klandt müsste der Gründungserfolg genau genommen zum Zeitpunkt der Geschäftseröffnung gemessen werden.[3] Da zu diesem Zeitpunkt aber noch kein realisierter Erfolg vorliegen kann, schlägt er eine Erfolgsmessung in der Frühentwicklungsphase des Unternehmens nach drei bis fünf Jahren vor.[4] Durch die Einbindung der Unternehmensfrühentwicklung rückt vor allem das Wachstum des jungen Unternehmens in den Mittelpunkt der Betrachtung.[5]

Welcher Indikator zur Erfolgsmessung herangezogen werden kann, ist maßgeblich von der Forschungsperspektive abhängig. Während auf einzelwirtschaftlicher Ebene betriebswirtschaftliche Kennzahlen wie zum Beispiel der Umsatz zur Operationalisierung herangezogen werden können, kann Gründungserfolg auf volkswirtschaftlicher Ebene beispielsweise an der Anzahl geschaffener Arbeitsplätze oder dem Beitrag zum Bruttosozialprodukt gemessen werden.[6] Da im weiteren Verlauf dieses Beitrages insbesondere die Betrachtung des einzelwirtschaftlichen Erfolges relevant sein wird, sollen im Weiteren die anderen Forschungsperspektiven ausgeblendet werden.

Das Überleben des Unternehmens (Persistenz) kann als ein Minimalkriterium des Erfolges angesehen werden.[7] Dabei muss Nichtüberleben/Überleben nicht grundsätzlich gleichbedeutend sein mit Misserfolg/Erfolg. Es ist beispielsweise die Situation denkbar, dass ein Betrieb mit Gewinn verkauft wird oder ein über fünf Jahre existierender Betrieb hoch verschuldet ist.[8] Deshalb wird der Fortbestand des Unternehmens als dichotomes und somit sehr grobes Erfolgskriterium[9] lediglich als eine notwendige, nicht aber hinreichende Bedingung für den Unternehmenserfolg gesehen.

Für die Messung der weiteren Entwicklung des Unternehmens werden zumeist Wachstumsmaße wie die Umsatz- oder Beschäftigungsentwicklung herangezogen.[10] In Anbetracht der gravierenden Mängel sonstiger Messkonzepte der Frühentwicklung kommt Schulte zu dem Schluss, dass diese als Indikatoren

2 Schon Müller-Böling/Klandt geben zu bedenken, dass im Vorfeld einer Gründung möglicherweise noch nicht von Gründungserfolg gesprochen werden kann, vgl. Müller-Böling/Klandt (1993), S. 155. Darüber hinaus setzt sich auch die Trennung von Gründungsaktivität und Gründungserfolg immer mehr in gründungsrelevanten Forschungsarbeiten durch, vgl. dazu bspw. Klandt (1980), S. 326 und Preisendörfer (1996), S. 11.

3 Vgl. Klandt (1984), S. 95.

4 Vgl. Klandt (1984), S. 95.

5 Vgl. Schulte (2004), S. 203 f.

6 Vgl. Müller-Böling/Klandt (1990), S. 147 f.

7 Vgl. Schenk (1998), S. 59.

8 Vgl. Brüderl et al. (1998), S. 91 f.

9 Vgl. Schulte (2004), S. 217.

10 Vgl. bspw. Klandt (1984); Brüderl et al. (1998) oder Schenk (1998).

zur Abbildung des Gründungserfolges am besten geeignet sind, da sie die geringsten Mängel aufweisen.[11]

3 Erfolgsaussichten weiblicher Unternehmensgründungen

Im folgenden Abschnitt werden anhand der oben genannten und üblichen objektiven, quantitativen Bewertungskriterien Ergebnisse empirischer Gründerinnenforschung zu den Erfolgsaussichten weiblicher Unternehmensgründungen vorgestellt. Sowohl das Überleben als auch die Mitarbeiter- und Umsatzentwicklung als Wachstumsmaße sollen hierbei berücksichtigt werden.

3.1 Bisherige empirische Ergebnisse

Das als Minimalkriterium des Gründungserfolges anzusehende Überleben des Unternehmens (Persistenz) wurde unter anderem von Jungbauer-Gans untersucht.[12] Sie kommt zu dem Ergebnis, dass zwar Unterschiede in den Überlebenschancen der Betriebe von Frauen und Männern bestehen, diese aber auf die unterschiedlichen Voraussetzungen zurückzuführen sind.[13] „Würden Frauen die gleichen Betriebe gründen (mehr Vollerwerbsbetriebe, mehr Handelsregisterbetriebe usw.), oder hätten sie die gleichen Humankapital-Voraussetzungen, dann wären keine Unterschiede in den Überlebenschancen der Betriebe von Frauen und Männern zu finden."[14] Brüderl et al. bestätigen in ihren frühen Veröffentlichungen dieses Ergebnis auf Basis der Münchner Gründerstudie: Die bivariate Analyse zeigt, dass Frauenbetriebe sehr viel schneller als Männerbetriebe sterben,[15] diese signifikanten Unterschiede allerdings verschwinden, wenn bei multivariater Analyse die Humankapitalressourcen kontrolliert werden.[16] Spätere Auswertungen der Münchner Gründerstudie zeigen, dass die Überlebenschancen von Frauen- und Männerbetrieben auch in der bivariaten Analyse fast identisch sind (von den Frauenbetrieben bestehen nach drei Jahren noch 71 %, von den Männerbetrieben noch 75 %). Aber auch hier bestätigt sich, dass der ohnehin schon geringe Unterschied bei Kontrolle von Humankapitalfaktoren, betrieblichen Faktoren und Umfeldfaktoren fast nicht mehr von

11 Vgl. Schulte (2004), S. 224 f.

12 Grundlage ihrer Arbeit ist die Münchner Gründerstudie, die 1990 im Kammerbezirk München und Oberbayern der Industrie- und Handelskammer auf Grundlage von Gewerbeanmeldungen durchgeführt wurde. Ihre Ergebnisse schlagen sich in der für die deutsche Gründungsforschung richtungsweisenden Arbeit von Brüderl et al. (1998) nieder. Aufgrund der Tatsache, dass 32 % der Befragten weiblichen Geschlechts waren, konnte Jungbauer-Gans die Datenbasis für geschlechtsvergleichende Analysen nutzen, vgl. Jungbauer-Gans (1993).

13 Vgl. Jungbauer-Gans (1993), S. 152 ff.

14 Jungbauer-Gans (1993), S. 157.

15 Vgl. Brüderl et al. (1991), S. 96 f.

16 Vgl. Brüderl et al. (1991), S. 98.

Bedeutung ist.[17] Auch Ziegerer kann in ihrer geschlechtsvergleichenden Studie für die Schweiz keinen Unterschied in der Überlebenswahrscheinlichkeit von Frauen- und Männerbetrieben feststellen.[18] Es ist also insbesondere aus den Auswertungen der Münchner Gründerstudie zu vermuten, dass das Überleben einer Neugründung wesentlich von der Startgröße des Betriebes abhängig ist, und dass das Geschlecht, wenn überhaupt, lediglich über die Startgröße einen indirekten Einfluss auf die Überlebenswahrscheinlichkeit nimmt. Da Frauen aber in der Regel in kleinerem Ausmaß gründen als Männer,[19] entsteht durch die daraus resultierende geringe Überlebenswahrscheinlichkeit der Eindruck, das Geschlecht sei ein direkter Misserfolgsfaktor.

Wie unter Gliederungspunkt 2 bereits festgestellt, eignen sich zur Abbildung von Erfolgs- und Wachstumschancen neugegründeter Betriebe am ehesten die Indikatoren Beschäftigungs- und Umsatzentwicklung. Jungbauer-Gans kann in ihrer Studie nachweisen, dass Frauen- und Männerbetriebe zu gleichen Anteilen Mitarbeiter abbauen. Unterschiede sind allerdings hinsichtlich der Stagnation und Expansion zu verzeichnen. Während Frauenbetriebe eher beschäftigungsstabil sind, bauen Männerbetriebe die Anzahl ihrer Mitarbeiter weiter aus.[20] Auch wenn andere Einflussfaktoren wie Humankapital- oder Netzwerk-Ressourcen mit einbezogen werden, bleibt die Wachstumsquote in Bezug auf die Mitarbeiterzahl bei Frauenbetrieben geringer als bei Männerbetrieben.[21] Brüderl et al. können ebenfalls nachweisen, dass Männerbetriebe eher zusätzliches Personal einstellen: Lediglich 18 % der Frauenbetriebe, aber 33 % der Männerbetriebe haben in den ersten vier Jahren ihre Beschäftigtenzahl erhöht.[22] Auch die Ergebnisse von Fehrenbach/Leicht weisen in diese Richtung, wobei sie aufgrund des geringen Zeithorizontes (Entwicklung zwischen 1999 und 2000) lediglich eine Tendenz aufzeigen können.[23]

Auch die Umsatzentwicklung der Frauenbetriebe bleibt hinter der Umsatzentwicklung von Männerbetrieben zurück. Jungbauer-Gans kann zwar feststellen, dass der Unterschied anfangs kaum zu erkennen ist, mit zunehmendem Betriebsalter tritt allerdings der Geschlechtseffekt hervor.[24] Obwohl diese Unterschiede tendenziell wieder geringer werden, wenn beispielsweise betriebsbezogene Variablen konstant gehalten werden, bleibt die Wachstumsquote des

17 Vgl. Brüderl et al. (1998), S. 147 f.
18 Vgl. Ziegerer (1993), S. 128.
19 Zur geringen Startgröße von weiblichen Unternehmensgründungen siehe bspw. Jungbauer-Gans (1994); Ziegerer (1993); Voigt (1994); Lauxen-Ulbrich/Leicht (2002) oder Leicht/Lauxen-Ulbrich (2002).
20 Vgl. Jungbauer-Gans (1993), S. 121.
21 Vgl. Jungbauer-Gans (1993), S. 129.
22 Vgl. Brüderl et al. (1998), S. 147.
23 Vgl. Fehrenbach/Leicht (2002), S. 57.
24 Vgl. Jungbauer-Gans (1993), S. 144.

Umsatzes von Frauenbetrieben hinter der Wachstumsquote des Umsatzes von Männerbetrieben zurück.[25] Brüderl et al. drücken dieses Ergebnis wie folgt aus: Auf eine jährliche Umsatzsteigerung von mindestens 10 % in den ersten vier Geschäftsjahren können nur 42 % der Frauenbetriebe, aber 50 % der Männerbetriebe zurückblicken.[26] Auch Voigt, Ziegerer und Fehrenbach/Leicht charakterisieren Frauenbetriebe in Bezug auf den Umsatz als eher wachstumsschwach.[27]

3.2 Ursachen des „Scheiterns“

Der in der Literatur am häufigsten diskutierte Einflussfaktor auf den Gründungserfolg von Frauen ist die Ressourcenausstattung. Dabei stehen vornehmlich das finanzielle Kapital, das soziale Kapital in Form von Netzwerken und das Humankapital im Mittelpunkt des Interesses. Neuere Untersuchungen befassen sich darüber hinaus auch mit den zeitlichen Ressourcen.

Die Mehrheit der geschlechtsvergleichenden Untersuchungen kann nachweisen, dass Frauen in der Regel mit weniger Startkapital gründen als Männer.[28] Auch bei differenzierter Betrachtung nach Voll- und Nebenerwerbsbetrieben und nach Wirtschaftszweig bleiben diese Diskrepanzen in der Kapitalausstattung bestehen.[29] Gründe hierfür könnten unter anderem in längeren Erwerbsunterbrechungen oder im niedrigeren Lohnniveau von Frauen in abhängiger Beschäftigung liegen, da ihnen so das Akkumulieren von Eigenkapital erschwert wird.

In Bezug auf die Bildung und Nutzung von Netzwerken weisen bisherige empirische Ergebnisse darauf hin, dass Gründerinnen eher starke, Gründer eher schwache soziale Beziehungen[30] nutzen.[31] Von den starken sozialen Kontakten erfahren sowohl Männer als auch Frauen die größte Unterstützung vom Lebenspartner. Allerdings ist dies bei Frauen stärker der Fall. Unter den schwachen sozialen Kontakten erweisen sich Beziehungen zu Geschäftspartnern für beide

25 Vgl. Jungbauer-Gans (1993), S. 146.

26 Vgl. Brüderl et al. (1998), S. 147.

27 Vgl. Voigt (1994), S. 247; Ziegerer (1993), S. 176 und Fehrenbach/Leicht (2002), S. 55 f.

28 Vgl. Jungbauer-Gans (1993), S. 103 f.; Plaschka (1986), S. 62 f.; Frank et al. (1999), S. 161 und Fehrenbach/Leicht (2002), S. 41.

29 Vgl. Jungbauer-Gans (1993), S. 103.

30 Im Kontext der Gründungsforschung hat sich u. a. Aldrich mit der Bedeutung von Netzwerken für die Erfolgschancen von Unternehmen beschäftigt. Demnach sind sowohl schwache als auch starke soziale Beziehungen wichtige Ressourcen für die Gründerperson. Während schwache Beziehungen vor allem gründungsrelevante Informationen bereitstellen, die den Zugang zu Märkten, Geschäftsideen, Kunden und Geldgebern außerhalb des starken Beziehungsnetzes erschließen können, unterstützen starke soziale Beziehungen die Gründerperson als Geldgeber oder durch unentgeltliche Mithilfe in der Gründungs- und Frühentwicklungsphase des Unternehmens, vgl. Aldrich/Zimmer (1986).

31 Vgl. Jungbauer-Gans (1993), S. 94 f.; Döbler (1998), S. 336 und Fehrenbach/Leicht (2002), S. 38.

Geschlechter als wertvoll. Männer können sich aber etwas häufiger auf ein Engagement von Geschäftspartnern im neuen Betrieb verlassen als Frauen.[32] Dies liegt hauptsächlich darin begründet, dass Frauen soziale Beziehungen anders bewerten als Männer. Sie stellen eher auf die Beziehungsebene ab und pflegen daher eher starke Beziehungen, während Männer eher den instrumentellen Charakter in den Vordergrund stellen und es ihnen daher leichter fällt, schwache soziale Netzwerke aufzubauen.[33]

Neben der differierenden Ausstattung mit finanziellem und sozialem Kapital unterscheidet sich bei Gründerinnen und Gründern auch die Ausstattung mit Humankapital. Obwohl dies kaum noch in Bezug auf formale Bildung (Schul- und Berufsabschlüsse) gilt, weisen Gründerinnen in der Regel geringeres gründungsrelevantes, so genanntes spezifisches Humankapital in Form von Berufs-, Branchen- und Führungserfahrung als Gründer auf.[34] Als Begründung hierfür lässt sich die Humankapitaltheorie heranziehen, die sich im Falle von Gründerinnen auch mit dem Einfluss von Erwerbsunterbrechungen befasst.[35]

In engem Zusammenhang mit der Ressourcenausstattung von Gründerinnen wird mittlerweile vermehrt auch der Einfluss der Doppelbelastung durch Familie und Beruf diskutiert.[36] Durch eine nach wie vor geschlechtsspezifische ungleiche Arbeitsteilung im Familienleben müssen erwerbsorientierte Frauen weit mehr als Männer nach Modellen suchen, die die Doppelbelastung in Form der Vereinbarkeit von Familie und Beruf erlauben. Trotz der sich in den letzten Jahrzehnten abzeichnenden, deutlich kürzeren Familienphasen beziehungsweise Erwerbsunterbrechungen von Frauen sind nur 64 % der verheirateten Mütter mit minderjährigen Kindern erwerbstätig, während verheiratete Männer mit minderjährigen Kindern zu 91 % einem Beruf nachgehen.[37] Darüber hinaus zeigen sich Geschlechtsdifferenzen in der Erwerbsorientierung aber auch daran, dass Frauen, wenn sie denn erwerbstätig sind, häufiger in Teilzeitbeschäftigungsverhältnissen arbeiten als Männer.[38] Diese allgemeinen Befunde deuten darauf hin, dass sich an der den Frauen zugeschriebenen Hauptverantwortung für Hausarbeit und Kinderbetreuung bis zum heutigen Zeitpunkt nur wenig verändert hat.

---

32 Vgl. Jungbauer-Gans (1993), S. 94 f.

33 Vgl. Mayr-Kleffel (1991), S. 44 ff.

34 Vgl. Ziegerer (1993), S. 95, Jungbauer-Gans (1993), S. 85; Voigt (1994), S. 108 und Fehrenbach/Leicht (2002), S. 39.

35 Zu humankapitaltheoretischen Überlegungen, die sich mit dem Einfluss von Erwerbsunterbrechungen auf die Humankapitalressourcen von Frauen befassen vgl. Döbler (1998).

36 Vgl. z. B. Lauxen-Ulbrich/Leicht (2004).

37 Vgl. Lauxen-Ulbrich/Leicht (2004), S. 11; siehe dazu auch Statistisches-Bundesamt (2004), S. 39 ff.

38 Vgl. Lauxen-Ulbrich/Leicht (2004), S. 11 und Piorkowsky/Stamm (2001), S. 19 f.

Im Gründungskontext werden zwei kontroverse Argumente zur Vereinbarkeit von Familie und Beruf diskutiert. Auf der einen Seite wird die Annahme formuliert, dass die Ausübung einer selbständigen Tätigkeit den Gestaltungsspielraum von Familien- und Berufsarbeit erhöht und somit für Frauen einen Anreiz zum Schritt in die Selbständigkeit bietet.[39] Andererseits wird darauf hingewiesen, dass gerade die Leitung eines Unternehmens einen hohen Arbeitseinsatz erfordert, der für Frauen mit Familie durch ein begrenztes Zeitbudget deutlich beschränkt ist. Da Frauen zumeist ohnehin mit einem Ressourcendefizit an spezifischem Humankapital ein Unternehmen gründen, stellt sich hier die Frage, ob ein familienbedingter, geringerer Input an zeitlichen Ressourcen die Bestandsfestigkeit und Erfolgsaussichten der Frauenbetriebe nicht weiter schmälert.[40]

Für die Beantwortung der hier relevanten Frage nach dem Einfluss eines geringeren Zeitbudgets auf die Entwicklung des Unternehmens liegen bisher kaum konkrete empirische Ergebnisse vor. Für Deutschland haben sich Lauxen-Ulbrich/Leicht erstmals auf dem Gebiet der Gründungsforschung mit dieser Fragestellung befasst. Es lassen sich in ihrer Studie einige Indizien dafür finden, dass Frauen aufgrund eines familienbedingt begrenzten Zeitbudgets in geringerem Umfang gründen als Männer. Zunächst ist festzustellen, dass kleine Kinder von selbständigen Müttern deren investierte Zeit in die selbständige Tätigkeit beschränken. Während knapp die Hälfte aller selbständigen, kinderlosen Frauen über 40 Stunden in der Woche arbeiten, tut dies nur ein Viertel der selbständigen Mütter mit Kindern unter zehn Jahren.[41] Darüber hinaus weisen Ergebnisse zum Erwerbstatus von Gründerinnen ein Jahr vor der Selbständigkeit darauf hin, dass die Hälfte der Gründerinnen mit Kindern unter sechs Jahren zuvor nicht erwerbstätig war, darunter 34 %, die zuvor als Hausfrau tätig waren.[42] Der Wiedereinstieg ins Erwerbsleben kann allerdings mangelnde Berufs- und Branchenerfahrung und veraltetes professionelles Humankapital mit sich bringen. Dies bedeutet, dass Frauen mit kleinen Kindern nicht nur mit begrenzten zeitlichen Ressourcen, sondern zusätzlich mit geringerer unter-

---

39 Insbesondere für die USA wurde in mehreren Studien festgestellt, dass im Haushalt lebende minderjährige Kinder die Wahrscheinlichkeit einer selbständig tätigen Mutter erhöhen, siehe dazu Lohmann (2001), S. 2 und DeMartino/Barbato (2003), S. 824 ff. Aufgrund differierender staatlicher Fürsorgeregeln für Mütter (Mutterschutz, Erziehungsurlaub, Kinderbetreuung usw.) ist davon auszugehen, dass der Druck für Frauen, in der Familienphase eine adäquate Einkommensquelle zu suchen, in den USA stärker wiegt als hierzulande, siehe dazu Lauxen-Ulbrich/Leicht (2004), S. 15 f.

40 Vgl. Lauxen-Ulbrich/Leicht (2004), S. 13 ff., Lauxen-Ulbrich/Leicht (2002), S. 12 f.; Jungbauer-Gans (1994), S. 60 und Rehkugler/Voigt (1990), S. 360.

41 Vgl. Lauxen-Ulbrich/Leicht (2004), S. 54.

42 Vgl. Lauxen-Ulbrich/Leicht (2004), S. 35.

nehmerischer Ressourcenausstattung den Schritt in die Selbständigkeit gehen und so geringere Überlebenschancen und Erfolgsaussichten befürchten müssen.

4 Gründungserfolg aus weiblicher Sicht

4.1 Einleitende Überlegungen

Gemessen an den üblichen Erfolgsmaßen der Überlebensdauer, Mitarbeiter- und Umsatzentwicklung scheinen sich also defizitäre Erfolgsaussichten weiblicher Unternehmensgründungen abzuzeichnen. Der Grund hierfür wurde bisher hauptsächlich in der geringeren Ressourcenausstattung der Gründerinnen gesehen. Es ist aber gerade in den letzten Jahren ein Umdenken in der Gründerinnenforschung zu beobachten. Dabei wird vermehrt der Frage nachgegangen, ob die wiederholt festgestellten Unterschiede zwischen weiblichen und männlichen Unternehmensgründungen letztlich nicht auch ein Ausdruck dafür sein können, dass Frauen eine andere Vorstellung von unternehmerischem Erfolg haben als Männer.[43] Einige Studien, die die Gründungsmotivation von Frauen und Männern erhoben haben, zeigen, dass sowohl Männer als auch Frauen mit der Gründung eines eigenen Unternehmens in erster Linie Autonomie, Selbstverwirklichung und die Durchsetzung eigener Ideen anstreben.[44] Darüber hinaus hat Jungbauer-Gans in ihrer Untersuchung nach den betrieblichen Zielen der Frauen und Männer gefragt. Während 40 % der Männer einen möglichst hohen Gewinn und nur 60 % ein ausreichendes Einkommen erzielen wollen, sind es nur 28 % der Frauen, die einen hohen Gewinn und 72 %, die ein ausreichendes Einkommen anstreben.[45] Gründerinnen möchten in erster Linie ihre Kunden zufrieden stellen, den Umsatz erhöhen und sich einen Arbeitsplatz schaffen; erst an vierter Stelle steht das Ziel, den Gewinn zu erhöhen.[46] Auch Assig et al. stellen fest, dass das „Streben nach höherem Einkommen“ für Gründerinnen nicht so wichtig ist wie für Gründer.[47] Diese Ergebnisse könnten ein Hinweis darauf sein, dass sich ein Großteil der potenziellen Gründerinnen möglicherweise mit der Zukunftsvision einer Unternehmerin, die 50 bis 60 Stunden in der Woche ein Unternehmen mit großer Belegschaft in einer Wachstumsbranche leitet, gar nicht identifizieren kann.

43 Vgl. Welter et al. (2003), S. 39.

44 Vgl. Assig et al. (1985), S. 90 f.; Jungbauer-Gans (1993), S. 74 und Ziegerer (1993), S. 135.

45 Vgl. Jungbauer-Gans (1993), S. 76.

46 Vgl. Jungbauer-Gans (1993), S. 75.

47 Vgl. Assig et al. (1985), S. 91.

4.2 Die Gründerinnen-Typologie von Hodenius

Insbesondere soziologische Studien, die sich thematisch mit Gründerinnen befassen, verfolgen schon seit längerem einen Ansatz, der die Relevanz von Familie und Partnerschaft im Lebensentwurf von Gründerinnen in den Mittelpunkt einer Erfolgsbetrachtung stellt. Grundgedanke dieses Ansatzes ist, dass Gründerinnen ihren unternehmerischen Erfolg nicht losgelöst vom persönlichen Lebensentwurf an betriebswirtschaftlichen Größen messen, sondern ihre Erfolgswahrnehmung unternehmensbezogene und persönliche Ziele beinhaltet.[48] Dieser Auffassung liegt die Annahme zugrunde, dass „Analyse und Beschreibung weiblicher Selbständigkeit allein auf Basis betriebswirtschaftlicher ökonomischer Rationalität das gesellschaftliche Bedingungsgefüge von ‚Familie' und ‚Beruf' […] ausblendet und damit zu kurz greift"[49]. Hodenius hat aus diesem Ansatz heraus eine Gründerinnentypologie entwickelt, die auf die unterschiedliche *Erfolgswahrnehmung* von Gründerinnen abstellt.[50]

(1) Der familienorientierte Typ

Die familienorientierte Gründerin führt ihr Unternehmen wie eine Familie. Hodenius spricht hier auch von einer „matriarchalischen Unternehmerin". Familiäre Sozialität und Solidarität stehen an oberster Stelle und finden beispielsweise ihren Ausdruck in einer auffallenden Fürsorge für die Angestellten. Dies liegt darin begründet, dass sich der familienorientierte Typ einem gescheiterten privaten Familienglück gegenüber sieht (bspw. Alleinerziehende mit eigentlichem Familienwunsch). Um den Lebensentwurf trotzdem verwirklichen zu können, wird das Unternehmen zum Familienersatz. Betriebswirtschaftlich-rationale Kriterien treten in der Unternehmensführung und bei der Erfolgsbewertung in den Hintergrund. Daher begründet der familienorientierte Typ auch eher randständige Erwerbsexistenzen, die häufig nur aufgrund finanzieller Unterstützung von Familienangehörigen überleben können. Trotzdem empfindet sich die familienorientierte Gründerin als erfolgreich, da es ihr glückt, ihren Lebensentwurf zwar über Umwege, aber dennoch umzusetzen.[51]

(2) Der berufsorientierte Typ

Die Gründungsgeschichte des berufsorientierten Typs ist zumeist eng mit einer Partnerschaft verknüpft (als Mitinhaber, Angestellter etc.). Die Unternehmen

48 Vgl. Hodenius (1997), S. 291.

49 Hodenius (1997), S. 297.

50 Empirische Grundlage der Gründerinnentypologie sind qualitative Tiefeninterviews mit Gründerinnen, die im Rahmen des Projektes „Die Bedeutung des Selbständigen im Strukturwandel. Der Gründerboom und die Entwicklung erwerbwirtschaftlicher Formen von Selbständigkeit" durchgeführt wurden, vgl. Hodenius (1997), S. 290.

51 Vgl. Hodenius (1997), S. 291 ff.

sind häufig solide und erwirtschaften Gewinne, was nicht zuletzt auf die gute Ausbildung der Gründerin zurückzuführen ist. Trotzdem übernimmt der berufsorientierte Typ lieber die Rolle der Inhaberin ohne direkte Beteiligung an der Geschäftsführung. Das Unternehmertum wird dem Partner als Territorium zugeschrieben. Und so stellt auch der berufsorientierte Typ bei der Erfolgsbewertung eher darauf ab, ob der persönliche Lebensentwurf nämlich in einer glücklichen Partnerschaft zu leben, verwirklicht wurde. Erst an zweiter Stelle zählt der ökonomische Erfolg. Durch diese Fixierung auf die Partnerschaft werden dem ökonomischen Erfolg Grenzen gesetzt.[52]

(3) Der konventionelle Typ

Für den konventionellen Typ ist eine klare Trennung von Unternehmen und Familie charakteristisch. Er wird am deutlichsten von Erbnachfolgerinnen repräsentiert. Während ihrer gesamten persönlichen Entwicklung erfahren sie, dass das Überleben des Unternehmens über familiären Belangen steht, da das familiäre Überleben davon abhängt. Häufig geht dies mit der Delegation von häuslichen Aufgaben einher: an die Kinderfrau, Putzhilfe, Gärtner etc. Kinder haben in einem solchen Lebensentwurf eher eine „Funktion" zu erfüllen – nämlich den Fortbestand des Familienunternehmens zu sichern. Da der konventionelle Typ die Familienführung von der Unternehmensführung trennt, haben familiäre Belange keinen Einfluss auf betriebswirtschaftliche Entscheidungen. Daher unterscheidet sich die Erfolgswahrnehmung und -bewertung der konventionellen Gründerin kaum von der des Gründers.[53]

(4) Der professionell-emanzipatorische Typ

Ausgangspunkt für eine Gründerin des professionell-emanzipatorischen Typs ist eine gute berufliche Qualifikation, aufgrund derer sich ihr eine Chance zur Selbständigkeit bietet. Ihre professionelle Erwerbsorientierung ist stärker als der Bedarf an sozialer Anerkennung. Daher setzt sich der professionell-emanzipatorische Gründerinnentyp auch über konventionelle Frauenbilder und Rollenverteilungen hinweg. Selbstgestaltungs- und ökonomische Chancen werden wahrgenommen und bewusst umgesetzt. Daher können zumeist positive Entwicklungen in Bezug auf Umsätze und Personaleinsatz verzeichnet werden, die allein als Erfolgskriterium aber nicht ausreichen. Dem professionell-emanzipatorischen Typ ist es vielmehr wichtig, Privatarbeit und Erwerbsarbeit harmonisch miteinander zu verknüpfen sowie traditionelle weibliche Lebensentwürfe zu durchbrechen, um nicht zuletzt anderen Frauen neue Erwerbsalternativen zu

---

52 Vgl. Hodenius (1997), S. 293 ff.
53 Vgl. Hodenius (1997), S. 295 f.

schaffen. Gelingt dies, nimmt die professionell-emanzipatorische Gründerin sich als erfolgreiche Unternehmerin war.[54]

4.3 Ein weiblicher Bewertungsansatz des Gründungserfolges

Wie die Gründerinnentypologie von Hodenius gezeigt hat, werden Gründerinnen in ihrer Erfolgswahrnehmung stark vom persönlichen Lebensentwurf mit Familie/Partnerschaft und dem Rollenverständnis beeinflusst. Der hier gewählte soziologische und feministische Ansatz bietet die Möglichkeit, diesen von der Gründungsforschung bisher vernachlässigten Punkt klar herauszustellen: Insbesondere bei der Bewertung des Gründungserfolges von Frauen sollte die subjektive Wahrnehmung der Gründerin berücksichtigt werden. Und so rücken an dieser Stelle die Überlegungen von Müller-Böling/Klandt, die sich auf den subjektiv-qualifizierten Gründungserfolg beziehen, in den Mittelpunkt des Interesses.[55] Denn, dass auch subjektive Maße wie die Lebenszufriedenheit den Gründungserfolg abbilden können, haben bereits Müller-Böling/Klandt in ihren Überlegungen berücksichtigt. Nur mussten diese Maße in der empirischen Praxis den sehr viel einfacher zu erhebenden (und einem quantifizierbaren männlichen Bewertungsansatz dienlichen) objektiven Maßen wie der Umsatzentwicklung weichen. Der hier präsentierte weibliche Bewertungsansatz des Gründungserfolges versucht auf den subjektiv-qualifizierten Gründungserfolg zu fokussieren und ihn mit der Gründerinnentypologie von Hodenius zu verbinden.

Qualifizierter Gründungserfolg	
objektiv	**subjektiv**
Typ 3 Erfolgsindikatoren: • Umsatzentwicklung • Mitarbeiterentwicklung	**Typ 1** Erfolgsindikatoren: • Lebenszufriedenheit • Lebenszufriedenheit Dritter
	Typ 2 Erfolgsindikator Lebenszufriedenheit
	Typ 4 Erfolgsindikatoren: • Unabhängigkeit • Selbstverwirklichung • Erfüllungsgrad der Umsatz-/Gewinnerwartung

Abb. 2: Weiblicher Bewertungsansatz des Gründungserfolges

Wie aus der Typologie von Hodenius hervorgeht, ist Typ 3 als konventioneller Typ kaum von männlichen Gründungen zu unterscheiden. Durch die Trennung

54 Vgl. Hodenius (1997), S. 296 f.

55 Siehe dazu Gliederungspunkt 2.

von Familie und Unternehmen kann das Unternehmen rein nach objektiv messbaren Größen bewertet werden. Ganz anders stellt sich dagegen der familienorientierte Typ (Typ 1) dar: Gemessen an objektiven Maßen bleiben die Erfolgsaussichten dieser Gründerinnen defizitär im Vergleich zu männlichen Gründungen. Werden allerdings subjektive Maße wie beispielsweise die Lebenszufriedenheit Dritter als Maßstab herangezogen, können diese Gründerinnen als erfolgreich im Sinne ihrer Erfolgswahrnehmung angesehen werden, da sie beispielsweise danach streben, für ihre Angestellten zu sorgen. Trotz einer im ökonomischen Sinne soliden Unternehmensentwicklung des Typs 2 nimmt eine berufsorientierte Gründerin sich erst als erfolgreich war, wenn der Erfolg mit dem Mann an der Seite geteilt werden kann. Die eigene Lebenszufriedenheit, die sich hauptsächlich in einer glücklichen Partnerschaft verwirklichen lässt, steht hier also im Vordergrund der Erfolgsbewertung. Auch ein solches Unternehmen dürfte bei objektiver Bewertung in den meisten Fällen gegenüber männlichen Gründungen defizitär abschneiden, da der unternehmerischen Entwicklung durch die Bevorzugung privaten Glückes Grenzen gesetzt werden. Da dies aber das Ziel der Gründerin ist, eignet sich ein subjektives Maß wie die eigene Lebenszufriedenheit eher zur Erfolgsbewertung. Im Gegensatz dazu könnte es sein, dass sich ein Unternehmen, das vom professionell-emanzipatorischen Typ (Typ 4) gegründet wird, auch unter objektiven Maßstäben als erfolgreich darstellt, obwohl dies nicht direkt von der Gründerin beabsichtigt war. Sie strebt nach Unabhängigkeit und Selbstverwirklichung und setzt daher ihre Fähigkeiten gezielt dazu ein, ihr Unternehmen aufzubauen. Dabei geht sie neue Wege, die durchaus von traditionellem Rollenverhalten abweichen, um Privat- und Erwerbsarbeit harmonisch miteinander zu verbinden.

Es zeigt sich also, dass unter Berücksichtigung weiblicher Erfolgswahrnehmung ein weiblicher Bewertungsansatz des Gründungserfolges formuliert werden kann, der subjektive Erfolgsindikatoren wie die Lebenszufriedenheit, die Lebenszufriedenheit Dritter, Unabhängigkeit und Selbstverwirklichung in den Blickpunkt der Betrachtung rückt. Die von Müller-Böling/Klandt identifizierten subjektiven Erfolgsindikatoren sind dabei nicht als abschließende Aufzählung zu verstehen. Diese lässt sich sicherlich erweitern und kann somit für eine Vielzahl von Forschungsfragen dienlich sein.

5 Fazit

Dieser Beitrag liefert auf Grundlage der Gründerinnentypologie von Hodenius einen alternativen Ansatz zur Bewertung der Erfolgsaussichten von weiblichen Unternehmensgründungen. Wie bisher herausgestellt wurde, weisen zahlreiche Studien Defizite in den Erfolgsaussichten von Gründerinnen nach, da sie lediglich an unterschiedlichen Einflussfaktoren ansetzen und eventuell vorhandene differierende Erfolgswahrnehmungen von Gründerinnen und Gründern außer Acht lassen. Wird diese, in der Gründungsforschung seit jeher etablierte objektiv-quantifizierbare Bewertungssicht hinterfragt, eröffnen sich Möglichkeiten der alternativen Erfolgsbewertung, die einer weiblichen Zielsetzung und Erfolgswahrnehmung besser gerecht werden. Da für Gründerinnen in den seltensten Fällen in erster Linie ökonomischer Erfolg erstrebenswert ist, können Studien, die als Erfolgsmaße die Umsatz- oder Mitarbeiterentwicklung heranziehen, im Vergleich zu Gründern nur zu ernüchternden Ergebnissen gelangen. Erst wenn die Zielsetzungen der Gründerinnen in den Blickpunkt gerückt werden, lässt sich dieses schiefe Bild gerade rücken. Unter Berücksichtigung des individuellen Lebensentwurfs und des Rollenverständnisses zeichnet sich so ein von männlichen Zielvorstellungen stark abweichendes weibliches Erfolgsverständnis ab, für dessen Abbildung subjektive Erfolgsmaße sicherlich besser geeignet erscheinen als objektive. Einem eventuellen Einwand, subjektive Erfolgsindikatoren seien nur schwerlich, wenn nicht unmöglich zu erheben und böten nur eine sehr wacklige Argumentationsgrundlage, sei entgegengestellt, dass sich auch objektive Erfolgsindikatoren erheblicher Kritik stellen müssen.[56] Trotz solcher eventueller Nachteile und Probleme in der Nutzung subjektiver Maße für die empirische Forschung ist in zukünftiger Erfolgsbewertung weiblicher Selbständigkeit ein Umdenken nötig, um weiblichen Vorstellungen eines erfolgreichen Unternehmens gerecht werden zu können.

Literatur

Aldrich, H. E./Zimmer, C. (1986): Entrepreneurship Though Social Networks, in: H. Aldrich (Hrsg.): Population Perspectives on Organizations, Uppsala 1986, S. 13-28.

Assig, D./Gather, C./Hübner, S. (1985): Voraussetzungen, Schwierigkeiten und Barrieren bei Existenzgründungen von Frauen. Untersuchungsbericht für den Senator für Wirtschaft und Arbeit, Berlin 1985.

Brüderl, J./Preisendörfer, P./Baumann, A. (1991): Determinanten der Überlebenswahrscheinlichkeit neugegründeter Kleinbetriebe, in: Mitteilungen aus der Arbeitsmarkt- und Berufsforschung, 24. Jg. (1991), H. 1, S. 91-100.

Brüderl, J./Preisendörfer, P./Ziegler, R. (1998): Der Erfolg neugegründeter Betriebe: eine empirische Studie zu den Chancen und Risiken von Unternehmensgründungen, Berlin 1998.

DeMartino, R./Barbato, R. (2003): Differences between women and men MBA entrepreneurs: exploring family flexibility and wealth creation as career motivators, in: Journal of Business Venturing, Vol. 18 (2003), S. 815-832.

Döbler, T. (1998): Frauen als Unternehmerinnen: Erfolgspotentiale weiblicher Selbständiger, Wiesbaden 1998.

Fehrenbach, S./Leicht, R. (2002): Strukturmerkmale und Potentiale der von Frauen geführten Betriebe in Deutschland, Mannheim 2002.

56 Vgl. dazu z. B. Schulte (2004).

Frank, H./Korunka, C./Lueger, M. (1999): Fördernde und hemmende Faktoren im Gründungsprozeß, Wien 1999.

Hodenius, B. (1997): Weibliche Selbständigkeit: Gratwanderung zwischen Programmatik und Pragmatik, in: H. Thomas (Hrsg.): Selbständige – Gründer – Unternehmer. Passagen und Passformen im Umbruch, 1. Aufl., Berlin 1997, S. 281-302.

Jungbauer-Gans, M. (1993): Frauen als Unternehmerinnen, Frankfurt a. M. [u. a.] 1993.

Jungbauer-Gans, M. (1994): Existenzgründerinnen: betriebliche Merkmale und Erfolg neugegründeter "Frauenbetriebe", Stuttgart 1994.

Klandt, H. (1980): Die Person des Unternehmungsgründers als Determinante des Gründungserfolgs, in: BFuP, 32. Jg. (1980), S. 321-335.

Klandt, H. (1984): Aktivität und Erfolg des Unternehmungsgründers – Eine empirische Analyse unter Einbeziehung des mikrosozialen Umfeldes, Bergisch Gladbach 1984.

Lauxen-Ulbrich, M./Leicht, R. (2002): Entwicklung und Tätigkeitsprofil selbständiger Frauen in Deutschland, Mannheim 2002.

Lauxen-Ulbrich, M./Leicht, R. (2004): Unternehmerin und daneben auch noch Kinder? Lebensformen und Arbeitsgestaltung selbständiger Frauen in Deutschland, Mannheim 2004.

Leicht, R./Lauxen-Ulbrich, M. (2002): Soloselbständige Frauen in Deutschland: Entwicklung, wirtschaftliche Orientierung und Ressourcen, Mannheim 2002.

Lohmann, H. (2001): Self-employed or employee, full-time or part-time? Gender differences in the determinants and conditions for self-employment in Europe and the US, in: Arbeitspapiere – Mannheimer Zentrum für europäische Sozialforschung, Nr. 38, Mannheim 2001, S. 1-21.

Mayr-Kleffel, V. (1991): Frauen in ihren sozialen Netzwerken, Opladen 1991.

Müller-Böling, D./Klandt, H. (1990): Bezugsrahmen für die Gründungsforschung mit einigen empirischen Ergebnissen, in: N. Szyperski/P. Roth (Hrsg.): Entrepreneurship: innovative Unternehmensgründungen als Aufgabe, Stuttgart 1990, S. 143-170.

Müller-Böling, D./Klandt, H. (1993): Unternehmensgründung, in: J. Hauschildt/O. Grün, (Hrsg.): Ergebnisse empirischer betriebswirtschaftlicher Forschung. Zu einer Realtheorie der Unternehmung, Stuttgart 1993, S. 135-178.

Piorkowsky, M.-B./Stamm, T. (2001): Existenzgründungsprozesse im Zu- und Nebenerwerb von Frauen und Männern, Berlin 2001.

Plaschka, M. (1986): Gründungsfinanzierung – Eine empirische Analyse potentieller Unternehmer, Wien 1986.

Preisendörfer, P. (1996): Gründungsforschung im Überblick: Themen, Theorien und Befunde, in: P. Preisendörfer (Hrsg.): Prozesse der Neugründung von Betrieben in Ostdeutschland, Rostocker Beiträge zur Regional- und Strukturforschung, H. 2, Universität Rostock, Wirtschafts- und Sozialwissenschaftliche Fakultät, Rostock 1996, S. 7-29.

Rehkugler, H./Voigt, M. (1990): Unternehmerinnen. Zehn Thesen zu einer von der Wissenschaft vernachlässigten Personengruppe, in: DBW, 50. Jg. (1990), S. 355-363.

Schenk, R. (1998): Beurteilung des Unternehmenserfolges, in: M. Frese (Hrsg.): Erfolgreiche Unternehmensgründer, Göttingen 1998, S. 59-82.

Schulte, R. (2004): Was ist "Gründungserfolg"? – Überlegungen zur Operationalisierung eines folkloristischen Begriffs, in: J. Merz/J. Wagner (Hrsg.): Perspektiven der MittelstandsForschung – Ökonomische Analysen zur Selbständigkeit von Freien Berufen und KMU, Münster [u. a.] 2004, S. 203-228.

Statistisches Bundesamt (2004): Frauen in Deutschland, Wiesbaden 2004.

Voigt, M. (1994): Unternehmerinnen und Unternehmenserfolg: geschlechtsspezifische Besonderheiten bei Gründung und Führung von Unternehmen, Wiesbaden 1994.

Welter, F./Lagemann, B./Stoytcheva, M. (2003): Gründerinnen in Deutschland – Potenziale und institutionelles Umfeld, Essen 2003.

Ziegerer, M. C. (1993): Firmengründungen durch Frauen und Männer im Zeitablauf, Bamberg 1993.

Mittelständische Unternehmen in Innovations-Netzwerken

Frank Stummer, Bernd Nolte

Inhaltsverzeichnis

1 Komplexität und Arbeitsteilung innovativer Tätigkeiten

Innovationstätigkeit ist in mehrfacher Hinsicht durch Komplexität gekennzeichnet. Das betrifft zunächst den Innovationsprozess. Dieser reicht von der Idee für neue Produkte, Verfahren und Organisationslösungen über die Forschung und Entwicklung, die Fertigungsgestaltung und Markteinführung bis zur breiten Marktdurchdringung. Es handelt sich um Problemlösungsprozesse, die durch Risiko, Arbeitsteilung, zahlreiche Interaktionen mit dem Umfeld und interdisziplinäre Zusammenarbeit gekennzeichnet sind. Die Generierung neuen Wissens verlangt ein enges Zusammenspiel aller Beteiligten, insbesondere bei anwendungsorientierter Grundlagenforschung und industrieller Anwendung der F&E Ergebnisse unterschiedlicher wissenschaftlicher Disziplinen.

Des Weiteren erhöht sich die Komplexität neuer Technologien. Das stellt nicht nur höhere Anforderungen an Wissen, Können und Erfahrungen der F&E-Mitarbeiter, sondern zwingt auch zu einer intensiven Kommunikation aller Innovationsakteure. Kooperation ist unerlässlich, wenn man sich den technologischen Herausforderungen des internationalen Wettbewerbs stellen will und sie tragen entscheidend zum Innovationserfolg bei (vgl. Gemünden/Ritter 1999, S. 135).

Auch die Entscheidungen der Innovationstätigkeit sind sehr komplexer Natur. Aus dieser Komplexität erfordern sie in einem Unternehmen oder einer Forschungseinrichtung in der Regel bereichsübergreifende Denkhaltungen und Arbeitsweisen und darüber hinaus die Integration von Kunden, Zulieferern, Vertriebspartnern, Kapitalgebern und anderen Umfeldakteuren in die Entscheidungsvorbereitung und -findung (vgl. Pleschak 2001, S. 46). Gerade die Marktgegebenheiten und Kundenanforderungen setzen wirtschaftliche, technische und zeitliche Maßstäbe für den gesamten Innovationsprozess.

Die Arbeitsteilung in Innovationssystemen vertieft sich. Innovative kleine und große Unternehmen, F&E-Dienstleister, Hochschulen, außeruniversitäre F&E-Einrichtungen sowie externe spezialisierte Industrieforschungseinrichtungen wirken im Innovationsprozess zusammen und ergänzen sich in Netzwerken oder über direkte Kooperationsverträge (vgl. DeBresson/Amesse 1991, S. 370). Dezentralisierung und Outsourcing führen in großen Unternehmen zur Lockerung traditioneller Organisationsformen und schaffen Möglichkeiten selbständigen wirtschaftlichen Agierens spezialisierter Einheiten (vgl. Fritsch 2000, S. 30).

Für die tiefere Arbeitsteilung zwischen Innovationsakteuren sprechen mehrere Faktoren (vgl. Pleschak et al. 2000, S. 128 ff.):

- Kleine Unternehmen haben wirtschaftlich nicht die Kraft, spezialisiertes F&E-Personal zu finanzieren, seine Auslastung wäre zu gering.
- Mittlere und große Unternehmen nutzen zeitweise zusätzliches Potenzial zur Kapazitätserweiterung, um ihre Innovationskraft zu verstärken oder Ergebnisse der Grundlagen- und angewandten Forschung in ihren Innovationsprozess einzubringen.
- Die zunehmende Komplexität und der Systemcharakter der Produkte und Verfahren verlangen bei der F&E Spezialkenntnisse und Erfahrungen auf vielen naturwissenschaftlich-technischen Gebieten, über die ein einzelnes Unternehmen nicht verfügt.
- Für F&E sind spezielle Geräte und Apparate, Arbeitsverfahren, Informationen erforderlich, deren Ausnutzung den Wirtschaftlichkeitserfordernissen nicht immer gerecht werden kann und die sich oft auch billiger und schneller extern als intern beschaffen lassen.
- Spezialisierung bringt Vorteile einerseits durch Kompetenzgewinn, Synergieeffekte, Risikoteilung und Kapazitätsergänzung. Andererseits stimuliert Spezialisierung auch Lerneffekte bei den Partnern und engere Verbindungen von Forschung und industrieller Nutzbarmachung der Forschungsergebnisse.
- Die Tendenzen zur Konzentration auf Kerngeschäfte führen zum Auslagern von solchen Tätigkeitsgebieten, die selbst nicht mit hoher Effizienz ausführbar sind.

Die tiefere Arbeitsteilung im Innovationsprozess drängt insbesondere kleine und mittlere Unternehmen (KMU) sowie externe Industrieforschungseinrichtungen zu einer verstärkten Kooperation. Nur wandlungsfähige, kooperationswillige und -fähige F&E-Einrichtungen beziehungsweise Unternehmen sind dauerhaft wettbewerbsfähig. Nicht ein einzelner Innovator, sondern das gesamte Innovationssystem, verstanden als Beziehungsgeflecht zwischen den innovationsrelevanten Akteuren, bestimmt den Wert einer Innovation. Gerade Regionen mit einer kleinbetrieblichen Industriestruktur (wie Ostdeutschland) sind zu hoher Kooperation und Vernetzung gezwungen, um innovative Entwicklungen zu ermöglichen. Dies gilt insbesondere für grundlegende Innovationen, spielt im globalen Maßstab aber bereits für Anwendungsinnovationen eine große Rolle (vgl. Gerybadze 1999, S. 57).

Netzwerke als spezielle Ausprägung der Kooperation bündeln komplementäre Ressourcen, verschiedene Akteure und arbeitsteilig aufeinander bezogene Aktivitäten im Innovationsprozess hinsichtlich gemeinsamer Ziele. Dies geschieht im Rahmen einer Kooperation, die nicht zwangsläufig formal geregelt sein muss. Die Synergien zwischen den Netzwerkakteuren mindern deren Risiko und beschleunigen den F&E-Prozess. Der sich im Netzwerk vollziehende Wissens- und Technologietransfer unterstützt die Qualifizierung des Personals. Netzwerke können günstige Rahmenbedingungen für die Beherrschung von Innovationsanforderungen wie Komplexität, Interdisziplinarität und Ganzheitlichkeit für jeden einzelnen der teilnehmenden Akteure schaffen (vgl. Koschatzky/Zenker 1999, S. 76 f.).

2 Zusammenwirken innovativer Potenziale in Netzwerken

2.1 Netzwerkakteure

Kleine und mittlere innovative Unternehmen beziehungsweise F&E-Einrichtungen haben allein in der Regel nicht die wirtschaftliche Kraft, den Anforderungen des internationalen Innovationswettbewerbs gerecht zu werden (vgl. Pleschak et al. 2000, S. 29). Sie verfügen nicht über die Spezialisten der verschiedenen Technikgebiete und wissenschaftlichen Disziplinen, um der erforderlichen Interdisziplinarität der F&E und dem Systemcharakter der Innovationen zu entsprechen. Die Verzahnung zur Grundlagenforschung ist für sie ein Problem, weil die Finanzierungskraft nicht ausreicht. Auch bei der Internationalisierung von Innovationsprozessen haben die kleinen und mittleren Unternehmen oft Probleme. Eine internationale Orientierung ist aber auch für sie notwendig, um Zugang zur Spitzenforschung zu erreichen und neue Märkte zu erschließen. Kleinen Unternehmen fällt es auch schwer, die Vorteile der Arbeitsteilung wirksam zu machen, leistungsfähige Geräte und Apparaturen zu finanzieren sowie Kostenvorteile durch höhere Produktionsmengen zu erreichen.

Ein Weg zur Überwindung dieser Problemsituation kann das Zusammenwirken folgender Innovationsakteure in Netzwerken sein (vgl. Pleschak et al. 2000, S. 128 ff.):

- Unternehmen, die gemeinsame Interessen bei F&E, Fertigung und Vertrieb haben und durch Zusammenarbeit die Fähigkeit aufbauen, Systemlösungen für Kunden anzubieten und zu vermarkten;
- Hochschulen und außeruniversitäre Forschungseinrichtungen, die einerseits an der Verwertung ihrer Ergebnisse aus der Grundlagen- und angewandten

Forschung interessiert sind, andererseits Erfahrungsrückfluss aus der praktischen Anwendung und Problemerkenntnisse der industriellen Nutzer benötigen;

- Vertriebspartner, die durch ihre Kenntnis der Zielmärkte, Kundenwünsche und -forderungen sowie der Gepflogenheiten der Marktteilnehmer zur Markterschließung durch die Netzwerkpartner beitragen, festgefügte Marktstrukturen auflockern, Marketing-Know-how vermitteln und dabei über Vertriebskooperation selbst ihre Stellung auf dem Markt auf- und ausbauen;
- Zulieferer, die in den Netzwerkakteuren Partner für stabile Abnehmer-Zulieferer-Beziehungen finden und durch innovative Entwicklungen (Maschinen, Materialien) zur Stärkung der Innovationskraft des Netzwerks beitragen;
- Kunden, die als Referenz- oder Schlüsselkunden wirken, als erste von neuen Entwicklungen profitieren und zur Marktdiffusion beitragen;
- Innovative Dienstleister, die entweder spezielles F&E-Know-how einbringen oder als Berater helfen, betriebswirtschaftliche Arbeitsmethoden einzuführen, Marktstudien durchzuführen oder durch Prozessanalysen die Effizienz zu erhöhen;
- Öffentliche Stellen, die dazu beitragen, die Netzwerke regional zu verankern und daraus Impulse für die Entwicklung der Region ableiten;
- Wettbewerber, die als Partner bei der Durchsetzung von Regulierungs- und Zulassungsaktivitäten und bei der Erarbeitung von Normen und Standards wirken oder die als Bietergemeinschaft ihre Marktchancen erhöhen.

Netzwerke fußen auf den Beziehungen zwischen den Netzwerkpartnern, ihren abgestimmten wirtschaftlichen Zielen und den gemeinsamen Interessen. Für Innovationen ist nicht nur Wissen wichtig, das logisch ableitbar, strukturiert reproduzierbar und lehr- beziehungsweise lernbar ist, sondern auch Wissen, das sich in einem Erfahrungsumfeld herausbildet (Erfahrungswissen), mehr intuitiv und situativ entsteht und damit nicht allgemein zugänglich ist. Die persönlichen Beziehungen aller Netzwerkpartner untereinander stellen eine wesentliche Quelle für das Entstehen und den Austausch dieses Wissens und seine praxiswirksame Nutzung dar. Innovationen, die auf solchem so genannten taciten Wissen beruhen und nicht nur auf allgemein zugänglichem, sind in relativ geringem Maße imitierbar (vgl. Lawson/Lorenz 1999, S. 316). Der sich im Netzwerk vollziehende Wissens- und Technologietransfer unterstützt die Qualifikation des Personals und löst Lernprozesse aus.

2.2 Vorteile von Netzwerken

Aus Netzwerken können nicht nur für die einzelnen Unternehmen und Einrichtungen, die im Netzwerk miteinander verbunden sind, sondern für die gesamte Region erhebliche Produktivitätsvorteile, bessere Innovationschancen und günstigere Voraussetzungen für Unternehmensgründungen entstehen (vgl. Fritsch et al. 1998, S. 250).

Die Leistungs- und Wettbewerbsfähigkeit der Netzwerkpartner erhöht sich und die Erfolgschancen der Geschäftsbeziehungen verbessern sich durch gemeinsame F&E-Projekte, Schutzrechtsstrategien und Zertifizierungshandlungen, Kunden- und Marktaktivitäten, Fertigungsaufgaben, Vertriebsaktivitäten und Zulieferbeziehungen. Zudem werden Lernprozesse ausgelöst, die aus der Erfahrungsübermittlung mit Rückkopplung auf das eigene Unternehmen entstehen. Damit erschließt sich jeder Beteiligte Vorteile, die ansonsten nur für Großunternehmen typisch sind. In welchem Maße tatsächlich effektiveres Wirtschaften erreicht wird, hängt von der Struktur, dem Inhalt und der Intensität der Beziehungen im Netzwerk ab und davon, ob alle Netzwerkpartner das Prinzip von Leistung und Gegenleistung einhalten.

Vorteile durch innovative Netzwerke sind insbesondere (vgl. Pleschak 2001, S. 25 f.):

- Know-how- und Kompetenzgewinn, insbesondere beim Übergang zu neuen Technologien, Aneignung externen Wissens, Lerneffekte;
- Synergieeffekte auf den Gebieten F&E, Marketing, Fertigung und Informationen;
- Verbesserung der Marktsituation durch Systemlösungen;
- Vermeidung von Doppelarbeit und kapazitätsmäßige Ergänzung;
- Risikoteilung und Risikoreduzierung;
- Ausschöpfung von Größen- und Spezialisierungsvorteilen;
- Verkürzung von Entwicklungszeiten und Beschleunigung des Markteintritts, Flexibilitätsvorteile;
- Entwicklung langfristiger Geschäftsbeziehungen;
- Verringerung der Transaktionskosten bei der Anbahnung von Kooperationsbeziehungen;
- Steigerung der Verhandlungsmacht gegenüber großen Unternehmen und regionalen Interessenvertretern;
- Koordinierung von Handlungen zum Netzwerkumfeld (Kapitalgeber, Berater);
- Benchmarking der internen Leistungserstellung.

2.3 Kooperation in Netzwerken

Vor allem radikale Innovationen, bei denen sich aus neuen grundlegenden technologischen Entwicklungen breite Marktchancen ergeben, bilden das Fundament für langfristiges wirtschaftliches Wachstum. Derartige Innovationen setzen voraus, dass Unternehmen und F&E-Einrichtungen bei der Innovationstätigkeit arbeitsteilig und auf der Grundlage einer gemeinsamen Zielstellung kooperativ zusammen wirken. Dies ist beispielsweise erforderlich, damit (vgl. Pleschak et al. 2000, S. 18):

- schon bei der Forschung von den realen Problemstellungen der industriellen Nutzung ausgegangen wird und solche Forschungsergebnisse entstehen, die technisch umsetzbar sind,
- in den Unternehmen die Aufnahmefähigkeit für den Forschungsvorlauf gegeben ist und durch eigene Entwicklung die neuen Prinzipien, Effekte oder Verfahren zu Produkten weitergeführt werden,
- bei der Konstruktion fertigungstechnische Erfordernisse berücksichtigt und rechtzeitig aus der konstruktiven Gestaltung Schlussfolgerungen für die Fertigungsinvestitionen gezogen werden,
- die F&E mit Kundenanforderungen und Markterfordernissen sowie wirtschaftlichen Kriterien konfrontiert wird.

Dieses Zusammenwirken reicht weit über allgemeine Netzwerkbeziehungen hinaus und fordert abgestimmte Ziel- und Aufgabenstellungen. Netzwerke sind aber die Keimzelle für derartige Kooperationen. Die projektbezogene Kooperation führt spezialisierte Potenziale mit spezifischen Stärken zusammen, und ermöglicht Innovationsprojekte, die für ein einzelnes Unternehmen aufgrund nicht ausreichender finanzieller, personeller und materieller Ressourcen nicht möglich wären. Natürlich birgt eine Kooperation auch Probleme in sich: Offenlegung von Strategien, Verlust an Selbstständigkeit, zusätzlicher Koordinations- und Kommunikationsaufwand. Es bedarf deshalb eines Kooperationsmanagements, um zu entscheiden, wann, mit wem, wie und wozu kooperiert werden soll (vgl. Pleschak/Sabisch 1996, S. 73).

Die Zusammenarbeit von Akteuren im Rahmen arbeitsteilig organisierter Innovationsprojekte sollte so erfolgen, dass an den Schnittstellen geringer Koordinationsaufwand sowie geringe Zeit- und Informationsverluste entstehen. Durch Integration von Funktionen im Innovationsprozess ist es zwar möglich, die Anzahl der Schnittstellen zu vermindern, aber einer solchen Reduktion der Anzahl der Schnittstellen sind durch den objektiv gegebenen arbeitsteiligen Charakter von Innovationsprozessen mit den sich daraus ergebenden Spezialisierungsvorteilen wirtschaftliche Grenzen gesetzt. Wichtiger Ausgangspunkt für die Beherrschung von Schnittstellen sind abgestimmte Strategien aller eingebundenen Partner. Im Rahmen von Netzwerken bilden sich diese heraus. Über die in Netzwerken ablaufenden Lern- und Abstimmungsprozesse verbessern sich die Bedingungen für eine erfolgreiche Kooperation. Dennoch ist die für den Innovationserfolg unabdingbare Kooperation im Innovationsprozess nicht unproblematisch. Das zeigt sich an mehreren Sachverhalten (vgl. Pleschak et al. 2000, S. 46):

- Der Unbestimmtheit und dem Risiko von Innovationsprozessen entsprechend kann die Kooperation nicht eindeutig vertraglich geregelt werden. Die Verträge enthalten immer „weiche“ Elemente.

- Der Wert eines F&E-Ergebnisses, das aus der Forschung in die Entwicklung weiter gereicht wird, ist für den Nutzer in der Regel nicht eindeutig beurteilbar.
- Die Verbreitung von Ergebnissen aus der Forschung zu anderen Nutzern lässt sich oft nicht verhindern, so dass die alleinige Verwertung gefährdet wird.
- F&E-bezogene Informationen sind oft örtlich verhaftet und daher nur mit erheblichem Aufwand transferierbar. Die Verständlichkeit einer Information setzt eine ganze Reihe von Vorinformationen voraus, über die der Partner in der Regel nicht verfügt. Dadurch ist seine Erkenntnisfähigkeit eingeschränkt. Oft sind Informationen nur begrenzt dokumentierbar und erfordern zum vollen Verständnis des Partners enge persönliche Kontakte.
- Der Nutzer des F&E-Ergebnisses verfügt unter Umständen nicht über ausreichende eigene absorptive Kapazitäten, um den potenziellen Nutzen der F&E-Leistung zu erkennen, das externe Wissen für die eigene Nutzung anzupassen und weiter zu entwickeln.
- Die Kommunikations- und Lernfähigkeit der Partner ist oft nicht ausreichend gegeben, um die Problemsituation im Innovationsprozess richtig zu erfassen und widerzuspiegeln; unter Umständen fehlt die Einstellung oder das Vertrauen in die Zusammenarbeit mit den Partnern, beziehungsweise es existieren Vorbehalte gegenüber der Leistungsfähigkeit potenzieller Partner.

Im Folgenden werden einige Hinweise zur Lösung, zur Vermeidung oder zum Umgang mit diesen Problemen gegeben.

2.4 Voraussetzungen für Netzwerke

Netzwerke funktionieren, wenn jeder Netzwerkteilnehmer Kompetenzen in das Netzwerk einbringt, aufnahmefähig für externes Wissen ist und dieses anpassen und weiterentwickeln kann. Die Netzwerkpartner müssen kommunikations- und lernfähig sein, damit sie sich auf Probleme und auf die Partner einstellen können. Netzwerke sind demnach durch eine Kultur der Interaktionen gekennzeichnet. Persönliche Kontakte und die Einhaltung ungeschriebener Regeln prägen die Zusammenarbeit. Offenheit, Ehrlichkeit, Vertrauen, Zielabstimmung, Freiwilligkeit der Zusammenarbeit, Interessenabstimmung und -koordination sind typische Merkmale erfolgreicher Netzwerke (vgl. Lo 2003, S. 213 f.). Vertragliche Regelungen sollten darauf hinwirken, den Gefahren eines unkontrollierten Wissensabflusses und der Offenlegung von Strategien entgegen zu wirken.

Entscheidende Voraussetzung für den Innovationserfolg ist ein kompetentes Management für die Netzwerkbeziehungen. Normalerweise hat jeder Netzwerkakteur eigene Koordinationsformen, die meist zueinander nicht passfähig sind. Netzwerke bedürfen deshalb eigenständiger Koordinationsformen, die die Steuerung übernehmen, und harmonisierter Koordinationsinstrumente (Gremien, Pläne, Kommunikationsforen usw.). Um der Gefahr zu begegnen, dass Netzwerkakteure einseitig Vorteile aus der Netzwerkarbeit ziehen, kann der Einsatz neutraler Netzwerkmanager sinnvoll sein. Infrastrukturelle Netzwerkhilfen können Technologietransfereinrichtungen oder Technologie- und Gründerzentren darstellen (vgl. Semlinger 1998, S. 64).

Zusammenfassend sind folgende Punkte Voraussetzungen für eine erfolgreiche Arbeit innovativer Netzwerke (vgl. Pleschak 2001, S. 89 f.):

- Kommunikations- und Lernfähigkeit der Teilnehmer;
- Aufnahme- und Verarbeitungsfähigkeit für Informationen;
- Einstellung auf Problemsituationen der Partner, ähnliches Problemlösungsverständnis und vergleichbare Problemlösungskompetenz;
- langfristige stabile Geschäftsbeziehungen, Interaktionsprozesse und Bindungen;
- eigenständige Profile der Netzwerkpartner, die sich insgesamt ergänzen;
- Offenheit und ein Klima des Vertrauens unter den Netzwerkpartnern;
- Vermeidung von Hierarchien im Netzwerk;
- Freiwilligkeit der Zusammenarbeit;
- Verknüpfung von Ressourcen und Ausnutzung der Kooperation;
- räumliche Nähe der Partner ohne Abschottung vom überregionalen Wissens- und Informationstransfer;
- wirtschaftliche Vorteile aus der Zusammenarbeit;
- Entwicklung der innovationsrelevanten Umweltbeziehungen;
- Schnittstellenmanagement und Moderation.

Das Zusammenwirken in Netzwerken bedarf eines Schnittstellenmanagements, um Koordinations-, Zeit- und Informationsverluste zu vermeiden. In Netzwerken arbeiten verschiedenste Akteure zusammen, die auch unterschiedliche Interessen und Ziele haben. Zwar liegt es auf der Hand, dass der einzelne Teilnehmer durch die Einbindung in ein Netzwerk auf Grund von Systemeffekten und geringeren Transaktionskosten höhere Erfolgsaussichten erreicht. Dennoch bedarf es eines eigenen Lernprozesses, um die Chancen, die sich aus Netzwerken ergeben, in die eigene Arbeit einfließen lassen zu können. Zudem ist eine Koordinierung erforderlich, um Erfahrungen auszuwerten, zu verallgemeinern sowie gemeinsames Vorgehen abzustimmen.

Zu den Aufgaben des Netzwerkmanagements gehören (vgl. Gemünden/Ritter 1999, S. 127 und Ritter 1998, S. 145 ff.):

- Anbahnung von Geschäftsbeziehungen;
- Informationsaustausch zwischen den Unternehmen;
- Netzwerkmarketing und Vermarktung von Netzwerkkomponenten;
- Planung, Organisation und Finanzierung von Verbundprojekten;
- Planung, Koordination und Zusammenführung von gemeinsamen Aktivitäten;
- Aufbau und Pflege der Infrastruktur;
- Zusammenarbeit mit regionalen Entscheidungsträgern;

- Erarbeitung des Netzwerk-Leitbildes;
- Konfliktmanagement.

Netzwerke können durch das Zusammenwirken der am Innovationsprozess beteiligten Akteure zu synergieerzeugenden Effekten führen. Da Informationen und Wissen über Innovationen immer lokal entstehen und genutzt werden, sind Netzwerke häufig durch eine stark ausgeprägte regionale Dimension gekennzeichnet. Ihre Funktionsfähigkeit ist von der Höhe des regionalen Innovationspotenzials, von der inhaltlichen Passfähigkeit (nach Branchen, F&E-Gebieten, Spezialisierungsgrad) der Bestandteile des Innovationssystems und der Verknüpfung der Akteure untereinander abhängig (vgl. Koschatzky/Zenker 1999, S. 45). Die räumliche Nähe in einer Region ermöglicht diejenigen persönlichen Kontakte, die für das Lernen in Netzwerken wichtige Voraussetzung sind. Da die Elemente der Netzwerke, die Zielstellungen und die Vorgehensweisen im Netzwerk von den regionalen Bedingungen geprägt sind, gibt es keine allgemeingültigen Schemata für den Aufbau von Netzwerken. So unterscheiden sich die Netzwerkstrukturen zwischen den Branchen; sie sind abhängig von der Existenz von Forschungs- und Transfereinrichtungen und sonstigen innovationsunterstützenden Dienstleistern und vom Lebenszyklus der Technologien (vgl. Koschatzky/Gundrum 1997, S. 28).

2.5 Netzwerke für junge innovative Unternehmen

Junge Unternehmen benötigen vielfältige Kontakte und Beziehungen, um den Anforderungen an die Innovationstätigkeit gerecht werden zu können. Durch Vernetzung der Gründer und aller innovationsrelevanten Umfeldakteure erhöhen sich für das einzelne Unternehmen die Erfolgschancen der Geschäftsbeziehungen. Oft ist für potenzielle Gründer die Existenz derartiger Netzwerke der auslösende Faktor, ein Unternehmen überhaupt und insbesondere in einer bestimmten Region zu gründen (vgl. Pleschak et al. 2000, S. 147).

Jungen Technologieunternehmen erwachsen dabei Chancen aus der Einbindung in folgende Netzwerke (vgl. Pleschak 2001, S. 134 ff.):

- *Netzwerke großer, etablierter und kleiner, junger Unternehmen*: Im Innovationsprozess verfügen große und kleine Unternehmen über spezifische Stärken, aber auch Schwächen. Die Arbeitsteilung zwischen großen und kleinen Unternehmen leitet sich unter anderem aus der Marktgröße, der Investitionsintensität und den Technologiegebieten ab. Zwischen beiden Unternehmensgruppen bestehen komplementäre Beziehungen. Diese sind für beide Seiten attraktiv, besonders dann, wenn die etablierten Unternehmen die innovativen Impulse der jungen Unternehmen aufnehmen und die jungen Unternehmen auf bestehende Vertriebsnetze, Verbundforschungsprojekte und abgegrenzte kleine Marktsegmente zugreifen können.
- *Regionale innovative Netzwerke*: Regionale innovative Netzwerke mit Forschungseinrichtungen, Hochschulen, großen und kleinen Unternehmen

sowie Einrichtungen der innovativen Infrastruktur (Technologiezentren, Innovationsagenturen, Wirtschaftsförderung) bilden ein innovatives Milieu und ein günstiges Umfeld für interdisziplinäre, anwendungsorientierte Forschungsarbeit. Sie schaffen Rahmenbedingungen für die erfolgreiche Entwicklung traditionsreicher Firmen wie auch die Ansiedlung innovativer Unternehmen. In diesem Umfeld entwickelt sich der Erfahrungsaustausch und es entstehen gemeinsame F&E-Projekte, die von der Grundlagenforschung bis zur Markteinführung reichen.

- *Netzwerke in Technologie- und Gründerzentren*: Gründer erfahren in Technologie- und Gründerzentren (TGZ) nicht nur Unterstützung bei der Ausarbeitung ihrer Unternehmenskonzeption, sondern es entwickeln sich in den Zentren oft auch intensive Kontakte mit anderen Unternehmen des Zentrums, die zu F&E-, Fertigungs- und Vertriebskooperationen führen. Darüber hinaus unterstützt das Management der TGZ die Gründer bei der Kontaktaufnahme zu anderen Unternehmen in der Region und bei der Einbindung der Gründer in regionale Netzwerke. In Zentren entwickeln sich Gründernetzwerke, deren konkrete Ausdrucksform zum Beispiel Unternehmerstammtische und Unternehmerforen sind.
- *Netzwerke von Kapitalgebern*: Kapitalgeber – angefangen bei der Hausbank – verfügen über umfangreiche Kontakte zu öffentlichen Kapitalgebern, Kapitalbeteiligungsgesellschaften, Business-Angel-Netzwerken und Fördermittelgebern. Diese selbst sind wieder Träger eigener Netzwerke. Gründer sollten sich in diese Netzwerke einbringen und die daraus entstehenden Vorteile nutzen, denn für die Unternehmensfinanzierung ist zumeist ein Mix verschiedener Finanzierungsquellen erforderlich.
- *Netzwerke von Verbänden, Selbsthilfeeinrichtungen, Transfer- und Beratungsstellen*: Über diese Einrichtungen ergeben sich für Gründer und junge Unternehmer Informationsmöglichkeiten, Diskussionsforen, Erfahrungsaustausch, Beratung und Coaching bis hin zu Patenschaften. In manchen Fällen führen diese Netzwerke auch Kooperationsbörsen. Sie ermöglichen den Zugang zu Datenbanken und organisieren Messe- und Besuchsprogramme.

3 Unterstützung von Netzwerken

Die Vernetzung im Innovationssystem ist entscheidend für dessen Funktionsfähigkeit. Sie ist insbesondere für Deutschland, das eine durch viele kleine und mittlere Unternehmen geprägte Innovationslandschaft aufweist, notwendig, um die Wettbewerbs- und Leistungsfähigkeit zu erhöhen. Es gibt zwar bereits seit teilweise vielen Jahrzehnten bestehende Netzwerke. Jedoch sollte im Interesse der angeführten Effekte die Entwicklung und der Aufbau von Netzwerken durchaus dauerhaft für jeweils eine befristete Startperiode durch die öffentliche Hand auf kommunaler, regionaler, Länder- und Bundesebene sowie im Rahmen der Europäischen Union unterstützt werden, ohne dass dieser Aufbau zum Selbstzweck wird. Dem Zusammenwirken innovativer Potenziale in Netzwerken wäre dienlich (vgl. Pleschak et al. 2000, S. 146 ff.):

- Die *Unterstützung des Managements von Netzwerken*, um die beteiligten Partner von den zunächst entstehenden zusätzlichen Belastungen für den Aufbau der Netzwerke sowie die Moderation und Koordination zu entlasten. Die Synergien im Netzwerk erschließen sich anfänglich nicht zwangsläufig von selbst, sie sind in der Regel zu einem wesentlichen Teil Ergebnis von Lernprozessen. Sind die Erfahrungen beim Management ausreichend, dann tragen sich Netzwerke aufgrund ihrer wirtschaftlichen Vorteile und dem Eigeninteresse der Netzwerkpartner selbst (Anschubförderung).
- Die *Unterstützung von Innovationsprojekten*, die das Netzwerk als Ganzes betreffen und die aufgrund ihres hohen Risikos nicht allein über Marktbeziehungen finanzierbar sind.
- Die *Förderung von Netzwerken als Ganzes*, wenn sie sich als besonders wichtig für die innovative Entwicklung einer Region erweisen und der Region Wachstumsimpulse geben.
- Die *Förderung von Innovationsprojekten*, die zur Beherrschung der Arbeitsteilung und Kooperation die Arbeit im Verbund erfordern (Verbundprojekte für radikale Innovationen mit hoher Neuheit, hohem Risiko, hoher Komplexität), wodurch die Kapazitäts- und Finanzierungsengpässe kleiner und mittlerer Unternehmen sowie F&E-Einrichtungen bei der Inangriffnahme größerer Vorhaben gemildert werden und das Zusammenführen von Potenzialen der Grundlagenforschung, angewandten Forschung, Entwicklung, Fertigung und Markteinführung gewährleistet wird.

4 Zusammenfassung

Die Komplexität von Innovationstätigkeiten – von der Produktidee über die Verfahren, Organisationslösungen, die Forschung und Entwicklung, die Fertigungsgestaltung bis zur Markteinführung – ist insbesondere für kleine und mittlere Unternehmen in vielen Fällen nur durch Kooperation zu bewältigen. Insofern stellen regionale Netzwerke oft eine wichtige Voraussetzung für die Ansiedlung junger innovativer Unternehmen dar. Der Aufbau von Netzwerken belastet das Unternehmensmanagement zunächst zusätzlich durch Moderations- und Koordinationsaufgaben. Synergien ergeben sich oft erst durch Lernprozesse und Erfahrungen innerhalb des Netzwerkes. Deshalb benötigen derartige Strukturen in der Regel eine Anschubförderung.

In Netzwerken können sich Akteure wie Unternehmen mit gemeinsamen Interessen, Hochschulen, Vertriebspartner, Zulieferer, Kunden, Dienstleister, die öffentliche Wirtschaftsförderung und sogar Wettbewerber zusammenfinden.

Als Ergebnisse formal und informal geregelter Kooperationen auf der Basis abgestimmter Ziel- und Aufgabenstellungen werden vor allem folgende Vorteile angestrebt:

- Know-how- sowie Kompetenzgewinn;
- Synergieeffekte bei F&E, Marketing, Fertigung und Information;
- Risikoreduzierung;
- Ausschöpfung von Spezialisierungsvorteilen;
- Verkürzung von Entwicklungszeiten;
- langfristige Geschäftsbeziehungen;
- Verringerung der Transaktionskosten;
- eine Stärkung der Position kleiner und mittlerer Unternehmen gegenüber großen Unternehmen;
- ein Benchmarking der internen Leistungen.

Das Kooperationsmanagement muss jeweils entscheiden, wann, mit wem, auf welche Weise und mit welchem Ziel kooperiert werden soll, um Risiken zu reduzieren, die mit der Offenlegung von Strategien und dem Verlust von Selbständigkeit einher gehen können. Oft ist die Zusammenarbeit stark durch die persönlichen Kontakte sowie die Einhaltung ungeschriebener Gesetze geprägt. Ein vertrauensvoller und bereitwilliger Umgang der Partner ist eine entscheidende Voraussetzung für eine zufrieden stellende Interessenabstimmung, von der letztlich der Erfolg abhängt.

Literatur

DeBresson, C./Amesse, F. (1991): Networks of innovators. A review and introduction to the issue, in: Research Policy, Vol. 20 (1991), S. 363-379.

Fritsch, M. (2000): Innovation by Networking: An Economic Perspective, in: K. Koschatzky/M. Kulicke/A. Zenker (Hrsg.): Innovation Networks, Heidelberg, New York 2000, S. 25-33.

Fritsch, M./Koschatzky, K./Schätzl, L./Sternberg, R. (1998): Regionale Innovationspotenziale und innovative Netzwerke, in: Raumforschung und Raumordnung, 56. Jg. (1998), S. 243-252.

Gemünden, H. G./Ritter, T. (1999): Innovationserfolg durch technologieorientierte Geschäftsbeziehungen – Ein Vergleich zwischen Ost- und Westdeutschland, in: C. Tintelnot/D. Meißner/I. Steinmeier (Hrsg.): Innovationsmanagement, Berlin 1999, S. 125-136.

Gerybadze, A. (1999): Lead-Märkte und nationale Innovationssysteme als Treiber des Globalisierungsprozesses, in: C. Tintelnot/D. Meißner/I. Steinmeier (Hrsg.): Innovationsmanagement, Berlin 1999, S. 51-73.

Koschatzky, K./Gundrum, U. (1997): Die Bedeutung von Innovationsnetzwerken für kleine Unternehmen, in: K. Koschatzky (Hrsg.): Technologieunternehmen im Innovationsprozeß. Management, Finanzierung und regionale Netzwerke, Heidelberg 1997, S. 11-29.

Koschatzky, K./Zenker, A. (1999): Innovative Regionen in Ostdeutschland – Merkmale, Defizite, Potentiale, Arbeitspapier des ISI, Karlsruhe 1999.

Lo, V. (2003): Wissensbasierte Netzwerke im Finanzsektor. Das Beispiel des Mergers & Acquisitions-Geschäfts, Wiesbaden 2003.

Lawson, C./Lorenz, E. (1999): Collective Learning, Tacit Knowledge and Regional Innovative Capacity, in: Regional Studies, Vol. 33 (1999), S. 305-317.

Pleschak, F. (2001): Management in Technologieunternehmen, Wiesbaden 2001.

Pleschak, F./Fritsch, M./Stummer, F. (2000): Industrieforschung in den neuen Bundesländern, Heidelberg 2000.

Pleschak, F./Sabisch, H. (1996): Innovationsmanagement, Stuttgart 1996.

Ritter, T. (1998): Innovationserfolg durch Netzwerkkompetenz. Effektives Management von Unternehmensnetzwerken, Wiesbaden 1998.

Semlinger, K. (1998): Innovationsnetzwerke. Kooperation von Kleinbetrieben, Jungunternehmen und kollektiven Akteuren, Eschborn 1998.

Möglichkeiten zur Vertrauensförderung im Markt für Bio-Lebensmittel

Angelika Eichenlaub, Eeva Korjamo

Inhaltsverzeichnis

1 Einleitung

Lebensmittel aus kontrolliert biologischem Anbau erfreuen sich in Deutschland wachsender Beliebtheit. Die Öffentlichkeit ist in hohem Maße ökologisch sensibilisiert, was nicht zuletzt auf die zahlreichen Lebensmittelskandale (z. B. BSE, Schweinepest, Vogelgrippe) zurückzuführen ist (vgl. Bruhn 2002, S. 196). Allerdings schlägt sich die Ökologieorientierung nur in geringem Maße auf das Kaufverhalten von Bio-Lebensmitteln nieder. So handelt es sich beim Markt für Bio-Lebensmittel um einen ausgesprochenen Nischenmarkt (vgl. Will 2005a, S. 30). Jedoch ist trotz stagnierender Lebensmittelumsätze in Deutschland in den letzten Jahren ein enormes Marktwachstum für Bio-Lebensmittel zu verzeichnen. Die ehemalige Bundesministerin für Verbraucherschutz, Ernährung und Landwirtschaft Künast hat es sich zum Ziel gesetzt, den heutigen Bio-Anteil von unter drei % bis zum Jahr 2010 auf 20 % zu steigern (vgl. Bio-Siegel 2005 und Pfannenmüller 2003, S. 60).

Um diese Steigerung realisieren zu können ist zu fragen, wodurch die bestehende Differenz zwischen Ökologieorientierung und tatsächlichem ökologischen Kaufverhalten zu erklären ist. Einerseits handelt es sich sicherlich um das Problem eines sozial erwünschten Verhaltens, das bei der Erhebung von umweltbewussten Einstellungen eine Rolle spielt.[1] Andererseits kann die angesprochene Differenz aus einem informationsökonomischen Blickwinkel als Informationsproblem gefasst werden. Letztere Perspektive wird in dem hier vorliegenden Beitrag eingenommen. „Denn gerade bei ökologischen Produktmerkmalen zweifeln Konsumenten häufig an deren Echtheit beziehungsweise an der Glaubwürdigkeit der kommunizierten Werbeaussagen, da sie die ökologischen Eigenschaften nur unzureichend überprüfen können und nicht in der Lage sind, die Qualität eines Produktes vor und meist auch nicht nach dem Kauf eindeutig zu beurteilen" (Jung 1998, S. 1).

Der folgende Beitrag beschäftigt sich mit Informationsasymmetrien beim Kauf von Bioprodukten und der damit einhergehenden Vertrauensproblematik. Zielsetzung ist es, Anhaltspunkte dafür zu geben, wie dieser Vertrauensproblematik begegnet werden kann. Dazu werden zunächst in Abschnitt 2 grundlegende Ausprägungen und Entwicklungen des Marktes für Bio-Lebensmittel skizziert, um darauf aufbauend darzulegen, dass es sich bei Bioprodukten um Vertrauensgüter handelt. In Abschnitt 3 wird aufgezeigt, mit welchen Mechanismen und kommunikativen Möglichkeiten das beim Kauf von Bioprodukten relevante Vertrauen unterstützt werden kann. Dazu wird insbesondere auf die Reputation und den persönlichen Kontakt als Vertrauen fördernde Mechanismen sowie auf das Bio-Siegel, Marken und glaubwürdige Absatzmittler als Möglichkeiten zur glaubwürdigen Kommunikation eingegangen.

2 Das Vertrauensproblem im Markt für Bio-Lebensmittel

2.1 Charakterisierung des Marktes für Bio-Lebensmittel

In dem vorliegenden Abschnitt werden grundlegende Merkmale des Bio-Lebensmittelmarktes dargestellt. Nach einer Beschreibung des Marktes werden die Richtlinien für Bioprodukte[2] und das Bio-Siegel vorgestellt. Anschließend erfolgt eine Klassifizierung der Marken und Einkaufsstätten, die im Markt für Bio-Lebensmittel vorgefunden werden. Abschließend wird das Kaufverhalten von Bio-Lebensmitteln betrachtet.

Der ökologische Anbau weist auf eine möglichst umweltschonende und energiesparende Erzeugung von Lebensmitteln hin. Ziel ist es, gesundheitlich

---

1 „Wahrnehmungsverzerrungen, Interviewereinfluss und sozial erwünschtes Antwortverhalten führen zu Konsumüberschätzungen", Bruhn (2002), S. 139. Endogene und exogene Erklärungsansätze für Divergenzen zwischen Umweltbewusstsein und tatsächliches Umweltverhalten, siehe Jung (1998), S. 14 ff.

2 Ökologische Lebensmittel, Öko-Lebensmittel, Bioprodukte, Naturkost o. ä., vgl. Jung (1998), S. 43. In dem vorliegenden Beitrag werden Bioprodukte als Synonym für Bio-Lebensmittel verwendet. Die EG-ÖKO-Verordnung schützt die Begriffe: Bio-, Öko-, biologisch/ökologisch, kontrolliert ökologisch/biologisch, biologischer/ökologischer Landbau, biologisch-dynamisch, biologisch-organisch, vgl. Bio-Siegel (2005).

unbedenkliche und biologisch sowie ernährungsphysiologisch vollwertige Lebensmittel zu erzeugen (vgl. Jung 1998, S. 42).

Der Markt für Bioprodukte ist heute noch ein Nischenmarkt (vgl. Bruhn 2002, S. 57 f.) und der Anteil der Bio-Lebensmittel liegt laut Untersuchungen von CMA und g/d/p unter 3 % des gesamten Lebensmittelmarktes[3], wobei die Tendenz steigend ist (vgl. Will 2005a, S. 30). Der Umsatzzuwachs im Jahr 2004 betrug gegenüber dem Vorjahr 13 %. Die Zahlen für 2005 zeigen einen ähnlichen Verlauf (vgl. Bio-Siegel 2005).

Die Entwicklung der Bio-Märkte hängt entscheidend von den politischen Rahmenbedingungen ab (vgl. Hoffmann 2005, S. 49). Der Wechsel zum biologischen Anbau wird seit 1989 staatlich gefördert.[4] Dies hat zu größeren Anbaumengen, einer Preissenkung bei Bioprodukten sowie zur Ausweitung von Distribution und Sortiment geführt (vgl. Bruhn 2002, S. 52 und S. 211 f.).[5] Das Nachfragewachstum war Ende der 80er Jahre und Anfang der 90er Jahre des letzten Jahrhunderts am stärksten. Um weiterhin Wachstum zu generieren, müsste nicht nur der Anbau sondern auch die Vermarktung der Bioprodukte gefördert werden (vgl. Bruhn 2002, S. 195 f., S. 205 und S. 210).

Gekennzeichnet ist der Markt für Bio-Lebensmittel durch die Richtlinien der EG-ÖKO-Verordnung[6], die für EU-Länder einheitliche Mindeststandards zur Erzeugung, Verarbeitung, Kennzeichnung und Kontrolle[7] der Erzeugnisse des

3 Laut Anbauverband Bioland, Mainz werden jährlich drei Mrd. Euro (2,4 %) mit Bioprodukten umgesetzt, vgl. Pfannenmüller (2003), S. 60. Der Anteil des Bio-Anbaus an der gesamten landwirtschaftlichen Anbaufläche liegt bei 4,5 %, vgl. o.V. (2005a), S. 38.

4 Die Entwicklung des ökologischen Landbaus in Deutschland kann in drei Phasen eingeteilt werden. Die erste Phase (1924-1970) bezeichnet die Entstehung des ökologischen Landbaus. Die zweite Phase (auch als die erste Ausdehnungsphase bezeichnet) (1970-1988) war eine Wachstumsphase als Reaktion auf ökologische Probleme. In den 80er Jahren wuchs das Misstrauen gegenüber konventionell erzeugten Lebensmitteln und das Gesundheitsbewusstsein stieg. Seit 1989 wird der Wechsel zum biologischen Anbau staatlich gefördert und kann als Anfang der dritten Phase gesehen werden, vgl. Bruhn (2002), S. 52 und S. 211 f.

5 Allerdings könnten Änderungen im Bereich der Politik die Situation verschlechtern: „Die öffentliche Förderung des Bio-Sektors werde eventuell drastisch zurückgefahren, was sich in einer entsprechenden Verknappung des Angebots und höheren Preisen widerspiegeln könnte", Hoffmann (2005), S. 49.

6 EG-ÖKO-Verordnung: „Verordnung (EWG) Nr. 2092/91 des Rates vom 24. Juni 1991 über den ökologischen Landbau und die entsprechende Kennzeichnung der landwirtschaftlichen Erzeugnisse und Lebensmittel", Verbraucherministerium (2005). Im Jahr 2000 wurde die Verordnung durch Richtlinien für die tierischen Erzeugnisse des ökologischen Landbaus ergänzt, Verordnung (EG) Nr. 1804/1999 des Rates vom 19. Juli 1999, vgl. Verbraucherministerium (2005). Die letzte Änderung der Verordnung ist Anfang 2005 in Kraft getreten.

7 Mindestens einmal im Jahr führen staatlich zugelassene Kontrollstellen angemeldete Kontrollen in den Bio-Betrieben durch (sowohl in den Landwirtschaftsbetrieben als auch

ökologischen Landbaus und der Tierproduktion festlegen (vgl. ÖKO-TEST 2005). Die EG-Öko-Verordnung definiert, „wie landwirtschaftliche Erzeugnisse und Lebensmittel, die als Bio/Öko-Produkte gekennzeichnet sind, erzeugt und hergestellt werden müssen" und welche Zutaten in welchem Umfang erlaubt sind (Verbraucherministerium o. J.).[8] Bio-Lebensmittel, die nach Standards der EU-Öko-Verordnung hergestellt werden, dürfen seit September 2001 mit dem staatlichen Qualitätssiegel „Bio-Siegel" versehen werden, welches sich wachsender Beliebtheit erfreut. Waren es im Jahr 2003 noch 900 Hersteller die insgesamt 18.000 Produkte mit dem Bio-Siegel auszeichneten, so lagen im August 2005 die Zahlen bereits bei 1.410 Unternehmen und 30.000 gekennzeichneten Produkten (vgl. Wieking 2003, S. 44 f. und Bio-Siegel 2005). Vor Einführung des Bio-Siegels bestand für den Konsumenten größere Unsicherheit darüber, was Bio ist und was nicht. So war die damals vorliegende Vielzahl von Prüfsiegeln[9] keine Kaufhilfe für die Konsumenten, da es an Transparenz fehlte (vgl. ZMP/CMA 2002, S. 34).

Neben der Kennzeichnung von Bio-Lebensmitteln durch das Bio-Siegel markieren ökologische Anbauverbände[10], auch als Erzeugerverbände bekannt, ihre Produkte mit eigenen Marken[11]. Erzeugerverbände, die sich aus dem Zusammenschluss mehrerer Erzeuger etabliert haben, stellen Richtlinien auf, die in Teilbereichen strenger sind als die der EU. Als Zeichen höherer Ökoqualität markieren sie die Produkte mit den Erzeugermarken, verwenden aber zusätzlich

---

in den Verarbeitungsunternehmen). Zudem finden auch unangemeldete Kontrollen statt. Die Kontrollen erfolgen in allen Erzeugungs- und Verarbeitungsstufen, vgl. Bio-Siegel (2005).

8 Für Bio-Lebensmittel dürfen nur ca. ein Zehntel aller zugelassenen Zusatzstoffe verwendet werden, vgl. Will (2005c), S. 58. Die Begriffe „Bio" und „Öko" dürfen nur verwendet werden, wenn über „95 Prozent der Zutaten landwirtschaftlichen Ursprungs aus ökologischem Landbau stammen", Bio-Siegel (2005).

9 Beispielsweise war der Vorgänger des Bio-Siegels das Ökoprüfzeichen, das im Jahr 1999 von der AGÖL (Arbeitsgemeinschaft Ökologischer Landbau) und CMA (Zentrale Marketing-Gesellschaft der deutschen Agrarwirtschaft mbH) eingeführt wurde. Das Ökoprüfzeichen konnte sich auf dem Markt nicht durchsetzen, vgl. Bruhn (2002), S. 58.

10 In Deutschland existieren neun ökologische Anbauverbände (Erzeugerverbände). Davon gehören Biokreis e. V., Naturland e. V., ANOG e. V., ECOVIN e. V., Gäa e. V., Ökosiegel e. V. und Biopark e. V. zum Dachverband des ökologischen Anbaus AGÖL, der im Jahr 1988 gegründet wurde, vgl. Der Grüne Faden (2003). Die anderen zwei Verbände sind Demeter e. V. und Bioland e. V. Die ökologische oder alternative Landwirtschaft – als Alternative zu den technisch-ökonomischen (konventionellen) Landbaumethoden – beinhaltet mehrere Richtungen der Landbewirtschaftung, deren Ziel es ist, das ökologische Gleichgewicht zu erhalten, vgl. Der Grüne Faden (2003).

11 Bei Erzeugermarken handelt es sich nicht um Marken im eigentlichen Sinne, vielmehr stehen sie für die Einhaltung von Anbau- und Verarbeitungsrichtlinien. Sie werden aber von den Konsumenten als klassische Marken wahrgenommen und können daher als solche bezeichnet werden, vgl. Fütterer (2000), S. 12.

das Bio-Siegel, welches für Standard-Ökoqualität bürgen soll (vgl. Pfannenmüller 2003, S. 61; Bio-Siegel 2005; Sagi (2005); ZMP/CMA 2003, S. 42 und Der Grüne Faden 2003). Die bekanntesten Öko-Marken waren im Jahr 2000 die Erzeugermarken Bioland, Demeter und Naturland (vgl. Weindl 2000, S. 68). Laut Ökobarometer 2005[12] achten 64 % der Bevölkerung auf das Bio-Siegel oder auf Zeichen der Öko-Anbauverbände.

Grundsätzlich ist zwischen verschiedenen Möglichkeiten der Markierung zu unterscheiden. Differenziert werden können Kennzeichnungen durch Prüfsiegel, Marken, Landes- und Herkunftszeichen sowie Zeichen regionaler Landbauverbände (vgl. Jung 1998, S. 49). Sehr häufig erfolgt die Markierung über das bereits angesprochene Bio-Siegel und über die im Folgenden näher betrachteten Marken. Eine Besonderheit des Marktes für Bioprodukte besteht in der Rolle der Einkaufsstätte, die nach Fütterer (2000, S. 6) auch als „Storebrand" bezeichnet werden kann.[13] Die Bindung der Verbraucher erfolgt vor allem an das Geschäft und nur eingeschränkt an die Marken. So haben Herstellermarken im Naturkostfachhandel eher eine unbedeutende Rolle (Fütterer 2000, S. 10). Der konventionelle Lebensmitteleinzelhandel (LEH) und Bio-Supermärkte, aber auch einige Großhändler verwenden eigene Marken für Bio-Lebensmittel, zum Beispiel Alnatura, BioBio, Naturkind, Bio Wertkost, Füllhorn. Reformwaren-Hersteller dagegen markieren die Produkte mit dem grünem Blatt und der Aufschrift „Bio" (vgl. Bio-Siegel 2005 und Fütterer 2000, S. 10 ff.). Einen großen Teil der ökologischen Lebensmittel machen Frischwaren und Basisprodukte[14] aus, die häufig ohne Markierung angeboten werden (vgl. Bech-Larsen/Grunert 2001, S. 189). Deutlich wird die fast unüberschaubare Markierungsvielfalt auf dem Markt für Bio-Lebensmittel, weshalb zunächst eine mögliche Kategorisierung von Bio-Marken anhand der Markierungsquelle erfolgen soll (vgl. Tabelle 1).

---

12 Seit 2001 führt das Forschungsinstitut EMNID im Auftrag vom Bundesministerium für Verbraucherschutz, Ernährung und Landwirtschaft eine Befragung über Bio-Konsum durch, welches als Ökobarometer bezeichnet wird. Im Juni 2005 wurden 1005 Deutsche ab 14 Jahre telefonisch befragt, vgl. Will (2005a), S. 30 und Ökobarometer (2005).

13 „Storebrand" steht für eine Marke, die nicht für ein Produkt sondern für einen Laden steht. Die Marke Bioladen hat nach Fütterer (2000), S. 6 „allerdings einen gravierenden Schönheitsfehler: Es gibt sie gar nicht. Naturkostläden sind – auch wenn sie von außen als Gruppe wahrgenommen werden – lauter unabhängige und nicht-synchron handelnde Einzelunternehmen ohne wirtschaftlichen Zusammenhang."

14 D. h. frisches Obst, Gemüse, frisches Fleisch, Milchprodukte und Getreideprodukte.

Herstellermarken	**Handelsmarken**	**Erzeugermarken**
z. B. Rapunzel, Bruno Fischer, Davert	z. B. Füllhorn, Alnatura, BioBio, Bioness	z. B. Demeter, Bioland

Tab. 1: Möglichkeiten zur Kategorisierung von Bio-Marken[15]

Wie bereits angedeutet, werden Bio-Lebensmittel durch verschiedene Absatzkanäle verkauft. Diese können in Anlehnung an Spiller et al. (2005, S. 3) durch die Kategorien konventioneller LEH, Naturkostfachhandel und Direktvertrieb differenziert werden (vgl. Tabelle 2).

Der konventionelle LEH beinhaltet Verbrauchermärkte, Supermärkte und Kaufhäuser, Obst- und Gemüsegeschäfte sowie Discounter (vgl. Spiller et al. 2005, S. 3).[16] Supermärkte versuchen sich gegenüber Discountern durch Bioprodukte zu profilieren. Aber auch die Discounter gehen zunehmend dazu über, Bioprodukte in ihr Sortiment als Eigenmarken aufzunehmen (vgl. o.V. 2005c, S. 4 und Hoffmann 2005, S. 49).

Der Naturkostfachhandel umfasst die traditionellen Naturkostläden[17] und Bio-Supermärkte. Von allen Absatzkanälen wachsen derzeit die Bio-Supermärkte am schnellsten, die mit offensiver Preispolitik und großem Sortiment werben. Seit Anfang 2005 wurden fast 30 neue Bio-Supermärkte eröffnet, so dass die Anzahl auf insgesamt 250 gestiegen ist. Experten erwarten, dass es im Jahr 2007 350 Bio-Supermärkte geben wird (vgl. o.V. 2005a, S. 3; Will 2005a, S. 29 und Schönert 2005, S. 32).

Der Direktvermarktung sind Wochenmärkte, der Verkauf am Straßenrand und der Verkauf durch den Erzeuger zuzuordnen. Laut Ökobarometer 2005 wurden Bioprodukte bevorzugt direkt beim Erzeuger oder auf dem Wochenmarkt gekauft (vgl. auch Will 2005a, S. 30).

Der wichtigste Absatzkanal für Bio-Lebensmittel ist der Naturkostfachhandel, auf den 31,2 % der Ausgaben für Öko-Lebensmittel entfallen, gefolgt vom konventionellen LEH, der einen Anteil von 28,2 % aufweist. Auch die Direktvermarktung ist mit 16,5 % von Relevanz (vgl. Spiller et al. 2005, S. 3).[18] Bereits frühere Studien betonen die Wichtigkeit von Naturkostfachhandel und Direktvertrieb, die zusammen genommen auch als alternative Absatzkanäle bezeichnet werden (vgl. Bech-Larsen/Grunert 2001, S. 189).

15 Vgl. Fütterer (2000), S. 10 ff.

16 Bio-Vermarkter haben auch das Internet als Vertriebsschiene entdeckt, vgl. Weindl (2000), S. 68. Dies wird im Folgenden aber aufgrund der heute eher geringen Bedeutsamkeit vernachlässigt.

17 Bioladen und Naturkostladen werden als Synonyme verwendet.

18 Die restlichen Anteile sind Metzgereien 2,6 %, Bäckereien 4,7 %, Reformhäuser 5,9 %, Drogeriemärkte 4,1 % und sonstige Einkaufsstätten 5,9 %, vgl. Spiller et al. (2005), S. 3.

Konventioneller LEH		**Naturkostfachhandel**		**Direktvertrieb**		**Sonstige**
Supermarkt Discounter Obst/Gemüsegeschäft	22,6 % 4,5 % 1,1 %	Bio-Supermarkt Bioladen	5,1 % 26,1 %	Wochenmarkt Biobauer/Hofladen	5,8 % 10,7 %	z. B. Reform- haus
	28,2 %		31,2 %		16,5 %	24,1 %

Tab. 2: Mögliche Kategorisierung des Bio-Einzelhandels[19]

Nachdem Möglichkeiten zur Kategorisierung der Bio-Marken und des Bio-Einzelhandels angeboten wurden, soll nun näher auf das Kaufverhalten von Bio-Lebensmitteln eingegangen werden.

Verschiedene empirische Studien haben umweltbewusstes Kaufverhalten zum Thema.[20] Eine Marktstudie von ZMP und CMA zeigt auf, dass die Deutschen ihre Umwelt schützen wollen und eine positive Einstellung zu Öko-Produkten haben. Es bestehen aber „erhebliche Informationsdefizite und Vertrauensprobleme, selbst bei geprüften Produkten“ (ZMP/CMA 2002, S. 14).[21] Die Deutschen gehen davon aus, dass eine Ökologisierung schon zu einem großen Teil realisiert sei und dass sie selbst recht oft ökologisch orientiert kaufen (ZMP/CMA 2002, S. 14). Das Ökobarometer 2005 gibt an, dass 15 % der Befragten häufig Bioprodukte kaufen und ihren Konsum noch erhöhen wollen. 64 % würden sich bei einer besseren Verfügbarkeit vermehrt für Bio-Lebensmittel entscheiden, da „Bio“ als Qualitätsmerkmal angesehen wird (vgl. Hoffmann 2005, S. 49). Darüber hinaus werden Bioprodukte mittlerweile verstärkt den Lifestyle-Produkten zugerechnet (vgl. Weindl 2000, S. 68).

Die Bio-Käufer können in Anlehnung an Spiller et al. (2005, S. 6 ff.) in Bio-Intensivkäufer[22], -Gelegenheitskäufer und -Nicht-Käufer eingeteilt werden. Dabei entfallen über 50 % des gesamten Bioproduktumsatzes auf die Bio-

19 Spiller et al. (2005), S. 3.

20 Für eine Übersicht über Studien zum umweltbewussten Konsumentenverhalten, vgl. Villiger (2000), S. 170 f. Er betrachtet zahlreiche empirische Untersuchungen und leitet daraus allgemeine Tendenzen des ökologischen Kaufverhaltens ab. So stellt er eine abnehmende Anzahl umweltpassiver Käufer (Nicht-Käufer) fest. Den größeren Anteil machen Konsumenten mit mittlerer Kaufintensität (Gelegenheitskäufer) aus.

21 In der Studie werden Vertrauensdefizite gegenüber geprüften Produkten festgestellt. Die Eigenschaft „Rückstandsfreiheit/keine Chemie“ ist die wichtigste Eigenschaft. Die Wahrscheinlichkeit, dass die Produkte tatsächlich schadstoff- und rückständefrei sind, wird nicht so hoch geschätzt. Angenommen wird, dass Schadstoffe und Rückstände sich auch in den Produkten des ökologischen Landbaus befinden könnten, vgl. ZMP/CMA (2002), S. 20. Als ein Grund für die Glaubwürdigkeitsprobleme wird angenommen, dass die Öko-Normen (EU-Norm, AGÖL-Norm, etc.) den Verbrauchern nicht bekannt sind, vgl. ZMP/CMA (2002), S. 21.

22 Bio-Intensivkäufer werden auch Öko-Käufer (Jung 1998), Bio-Stammkunden (Enneking 2003) oder umweltaktive Konsumenten (Villiger 2000) genannt.

Intensivkäufer (vgl. Will 2005a, S. 29, der sich auf eine Studie der CMA und der Forschungsgruppe gdp bezieht). Dies bestätigen auch die Daten des GfK-Haushaltspanels. Demnach tätigen etwa 8 % aller Bio-Käufer 66 % des gesamten Umsatzes (vgl. Spiller et al. 2005, S. 8). Enneking (2003, S. 265) fand heraus, dass die Bio-Stammkunden auf eine Marke festgelegt sind und eher durch Qualitätsversprechen beeinflusst werden und weniger durch den Preis.[23] Im Allgemeinen hat „Bio" eine größere Bedeutung für Frauen als für Männer. 42% der Frauen greifen bei jedem oder fast jedem Einkauf zu Bio- und Naturkostprodukten (vgl. Will 2005a, S. 30).[24]

Villiger (2000, S. 171) fasst die Ergebnisse von sieben empirischen Studien aus dem Zeitraum von 1988 bis 1998 zusammen und gelangt zu dem Ergebnis, dass wichtige Kaufmotive für die Bio-Intensivkäufer Umweltfreundlichkeit der Produkte, Gesundheit sowie der bessere Geschmack sind.[25] Die wichtigste Information vor dem Kauf besteht darin, ob das Produkt tatsächlich aus kontrolliert biologischem Anbau stammt. An zweiter Stelle wird die Vertrauenswürdigkeit des Angebotes genannt, gefolgt vom Umweltschutz (vgl. Jung 1998, S. 138 f.). Als beste Garantie dafür, dass das Produkt auf kontrolliert ökologischen Anbau zurückgeht, werden Warenzeichen des verantwortlichen Anbauverbandes angesehen, gefolgt von einem staatlich geschützten Qualitäts- beziehungsweise Erkennungszeichen (vgl. Jung 1998, S. 151). Bio-Intensivkäufer bevorzugen Naturkostläden, gefolgt von Direktverkauf und Supermarkt. Sie begründen die eher ablehnende Haltung gegenüber Supermärkten als Einkaufsstätte durch fehlende Vertrauens- bzw. Glaubwürdigkeit und mangelnde Beratungskompetenz bezüglich der Öko-Produkte. Naturkostläden weisen eine bessere Beratung, eine überschaubare Atmosphäre und eine geringere Menge von Verpackungsmüll auf (vgl. Jung 1998, S. 107 ff.). Die Studie von Spiller et al. (2005, S. 16 und S. 36) macht deutlich, dass die Bio-Intensivkäufer sehr zufriedene und fachhandelstreue Kunden sind, aber die Bereitschaft wegen des preisgünstigeren Angebots von Bioläden zu Bio-

23 I. d. R. sind Bio-Lebensmittel teurer als herkömmliche Produkte. Die höheren Verkaufspreise von Bio-Lebensmitteln liegen in der kostenintensiveren Herstellung und Erzeugung begründet. Sie liegen ca. 20-30 % über denen der konventionellen Produkte, vgl. Will (2005a), S. 29.

24 Jung erachtet es als schwierig, ein verallgemeinerndes Käuferprofil zu erstellen, vgl. Jung (1998), S. 96. Er stellt fest, dass die Kaufintensität nicht mit dem Alter zusammenhängt, aber mit höherem Bildungsniveau und Haushaltseinkommen steigt. Auch Selbstständige, Angestellte, Beamte und Mehrpersonenhaushalte mit Kindern unter 15 Jahren kaufen mehr Bioprodukte. Bruhn sieht die Verlagerung der Nachfrage nach Bioprodukten in Richtung älterer und gutsituierter Verbraucherschichten, vgl. Bruhn (2002), S. 140.

25 Ähnliche Ergebnisse zeigt die Studie von ZMP/CMA (2002), S. 14 sowie die Studien von Jung (1998), S. 113 und Bruhn (2002), S. 209.

Supermärkten zu wechseln, durchaus vorhanden ist. Als Gründe für den Kauf im Bioladen werden Kompetenz und Glaubwürdigkeit, insbesondere spezifische Bio-Kompetenz im Sortiment, große Bio-Auswahl, ein entsprechendes Beratungsangebot sowie das Vorfinden von Erzeugnissen mit speziellen Eigenschaften und von besonderen Herstellern genannt.

Die Mehrzahl der Bio-Käufer sind Gelegenheitskäufer, sie machen aber im Vergleich zu den Bio-Intensivkäufern nur einen geringeren Anteil des Bioumsatzes aus (vgl. Bruhn 2002, S. 140). Bio-Gelegenheitskäufer reagieren sehr preissensibel. Um eine breitere Akzeptanz für die Bioprodukte zu erlangen, wären günstigere Preise erforderlich (vgl. ZMP/CMA 2002, S. 14 und Enneking 2003, S. 265). Allerdings kann keine eindeutige Präferenzzuordnung der Gelegenheitskäufer bezüglich der Eigenschaften Preis, Umweltschutz, Gesundheit oder Qualität festgelegt werden (vgl. Villiger 2000, S. 171). Bruhn (2002, S. 55) weist darauf hin, dass die Distributionsstruktur für die Vermarktung von Bioprodukten von besonderer Bedeutung ist. So sollten Öko-Produkte in normalen Supermärkten angeboten werden, damit Gelegenheitskäufer und heutige Nicht-Käufer erreicht werden können (vgl. Jung 1998, S. 109). Dies belegt auch eine ZMP/CMA-Umfrage, wonach die potentiellen Öko-Produktverbraucher Biowaren am liebsten im Supermarkt, beispielsweise in einer „Öko-Ecke“, kaufen würden (70 %), gefolgt vom Wochenmarkt. Nur 5 bis 8 % der Gelegenheitskäufer wollen in Bioläden und Reformhäusern kaufen (vgl. ZMP/CMA 2002, S. 33).

Nicht-Käufer zeigen keine Bereitschaft, einen höheren Preis für die Produkte zu zahlen und assoziieren mit der Eigenschaft „ökologisch“ eher negative Aspekte (vgl. Villiger 2000, S. 171). Gründe für den Nicht-Kauf sind schlechte Erhältlichkeit, Mangel an Information über Ökoprodukte, hohe Preise sowie der Zweifel an Umweltfreundlichkeit beziehungsweise weitgehender Schadstofffreiheit.[26] Nicht-Käufer würden eher Lebensmittel aus kontrolliert biologischem Anbau kaufen, wenn „die Produkte unmissverständlich gekennzeichnet wären, eine Garantie vorhanden wäre, dass es sich um echte Öko-Produkte handelt, wenn glaubwürdige Informationen über Lebensmittel aus kontrolliert biologischem Anbau vorlägen“ (Jung 1998, S. 114 f.). Diese Problematik dürfte durch die Einführung des Bio-Siegels im Jahr 2001 verringert worden sein, was ausführlicher in Kapitel 3 diskutiert wird.

2.2 Informationsasymmetrie bei Bioprodukten

In diesem Abschnitt wird auf die Einteilung von Produkteigenschaften aus Sicht der Informationsökonomie eingegangen. Insbesondere wird die Problematik der Vertrauenseigenschaft bei Bioprodukten erläutert.

---

26 Villiger (2000), S. 174, nennt als weitere Gründe für den Nicht-Kauf: Macht der Gewohnheit, geringe Wirksamkeit, Ästhetikdefizit, Irrelevanzdruck.

Abweichend von der klassischen Annahme vollkommener Marktinformation müssen in den realen Märkten Kaufentscheidungen auf Basis unzureichender Informationen und dadurch in Unsicherheit getroffen werden. Mit der Analyse dieser Märkte sowie der Informationsasymmetrie zwischen den Marktteilnehmern befasst sich die Informationsökonomie[27] (vgl. Kaas 1990, S. 542 und Kaas 1995b, S. 972). Die Anbieter sind besser über die Produktmerkmale und Preise informiert, wissen aber nicht genau, welche Bedürfnisse und Erwartungen die Nachfrager haben (vgl. Kaas 1995a, S. 4). Die Nachfrager können die Eigenschaften der Austauschobjekte oft nur unzureichend beurteilen. Im Folgenden geht es ausschließlich um den Informationsnachteil der Nachfrager. Da Informations- und Unsicherheitsprobleme im Kaufprozess kaufhemmend wirken, ist die Berücksichtigung der Informationsökonomie für das Marketing von Relevanz (vgl. Adler 1998, S. 341).

Aus Sicht der Informationsökonomie können Eigenschaften von Produkten in Such-, Erfahrungs- und Vertrauenseigenschaften eingeteilt werden, je nachdem, zu welchem Zeitpunkt (vor oder nach dem Kauf) die Beurteilung der Eigenschaften erfolgen kann und ob die Beurteilung überhaupt möglich ist (vgl. Kaas 1995b, S. 974 f.; Jung 1998, S. 24 und Adler 1998, S. 342).[28] Dabei kann der Nachfrager die Sucheigenschaften des Produkts vor dem Kauf feststellen, die Erfahrungseigenschaften dagegen erst nach dem Kauf oder Verbrauch. Die Vertrauenseigenschaften sind unter normalen Umständen weder vor dem Kauf noch durch Erfahrung nach dem Kauf vom Nachfrager feststellbar ohne dass unverhältnismäßig hohe Kosten entstehen würden (vgl. Weiber/Adler 1995a, S. 54). Ein Beispiel für die Sucheigenschaften wäre das frische Aussehen eines Steaks, für die Erfahrungseigenschaften die Zartheit des Steaks nach der Zubereitung. Eine Vertrauenseigenschaft wäre die Zusicherung, dass es sich um Bio-Fleisch handelt (vgl. Bech-Larsen/Grunert 2001, S. 188).

Bei der Beurteilung von Leistungsangeboten sind immer alle drei Arten von Eigenschaften relevant. Dabei ist zu beachten, dass die Zuordnung zu den Leistungseigenschaften subjektiv erfolgt (vgl. Weiber/Adler 1995b, S. 99). Die Eigenschaften sind miteinander komplementär: Sie sind in jedem Austauschobjekt in unterschiedlichem Ausmaß vorhanden, so dass die Summe der Eigenschaften 100 % beträgt (vgl. Adler 1998, S. 342). Je nachdem welcher

---

27 Die spezifischen Eigenschaften der ökologischen Produkte und die Unvollkommenheit der ökologischen Märkte verursachen neben dem Informationsdilemma auch Anreizprobleme. Anreizdilemma bedeutet, dass der Konsument Mehrkosten hat, der Nutzen fällt aber der Allgemeinheit zu. Da der Nutzen bei Bio-Lebensmitteln eine internalisierbare Nutzenkomponente enthält (Lebensmittel sind gesünder und schmackhafter) wird das Anreizproblem bei diesen Produkten entschärft, vgl. Villiger (2000), S. 176.

28 Such- und Erfahrungseigenschaften wurden von Nelson (1970) unterschieden. Die Kategorie Vertrauenseigenschaften als Ergänzung zu Such- und Erfahrungseigenschaften stammt von Darby und Karni (1973).

Eigenschaftstyp dominiert, können Kaufprozesse in Such-, Erfahrungs- oder Vertrauenskäufe eingeteilt werden und in dem so genannten Informationsökonomischen Dreieck (siehe Abbildung 1) positioniert werden (vgl. Weiber/Adler 1995a, S. 59). Wenn beispielsweise 10 % der Leistungseigenschaften vor dem Kauf feststellbar sind, 40 % erst nach dem Kauf und 50 % weder vor noch nach dem Kauf beurteilt werden können, handelt es sich um einen Vertrauenskauf.

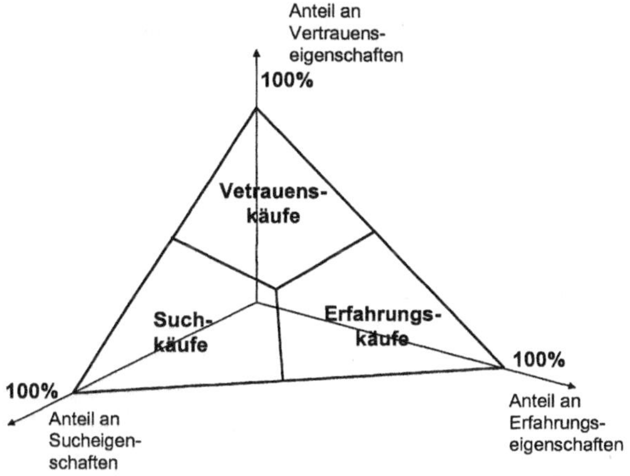

Abb. 1: Informationsökonomisches Dreieck[29]

Nach Bech-Larsen/Grunert (2001, S. 188) sind Vertrauenseigenschaften „ausschließlich eine Frage des Vertrauens in die Information über das Vorhandensein solcher Eigenschaften." Viele Qualitätseigenschaften der Lebensmittel, die heutzutage zur Diskussion stehen, gehören zu der Kategorie der Vertrauenseigenschaften[30] (vgl. Böcker et al. 2004, S. 44).

Der Kauf von Bio-Lebensmitteln ist ein gutes Beispiel für Vertrauenskäufe und die Rolle der Informationsasymmetrie. „Konsumenten haben normalerweise keine Möglichkeit, einem Lebensmittelprodukt anzusehen, ob es aus ökologischer Produktion stammt, und in den meisten Fällen gibt es auch keine eindeutigen Geschmacksunterschiede, welche die Eigenschaft „ökologisch"

29 Adler (1998), S. 342.

30 Z. B. Fettgehalt, Vitamine, Reinheit, Tierschutz, Einsatz der Biotechnologie, Umweltwirkungen, Pestizid-Einsatz, Arbeitssicherheit, vgl. Böcker et al. (2004), S. 43, Übersicht 3: Einordnung der Eigenschaften von Lebensmitteln aus Verbrauchersicht.

nach dem Kauf erfahrbar machen würden. Es handelt sich daher um eine klassische Vertrauenseigenschaft" (Bech-Larsen/Grunert 2001, S. 189).

Auch Jung (1998, S. 25) gelangt zu der Erkenntnis, dass ökologische Eigenschaften den Charakter von Vertrauenseigenschaften haben, da die Erfahrbarkeit der Qualitäten äußerst eingeschränkt ist. „Umwelteigenschaften besitzen sehr oft den Charakter von zugesicherten Eigenschaften, die der Konsument nicht oder nur unter prohibitiv hohen individuellen Informationskosten überprüfen kann" (Jung 1998, S. 23). Aus diesem Grund ist der Anbieter bestrebt, die Nachfrager von der hohen Qualität zu überzeugen. Die Beseitigung der Qualitätsunsicherheit auf den ökologischen Märkten ist also von entscheidender Bedeutung (vgl. Jung 1998, S. 27 f.).

Um Informationsasymmetrien abzubauen und das wahrgenommene Risiko aufgrund von Qualitätsunsicherheiten zu reduzieren, gibt es in der Praxis verschiedene Institutionen und Mechanismen. Kaas (1995a, S. 973 ff.) unterteilt diese in Screening[31] und Signaling[32] der Marktteilnehmer, Personalisierung der Märkte durch Reputation sowie in Markt ergänzende und ersetzende Institutionen. Screening, d. h. die direkte Informationssuche ist geeignet, Risiken bei Suchkäufen zu reduzieren, Signaling (z. B. Garantien) kann bei der Risikoreduzierung von Erfahrungskäufen effektiv verwendet werden.

Bei Vertrauenseigenschaften ist es für den Konsumenten schwierig, seriöse Anbieter von opportunistischen[33] zu unterscheiden. Er kann zu keinem Zeitpunkt überprüfen, ob die Eigenschaft „biologisch" wirklich bei einem Produkt vorhanden ist; es besteht lediglich die Möglichkeit den Angaben und Werbebotschaften der Anbieter zu vertrauen (vgl. Kaas 1994a, S. 101, siehe auch Villiger 2000, S. 176).

---

31 Screening: Informationssuche durch Nachfrager, beispielsweise durch direkte Inspektion der Leistungseigenschaften des Produktes, Aufnahme der Werbeinformationen, Produkt begleitenden Informationen, Testinformationen etc. Screening reduziert das wahrgenommene Risiko effektiv bei Suchkäufen. Der Nachfrager holt sich Information z. B. von der Werbung, vom Handel, von Testurteilen und Produkt begleitenden Information über die Produkteigenschaften, die er vor dem Kauf auch durch die direkte Inspektion feststellen kann, vgl. Kaas (1995b), S. 975 und Adler (1998), S. 344.

32 Böcker et al. (2004), S. 47 spricht in diesem Zusammenhang von „Signalisierung". Kaas (1995b), S. 976 nennt als Beispiele für Signaling Garantien und besondere Kundenorientierung des Unternehmens. Signaling ist bei Vertrauenseigenschaften nur begrenzt einsetzbar: Auch wenn der Anbieter eine Garantie über die biologische Abbaubarkeit von Reinigungsmitteln einräumen würde, könnte der Nachfrager diese Eigenschaft nicht überprüfen, vgl. Adler (1998), S. 344.

33 Einige Anbieter nutzen Informationsvorsprünge in eigenem Interesse und auf Kosten der Verbraucher aus. Bei umweltfreundlichen Produkten könnte dies durch übertriebene ökologiebezogene Aussagen, imitierte ökologische Markennamen etc. erfolgen. „Schwarze Schafe" können bei den Konsumenten erhebliche Glaubwürdigkeitsprobleme verursachen, vgl. Jung (1998), S. 25.

Informationsasymmetrien können aber auch bei Vertrauensgütern durch verschiedene Methoden abgebaut werden, so dass Unsicherheiten beim Kauf mindestens abgemildert, wenn nicht sogar beseitigt werden können (vgl. Kaas 1995b, S. 973). Das Marketing von Gütern mit Vertrauenseigenschaften ist in hohem Maße eine Frage glaubwürdiger Kommunikation. Glaubwürdige Kommunikation kann bei Bioprodukten durch Warenkennzeichnung unabhängiger Institutionen, Markennamen aber auch durch die Distribution glaubwürdiger Absatzmittel erreicht werden. (vgl. Kaas 1994a; Kaas/Busch 1996, S. 250 und Bech-Larsen/Grunert 2001, S. 188). Die Methoden zeichnen sich durch die Reduktion von Unsicherheiten der Konsumenten aus. Besteht Vertrauen zu den hinter den Methoden stehenden Institutionen[34], ist damit zu rechnen, dass Konsumenten die Einschätzung einer Vertrauenseigenschaft bereits vor dem Kauf vornehmen können (vgl. Kaas/Busch 1996, S. 248).

Beim Kauf von Bioprodukten spielt insbesondere die Einkaufsstätte eine bedeutsame Rolle. So weist Kaas (1994b) darauf hin, dass sich beim Vertrieb ökologischer Produkte Reformhäuser, Naturkostläden, Wochenmärkte und der Direktvertrieb einer größeren Glaubwürdigkeit erfreuen als normale Supermärkte. Neben der Einkaufsstätte sollen im Rahmen dieses Beitrags die Markierungsmöglichkeiten von Bioprodukten als weitere Methoden zur glaubwürdigen Kommunikation näher betrachtet werden. Von besonderem Interesse ist dabei die Kennzeichnung durch Markennamen und Bio-Siegel (vgl. Abschnitt 2.1).

Im Folgenden geht es darum, Mechanismen aufzudecken, die Vertrauen fördern. Im Kern handelt es sich dabei um zwei Mechanismen: Reputation und persönlicher Kontakt. Zunächst wird auf das Konstrukt Vertrauen eingegangen, um daran anschließend aufzuzeigen, wie zum einen Reputation und zum anderen der persönliche Kontakt Vertrauen fördern können. Weiterhin wird betrachtet, welche Mechanismen hinter den Vertrauen fördernden Elementen Markenname, Bio-Siegel und Einkaufsstätte stehen.

3 Herstellung von Vertrauen beim Kauf von Bioprodukten

3.1 Vertrauen beim Kauf von Bioprodukten

Grundsätzlich geht es in dem hier vorliegenden Artikel um das Vertrauen, das ein Kunde beim Kauf eines Bioproduktes vergibt. Ob ein Produkt die Eigenschaft „biologisch“ tatsächlich besitzt, kann vom Kunden nur unter

---

34 Bei Testurteilen ist die Unabhängigkeit der Test- und Vergleichorganisationen entscheidend. Beispiele für unabhängige Organisationen sind neben der Stiftung Warentest, Verbraucherzentralen und öffentliche Forschungseinrichtungen, vgl. Böcker et al. (2004), S. 48. Jung (1998) weist darauf hin, dass „Speziell im Umweltbereich [...] sich hier das alternative Branchenbuch „Altop“ nennen [lässt], in dem Informationen zu umweltfreundlichen Produkten und Dienstleistungen sowie deren Anbietern und Händlern enthalten sind“, Jung (1998), S. 33.

Inkaufnahme hoher Kosten überprüft werden. Es besteht Unsicherheit bezüglich dieser Information; dadurch entsteht für den Konsumenten ein Kaufrisiko (vgl. Abschnitt 2.2). Risiko und Vertrauen hängen dabei eng miteinander zusammen: Auf der einen Seite ist die Wahrnehmung eines Risikos Voraussetzung für Vertrauen,[35] auf der anderen Seite reduziert es die Risikowahrnehmung als Ergebnis des Vertrauensbildungsprozesses (vgl. Mitchell 1999, S. 174 und Einwiller et al. 2005, S. 25 f.). Für den Kauf von Bioprodukten bedeutet dies, wenn Vertrauen vorliegt wird das Risiko bezüglich der Produkteigenschaft „biologisch“ als geringer eingeschätzt.[36] Es stellt sich indes die Frage, was in dem hier vorliegenden Kontext unter Vertrauen zu verstehen ist. Grundsätzlich kann Vertrauen als Erwartung des Vertrauenden (Vertrauensgeber) angesehen werden, dass die andere Partei (Vertrauensnehmer) die an ihn gerichtete positive Erwartung erfüllt (vgl. Kahle 1998, S. 3).[37] Zu unterscheiden sind generalisierte und spezifische Erwartungen, je nachdem ob sie sich auf konkrete oder ähnlich erlebte Situationen beziehen (vgl. Bouncken 2000, S. 6 und Ripperger 2003, S. 105). Ist dem Vertrauensgeber eine Situation völlig fremd, kommen generalisierte Erwartungen im Sinne einer grundsätzlichen Vertrauensbereitschaft zum Tragen. Hierbei handelt es sich nach Erikson (1963) und Rotter (1967) um ein stabiles Persönlichkeitsmerkmal. Die generalisierte ist nicht mit der spezifischen Vertrauenserwartung zu verwechseln, da erstere eine persönliche Prädisposition des Vertrauensgebers (Vertrauensdisposition) darstellt und zeitlich sehr stabil ist. Die spezifische Erwartung hingegen, die im weiteren Verlauf als Vertrauen angesehen wird, muss in jeder Situation neu definiert werden und ist in dieser Hinsicht gegenwartsorientiert (vgl. Kassebaum 2004, S. 20). Dabei beeinflusst die Vertrauensdisposition einer Person, ob sie in einer risikoreichen Situation Vertrauen schenken wird oder nicht (vgl. Bouncken 2000, S. 7).

---

35 Liegen vollkommene Informationen über einen Sachverhalt und damit einhergehend Erwartungssicherheit vor, ist Vertrauen überflüssig. Vielmehr basiert Vertrauen auf dem Risiko, dass es missbraucht werden kann. Unsicherheit, Mehrdeutigkeit, Interpretationsbedürftigkeit und Widersprüchlichkeit von Informationen führen zum Risiko der Enttäuschung, vgl. Ripperger (2003), S. 18 f.

36 In diesem Zusammenhang sind zwei Aspekte zu betrachten: Erstens ist das Gegenteil von Vertrauen nicht gleich Misstrauen, sondern kein Vertrauen. Zweitens handelt es sich bei Vertrauen weniger um ein dichotomes als vielmehr um ein kontinuierlich wachsendes Phänomen. Je mehr positive Erfahrungen mit einer Person oder einem Objekt gemacht wurden, desto größer wird das Vertrauen, vgl. Martin (2003), S. 125.

37 Vertrauen als Erwartung ist lediglich eine Typologie, die von der Typologie Vertrauen als beobachtbares Verhalten abzugrenzen ist, vgl. Petermann (1996), S. 12 f. Erstere siedelt Vertrauen auf der Einstellungsebene an, letztere auf der Handlungsebene. Für theoretische Unabhängigkeit zwischen Vertrauen als Erwartung und Vertrauen als konkretes Verhalten spricht, dass eine Erwartung nicht zwingend in eine Vertrauenshandlung mündet und anders herum nicht jede vertrauensvolle Handlung auf Basis einer Vertrauenserwartung erfolgt, vgl. Ripperger (2003), S. 130 und Oswald (1994), S. 112.

Je nachdem auf wen oder was sich die Vertrauenserwartung bezieht, kann zwischen interpersonalem und Systemvertrauen differenziert werden (vgl. Loose/Sydow 1994, S. 178 ff.). Beim erstgenannten Vertrauensphänomen ist das Objekt des Vertrauens eine andere Person, letzteres bezieht sich auf das Vertrauen in ein abstraktes System.[38] In dem hier vorliegenden Kontext geht es weniger um das Vertrauen zwischen zwei realen Personen als vielmehr um das Vertrauen, das der Konsument einem abstrakten System entgegenbringt. Systemvertrauen kann nicht die Intimität und Gegenseitigkeit liefern, wie es beim interpersonalen Vertrauen der Fall ist. Nach Giddens (1990, S. 114) basiert Systemvertrauen vielmehr auf dem Glauben an unpersönliche Prinzipien, „which answer back only in statistical way when they do not deliver the outcomes which the individual seeks."

Beim Kauf eines Bioproduktes geht es in erster Linie darum, ob es sich tatsächlich um ein solches handelt. Vertrauen wird quasi dem Hersteller des Bioproduktes entgegengebracht, hinter dem wiederum Menschen stehen, die für die Funktionsfähigkeit des Herstellersystems verantwortlich sind. Im vorliegenden Beitrag wird Vertrauen als Erwartung des Konsumenten verstanden, dass die vom Herstellersystem[39] zugesicherte Eigenschaft „biologisch" tatsächlich vorhanden ist.

3.2 Reputation und persönlicher Verkauf als Vertrauen fördernde Mechanismen

Untersucht werden soll, wie die Vertrauenserwartung des Konsumenten positiv beeinflusst werden kann. Dazu werden zwei Mechanismen herangezogen, die sich dazu eignen Vertrauen zu fördern: Reputation und persönlicher Verkauf.

Reputation kann mit Picot et al. (2001, S. 126) als öffentliche Information über die Vertrauenswürdigkeit eines Akteurs verstanden werden. Akteur kann dabei sowohl eine konkrete Person als auch ein abstraktes System sein. Reputation offenbart sich als das Ergebnis eines Netzwerkeffektes, wenn sich die Information über ein Objekt im sozialen Netzwerk ausbreitet (vgl. Granovetter 1985, S. 490). Reputation wird hier als der gute Ruf des Herstellers[40] eines Bioproduktes aufgefasst. Der gute Ruf des Herstellers führt zu einer

38 Systemvertrauen kann als Erweiterung des interpersonalen Vertrauens interpretiert werden. Es besteht unabhängig von einer bestimmten Person beispielsweise in abstrakte Leistungsgefüge wie Geld oder Rechtssysteme, vgl. Luhmann (1989), S. 23. Objekt des Vertrauens kann auch ein Unternehmen selbst sein, die Mitarbeiter der Organisation sowie ihre Standards, Produkte und Leistungen, vgl. Bouncken (2000), S. 8.

39 Unter Herstellersystem werden alle in den Produktionsprozess involvierten Betriebe subsumiert. Das beinhaltet Landwirtschaftsbetriebe und Verarbeitungsunternehmen, die bis zur Fertigstellung des Bioproduktes beteiligt sind, vgl. Bio-Siegel (2005).

40 Der Begriff Hersteller wird im Folgenden synonym zum Begriff des Herstellersystems verwendet.

Unsicherheitsreduktion auf Seiten der Konsumenten und fördert somit das Vertrauen in den Hersteller selbst (vgl. Adler 1998, S. 344).

Adler (1998, S. 343 ff.) entwickelt aus informationsökonomischer Sicht Strategien der Unsicherheitsreduktion. Je nachdem ob sich die Informationsaktivitäten der Nachfrager auf Such-, Erfahrungs- oder Vertrauenseigenschaften beziehen, steht eine bestimmte Strategie zur Verfügung. Grundsätzlich sind die direkte Informationssuche sowie das Heranziehen von Informationssubstituten zur Unsicherheitsreduktion denkbar. Bei Bioprodukten steht ausschließlich letztere Möglichkeit zur Verfügung, da keine direkten Informationen über die Produkteigenschaft „biologisch" zur Verfügung stehen. Informationssubstitute werden darüber hinaus zum einen in Informationen unterteilt, die sich auf konkrete Leistungseigenschaften des Produktes selbst beziehen und zum anderen in Informationen, bei denen diese nicht zur Verfügung stehen. Letzteres ist wiederum bei Bioprodukten der Fall. Eine Ersatzinformation, die hier wirksam werden kann (ein sog. leistungsübergreifendes Informationssubstitut), ist die Reputation.

Die Herstellerreputation wird für den Konsumenten zur Schlüsselgröße vor dem Kauf und reduziert die Unsicherheit hinsichtlich der Vertrauenseigenschaft „biologisch". Darüber hinaus ist der Aufbau einer positiven Reputation zeit- und kostenintensiv und signalisiert dem Konsumenten, dass der Hersteller ein gutes Produkt anbietet. Der Konsument wird in der Regel davon ausgehen, dass ein Hersteller von Bioprodukten, der eine gute Reputation besitzt, auch Interesse daran hat diese zu bewahren. Die positive Reputation ist dem Hersteller allerdings nur dann auf Dauer sicher, wenn er zu jeder Zeit gewährleisten kann, den Anforderungen an ein Bioprodukt gerecht zu werden. Werden Verstöße gegen die Anforderungen in der Öffentlichkeit bekannt, muss der Hersteller mit einem negativen Reputationseffekt rechnen. Eine hohe Reputation des Herstellers von Bioprodukten stellt somit für den Konsumenten einen plausiblen Anlass dar, um diesem Vertrauen entgegen zu bringen (vgl. Schoenheit 2004, S. 6).

Bis zu dieser Stelle wurde der Herstellerreputation Aufmerksamkeit geschenkt. Die Herstellerreputation spielt für den Konsumenten allerdings nur dann eine Rolle, wenn der Hersteller gleichzeitig auch der Anbieter des Produktes ist. In vielen Fällen ist der Hersteller des Bioproduktes allerdings nicht dessen Verkäufer bzw. Anbieter; dies ist ausschließlich im Direktvertrieb (DV) gegeben. Über 80 % des Bioproduktumsatzes wird durch den Handel generiert (vgl. Tabelle 2). In diesen Fällen ist dem Konsumenten der Hersteller des Bioproduktes in der Regel nicht bekannt. Handelt es sich bei Hersteller und Anbieter um zwei verschiedene Parteien, ist die Herstellerreputation für den Verbraucher von untergeordneter Bedeutung, vielmehr spielt die Reputation des Anbieters die ausschlaggebende Rolle.

Auch der Anbieter von Bioprodukten hat Interesse daran, eine hohe Reputation aufzubauen und aufrecht zu erhalten. Ebenso wie für den Hersteller gilt für den Anbieter, dass die Reputation nur aufrechterhalten werden kann, wenn gewährleistet ist, dass Bioprodukte ihren Anforderungen gerecht werden. So ist es für die Anbieter ausgesprochen bedeutsam, dass die Auflagen, die an ein Bioprodukt gestellt werden, eingehalten werden. Bei Bekanntwerden eines Verstoßes gegen die Auflagen kann sich der Anbieter zwar schneller distanzieren, indem er das betroffene Bioprodukt aus dem Sortiment nimmt. Jedoch wird ein solcher Verstoß auch seiner Reputation schaden, denn der Anbieter tritt stellvertretend für den Hersteller dafür ein, dass es sich tatsächlich um ein Bioprodukt handelt. Der Konsument schließt von der Anbieterreputation auf die Vertrauenswürdigkeit des Bioproduktes bzw. darauf dass die vom Hersteller zugesicherte Eigenschaft „biologisch" tatsächlich vorhanden ist.[41]

Neben der Reputation fördert auch der persönliche Kontakt Vertrauen beim Kauf von Bioprodukten. Dies liegt zum einen darin begründet, dass der persönliche Kontakt das Vertrauen begünstigt, welches der Konsument seinem Anbieter von Bioprodukten entgegenbringt. Zum anderen findet eine Übertragung des persönlichen Vertrauens zum Anbieter auf das Herstellersystem statt.

Die Vertrauen fördernde Wirkung des persönlichen Kontakts wird in der Vertrauensliteratur immer wieder hervorgehoben. Der persönliche Kontakt ermöglicht dem Konsumenten direkte Erfahrungen mit dem Anbieter, auf dessen Basis er sich einen Eindruck über ihn verschaffen kann. Der Konsument kann Anhaltspunkte dafür finden, ob der Anbieter als vertrauenswürdig angesehen werden kann oder nicht (vgl. Schweer/Thies 2003, S. 78 f. und Lewicki/Bunker 1996, S. 121). Darüber hinaus wird der Anbieter von Bioprodukten als Experte auf diesem Gebiet angesehen. Er kann dem Konsumenten Informationen zur Verfügung stellen, die für ihn sonst nur schwer oder gar nicht zugänglich wären (vgl. Wangenheim et al. 2002, S. 182).[42] Allerdings wird der Konsument den Informationen dann eher Gewicht beimessen, wenn er dem Anbieter auch vertraut (vgl. Zand 1977, S. 63 und Neubauer 1990, S. 105).

Hat der Konsument nun Vertrauen zu seinem Anbieter, beeinflusst dieses auch das Vertrauen, das beim Kauf von Bioprodukten relevant wird. Zu

---

41 Hierbei handelt es sich um einen Irradiationseffekt, der besagt, dass bei der Wahrnehmung eines Objektes von der Eigenschaft eines Merkmals auf die Qualität anderer Merkmale des Objektes geschlossen wird, vgl. Kroeber-Riel/Weinberg (2003).

42 Der Anbieter hat gegenüber dem Konsumenten einen Informationsvorteil, da ersterem mehr Möglichkeiten zur Verfügung stehen, um zu überprüfen, ob die Auflagen eingehalten werden. So kann der Anbieter beispielweise stichprobenartig in einem Labor überprüfen lassen, ob sogenanntes Bio-Fleisch tatsächlich frei von künstlichen Hormonen und Chemikalien ist. Wollte der Konsument eine solche Kontrolle in Auftrag geben, würden auf ihn unverhältnismäßig hohe Kosten zukommen, vgl. Jung (1998), S. 23.

differenzieren ist hierbei wiederum, ob es sich beim Anbieter gleichzeitig um den Hersteller von Bioprodukten handelt oder nicht. Ersteres ist beispielsweise bei einem Biobauern der Fall. Der Biobauer tritt einerseits als Anbieter seiner Produkte auf, andererseits ist er ein wesentlicher Bestandteil des Herstellersystems. Der Biobauer fungiert quasi als Personalisierung des Herstellersystems. Vertraut der Kunde seinem Biobauern, hat er damit gleichzeitig auch Vertrauen zum Herstellersystem, das beim Kauf von Bioprodukten eine ausschlaggebende Rolle spielt.

Etwas anders geartet ist der Zusammenhang zwischen persönlichem Vertrauen und Vertrauen zum Herstellersystem, wenn der Anbieter nicht gleichzeitig auch der Hersteller ist. In diesem Fall kann die Übertragung des Vertrauens vom Anbieter auf den Hersteller wiederum durch einen Irradiationseffekt wirksam werden (vgl. Fn. 41). Der Anbieter steht stellvertretend für den Hersteller dafür ein, dass die Anforderungen an ein Bioprodukt erfüllt sind. Der Konsument schließt somit von der Vertrauenswürdigkeit des Anbieters auf die Vertrauenswürdigkeit des Herstellersystems. Er überzieht sein Vertrauen zum Anbieter und überträgt es auf das gesamte Herstellersystem.[43]

In beiden Fällen führt das Vertrauen ins Herstellersystem dazu, dass der Konsument dessen Bioprodukte besser einschätzt als vergleichbare Produkte von einem anderen Anbieter (vgl. Alversleben 2000, S. 215 ff. und Sirieix/ Schaer 2000, S. 454).

3.3 Unterstützung „Vertrauen fördernder Mechanismen" durch glaubwürdige Kommunikation

In diesem Abschnitt soll aufgezeigt werden, wie die Vertrauen fördernden Mechanismen Reputation und persönlicher Kontakt durch kommunikative Maßnahmen eingesetzt werden können.

Wie bereits in Abschnitt 2.2 hingewiesen wurde, ist das Marketing von Bioprodukten in hohem Maße eine Frage glaubwürdiger Kommunikation. Daher soll im Folgenden die Relevanz von Marke, Bio-Siegel und glaubwürdigen Absatzmittlern beim Verkauf von Bioprodukten aufgezeigt und auf den kombinierten Einsatz derselben eingegangen werden. Dazu wird zunächst eine Zuordnung zu den Vertrauen fördernden Mechanismen vorgenommen, um darauf aufbauend auf immanente Wirkungsweisen einzugehen.

Hersteller sind prinzipiell am besten in der Lage, über verborgene Produktqualitäten und ihre besonderen Vertrauenseigenschaften zu informieren. Aber genau darin liegt das Dilemma, denn die Kommunikation von Vertrauenseigen-

---

43 Die Überlegungen gehen einher mit Luhmann (1989), S. 23. Er geht zunächst von einem „persönlichen Vertrauen aus", das als intersubjektives Konzept die soziale Komplexität des menschlichen Lebens reduziert. In einer zunehmend komplexer werdenden Welt, wandelt sich das personale Vertrauen „in ein Systemvertrauen neuer Art".

schaften setzt genau das voraus, was sie eigentlich erzeugen will: Vertrauen (vgl. Schoenheit 2004, S. 5 f.). Fraglich ist somit, wie Unternehmen glaubwürdig über verborgene Qualitäten ihrer Produkte kommunizieren können. Die Informationsökonomie empfiehlt die Verfolgung einer Reputationsstrategie (vgl. Abschnitt 3.2), die durch alle drei genannten Kommunikationsmöglichkeiten realisiert werden kann (vgl. Schwaiger/Hupp 2003, S. 58 f.). Das heißt, durch den Einsatz von Marke, Bio-Siegel und glaubwürdigen Absatzmittlern – auf die nun im Einzelnen einzugehen ist – wird auf den Reputationseffekt zur Förderung von Vertrauen zurückgegriffen.

Die Marke stellt für das Unternehmen eine übergeordnete Lösung dar, um mit Informationsasymmetrien und damit einhergehenden Verhaltensunsicherheiten der Konsumenten umzugehen. Die Entwicklung der Kommunikationsbudgets für Markenartikel bestätigt, dass das Informationsproblem über Vertrauenseigenschaften auf vielen Märkten durch den Aufbau von Marken realisiert wird (vgl. Schoenheit 2004, S. 7). Marken wirken deshalb, weil sie einfache, ganzheitliche und emotionale Botschaften konsistent und wirksam kommunizieren. Sie erzeugen Vorstellungsbilder in den Köpfen der Konsumenten, bei denen sich das Markenwissen als ein semantisches Netzwerk darstellt (vgl. Esch/Möll 2004, S. 74). Allerdings konstatiert Schoenheit (2004, S. 7 f.) einen enormen Informationsbedarf von Seiten der Konsumenten, gerade bei verborgenen Produktqualitäten. Dieser kann zum einen durch Marken nicht abgedeckt werden, da diese nicht wirklich über bestimmte Leistungen eines Produktes informieren.[44] Vielmehr geht es um den Aufbau und Erhalt eines bestimmten Markenimages. Zum anderen kann das Qualitätsversprechen von Marken auch dann verwässert werden, wenn Handels- oder Herstellermarken gleichwertige Produktqualitäten zu niedrigen Preisen bieten und darüber hinaus in Produkttests besser eingeschätzt werden als „klassische Marken" (vgl. Schoenheit 2004, S. 7 f.).

Als klassische Marken für ökologische Lebensmittel können die Erzeugermarken angesehen werden, erstens weil sie von den Konsumenten als solche angesehen werden, zweitens weil sie sich durch einen besonders hohen Bekanntheitsgrad auszeichnen (vgl. Abschnitt 2.1). Die Einwände, dass Marken nicht über bestimmte Leistungen eines Produktes informieren und dass die Gefahr einer Verwässerung besteht, greifen also nicht für die hier vorliegenden Erzeugermarken. Bio-Erzeugermarken stehen in hohem Maße für eine

44 In diesem Zusammenhang führt Schoenheit (2004), S. 7 folgende Beispiele auf: „Ob ein Sekt ökologisch hergestellt wird, wie sein Zucker- oder Schwefelgehalt ist, will und kann die Marke nicht kommunizieren. Ob ein Waschmittel mit oder ohne Duftstoffe hergestellt wurde, ist der Marke ebenso wenig zu entnehmen, wie die Tatsache, ob ein Lebensmittel unter Verwendung gentechnisch modifizierter Inhaltsstoffe hergestellt wurde."

biologische Produktqualität, die auch von den Konsumenten so wahrgenommen wird. Auch die Gefahr der Verwässerung durch Hersteller- bzw. Handelsmarken besteht kaum, da Erzeugerverbände mit ihren Marken für eine höhere Ökoqualität stehen, als nach EG-Ökoverordnung festgelegt wird, denen wiederum Hersteller- und Handelsmarken unterliegen (vgl. Abschnitt 2.1). So kann festgehalten werden, dass sich insbesondere Erzeugermarken im Markt für Bioprodukte als übergeordnete Kommunikationsmöglichkeit zur Schaffung von Sicherheit und Vertrauen eignen.

Das Bio-Siegel genießt als staatlich geschütztes Qualitätszeichen eine hohe Vertrauenswürdigkeit bei den Konsumenten (vgl. ZMP/CMA 2002, S. 14). Es steht dafür ein, dass eine standardisierte Ökoqualität gewährleistet ist. Die Qualität wird durch regelmäßige Kontrollen unabhängiger Institute überprüft (vgl. Abschnitt 2.1). Das Bio-Siegel schafft Transparenz und führt auf Seiten der Konsumenten zur Sicherheit, tatsächlich ein ökologisches Produkt erworben zu haben (vgl. Pfannenmüller 2003, S. 6; Bio-Siegel 2005 und Sagi 2005). Es genießt selbst eine hohe Reputation[45] und tritt somit für die Einhaltung von Qualitätsstandards ein. Das Bio-Siegel ist eine ideale Kommunikationsmöglichkeit um dem Konsumenten die zugesicherte Eigenschaft „biologisch“ glaubhaft zu vermitteln. Die Besonderheit des Bio-Siegels gegenüber der Marke besteht darin, dass es konkrete produktbezogene Eigenschaften garantiert und nicht losgelöst von Produkteigenschaften eingesetzt wird.

Auch der Einsatz glaubwürdiger Absatzmittler und damit einhergehend die Distribution über bestimmte Einkaufsstätten unterstützt das Vertrauen, das Konsumenten in biologische Lebensmittel setzen. Je nachdem wie glaubwürdig eine Einkaufstätte bezüglich der Zusicherung der Eigenschaft „biologisch“ ist, stellt sich die Ausprägung des Vertrauensproblems dar. Für Deutschland kann festgestellt werden, dass sich alternative Einkaufsstätten einer größeren Glaubbeziehungsweise Vertrauenswürdigkeit erfreuen als beispielsweise Supermärkte. Alternative Einkaufstätten, die meist mittelständische Händler sind, stehen nicht für ein konkretes Produkt, wie es beim Bio-Siegel der Fall ist, sondern für einen ökologisch orientierten Vermarktungsweg. Dieser kann nicht durch konventionelle Supermärkte oder Discounter mit ihren Bio-Eigenmarken kopiert werden, weil den Ökoprodukten im konventionellen LEH das vertrauensschaffende Geschäftsumfeld fehlt. Dies konnte auch in einer Befragung

45 Nach Einführung des Bio-Siegels im Jahr 2001 war es von enormer Bedeutung eine positive Reputation aufzubauen, damit sich das Siegel überhaupt am Markt etablieren konnte. Dies wurde durch kommunikative Maßnahmen erreicht, vgl. ZMP/CMA (2002), S. 14. So hat die Bundesregierung alleine im Jahr 2003 rund 6,65 Mio. Euro für eine Informationskampagne zum Bio-Siegel ausgegeben. Davon fallen ca. 4,9 Mio. Euro auf das Medienbudget für die Ausstrahlung von TV-Spots, für Großflächenplakate und Veröffentlichungen in Fach- und Publikumszeitschriften, vgl. Deutscher Bundestag (2004).

festgestellt werden: Lediglich 13 % der Verbraucher, die im Supermarkt Bio-Lebensmittel einkaufen, schenken der Qualitätszusicherung Glauben. In alternativen Einkaufsstätten wie Bio- oder Naturkostläden hingegen glauben 70 % der Verbraucher der Qualitätszusicherung ohne Vorbehalte. Erklärt werden kann dieser Tatbestand mit der höheren Reputation alternativer Absatzkanäle in Bezug auf Bioprodukte, zu denen neben den oben genannten Absatzkanälen auch der Direktvertrieb über Wochenmärkte oder Hofläden zählt (vgl. Bech-Larsen/Grunert 2001, S. 189 und Jung 1998, S. 110; vgl. auch Abschnitt 2.1).

Alternative Einkaufsstätten genießen einen Vertrauensvorsprung zum einen deshalb, weil sie seit Jahrzehnten ökologischen Anbauverbänden angeschlossen sind, die die Eigenschaft „biologisch" kontrollieren (vgl. Dienel 2000, S. 61). Zum anderen trägt der persönliche Kontakt und die damit zusammenhängende Beratungsmöglichkeit maßgeblich zum Aufbau von Vertrauen bei (vgl. Abschnitt 3.2). Je nachdem welche Einkaufsstätte der Konsument aufsucht, wird ein persönlicher Kontakt zum Händler möglich sein oder nicht. Einkaufsstätten für Bioprodukte sollen im Folgenden in Anlehnung an Tabelle 2 danach kategorisiert werden, in wieweit persönlicher Kontakt möglich ist und zum Konzept der Einkaufsstätte gehört (vgl. Tabelle 3).

	Persönlicher Kontakt		
	Groß	***Mittel***	***Gering***
Einkaufsstätte	Biobauer/Hofladen	Reformhaus	Supermarkt
	Wochenmarkt	Bioladen	Discounter
		Bio-Supermarkt	

Tab. 3: Kategorisierung von Einkaufsstätten nach ihrer Möglichkeit zum persönlichen Kontakt

Je nach Art der Einkaufstätte ist es somit mehr oder weniger möglich, das Vertrauen durch den persönlichen Kontakt (vgl. Abschnitt 3.2) und/oder über die Unterstützung einer positiven Reputation zu stärken.

Die jeweilige Stärke der vorgestellten Kommunikationsmöglichkeiten liegt zusammenfassend in unterschiedlichen Bereichen. Marken – insbesondere Erzeugermarken – suggerieren ein bestimmtes Qualitätsversprechen und stellen für den Konsumenten eine übergeordnete Lösung für die Vertrauensproblematik dar. Eine übergeordnete Lösung stellen auch die glaubwürdigen Absatzmittler dar, die für einen ökologisch orientierten Vermarktungsweg stehen. Beiden gemeinsam ist die produktunabhängige Zusicherung der Eigenschaft „biologisch". Als Möglichkeit der Zusicherung konkreter produktbezogener Eigenschaften kann das Bio-Siegel eingesetzt werden.

3.4 Kombinierter Einsatz glaubwürdiger Kommunikationsmöglichkeiten

Im Markt für Bio-Lebensmittel werden die genannten Möglichkeiten zur glaubwürdigen Kommunikation nicht separat eingesetzt; die Regel ist ein kombinierter Einsatz. Fraglich ist, welche Kombinationsmöglichkeiten sinnvoll erscheinen und welche Konsequenzen sich daraus bereits ergeben haben beziehungsweise abzeichnen. Zum einen wird auf das Zusammenwirken der in diesem Beitrag betrachteten Kennzeichnungsmöglichkeiten, Bio-Siegel und Marke eingegangen. Zum anderen werden die Kennzeichnungsmöglichkeiten in Zusammenhang mit glaubwürdigen Absatzmittlern betrachtet.

Die gleichzeitige Kennzeichnung von Bioprodukten durch Bio-Siegel und Marke ist durchaus üblich. Problematisch kann der Einsatz des Bio-Siegels bei Erzeugermarken wirken. Erzeugermarken stehen für besonders hohe Standards, die über denen des Bio-Siegels liegen (vgl. Abschnitt 2.1). Es besteht die Gefahr, dass eine über Jahre erfolgreich kommunizierte Qualitätspolitik durch das Bio-Siegel verwässert wird. Das Bio-Siegel kann bei einer starken Erzeugermarke wie beispielsweise Demeter nicht zu einer weiteren Verringerung des subjektiven Kaufrisikos beitragen. Anders verhält es sich bei Hersteller- und Handelsmarken, die über eine geringere Glaubwürdigkeit verfügen als Erzeugermarken. Insbesondere Handelsmarken können als die Gewinner der Einführung des Bio-Siegels bezeichnet werden. Durch die zusätzliche Kennzeichnung erhält der Konsument verlässlichere Informationen über die Produkteigenschaft „biologisch" als durch die Handelsmarke selbst (vgl. Enneking 2003, S. 263 f.).

Weiterhin kann festgehalten werden, dass eine Distribution der Erzeugermarken durch den Naturkostfachhandel am glaubwürdigsten erscheint. Eine Ausweitung des Vertriebs in den konventionellen LEH ist nicht zu empfehlen. Zum einen ist auch hier mit einer Verwässerung des Markenimages zu rechnen und zum anderen liegt eine preissensible Käuferschicht vor, die nicht bereit ist den höheren Preis für Erzeugermarken in Kauf zu nehmen. Erzeugermarken werden von einer bestimmten Klientel nachgefragt, die gerne im Naturkostfachhandel kauft: dem Bio-Intensivkäufer. Zwar ist der Bio-Intensivkäufer in höherem Maße bereit dazu, höhere Preise für Ökoqualität zu zahlen; jedoch besteht die Gefahr einer Abwanderung aufgrund von günstigeren Preisen innerhalb des Naturkostfachhandels von Bioläden zu Bio-Supermärkten. Daher ist es insbesondere für den Bioladen von ausgesprochener Relevanz, sein Image aufrecht zu erhalten und auszubauen. Dabei stellt die Möglichkeit des persönlichen Kontakts zum Kunden eine besondere Chance zur Profilierung und Vertrauensgenese dar.

Durch die Einführung des Bio-Siegels ist eine Ausweitung des Absatzes und der damit verbundenen Ausweitung des Angebots von biologischen Lebensmitteln zu verzeichnen. Mit dieser gravierenden Marktveränderung können ganz neue Käuferschichten generiert werden. Insbesondere Nicht- und Gelegenheitskäufer steigern den Absatz von Bio-Lebensmitteln. Am meisten sollten die Discounter profitieren, da sie mit einem Zugewinn an Glaubwürdigkeit durch das Bio-Siegel bei gleichzeitig niedrigen Preisen rechnen können (vgl. Bruhn 2002, S. 213). Weiterhin ist eine Professionalisierung im Direktvertrieb insbesondere bei den Hofläden zu verzeichnen. Ihr besonderer Vorteil liegt darin, dass Bioprodukte hier als vertrauenswürdiger angesehen werden als beispielsweise im Supermarkt (vgl. Sirieix/Schaer 2000, S. 454). Im Direktvertrieb werden daher ohne Probleme auch gänzlich unmarkierte Bioprodukte, beispielsweise Kartoffeln oder Gemüse verkauft.[46]

Grundsätzlich ist im Markt für Bio-Lebensmittel zu verzeichnen, dass der Konsument in der Regel erst die Entscheidung trifft, welche Einkaufsstätte er aufsuchen möchte und danach, welche Marke er kauft. Der Handel bringt also den Kunden zu den Marken und nicht die Marke den Kunden in den Handel (vgl. Fütterer 2000, S. 10). Für das Marketing von Bioprodukten bedeutet dies, dass Kommunikation über glaubwürdige Absatzmittler eine besondere Notwendigkeit und daher auch Chance darstellt, von der insbesondere alternative Absatzkanäle profitieren können.

4 Fazit

Aus informationsökonomischer Perspektive konnte aufgezeigt werden, dass es sich bei Bioprodukten aufgrund mangelnder Nachprüfbarkeit der Qualitätseigenschaft „biologisch“ um Güter mit Vertrauenseigenschaften handelt. Zur Begegnung dieser Qualitätsunsicherheit eignet sich für das Marketing von Bioprodukten insbesondere die Kommunikation über glaubwürdige Quellen wie das Bio-Siegel, Marken und Absatzmittler. Dabei wirken alle drei genannten kommunikativen Maßnahmen über einen Reputationseffekt vertrauensgenerierend. Ausschließlich dem Absatzmittler obliegt darüber hinaus die Möglichkeit, Vertrauen über einen persönlichen Kontakt aufzubauen.

Insbesondere Erzeugermarken und der Naturkosthandel als besonders glaubwürdiger Absatzmittler stellen für den Konsumenten übergeordnete – das heißt produktunabhängige – Lösungen zum Umgang mit den unvollkommenen Informationen beim Kauf von Bioprodukten dar. Das Bio-Siegel gestattet dem Konsumenten darüber hinaus, produktbezogene Informationen über biologische Qualitätseigenschaften einzuholen. Durch die Einführung des Bio-Siegels ist in Deutschland ein einheitliches Kennzeichnungssystem von Bioprodukten reali-

46 Allerdings setzen Hofläden, um im Preiskampf überleben zu können, auch immer stärker auf die Erlebnisorientierung, denn darin liegt auch der besondere Vorteil dieser Vertriebsform. Produkte können hier mit emotionalen Qualitäten verknüpft werden und überwinden die Problematik von Entfremdung und Anonymität, vgl. Alversleben (2000).

siert worden, das dem Konsumenten Sicherheit über zugesicherte Eigenschaften verschaffen kann. Die enormen Umsatzsteigerungen im Markt für Bioprodukte in den letzten Jahren können zu einem großen Teil durch diesen Zugewinn an Sicherheit erklärt werden (vgl. Bruhn 2002, S. 211).

Allerdings profitieren nicht alle Bereiche von diesem zusätzlichen Kennzeichnungssystem in gleichem Maße. Die am Markt bereits stark etablierten Marken, vor allem Erzeugermarken wie Demeter oder Bioland, können sogar tendenziell als Verlierer ausgemacht werden. Durch eine zusätzliche Kennzeichnung besteht die Gefahr einer Verwässerung ihres Markenwertes, weil Erzeugermarken für höhere Qualitätsstandards stehen als das Bio-Siegel. Davon auch betroffen sind die meist mittelständischen alternativen Absatzkanäle, die sich bisher durch das Angebot von Erzeugermarken profilieren konnten. Eine Gefahr durch das Bio-Siegel besteht hier allerdings weniger, da sie den besonderen Vorteil mit sich bringen, einen persönlichen Kontakt zum Konsumenten aufbauen zu können.

Gewinner der Einführung des Bio-Siegels sind vor allem Handelsmarken, die mit der einheitlichen Kennzeichnungsmöglichkeit einen enormen Zugewinn an Glaubwürdigkeit für sich verzeichnen können. Insbesondere dem Discounter sind mit dem Bio-Siegel ganz neue Wege ermöglicht worden, wie die glaubhafte Einführung eigener Bio-Handelsmarken belegt.

Literatur

Adler, J. (1998): Eine informationsökonomische Perspektive des Kaufverhaltens, in: WiSt, 37. Jg. (1998), S. 341-347.

Alversleben, R. v. (2000): Verbraucherpräferenzen für Produkte aus Schleswig-Holstein, in: Schriftenreihe der Agrar- und Ernährungswissenschaftlichen Fakultät der Universität Kiel, H. 90, Kiel 2000, S. 215-223.

Bech-Larsen, T./Grunert, K. G. (2001): Konsumentscheidungen bei Vertrauenseigenschaften: Eine Untersuchung am Beispiel des Kaufes von ökologischen Lebensmitteln in Deutschland und Dänemark, in: Marketing ZFP, 23. Jg. (2001), S. 188-197.

Bio-Siegel (2005): Das Bio-Siegel, http://www.bio-siegel.de, eingesehen am 12. 9. 2005.

Böcker, A./Herrmann, R./Gast, M./Seidemann, J. (2004): Qualität von Nahrungsmitteln. Grundkonzepte, Kriterien, Handlungsmöglichkeiten, Frankfurt a. M. 2004.

Bouncken, R. (2000): Vertrauen – Kundenbindung – Erfolg? Zum Aspekt des Vertrauens bei Dienstleistungen, in: M. Bruhn/ B. Strauss (Hrsg.): Dienstleistungsmanagement. Jahrbuch 2000, Wiesbaden 2000, S. 3-22.

Bruhn, M. (2002): Die Nachfrage nach Bioprodukten: eine Langzeitstudie unter besonderer Berücksichtigung von Verbrauchereinstellungen, Frankfurt a. M. 2002.

Darby, M. R./Karni, E. (1973): Free Competition and the Optimal Amount of Fraud, in: Journal of Law and Economics, Vol. 16 (1973), S. 67-88.

Deutscher Bundestag (2004): 6,65 Millionen Euro für Informationskampagne zum Bio-Siegel ausgegeben, hib-Meldung 51 vom 27. 2. 2004, http://www.bundestag.de/bic/hib/2004/2004_051/03.html, eingesehen am 12. 9. 2005.

Der Grüne Faden (2003): Arbeitsgemeinschaft Ökologischer Landbau e. V. (AGÖL), http://www.der-gruene-faden.de/text/text2092.html, eingesehen am 12. 9. 2005.

Dienel, W. (2000): Organisationsprobleme im Ökomarketing – eine transaktionskostentheoretische Analyse im Absatzkanal konventioneller Lebensmittel, Berlin 2000.

Einwiller, S./Herrmann, A./Ingenhoff, D. (2005): Vertrauen durch Reputation. Grundmodell und empirische Befunde im E-Commerce, in: Marketing ZFP, 27. Jg. (2005), S. 24-40.

Enneking, U. (2003): Die Analyse von Lebensmittelpräferenzen mit Hilfe von Discrete-Choice-Modellen am Beispiel ökologisch produzierter Wurstwaren, in: Agrarwirtschaft, 52. Jg. (2003), S. 254-267.

Erikson, E. H. (1963): Wachstum und Krisen der gesunden Persönlichkeit, Stuttgart 1963.

Esch, F.-R./Möll, Th. (2004): Mensch und Marke – Neuromarketing als Zugang zur Erfassung der Wirkung von Marken, in: A. Gröppel-Klein (Hrsg.): Konsumentenverhalten im 21. Jahrhundert, Wiesbaden 2004, S. 67-99.

Fütterer, M. (2000): Marken für Bio, in: Biofach Magazin, Nr. 22, Januar 2000, S. 1-21.

Giddens, A. (1990): The consequences of modernity, Cambridge 1990.

Granovetter, M. (1985): Economic action and social structure: The problem of embeddedness, in: American Journal of Sociology, Vol. 91 (1985), S. 481-510.

Hoffmann, K. (2005): Handel profiliert sich mit Bio, in: Lebensmittelzeitung, Nr. 36 v. 9. 9. 2005, S. 49-50.

Jung, A. (1998): Qualitätsunsicherheit auf dem Markt für Lebensmittel aus ökologischem Anbau, Frankfurt a. M. 1998.

Kaas, K. P. (1990): Marketing als Bewältigung von Informations- und Unsicherheitsproblemen im Markt, in: DBW, 50. Jg. (1990), S. 539-548.

Kaas, K. P. (1994a): Marketing im Spannungsfeld zwischen umweltorientiertem Wertewandel und Konsumentenverhalten, in: Schmalenbach-Gesellschaft – Deutsche Gesellschaft für Betriebswirtschaftslehre e. V. (Hrsg.): Unternehmensführung und externe Rahmenbedingungen. Kongressdokumentation 47. Deutscher Betriebswirtschaftler-Tag 1993, Stuttgart 1994, S. 93-112.

Kaas, K. P. (1994b): Ansätze einer institutionenökonomischen Theorie des Konsumentenverhaltens, in: Forschungsgruppe Konsum und Verhalten (Hrsg.): Konsumentenforschung, München 1994, S. 245-260.

Kaas, K. P. (1995a): Marketing und neue Institutionenökonomik, in: Kontrakte, Geschäftsbeziehungen, Netzwerke, ZfbF Sonderheft 35/1995, S. 1-17.

Kaas, K. P. (1995b): Informationsökonomik, in: B. Tietz/R. Köhler/J. Zentes (Hrsg.): Handwörterbuch des Marketing, 2. Aufl., Stuttgart 1995, S. 971-981.

Kaas, K. P./Busch, A. (1996): Inspektions-, Erfahrungs- und Vertrauenseigenschaften von Produkten, in: Marketing ZFP, 18. Jg. (1996), S. 243-252.

Kahle, E. (1998): Vertrauen als Führungsqualität, Tagung: Markt – Kunde – Vertrauen, Zukunft diakonischer Dienstleistungen, Gifhorn 1998.

Kassebaum, U. B. (2004): Interpersonales Vertrauen: Entwicklung eines Inventars zur Erfassung spezifischer Aspekte des Konstruktes, http://www.sub.uni-hamburg.de/opus/volltexte/2004/2125/pdf/Dissertation.pdf, abgerufen am 12. 9. 2005.

Kroeber-Riel, W./Weinberg, P. (2003): Konsumentenverhalten, München 2003.

Lewicki, R. J./Bunker, B. B. (1996): Developing and Maintaining Trust in Work Relationships, in: R. M. Kramer/ T. R. Tyler (Hrsg.): Trust in Organizations: Frontiers of Theory and Research, London 1996, S. 114-139.

Loose, A./Sydow, J. (1994): Vertrauen und Ökonomie in Netzwerkbeziehungen – Strukturationstheoretische Betrachtungen, in: J. Sydow/A. Windeler (Hrsg.): Management interorganisationaler Beziehungen, Vertrauen, Kontrolle und Informationstechnik, Opladen 1994, S. 160-193.

Luhmann, N. (1989): Vertrauen, Ein Mechanismus zur Reduktion sozialer Komplexität, Stuttgart 1989.

Martin, A. (2003): Vertrauen, in: A. Martin (Hrsg.): Organizational Behaviour – Verhalten in Organisationen, Stuttgart 2003, S. 115-138.

Mitchell, V.-W. (1999): Consumer perceived risk: Conceptualisations and models, in: European Journal of Marketing, Vol. 33 (1999), S. 163-195.

Nelson, P. (1970): Information and Consumer Behavior, in: The Journal of Political Economics, Vol. 78 (1970), S. 311-329.

Neubauer, W. (1990): Bedingungen des dyadischen Vertrauens bei der Zusammenarbeit in Industrie und Verwaltung, in: E. Baumgartner/F. C. Sauter/H. P. Trolldenier (Hrsg.): Ich und Gruppe: Beiträge zur Ichpsychologie, Sozialpsychologie, Pädagogischen Psychologie und Philosophischen Anthropologie, Göttingen 1990, S. 105-115.

Ökobarometer (2005): Ökobarometer 2005, Repräsentative Bevölkerungsbefragung im Auftrag des Bundesministeriums für Verbraucherschutz, Ernährung und Landwirtschaft, http://www.oekolandbau.de, eingesehen am 12. 9. 2005.

ÖKO-TEST (2005): Die EU-Öko-Verordnung, http://www.oekotest.de/cgi/nm/nm.cgi?doc=lawi-bio-02&print=1, eingesehen am 12. 9. 2005.

o.V. (2005a): Bilanz 2004, Bio-Anbau wächst weiter, in: Lebensmittelzeitung, Nr. 33 v. 19. 8. 2005, S. 38.

o.V. (2005b): Biologische Erfolgsrezepte, in: Lebensmittelzeitung, Nr. 29 v. 22. 7. 2005, S. 3.

o.V. (2005c): Discount forciert die Bio-Sortimente, in: Lebensmittelzeitung, Nr. 34 v. 26. 8. 2005, S. 4.

Oswald, M. E. (1994): Vertrauen – eine Analyse aus psychologischer Sicht, in: H. Hof/ H. Kummer/ P. Weingart (Hrsg.): Recht und Verhalten: Verhaltensgrundlagen des Rechts – zum Beispiel Vertrauen, Baden-Baden 1994, S. 111-128.

Petermann, F. (1996): Psychologie des Vertrauens, Göttingen 1996.

Pfannenmüller, J. (2003): Grüner Supermarkt, in: W&V, 2003, Nr. 3, S. 60-61.

Picot, A./ Reichwald, R./ Wigand, R. (2001): Die grenzenlose Unternehmung: Information, Organisation und Management: Lehrbuch zur Unternehmensführung im Informationszeitalter, Wiesbaden 2001.

Ripperger, T. (2003): Ökonomik des Vertrauens: Analyse eines Organisationsprinzips, 2. Aufl., Tübingen 2003.

Rotter, J. B. (1967): A new scale for the measurement of interpersonal trust, in: Journal of Personality, Vol. 35 (1967), S. 651-665.

Sagi, B. (2005): Es hat sechs Ecken und ist grün, http://www.umweltinstitut.org/frames/essen/biosiegel.htm, eingesehen am 12. 9. 2005.

Schönert, E. (2005): Biobranche reift heran, in: Welt am Sonntag, v. 25. 9. 2005, S. 32.

Schoenheit, I. (2004): Die volkswirtschaftliche Bedeutung der Verbraucherinformation, in: Landeszentrale für politische Bildung; in: Verbraucherzentrale Bundesverband (Hrsg): Politikfeld Verbraucherschutz, Berlin 2004.

Schwaiger, M./Hupp, O. (2003): Corporate Reputation Management: Herausforderung für die Zukunft, in: Planung & Analyse, 30. Jg. (2003), H. 3, S. 58-64.

Schweer, M./Thies, B. (2003): Vertrauen als Organisationsprinzip: Perspektiven für komplexe soziale Systeme, Göttingen 2003.

Sirieix, L./Schaer, B. (2000): Ökologisch erzeugte und regionale Lebensmittel in Frankreich und Deutschland. Eine vergleichende Untersuchung zu Einkaufsverhalten und Einstellungen, in: Agrarwirtschaft, 49. Jg. (2000), S. 452-457.

Spiller, A./Engelken, J./Gerlach, S. (2005): Zur Zukunft des Bio-Fachhandels: Eine Befragung von Bio-Intensivkäufern. BMBF-Forschungsprojekt „Von der Agrarwende zur Konsumwende?“, Diskussionspapier Nr. 6, Göttingen 2005.

Verbraucherministerium (2005): Die Öko-Verordnung der Europäischen Union, www.ver braucherministerium.de, abgerufen am 12. 9. 2005.

Villiger, A. (2000): Von der Öko-Nische zum ökologischen Massenmarkt, Wiesbaden 2000.

Wangenheim, F. v./Bayón, T./Weber, L. (2002): Der Einfluss von persönlicher Kommunikation auf Kundenzufriedenheit, Kundenbindung und Weiterempfehlungsverhalten, in: Marketing ZFP, 24. Jg. (2002), S. 181-194.

Weiber, R./Adler, J. (1995a): Informationsökonomisch begründete Typologisierung von Kaufprozessen, in ZfbF, 47. Jg. (1995), S. 43-65.

Weiber, R./Adler, J. (1995b): Positionierung von Kaufprozessen im informationsökonomischen Dreieck: Operationalisierung und verhaltenswissenschaftliche Prüfung, in: ZfbF, 47. Jg. (1995), S. 99-121.

Weindl, G. (2000): Chemie im Bio-Markt ist gestört, in: W&V, 2000, Nr. 47, S. 68-69.

Wieking, K. (2003): Einfach gut drauf, in: W&V, 2003, Nr. 39, S. 44-45.

Will, B. (2005a): Bio-dynamisch, in: Lebensmittelzeitung, Nr. 29 v. 22. 7. 2005, S. 29-30.

Will, B. (2005b): Transparenz auf Knopfdruck, in: Lebensmittelzeitung, Nr. 33 v. 19. 8. 2005, S. 38-39.

Will, B. (2005c): Dem Ur-Geschmack auf der Spur, in: Lebensmittelzeitung, Nr. 35 v. 22. 9. 2005, S. 58-59.

Zand, D. E. (1977): Vertrauen und Problemlösungsverhalten von Managern, in: H. E. Lück (Hrsg.): Mitleid, Vertrauen, Verantwortung, Stuttgart 1977, S. 62-74.

ZMP/CMA (2002): Marktstudie: Wie viel Bio wollen die Deutschen? Das Marktpotential für Produkte aus dem kontrolliert ökologischen Landbau: Eine Analyse und Quantifizierung unter psychologischen, soziologischen und ökonomischen Aspekten, Bonn 2002.

ZMP/CMA (2003): Bio-Frische im LEH: Fakten zum Verbraucherverhalten. Materialien zur Marktberichterstattung der ZMP, Bd. 45, Bonn 2003.

Die Bedeutung von Anspruchsgruppen bei Nachfolgeexistenzgründungen

– ein empirisches Schlaglicht –

Carsten Wille

Inhaltsverzeichnis

1 Problemstellung

Der Generationswechsel wird heute als eines der zentralen Probleme im Mittelstand gesehen.[1] Der unternommene Wechsel an der Unternehmensspitze, sei er nun durch den Übergang an einen Nachfolger aus der Familie, an Mitarbeiter oder Unternehmensexterne geregelt, stellt einen Bruch in der Kontinuität dar und muss somit, grundsätzlich betrachtet, als Krise gelten. Als Merkmal von Krisen wird die Beeinflussbarkeit ihres Verlaufs genannt.[2] Um

1 Vgl. IfM (2001), S. 1.
2 Vgl. Maasmeier (1987), S. 13 ff.

diesen Verlauf steuern zu können, bedarf es folglich eines umfassenden Blickes auf dessen Einflussfaktoren.

Durch den Wechsel an der Unternehmensspitze sind nicht nur die alte und die nachfolgende Generation betroffen, sondern eine Reihe weiterer, mit dem Unternehmen verbundene Personen und Institutionen. Sie alle haben Einfluss auf Erfolg oder Misserfolg des Generationenwechsels. Diese Anspruchsgruppen, auch Stakeholder genannt, sind bei der Regelung der Übergabemodalitäten und beim Management des Übergabeprozesses zu berücksichtigen, da sie die Adressaten der vom Nachfolger zu bewältigenden Aufgaben bei der Übernahme darstellen. Es stellt sich also die Frage, welche Ansprüche von Seiten der Anspruchsgruppen an den Nachfolger herangetragen werden und welchen Einfluss sie im Übernahmeprozess haben. Von Bedeutung ist diese Fragestellung insbesondere dann, wenn Konzepte zur Beurteilung von Übergabeprozessen und zu deren Steuerung erarbeitet werden sollen.

In dieser Arbeit soll das Ergebnis einer kleinen, qualitativen Erhebung zu den Erwartungshaltungen und der Bedeutung verschiedener Anspruchsgruppen aus Sicht von Nachfolgeexistenzgründern skizziert werden, denen einige theoretische Überlegungen vorangestellt sind. Ziel ist es, ein empirisches Schlaglicht auf den Rahmen zu werfen, in dem sich ein Existenzgründer bei der Übernahme eines bestehenden Unternehmens bewegt.

2 Ausgewählte Aspekte der Unternehmensnachfolge

2.1 Unternehmensnachfolge als Existenzgründung

Die Nachfolgeexistenzgründung stellt, in Abgrenzung zur selbstständig-originären Gründung[3], eine eigene Form der Existenzgründung dar und beschreibt die Fälle, in denen sich eine Person durch die Übernahme einer bestehenden Unternehmung oder durch eine tätige Beteiligung an einer solchen, selbständig macht.

Der Begriff der Existenzgründung beinhaltet dabei die Forderungen nach *Selbständigkeit des Gründers* und der *Basierung seiner wirtschaftlichen Existenz* auf dem Gründungsunternehmen.[4] Die Begriffe Existenz- und Unternehmensgründung sind also nicht deckungsgleich, weisen jedoch gewisse Überschneidungen auf.[5]

2.2 Bedeutung von KMU für Nachfolgeexistenzgründungen

Fälle von Existenzgründungen durch Unternehmensübernahmen sind theoretisch bei alle Unternehmensformen und -größen denkbar. In der Praxis zeigt sich

3 Vgl. Szyperski/Nathusius (1999), S. 27 f.
4 Vgl. Szyperski/Nathusius (1999), S. 28.
5 Vgl. dazu ausführlicher Schulte (2002), S. 21 f.

jedoch, dass kleine und mittlere Familienunternehmen regelmäßig in besonderem Maße von dieser Form der Nachfolgeregelung betroffen sind. Während bei großen Kapitalgesellschaften allein schon der notwendige Kapitalbedarf eine Existenzgründung durch die Übernahme der Anteilsmehrheit als nur in seltenen Fällen durchführbar erscheinen lässt, scheint diese Form der Fortführung für kleinere Unternehmen oftmals die einzige Möglichkeit des Fortbestehens zu sein.[6]

2.3 Formen der Nachfolge

2.3.1 Familieninterne Nachfolge

Die familieninterne Nachfolge stellt die wichtigste Strategie für Nachfolgeexistenzgründungen dar.[7] Allerdings scheint es sich auch um eine recht problematische Nachfolgeform zu handeln. Untersuchungen des IfM-Bonn zeigen, dass es nicht einmal in 50 % dieser Fälle gelingt, die Einheit von Eigentum und Führung zu wahren.[8] In dieser Zahl wird die Anfälligkeit der familieninternen Nachfolge für Schwierigkeiten bei der Unternehmensperpetuierung deutlich.

2.3.2 Fremdverkauf

Der Fremdverkauf stellt die nächstgrößere Gruppe für Existenzgründungsstrategien durch Unternehmensnachfolgen dar.[9] Beim Fremdverkauf an einen Existenzgründer kann man zwischen aus dem Unternehmen stammenden und externen Existenzgründern unterscheiden.[10] Für die Betrachtung des Managements von Anspruchsgruppen scheint diese Unterscheidung sinnvoll, denn es ist naheliegend, dass ein Existenzgründer, der aus dem Unternehmen stammt, sich anderen Einstellungen von Mitarbeitern oder Kunden gegenübersieht als ein Unternehmensfremder.

Teilweise werden bei diesen Formen der Nachfolge die Begriffe MBO und MBI verwendet. Ihre Definitionen sind jedoch nicht ganz einheitlich. Wörtlich bedeutet Management Buy-Out (MBO) den Kauf des Unternehmens durch angestellte Manager und Management Buy-In (MBI) den Kauf durch unternehmensfremde Manager.[11] Die Forderung, dass es sich um Manager handeln muss, um diese Begriffe richtig zu verwenden, schließt den Kauf des Unternehmens durch einen Angestellten ohne Führungsposition aus dieser Definition aus. Insbesondere in KMU muss ein Gründer jedoch regelmäßig auch operative

6 Vgl. Meis (1999), S. 41.
7 Vgl. Freund (2000), S. 127.
8 Vgl. Albach/Freund (1989), S. 66 ff. und Freund et al. (1995), S. 56.
9 Vgl. Freund (2000), S. 127.
10 Vgl. Spielmann (1994), S. 39; Gerke-Holzhäuer (1996), S. 48 und Grundler (2002), S. 12 f.
11 Vgl. Nathusius (1990), S. 542.

Aufgaben wahrnehmen. Aus diesem Grund wird auf den Gebrauch der beiden Bezeichnungen MBO und MBI verzichtet.

2.3.3 Andere Nachfolgetypen

Die Wahrung der Unternehmenskontinuität macht verschiedene Formen der Fortführung denkbar. So werden von verschiedenen Autoren neben der familieninternen Unternehmensnachfolge und dem Fremdverkauf noch die Trennung von Eigentum und Führung[12] genannt. Auch die Überführung in eine Stiftung findet Erwähnung.[13] Darüber hinaus nennt *Nathusius* zusätzlich die Sanierungsnachfolge, die Nachfolge in Form eines Re-Starts und die Nachfolge im Rahmen einer Buy and Build-Strategie.[14] Sie stellen jeweils spezielle Formen sowohl der familieninternen, als auch der Fremdnachfolge dar und müssen nicht unbedingt Nachfolgeexistenzgründungen sein. Die Übernahme durch einen einzelnen Existenzgründer scheidet sogar in der Regel aufgrund der hohen finanziellen Belastungen und der Vielzahl der Managementaufgaben aus. Die Teams, die solche Übernahmen regelmäßig durchführen, sind zumeist Angestellte oder Beauftragte eines Turn-Around Fonds[15] und somit nur in seltenen Fällen als Existenzgründer einzustufen.

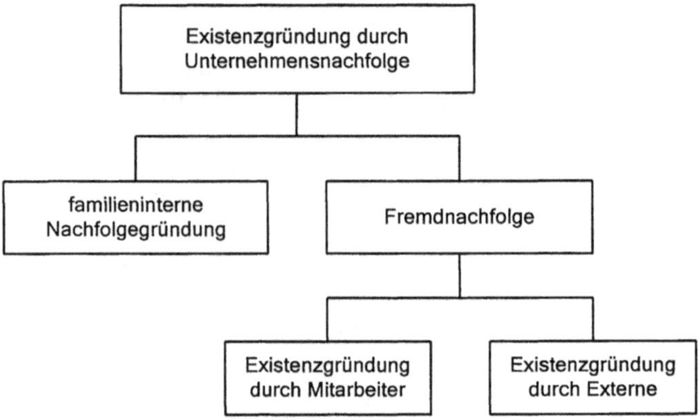

Abb. 1: Formen der Existenzgründung durch Nachfolge

Für die Betrachtung als Form der Existenzgründung werden also letztlich nur die beiden erstgenannten Nachfolgetypen von erkennbarer Relevanz sein.

---

12 Siehe dazu: Spielmann (1994), S. 38 f. oder Grundler (2002), S. 11 ff.
13 Vgl. Spielmann (1994), S. 39.
14 Vgl. Nathusius (2003), S. 370-374.
15 Vgl. Nathusius (2003), S. 370 f.

3 Theoretischer Hintergrund der Erhebung

3.1 Der Stakeholderansatz

Als Managementmaxime wurde der Begriff *Stakeholder* Anfang der sechziger Jahre am Stanford Research Institut (SRI) in Erweiterung des Stockholder-Begriffes erstmals namentlich geprägt.[16] Unter Stakeholdern verstand man dort unter anderem Anteilseigner, Beschäftigte, Kunden, Lieferanten, Kapitalgeber und die Gesellschaft. Man ging davon aus, dass Manager erst dann Unternehmensziele formulieren können, wenn sie die Bedürfnisse und die Bedenken dieser Stakeholder begreifen. Durch das Erreichen der auf diese Weise gewonnenen Ziele sei es erst möglich, dem Unternehmen ein langfristiges Überleben zu sichern.[17]

Die Überlegungen hinsichtlich der Funktion von Anspruchsgruppen wurden und werden in vielerlei Hinsicht verwendet. So finden sich ähnliche Überlegungen in der Literatur zur Unternehmensplanung, zur Systemtheorie, zu Fragen der sozialen Verantwortung von Unternehmen und zur Organisationstheorie.[18] *Freeman* führt diese Überlegungen zu einem holistischen Ansatz zusammen und formuliert den Begriff der Stakeholder wie folgt:

A Stakeholder in an organization is (by definition) any group or individual who can affect or is affected by the achievement of the organization's objectives.[19]

Stakeholder können als *formale*, *ökonomische* oder *politische* Interessengruppen identifiziert werden. Dabei unterscheiden sich ihre Ansprüche, die sich in *Interessen*, *Rechte* und *Eigentum* unterteilen lassen. Es werden zudem *formale* und *moralische* Rechte unterschieden.[20] Unter formalen Rechten sind beispielsweise Arbeits- oder Kreditverträge zu verstehen, unter moralischen etwa die Forderung nach Fairness oder Gerechtigkeit. Die Ansprüche einzelner Stakeholder können zudem durchaus aus verschiedenen Anspruchstypen bestehen. So wird ein Mitarbeiter seine Lohn- oder Urlaubsansprüche aus seinem Arbeitsvertrag und zusätzlich aus möglichen Tarifverträgen ableiten, gleichzeitig wird er aber erwarten, dass er eine gerechte Behandlung durch seine Vorgesetzten erfährt und sich wahrscheinlich ein gutes Betriebsklima wünschen.

Die Interessen von Stakeholdern bilden ein Zielsystem, dessen interne Gewichtung unterschiedlich ausfallen kann und nicht nur auf Geld ausgerichtet sein muss. Je nach Zielerreichungsgrad wird sich der Stakeholder dafür oder dagegen entscheiden, eine Organisation, hier im Besonderen ein Unternehmen,

16 Vgl. Freeman (1984), S. 31.
17 Vgl. Freeman (1984), S. 32.
18 Vgl. Staehle (1994), S. 401 ff.
19 Freeman (1984), S. 46.
20 Vgl. Carroll (1996), S. 73.

zu unterstützen. Handelt es sich um einen einzelnen Kunden, so wäre seine Abkehr zwar bedauerlich aber nicht bedrohlich. Handelt es sich jedoch beispielsweise um den entscheidenden Kapitalgeber oder eine große Kundengruppe, so kann dies für das Unternehmen existenzbedrohend sein.

Dem Stakeholderansatz zufolge sollten Unternehmen ihre Stakeholder zunächst identifizieren und deren verschiedene Interessen verstehen. Dabei müssen sie zwischen ökonomischen, rechtlichen und moralischen Ansprüchen abwägen, um die Zielsysteme möglichst optimal zu bedienen und so ein langfristiges Bestehen des Unternehmens unter möglichst optimalen Bedingungen zu erreichen.[21]

3.2 Prospekt möglicher Stakeholder bei Nachfolgeexistenzgründungen

3.2.1 Alteigentümer

Der vermutlich wichtigste Stakeholder des Unternehmens im Nachfolgeexistenzgründungsprozess ist der Alteigentümer. Dies zeigt sich unter anderem in der Aufmerksamkeit, die ihm die das Thema Unternehmensnachfolge betreffende Literatur schenkt.

Die Beziehung des Alteigentümers zu seinem Unternehmen ist zumeist sehr komplex und nicht einfach zu beschreiben. Zum einen stellt es normalerweise die Grundlage für seine bisherige wirtschaftliche Existenz und die seiner Familie dar.[22] Zum anderen hat er es, teilweise über Jahrzehnte entscheidend geprägt[23] und kennt es in- und auswendig, so dass er sich oftmals über das Unternehmen definiert.[24] Dabei hat er in seiner Eigenschaft als Unternehmer häufig eine gesellschaftliche Position erklommen, von der er sich nicht so leicht trennen mag.[25] Auch stellt sich dem Alteigentümer vielfach die Frage, was er nach dem Unternehmerdasein mit sich anfangen soll.[26] Mit dem Ausscheiden wird von ihm letztlich das Ende eines Lebensabschnittes und das „Alt sein" verbunden.[27]

Diese Verquickung von emotionalen und wirtschaftlichen Gesichtspunkten können es für ihn schwer machen, sich von seiner Position oder gar dem ganzen Unternehmen zu trennen. Häufig führt dies zu einer verspäteten Nachfolgeplanung und mangelnder Rücktrittsbereitschaft.[28]

---

21 Vgl. Brenner (1994), S. 77 f.

22 Vgl. Habig (1998), S. 19 f.

23 Vgl. Klein (2000), S. 212.

24 Vgl. Menzel (1988), S. 12; Gerke-Holzhäuer (1996), S. 78.

25 Vgl. Bechtle (1983), S. 117; vgl. auch Menzel (1988), S. 11; Gerke-Holzhäuer (1996), S. 71 oder Habig (1998), S. 20.

26 Vgl. Menzel (1988), S. 14.

27 Vgl. Gerke-Holzhäuer (1996), S. 71 f.

28 Vgl. Bechtle (1983), S. 115 f.; Albach/Freund (1989), S. 73 und Gerke-Holzhäuer (1996), S. 69 f.

Die Ansprüche, die ein Alteigentümer an den Nachfolgeprozess hat, sollen darum wie folgt charakterisiert werden:

- Die eigene *wirtschaftliche Existenz* muss gesichert sein.
- Der *Fortbestand* „seines" Unternehmens soll gesichert werden.
- Eine sinngebende Existenz nach der Übergabe sollte ihm offen stehen.
- Das Unternehmen sollte möglichst der *eigenen Familie* erhalten bleiben.[29]

Ist die Realisierung des letzten Punkts nicht möglich, sollten zumindest die ersten drei Punkte erfüllt werden.

Darüber hinaus wird er sich noch die *Wertschätzung* seiner bisherigen Arbeit und seiner Person durch seine Umwelt (Nachfolger, Familie, Gesellschaft) *wünschen*.

Mittel zur Durchsetzung seiner Vorstellungen stehen ihm vor allem in Form seiner Verfügungsmacht über sein Eigentum, sowie seine Kompetenzen als Geschäftsführer zur Verfügung. Solange er beides (mehrheitlich) in Händen hält, entscheidet er über seinen Rückzug und die Wahl seines Nachfolgers.

Allerdings hat der Alteigentümer dabei den Einfluss anderer Anspruchsgruppen zu berücksichtigen, die seinen Absichten nur dann Folge leisten, wenn ihre davon nicht zu negativ beeinflusst werden. So sind häufig Kredite für das Unternehmen durch die Besicherung seines Privatvermögens oder durch persönliche Bürgschaften abgesichert, was eine Berücksichtigung der Interessen des jeweiligen Kreditinstitutes für seine Entscheidungen notwendig macht.

Die Interessen des Alteigentümers müssen vom Nachfolgeexistenzgründer in besonderem Maße mit einbezogen werden, weil seine Handlungsmacht die der anderen Anspruchsgruppen übertrifft. Sein Einfluss auf das Gelingen der Nachfolgeexistenzgründung ist somit besonders groß. Gleichzeitig stellt der Vorgänger auch ein Potenzial an Informationen dar, die dem Nachfolger wertvolle Hilfestellung bei der Übernahme der Geschäfte leisten können[30].

3.2.2 Kreditinstitute

Im Falle der Existenzgründung durch die Übernahme eines KMU sind vor allem Kreditinstitute als Fremdkapitalgeber relevant.[31] Sie treten sowohl mit bestehenden Darlehensverträgen, bezogen auf bestehende Unternehmen, sowie mit Krediten und Förderprogrammen, bezogen auf Existenzgründungen, in Erscheinung. Die Förderprogramme werden dabei von staatlicher Seite aufgelegt und von den Kreditinstituten gegen tendenziell eher unattraktive Provisionen[32] vermittelt. Damit tritt auch der Staat indirekt als Kapitalgeber auf. Seine Interessen sollen allerdings gesondert betrachtet werden.

---

29 Vgl. Bertsch (1964), S. 9.
30 Vgl. Spielmann (1994), S. 206.
31 Vgl. Schmitz (2005), S. 67.
32 Vgl. Schulte (1999), S. 105.

Das Interesse von Kreditinstituten ist grundsätzlich wirtschaftlicher Art. So sollen im Nachfolgeprozess bestehende Engagements gesichert werden, die zuvor mit dem Alteigentümer ausgehandelt wurden. Das Unternehmen und seine bisherige Entwicklung sind bekannt, was die Grundlage der bestehenden Außenfinanzierung darstellt.

Durch dieses bereits existierende Engagement ist gleichzeitig der Einstieg in Verhandlungen über die Existenzgründungsfinanzierung möglich. Der Existenzgründer stellt dabei das wichtigste Kriterium für die Finanzierungsbereitschaft dar. Entsprechend genau versuchen Kreditinstitute seine Person und die damit verbundenen Fähigkeiten einzuschätzen. Daneben werden Businesspläne erwartet und man versucht mittels Branchenberichten und eventuellen Gutachten die Zukunftserwartungen der Unternehmung abzuschätzen.[33]

Kommt es zu einem Finanzengagement, wird versucht durch eine entsprechende Vertragsgestaltung die Risiken von *hidden information* und *hidden action*, die sich aus der Principal-Agent-Beziehung heraus erklären lassen, so gering wie möglich zu halten.[34]

Zudem haben Kreditinstitute ein Interesse an langfristig sicheren Erträgen. Zu diesem Zweck stellen sie gelegentlich Beratungsleistungen im Nachfolgeprozess zur Verfügung oder fordern von ihren Kunden eine externe Beratung ein, um den Erfolg der Existenzgründung zu unterstützen. Ein zusätzlicher Aspekt ist hierbei der Versuch eine langfristige Bindung herzustellen. Der Fokus ist dabei jedoch auf das Unternehmen gerichtet. Der Nachfolger spielt nur die Rolle einer, wenn auch zentralen Determinante und ist damit aus ihrer Sicht vermutlich austauschbar.

Zusammenfassend stellen sich die Ansprüche der Kreditinstitute an den Nachfolgeexistenzgründungsprozess wie folgt dar:

- Sicherung bestehender Engagements,
- Generierung eigener zukünftiger Erträge und
- Minimierung des Risikos.

Die Einflussmöglichkeiten von Kreditinstituten sind in erster Linie an die vertraglichen Gegebenheiten gebunden. Ihr Bedrohungspotenzial bezüglich des Scheiterns der angestrebten Unternehmensfortführung ist vor allem vom Verschuldungsgrad abhängig.[35] Hat das Unternehmen einen hohen Fremdkapitalanteil in der Kapitalstruktur, so ist den Wünschen und „Empfehlungen“ der Kreditinstitute möglichst weitgehend Folge zu leisten.

33 Vgl. Kirschner/Müller (2002), S. 17.

34 Siehe dazu umfassend Schulte (1999), S. 107-117.

35 Vgl. Janisch (1993), S. 181.

3.2.3 Mitarbeiter

Der Erfolg einer Unternehmung wird neben anderen Faktoren auch von ihrem Humankapital bestimmt. Dessen allgemeines Ziel lässt sich mit dem Wunsch nach einer hohen Lebensqualität umschreiben.[36] Diese etwas schwammige Definition beinhaltet, je nach Menschenbild, sowohl wirtschaftliche als auch soziale und ideelle Ziele. Verschiedentlich findet sich dazu in der Literatur *physische Existenzsicherung*, *Lebensunterhaltsfinanzierung*, *soziale Bedürfnisse* und *Selbstverwirklichung* als hierarchischer Zielkomplex von Mitarbeitern.[37]

Im Nachfolgeexistenzgründungsprozess stellt sich somit für Mitarbeiter zum einen die Frage, ob ihr Arbeitsplatz und damit ihre wirtschaftliche Existenz in dem Unternehmen gesichert bleibt. Zum anderen müssen sie damit rechnen, dass sie bei Erhalt ihres Arbeitsplatzes von organisatorischen und sozialen Veränderungen betroffen sein werden. Mitarbeitern ist dabei eine gewisse Furcht vor Veränderungen zu eigen.[38] Darum wird es in der Regel notwendig sein, für einen rechtzeitigen und hinreichenden Informationsfluss bezüglich des Wechsels und der anstehenden Veränderungen zu sorgen.[39] Zudem sind die aus Arbeitsverträgen resultierenden Ansprüche der Mitarbeiter zu berücksichtigen.

Die Sicherheit des Arbeitsplatzes steht im direkten Zusammenhang mit dem Erfolg der Unternehmensfortführung. Es kann jedoch notwendig sein, einen Teil der Belegschaft zu entlassen, um so das Überleben der gesamten Unternehmung zu gewährleisten. Hier kann es somit zu Zielkonflikten kommen[40], insbesondere wenn die Solidarität der zum Bleiben auserkorenen mit den zu entlassenden Mitarbeitern sehr stark ist.

Ungeachtet der Vielzahl von Ansprüchen, die der einzelne Arbeitnehmer darüber hinaus haben kann, sollen die Ansprüche der Gruppe der Arbeitnehmer eines Familienunternehmens hier mit

- Arbeitsplatzsicherheit,
- Arbeitsentgelt und
- positivem Arbeitsklima

charakterisiert werden.

Gerade in kleineren Unternehmen können im Übrigen *einzelne* Mitarbeiter von besonderer Bedeutung sein, wenn es sich bei ihnen um Träger besonderer Fähigkeiten oder Kenntnisse handelt.[41] Ihre Interessen sind dann unter Umständen als die eines einzelnen Stakeholders zu betrachten, sollen sie dem Unternehmen ihre Unterstützung bei der Nachfolgeexistenzgründung gewähren.

---

36 Vgl. Janisch (1993), S. 166.
37 Siehe Maslow (1977); Alderfer (1972) oder Herzberg et al. (1967).
38 Vgl. Seeghitz (2000), S. 95.
39 Vgl. Seeghitz (2000), S. 97.
40 Vgl. Janisch (1993), S. 167.
41 Vgl. Trefelik (1998), S. 85.

3.2.4 Wesentliche Lieferanten

In der Betriebswirtschaftslehre herrscht die Vorstellung der Materialwirtschaft als eine originär technische Aufgabe vor. Dabei wird jedoch auch konstatiert, dass den Zulieferern durch eine steigende Arbeitsteilung eine immer höhere Bedeutung im Wertschöpfungsprozess zukommt. Einhergehend mit dieser wachsenden Bedeutung, verfügen insbesondere Lieferanten, die einen großen Teil der benötigten Vorprodukte und Rohstoffe oder Dienstleistungen bereitstellen, über eine nicht unerhebliche Macht.[42]

Lieferanten sind Wirtschaftseinheiten, die ihre Abnehmer ebenfalls als Anspruchsgruppe wahrnehmen müssen. In dieser wechselseitigen Beziehung besteht eine latente Gefahr opportunistischen Verhaltens durch den Geschäftspartner. Ihre Zielrichtung ist abhängig davon, wer die höheren spezifischen Kosten für die Zusammenarbeit aufbringt.[43] Hat der Lieferant mehr in die Geschäftsbeziehung investiert, wird sein Interesse größer sein, dass diese auch über den Nachfolgeprozess hinaus Bestand hat. Ist seine Position aufgrund seiner Bedeutung für das Unternehmen jedoch stark, so könnte er verleitet sein, ein opportunistisches Verhalten an den Tag zu legen. Dies fällt umso leichter, je stärker sich die Beziehungsqualität zwischen den Unternehmen beziehungsweise den dort maßgeblichen Personen verändert.[44] Durch das Ausscheiden des Alteigentümers und das Hinzutreten des Nachfolgers kann eine solche Situation eintreten.

Entsteht im Nachfolgeexistenzgründungsprozess eine Situation, in der der wirtschaftliche Vorteil eines opportunistischen Verhaltens vom Lieferanten höher eingeschätzt wird als dessen Nachteile, kann dies schwerwiegende Folgen für den Existenzgründer und sein Unternehmen haben. Werden beispielsweise bestehende Vereinbarungen zu Zahlungsmodalitäten (z. B. lange Zahlungsziele, Rabatte etc.) aufgekündigt, kann dies unverhofft zu Liquiditätsengpässen oder einer Verteuerung der Produkte oder Leistungen führen, die dem Markt nicht mehr gerecht werden.

Als grundlegende Interessen der Lieferanten kann man

- wirtschaftlichen Erfolg und
- niedrige Kosten der Geschäftsbeziehung (Transaktions- und Beziehungskosten[45])

in Bezug auf Nachfolgeregelungen nennen, obgleich sie generell gelten.

42 Vgl. Janisch (1993), S. 179.
43 Vgl. Gierl (2000), S. 108.
44 Vgl. Nooteboom (1996), S. 998.
45 Vgl. hierzu Gierl (2000), S. 111.

3.2.5 Kunden

Unternehmen sind auf die Erstellung von Produkten oder Dienstleistungen ausgerichtet, mit denen die Bedürfnisse und Wünsche von Nachfragern befriedigt werden können[46], um auf diesem Wege einen wirtschaftlichen Erfolg zu erzielen. Die Beziehung zu seinen Kunden ist demzufolge von grundlegender Bedeutung für den Erfolg einer Unternehmung.[47]

Neben die Vorstellung ein Gut zu erwerben, das den persönlichen Wünschen entspricht, tritt zudem die Erwartung, dies zu einem den eigenen Vorstellungen nach angemessenen Preis zu erhalten. Diese Angemessenheit wird nicht allein über den Kaufpreis, sondern auch über die Transaktionskosten bewertet. Über die Zeit kann ein Kunde eine Beziehung zu einem Unternehmen entwickeln, wenn er sich bezüglich des Kosten-Nutzen-Verhältnisses gut aufgehoben fühlt. Die stetig wiederkehrenden Transaktionen senken die dafür benötigten Aufwendungen dergestalt, dass ein gewisses Vertrauensverhältnis zwischen den Partnern aufgebaut wird und die Kosten für Informationsgewinnung oder Kontrolle wegfallen.[48]

Neben diesen eher pekuniär geprägten Aspekten treten aber noch andere Einflüsse zu Tage. So wird ein Kunde beispielsweise bevorzugt mit der entscheidenden Person eines Unternehmens verhandeln und nicht mit seinem Assistenten.[49] Der Nachfolger muss also als kompetente, entscheidungsfähige Person in Erscheinung treten können. Zudem bestehen in langen Geschäftsbeziehungen persönliche Bindungen, die bei einem Wechsel an der Unternehmensspitze in Frage gestellt werden. Insbesondere bei wichtigen Kunden muss dann vermutlich eine neue Bindungsebene gefunden werden.

Aber nicht nur bestehende Kundenbeziehungen sind zu berücksichtigen. Durch die möglichen Schwierigkeiten mit den alteingesessenen Kunden und aufgrund des (vermuteten) Investitionsbedarfs in Folge der Übernahme muss sich der Existenzgründer auch um die Gewinnung neuer Kundenkreise bemühen.[50] Diese werden zunächst andere Gewichtungen in ihren Zielsystemen aufweisen.

Die Bedürfnisse von Kunden hinsichtlich der Beziehung sollen hier verkürzt mit

- gutes Preis-Leistungsverhältnis der Güter,
- „gutes Gefühl" im Verhältnis zum Anbieter und
- Sicherheit (bezogen auf Produkt, Umwelt und die eigene Person)

benannt werden.

---

46 Vgl. Kotler/Bliemel (1999), S. 9.
47 Vgl. Trefelik (1998), S. 207.
48 Vgl. Kotler/Bliemel (1999), S. 10 ff.
49 Vgl. Pine (1992), S. 107.
50 Vgl. Schroer/Freund (1999), S. 18.

3.2.6 Unternehmerfamilie

Bei Familienunternehmungen handelt es sich um Systeme in denen die Subsysteme Familie und Organisation wechselseitig aufeinander einwirken.[51] Dies gilt auch im Prozess der Nachfolgeregelung.

Für Unternehmerfamilien stellt das Unternehmen häufig die maßgebliche Existenzgrundlage dar.[52] Insbesondere bei Unternehmen, die vor dem ersten Generationswechsel stehen, wurden für die Aufbauarbeit oft Gewinne thesauriert, so dass ein Großteil des Familienvermögens im Unternehmen akkumuliert ist.[53] Daraus resultierende Versorgungs- und Erbansprüche stellen eine bedeutende Herausforderung an die Regelung der Unternehmensnachfolge und damit auch an den Existenzgründer dar. Verwiesen sei in diesem Zusammenhang auf die Gefahr, dass es zu hohen Ausschüttungsansprüchen der nicht mit der Führung betrauten Erben kommt und so die gesamte Existenzgründung scheitern kann.[54]

Des Weiteren kann es sein, dass ein Teil der Unternehmensanteile im Besitz eines oder mehrerer Familienmitglieder ist. Sind diese nicht an der Führung beteiligt, kann es zu divergierenden Interessen bezüglich der Nachfolgeregelung kommen.

Gleichzeitig gibt es emotionale Verquickungen zwischen beiden Sphären, weil das Unternehmen, seine Probleme und Erfolge auch innerhalb der Familie ein häufiges Gesprächsthema sind.[55] Es ist zudem auf eine besondere Wirkung durch die Gleichheit von Familien- und Unternehmensnamen zu verweisen, die nicht selten zu beobachten ist und die zu einer starken Identifikation der Familienmitglieder mit der Firma führen.[56] Ein weiterer Aspekt ist die Tatsache, dass die gesellschaftliche Stellung der Familie meistens durch das Unternehmen begründet ist. Durch diese emotionalen Beziehungen zum Unternehmen erwächst ein starkes Interesse an dessen Zukunft. So kann gerade der Zuspruch aus der Familie für den familieninternen Existenzgründer eine bedeutende Unterstützung bei der Übernahme der Unternehmung sein.

Emotionalität in Bezug auf das Unternehmen birgt jedoch auch das Potenzial für Konflikte innerhalb der Familie. So mag ein Geschwisterteil sich Hoffnungen auf die Nachfolge gemacht haben und muss dann mit ansehen, wie ein anderer Geschwisterteil den Vorzug bekommt. Oder es erlebt den Generationenwechsel als Demütigung, weil trotz der eigenen Bereitschaft zur Nachfolge das Unternehmen in fremde Hände gegeben wird. Und auch der

51 Vgl. Klein (2000), S. 3.
52 Vgl. Habig (1998), S. 19.
53 Vgl. Klein (2000), S. 146 f. und Habig (1998), S. 19.
54 Vgl. Gruhler (1998), S. 31.
55 Vgl. Menzel (1988), S. 3.
56 Vgl. LeMar (2001), S. 133 ff.

Ehepartner des Alteigentümers ist emotional spätestens dann eingebunden, wenn es zu Konflikten zwischen dem Vorgänger und dem gemeinsamen Kind als Nachfolger kommt.

Diese nur sehr punktuellen Überlegungen lassen erkennen, dass die Unternehmerfamilie ein ausgesprochen starkes Interesse im Hinblick auf die Nachfolgeregelung hat. Ihre vielschichtigen Ansprüche im Nachfolgeexistenzgründungsprozess sind dabei nur unvollständig in Stichworte fassbar. Die wichtigsten scheinen dabei

- finanzieller Ausgleich unter Familienmitgliedern,
- subjektiv wahrgenommene soziale und pekuniäre Gerechtigkeit und
- die Zukunftssicherung für Familienmitglieder

zu sein. Darüber hinaus wird es jedoch erforderlich sein, je nach konkreter Familiensituation, weitere Ansprüche zu identifizieren und bei der Umsetzung der Existenzgründung zu berücksichtigen.

3.2.7 Staat als Stakeholder

Der Staat hat, anders als die ihn tragende Gesellschaft, direkten Einfluss auf die Unternehmen in seinem Geltungsbereich. Staatliche Macht kann dabei im Rechtsstaat nur *durch* oder *aufgrund von* Gesetzen ausgeübt werden.[57] Grundsätzliches Staatsziel ist es, die soziale Wohlfahrt der Bevölkerung zu sichern beziehungsweise zu steigern.[58] Er bedient sich dabei verschiedener politischer und gesetzgeberischer Maßnahmen (Wirtschafts-, Sozial-, Ordnungs- oder Fiskalpolitik etc.), um gesellschaftliche Aufgaben und Ziele zu formulieren und umzusetzen.

Der Staat als Anspruchsgruppe hat demzufolge eine Reihe von Aufgaben aus denen Interessen erwachsen, die auf den Nachfolgeexistenzgründungsprozess einwirken können. So findet man beispielsweise in fast jedem Ratgeber und gleichfalls in vielen wissenschaftlichen Arbeiten zum Thema Unternehmensnachfolge ausführliche Hinweise zur Berücksichtigung steuer- und erbschaftsrechtlicher Fragen[59], da fiskalische Interessen des Staates offensichtlich eine große Bedeutung für den Nachfolgeprozess haben. Andere mehr oder weniger relevante Bereiche sind Ansprüche, die durch das Gesellschaftsrecht, Arbeitsrecht oder auch durch Verordnungen, wie die Handwerksordnung[60] oder die Betriebsstättenverordnung gestaltet werden sollen.

Die erhobenen Steuern werden wiederum, neben anderen Aufgabengebieten, auch für wirtschaftliche Fördermaßnahmen, wie zum Beispiel Existenzgrün-

---

57 Vgl. Oldiges/Keding (1998), S. 179.

58 Vgl. Janisch (1993), S. 181.

59 Siehe dazu Grundler (2002), S. 33 ff.; Gruhler (1998), S. 30 ff. oder Behringhaus (1998), S. 135 ff.

60 Siehe dazu Müller (1999), S. 126. Zur Wirkung siehe auch Müller (2003), S. 45 f.

dungsförderung, eingesetzt. Bezogen auf die Unternehmensnachfolge kann der Staat also zumindest in zweierlei Hinsicht auftreten: als „Nehmer“ und als „Geber“. Dazu kommen noch andere Aktivitäten, wie beispielsweise die oben genannte rahmengebende Gesetzgebung.

Für die konkrete Situation der Nachfolgeexistenzgründung sollen staatliche Ziele wie

- fiskalische Ziele,
- Förderung von Existenzgründungen,
- Sicherung oder Ausweitung von Arbeitsplatzangeboten sowie
- ordnungspolitische Ziele

als relevant zusammengefasst werden. Darüber hinausgehende Ziele des Staates oder der Gesellschaft als ihr Träger haben möglicherweise ebenfalls Einfluss auf Existenzgründungsprozesse, wirken aber eher indirekt. Zu denken ist hier beispielsweise an das Gründungsklima im Allgemeinen.[61]

4 Empirische Evidenz

Die oben erörterten theoretischen Überlegungen dienten als Basis für die Erstellung des Interviewleitfadens, mit dessen Hilfe die Bedeutung von Anspruchsgruppen im Nachfolgeexistenzgründungsprozess empirisch beleuchtet werden soll. Maßgeblich im Rahmen dieser Arbeit ist dabei die Sicht des Existenzgründers. Darum wurde versucht, aus dem rekursiven Blickwinkel von Gründern, ein Bild der Beziehungen zwischen Anspruchsgruppen und Unternehmen im Nachfolgeexistenzgründungsprozess zu zeichnen.

4.1 Untersuchte Fälle

Die Auswahl der Gesprächspartner erfolgte mit Unterstützung der IHK Lüneburg-Wolfsburg und der Handwerkskammer Lüneburg-Stade. Auf diesem Weg konnten insgesamt sechs Interviews (A, B, C, D, E und F) geführt werden.

61 Siehe dazu beispielhaft Sternberg/Bergmann (2003), S. 31.

Fall	Nachfolgetyp	Jahr	Branche	Rechtsform	
				vorher	nachher
A	familienintern	2002	Tischler	Einzeluntern.	Einzeluntern.
B	extern	2000	Einzelhandel	Einzeluntern.	Einzeluntern.
C	familienintern	1985	Landwirtschaft	Einzeluntern.	Einzeluntern.
D	familienintern	2002	Ofenbau	Einzeluntern.	GmbH
E	familienintern	2002	Druck	GmbH	GmbH
F	familienintern	1995	Hochbau	OHG	GmbH&Co KG

Fall	Führung		Besonderheiten/Anmerkungen
	vorher	nachher	
A	1 Alteigner	1 Gründer	Nachfolger war "zweite Wahl"
B	1 Alteigner	1 Gründer	vorherige tätige Beteiligung an anderem Untern.
C	1 Alteigner	1 Alteigner	gescheiterte Nachfolge mit nachfolgender Existenzgründung
D	1 Alteigner	1 Gründer	Umgründung und Geschäftsfelderweiterung
E	2 Alteigner	Gründer u. Alteigner	später Vereinigung aller Anteile bei Gründerin
F	2 Alteigner	2 Gründer	Umgründung durch Gründerteam

Tab. 1: Überblick über die Interviewpartner

Mit Ausnahme eines externen Nachfolgeexistenzgründers (B) handelt es sich durchweg um familieninterne Nachfolgeexistenzgründungen, von denen eine im Nachfolgeprozess abgebrochen wurde (C). Letztere führte in der Folge zu einer originären Unternehmensgründung und diente neben dem externen Nachfolgeexistenzgründer als interessante Ergänzung der Untersuchung. Im Fall E wurden die Anteile des Onkels übernommen.

In zwei Fällen wird das Unternehmen zurzeit von zwei Personen geführt (E, F). In beiden Fällen handelt es sich um ein Familienmitglied (Cousine bzw. Vater), das neben dem Existenzgründer als geschäftsführender Gesellschafter tätig ist. Dabei war Fall F eine Teamgründung. Es wurde allerdings nur einer der Gründungspartner befragt. In den anderen Unternehmen ist der Existenzgründer zugleich alleiniger Inhaber und Geschäftsführer.

Das Gros der Gründungen (A, D, E, F) fand im Handwerk statt, wobei keines der Handwerke zweifach vertreten war. In einem der Fälle handelt es sich seit dem Wechsel allerdings um eine Mischform aus Handel und Handwerk (D). Eine der Nachfolgegründungen wurde im Einzelhandel vollzogen (B). Dabei handelte es sich um die externe Gründung. Die abgebrochene Existenzgründung (C) sollte in einem landwirtschaftlichen Betrieb stattfinden. Stattdessen hat der Existenzgründer im Nachhinein eine originäre Unternehmensgründung im Gastgewerbe vollzogen.

Die Größe der Betriebe lag durchgängig im Bereich der kleinen und Mikrounternehmen. Sie sind alle im ehemaligen Regierungsbezirk Lüneburg-Stade angesiedelt und haben nur eine Betriebsstätte.

4.2 Zusammengefasste Ergebnisse der Interviews

Die Ergebnisse der Befragung sind im Folgenden verkürzt zusammengefasst.

Im Vergleich mit der das Thema Unternehmensnachfolge behandelnden Literatur stellen sich die vorliegenden Fälle verhältnismäßig unproblematisch dar. Selbst der Nachfolgeexistenzgründungsprozess im Fall C scheiterte hauptsächlich an den wirtschaftlichen Einschätzungen des Nachfolgers und nicht an Konflikten mit den Anspruchsgruppen. Insofern kann hier sogar von einer positiven Entscheidung in Bezug auf die Gefahr des Scheiterns der Existenzgründung gesprochen werden. Im Fall F hat das Unternehmen zwar überlebt, der Nachfolger stellte es jedoch als nach der Übernahme nicht besonders gut aufgestellt dar. In diesem Zusammenhang lassen sich Defizite bei seiner Vorbereitung auf die Übernahme erkennen, die zum Teil in seiner Person begründet lagen und zum Teil auf mangelnde Unterstützung durch verschiedene Stakeholder im Prozess zurückzuführen sind.

Aus der Art und Weise wie in den jeweiligen Fällen mit den Anforderungen der verschiedenen Anspruchsgruppen umgegangen wurde, kann man Rückschlüsse auf deren Bedeutung und notwendige Herangehensweisen herleiten. So lässt sich, wenig überraschend und gleich lautend mit der relevanten Literatur[62], die besondere Bedeutung des *Alteigentümers* im Nachfolgeexistenzgründungsprozess feststellen. In den Fällen der erfolgten Übergabe wurden die vermuteten Ansprüche durch entsprechende Regelungen berücksichtigt, so dass Konflikte an dieser Stelle vermieden werden konnten.

Auch in Bezug auf *Kreditinstitute* konnten die beiden Interessenschwerpunkte *Sicherung bestehender Engagements* und *Generierung zukünftiger Erträge* beobachtet werden. Ein auf diese Zwecke ausgerichtetes Verhalten wurde durch die Art des Auftretens in den Fällen A (Aufforderung an den Alteigentümer, die Nachfolge zu regeln), D (Risiko des Ausfalls bestehender Engagements und damit verbundene teure Kreditangebote an den noch unbekannten Nachfolger) und E (positive Einschätzung der Nachfolgerin und der erwarteten Geschäftsentwicklung) unterstrichen.

Die Bedeutung der *Mitarbeiter* ist nach dieser Befragung etwas schwerer einzuschätzen. Nur in einem Fall (A) wurde explizit auf ihre Unterstützung des Nachfolgers abgehoben. Im Fall F kann nicht beurteilt werden, ob das vom Existenzgründer beobachtete opportunistische Verhalten nicht schon vorher bestand. Jedoch wurden in diesem Fall die Probleme mit den Mitarbeitern für einen Teil der Schwierigkeiten nach der Übernahme verantwortlich gemacht. Diese Interpretation und die Tatsache, dass alle befragten Gründer um ein gutes Miteinander bemüht sind, lässt die Annahme zu, dass Mitarbeiterinteressen

62 Siehe dazu beispielhaft LeMar (2001); Seeghitz (2000); Freund (2000); Habig (1998); Gerke-Holzhäuer (1996); Menzel (1988) und Bechtle (1983).

Beachtung geschenkt werden muss, um einen reibungslosen Prozess zu gewährleisten.

Die vermuteten Erwartungshaltungen von *Lieferanten* haben sich ebenfalls in den Interviewergebnissen erkennen lassen. Allerdings war der Wettbewerb unter potenziellen Lieferanten in diesen Fällen scheinbar groß genug, um bei Missachtung bestimmter Spielregeln ausgetauscht werden zu können. Die Notwendigkeit und Möglichkeit die Lieferbedingungen insbesondere im Nachfolgeprozess zu überprüfen und Lieferanten gegebenenfalls auszutauschen, scheint jedoch gegeben.

Das Augenmerk der meisten Gründer war sowohl auf die alten als auch auf neue *Kunden* gerichtet. Sie stellten Überlegungen an, wie neue gewonnen und gleichzeitig alte weiterhin bedient werden können. Die Tatsache, dass dadurch in einigen Fällen Umsätze stabilisiert, beziehungsweise in eine positive Richtung beeinflusst werden konnten, lässt die Bedeutung von derlei Maßnahmen erkennen und einen sorgfältigen Umgang mit dieser Anspruchsgruppe im Nachfolgeexistenzgründungsprozess erwartungsgemäß als notwendig erscheinen.

Die *Familien* der Befragten pflegten im Nachfolgeprozess durchweg eine konfliktarme Beziehung zu den Existenzgründern. Dabei kann nur vermutet werden, was Konflikte in diesem Zusammenhang bedeutet hätten. Zumindest im Fall A hätten sich Probleme für das Unternehmen ergeben – und können es prinzipiell immer noch – wenn der Erbfall irgendwann eintritt. Auch in anderen Fällen hätte es zumindest emotionale Belastungen für den Existenzgründer geben können, die indirekt zu unternehmerischen Schwierigkeiten führen könnten. Die Unterstützung durch Elternteile oder Geschwister war den Gründern dementsprechend wichtig und zeigt ihren Stellenwert für die Existenzgründung.

Vor allem die Ansprüche des *Staates*, insbesondere in fiskalischer Hinsicht, bedeuten für die Nachfolgeregelung eine ernstzunehmende Herausforderung. Hierbei geht es jedoch nicht in erster Linie um die Befriedigung seiner Ansprüche, sondern um die Notwendigkeit, diese auf ihr notwendiges Minimum zu reduzieren, damit das Unternehmen nicht gefährdet wird. Die Existenzgründer waren einhellig der Meinung, dass steuerliche Aspekte für sie nicht völlig durchschaubar sind. Im Fall A gab der Gründer beispielsweise an, die aufwendigen Steuerüberlegungen hätten ihn im Übernahmeprozess erheblich belastet. Entsprechend waren in praktisch allen Fällen Steuerberater in den Nachfolgeexistenzgründungsprozess eingebunden und wurden als notwendig erachtet.

Das Interesse des Staates an Arbeitsplätzen fand in der Tatsache seinen Ausdruck, dass zwei der Befragten ausbilden dürfen, obwohl sie nicht über einen Meisterbrief im entsprechenden Handwerk verfügen. Diese stillschweigend gewährte Ausnahmeregelung war somit eine Unterstützung der Nachfolger im Gegenzug zur Übernahme der Unternehmen und damit der Ausbildungsverträge durch die Existenzgründer.

5 Einordnung der Ergebnisse und Ausblick

Zusammenfassend lässt sich feststellen, dass die Analyse der Ansprüche der verschiedenen Stakeholder zwar generelle Tendenzen erkennen lässt, jeder Fall jedoch individuell zu analysieren ist, da kein Fall dem anderen gleicht. Ansprüche, die in einem Fall zu problematisieren sind, können in anderen Fällen nicht mit Problemen behaftet sein. Allerdings lässt sich aus den theoretisch formulierten Anspruchserwartungen ein Schema bilden, das als Grundlage für die Einzelfallanalyse dienen kann.

Die Analyse der Ansprüche der verschiedenen Stakeholder kann somit der Ermittlung der Aufgaben dienen, die im Verlauf des Nachfolgeexistenzgründungsprozesses durch den Existenzgründer, aber auch durch den Übergeber zu bewältigen sind. Dabei ist es auch erforderlich die ermittelten Aufgaben in den Verlauf des kontinuierlichen Übergabeprozesses einzuordnen, was hier jedoch nicht weiter thematisiert wurde.

Schlussendlich lässt sich vermuten, dass in der Regel weder der Existenzgründer noch der Übergeber über Erfahrung mit dem Übergabeprozess verfügen. Es erscheint darum sinnvoll, diesem Umstand gerecht zu werden, indem man ein Beratungssystem implementiert, welches auf Basis einer entsprechenden Analyse den Nachfolgeexistenzgründer sowie den Alteigentümer begleitet. Ein derartiges Unterstützungskonzept würde dem vielschichtigen Problem der erfolgreichen Übernahme eines Unternehmens durch einen Existenzgründer am ehesten gerecht werden.

Literatur

Albach, H./Freund, W. (1989): Generationswechsel und Unternehmenskontinuität – Chancen, Risiken, Maßnahmen: eine empirische Untersuchung gefördert von der Bertelsmann Stiftung, Gütersloh 1989.

Alderfer, C. P. (1972): Existence, relatedness and growth. Human needs in organizational settings, New York 1972.

Bechtle, C. (1983): Die Sicherung der Führungsnachfolge in der Familienunternehmung, Frankfurt a. M. 1983 .

Beringhaus, J. (1998): Die steuerlichen und rechtlichen Aspekte, in: H. Habig/J. Berninghaus (Hrsg.): Die Nachfolge im Familienunternehmen ganzheitlich regeln, Berlin 1998, S. 133-208.

Bertsch, R. (1964): Die industrielle Familienunternehmung – Ein Überblick über ihre Bedeutung und ihre Hauptprobleme unter besonderer Berücksichtigung der Finanzierung und Führung, Winterthur 1964 .

Brenner, S. N. (1994): Stakeholder Theory of the Firm. Its Consistency with current Management Techniques, in: J. Näsi (Hrsg.): Understanding Stakeholder Thinking, Jyväskylä 1994, S. 75-95.

Carroll, A. B. (1996): Business & society: ethics and stakeholder management, 3. Aufl., Cincinnati 1996.

Freeman, R. E. (1984): Strategic Management – A Stakeholder Approach, London 1984.

Freund, W. (2000): Familieninterne Unternehmensnachfolge – Erfolgs- und Risikofaktoren, Wiesbaden 2000.

Freund, W./Kayser, G./Schröer, E. (1995): Generationenwechsel im Mittelstand: Unternehmensübertragungen und -übernahmen 1995 bis 2000, IfM-Materialien 109, Bonn 1995.

Gerke-Holzhäuer, F. (1996): Generationenwechsel in Familienunternehmen: psychologische Aspekte des Führungswechsels, Wiesbaden 1996 .

Gierl, H. (2000): Opportunismus in langfristigen Geschäftsbeziehungen, in: ZfbF, 52. Jg. (2000), S. 107-135.

Gruhler, W. (1998): Unternehmensnachfolge im Mittelstand, Köln 1998.

Grundler, R. (2002): Die Geschäftsnachfolge bei kleinen und mittleren Unternehmen, Bern 2002.

Habig, H. (1998): Die betriebswirtschaftlichen, familiären, psychologischen und emotionalen Aspekte, in: H. Habig/J. Borninghaus (Hrsg.): Die Nachfolge im Familienunternehmen ganzheitlich regeln, Berlin 1998, S. 3-131.

Herzberg, F./Mausner, B./Snyderman, B. B. (1967): The Motivation to Work, 2. Aufl., New York 1967.

IfM Bonn [Hrsg.] (2001): Unternehmensnachfolge in Deutschland. Sonderdruck aus Anlass der zentralen Auftaktveranstaltung zur Initiative Unternehmensnachfolge *nexxt* des Bundesministeriums für Wirtschaft und Technologie am 28. Mai 2001 in Berlin, Bonn 2001.

Janisch, M. (1993): Das strategische Anspruchsgruppenmanagement. Vom Shareholder Value zum Stakeholder Value, Bern 1993 .

Kirschner, H./Müller, C. (2002): Banken und die Finanzierung der Unternehmensnachfolge in der Region Stuttgart, G-Forum, FGF, Wuppertal 2002 (die Seitenangaben im Text beziehen sich auf eine PDF-Version von den Seite des Lehrstuhls: http://www.uni-hohenheim.de/seh/forschung/downloads/gforumbank_mueller_kirschner.pdf).

Klein, S. (2000): Familienunternehmen: theoretische und empirische Grundlagen, Wiesbaden 2000.

Kotler, P./Bliemel, F. (1999): Marketing-Management: Analyse, Planung, Umsetzung und Steuerung, 9. Aufl., Stuttgart 1999.

LeMar, B. (2001): Generations- und Führungswechsel im Familienunternehmen: mit Gefühl und Kalkül den Wandel gestalten, Berlin 2001.

Maasmeier, M. (1987): Externes Krisenmanagement, München 1987.

Maslow, A. H. (1977): Motivation und Persönlichkeit, Olten 1977.

Meis, T. (1999): Existenzgründung durch den Kauf eines kleinen oder mittleren Unternehmens, Lohmar 1999.

Menzel, A. (1988): Generationenwechsel: Rechtzeitig organisieren – oder Zauberei in letzter Minute, in: A. Menzl/L. Kruthoff/D. Malouvier (Hrsg.): Generationswechsel – Strategien zur Unternehmensnachfolge, 2. Aufl., Stuttgart 1988.

Müller, K. (1999): Auswirkungen des Gründungsgeschehens auf den Generationenwechsel am Beispiel des Handwerks, in: R. Ridiger/P. Weiss (Hrsg.): Existenzgründungen und dynamische Wirtschaftsentwicklung, Berlin 1999, S. 121-142.

Müller, K. (2003): Der Generationswechsel im Handwerk im Zeichen von Existenzgründungsprognosen, Göttinger Herdwerkswirtschaftliche Arbeitshefte Nr. 52, Seminar für Handwerkswesen an der Universität Göttingen, Göttingen 2003.

Nathusius, K. (1990): Management Buy-Out (MBO) – Eine aktuelle Form der unternehmerischen Verselbstständigung, in: W. K. Dieterle/E. M. Winkler (Hrsg.): Handbuch des Gründungsmanagement, München 1990, S. 541-547.

Nathusius, K. (2003): Die Finanzierung der Unternehmensnachfolge mit Beteiligungskapital – aus der Sicht von Venture Capital Gesellschaften, in: W. Schmeisser/D. Krimphove/K. Nathusius (Hrsg.): Handbuch Unternehmensnachfolge. Recht – Basel II und Rating – Finanzierung – Fallbeispiele, Stuttgart 2003, S. 359-390.

Nooteboom, B. (1996): Trust, opportunism and governance; a process and control model, in: Organization Studies, Vol. 17 (1996), S. 985-1010.

Oldiges, M./Keding, C. F. (1998): Staatsrecht, in: W.-E. Gudemann (Chefred.): Die große Bertelsmann-Lexikothek: Wirtschaft, Staat, Gesellschaft, Gütersloh 1998, S. 178-182.

Pine, A. (1992): Das erfolgreiche Familienunternehmen, Frankfurt/M. 1992.

Schmitz, M. (2005): Finanzierung und Beratung – eine Analyse des Übernahmegeschehens, in: H. Brost/M. Faust/C. Thedens (Hrsg.): Unternehmensnachfolge im Mittelstand, Frankfurt a. M. 2005, S. 61-71.

Schröer, E./Freund, W. (1999): Neue Entwicklungen auf dem Markt für die Übertragung mittelständischer Unternehmen, IfM-Materialien Nr. 136, Bonn 1999.

Schulte, R. (1999): Das Risikoverhalten von Banken gegenüber Existenzgründungen, in: R. Ridiger/P. Weiss (Hrsg.): Existenzgründungen und dynamische Wirtschaftsentwicklung, Berlin 1999, S. 95-119.

Schulte, R. (2002): Finanzierungs- und wachstumstheoretische Aspekte der Frühentwicklung von Unternehmungen und deren empirische Analyse, Habilitationsschrift; Dortmund 2002.

Seeghitz, N. (2000): Nachfolgeproblematik in Mittelständischen Familienunternehmen – ein interdisziplinäres Handlungsfeld, Fürth 2000.

Spielmann, U. (1994): Generationenwechsel in mittelständischen Unternehmungen: Ablösung von Firmen- und Nichtgründern, Wiesbaden 1994.

Staehle, W. H. (1994): Management, 7. Aufl., München 1994.

Sternberg, R./Bergmann, H. (2003): Global Entrepreneurship Monitor – Länderbericht Deutschland 2002, Köln 2003.

Szyperski, N./Nathusius, K. (1999): Probleme der Unternehmensgründung, 2. Aufl., Lohmar/Köln 1999.

Trefelik, R. (1998): Erfolgsfaktoren für den Generationenwechsel. Nachfolgeproblematik in kleinen und mittleren Familienbetrieben, Wien 1998.

Gründungs- und Wettbewerbspotenziale im deutschen Eisenbahnsektor – Vertikale Verbundvorteile ein Hindernis für Trennung von Netz und Transport?

Heike Wetzel

Inhaltsverzeichnis

1 Einleitung

Anfang der neunziger Jahre des letzten Jahrhunderts begann die europaweite Liberalisierung des Eisenbahnwesens. Die Hauptgründe hierfür lagen in der schwachen wirtschaftlichen Leistungsfähigkeit der existierenden monopolistischen Eisenbahnsysteme und deren zunehmend sinkenden Marktanteil im intermodalen Wettbewerb mit Straßen-, Luft- und Seeverkehr. Mehr Wettbewerb auf der Ebene des Schienentransports sollte zu einem steigenden Eisenbahnverkehrsaufkommen und zu sinkenden Subventionsaufwendungen führen.

Wie auch in anderen Netzsektoren (Telekommunikation, Energie) besteht das Hauptproblem der Etablierung von Wettbewerb beziehungsweise der Förderung von Gründungs- und Wettbewerbspotenzialen auf der Schienentransportebene jedoch darin, dass hierfür zwingend ein Zugang zu den von Monopolunternehmen kontrollierten Netzen (sog. monopolistische Bottlenecks) erforderlich ist. Da die netzbesitzenden Unternehmen in der Regel ihrerseits auf der nachgelagerten Ebene tätig sind, besteht seitens dieser ein Anreiz, die neuen Wettbewerber zu diskriminieren. Sie stehen hinsichtlich der Netznutzung in direkter Konkurrenz zu den neuen Marktteilnehmern und könnten durch die Ausnutzung ihrer Monopolstellung im Bereich des Netzes der Wettbewerbsförderung entgegenstehen; Gründungs- und Wettbewerbspotenziale blieben ungenutzt.

Um diesen Konflikt zu vermeiden und einen diskriminierungsfreien Zugang für alle Wettbewerber zu ermöglichen, erscheint eine Trennung (sog. Separierung) der Netz- und Transportebene als sinnvoll. Je nach Grad dieser Separierung (lediglich buchhalterischer, organisatorischer bis hin zur eigentumsrechtlichen Art) werden dem netzbesitzenden Unternehmen zunehmend die Möglichkeiten beziehungsweise die Anreize zur Diskriminierung anderer Marktteilnehmer genommen.

In Deutschland wurde der europäischen Gesetzgebung folgend sowohl eine buchhalterische als auch organisatorische Separierung durchgeführt. Eine weitergehende Separierung eigentumsrechtlicher Art (sog. institutionelle Separierung) wie beispielsweise in England und Schweden erfolgte jedoch nicht. Kritiker der deutschen Bahnreform halten dies im Hinblick auf die eher schleppende Wettbewerbsentwicklung für einen Fehler. Zwar seien im deutschen Eisenbahnsektor Markteintritte zu beobachten, allerdings sei deren Marktanteil im Verhältnis zu dem ehemaligen Monopolisten Deutsche Bahn AG sehr gering. Es bestehe zudem immer noch ein Diskriminierungspotenzial der „Deutsche Bahn AG“ gegenüber Konkurrenzanbietern, welches nur durch eine vollständige institutionelle Separierung von Netz und Transport beseitigt werden könne. Kritiker der Separierungsforderung argumentieren dagegen, dass bei einer institutionellen Trennung der Verlust an Verbundvorteilen zu hohen Effizienzeinbußen führen würde, der auch nicht durch eventuelle Effizienzgewinne des Wettbewerbs kompensiert werden könne. Eine derartige Trennung sei deshalb abzulehnen.

Letztendlich lässt sich dieser Konflikt nur durch eine empirische Überprüfung unterschiedlicher Liberalisierungsmaßnahmen klären. Allerdings bedarf es im Vorfeld einer theoretischen Betrachtung der vorherrschenden produktionstechnischen und marktmäßigen Gegebenheiten. Dazu werden in Abschnitt 2 grundlegende Probleme der (De-)Regulierung von Netzsektoren aufgezeigt und Argumente für eine institutionelle Separierung dargelegt. Abschnitt 3 beschreibt die heutige Struktur des deutschen Eisenbahnsektors und vergleicht dessen Wettbewerbsentwicklung mit der in anderen europäischen Ländern. Eine Betrachtung vertikaler Verbundvorteile als Argument gegen eine institutionelle Separierung erfolgt in Abschnitt 4. Abschließend werden die Ergebnisse zusammengefasst und es wird ein kurzer Ausblick auf zukünftige empirische Untersuchungsmöglichkeiten gewährt.

2 Die (De-)Regulierung von Netzsektoren

Die (De-)Regulierung von Netzsektoren wie Telekommunikation, Eisenbahn, Strom- und Gasmarkt ist ein wirtschaftspolitisches Standardthema der letzten Jahre. Basis der wissenschaftlichen Diskussion bildet das Vorliegen natürlicher Monopole, welche dadurch gekennzeichnet sind, dass ein einziges Unternehmen den relevanten Markt kostengünstiger versorgen kann als mehrere. Während früher die Netzsektoren als natürliche Monopole betrachtet und reguliert wurden, führte die Anfang der 80er Jahre entwickelte Theorie der bestreitbaren Märkte (vgl. Baumol et al. 1988) zu einer neuen Sichtweise. Der Unterschied zur traditionellen Auffassung besteht darin, dass die Netzsektoren hier nicht mehr in ihrer Gesamtheit als natürliches Monopol angesehen werden, sondern lediglich die Netzebenen, die durch entsprechende Größen- und Verbundvorteile gekennzeichnet sind. Der Aufbau einer parallelen Netzinfrastruktur im Rahmen eines Wettbewerbsmarktes ist dort entweder nicht zu wirtschaftlich zumutbaren Bedingungen möglich oder unter dem Gesichtspunkt der Kostenduplizierung ökonomisch nicht wünschenswert. Demzufolge werden diese Netzebenen als monopolistische Bottlenecks bezeichnet. Im Bereich der Netzdienstleistungen, wie zum Beispiel dem Strom- und Gashandel oder dem Schienenverkehr, ist dagegen ein aktiver Wettbewerb möglich und wünschenswert. Da hierfür der Zugang zur Netzebene eine zwingende Bedingung ist, muss durch Regulierung die Marktmacht des in der Regel ebenfalls auf der Ebene des Eisenbahntransports (sog. Diensteebene) tätigen netzbesitzenden Unternehmens beschränkt und ein diskriminierungsfreier Zugang für alle Anbieter gewährt werden (vgl. Knieps 2001, S. 95 f.). Diskriminierungsfrei bezeichnet dabei nicht nur die Sicherstellung gleicher Konditionen im Hinblick auf die Netznutzungspreise, sondern auch gleiche Konditionen in Form von gleicher Qualität. Dies ist insofern wichtig, da der Netzbetreiber in der Regel über zahlreiche technische Möglichkeiten verfügt, die Netzleistung hinsichtlich der Zuverlässigkeit, Pünktlichkeit und ähnlichem zu Gunsten seines eigenen, auf der Wettbewerbsebene tätigen Unternehmensteils zu beeinflussen (vgl. Kruse 1997, S. 258 und Monopolkommission 2003, S. 358).

Die Re- beziehungsweise Deregulierungspolitik steht folglich einem zweiseitigen Problem gegenüber: Einerseits bedarf es zur Vermeidung monopolistischer Marktmachtausbeutung einer Preis- beziehungsweise Gewinnregulierung, andererseits einer Verhinderung von nicht-preislicher Diskriminierung. Während im unregulierten Markt der integrierte monopolistische Netzbetreiber seine Monopolgewinne mit Hilfe von überhöhten Netznutzungsentgelten auf der Netzebene erzielen kann und somit über keinerlei Diskriminierungsanreize verfügt, wird er im regulierten Fall versuchen, seine auf Netzebene wegfallenden Monopolgewinne in anderen Sektorbereichen zu erzielen. Dieses Ziel kann er erreichen, indem er andere Marktteilnehmer diskriminiert, ihnen also den Netzzugang erschwert beziehungsweise ganz verweigert, und damit die nachgelagerten Sektorbereiche monopolisiert. Es existiert folglich eine Trade-Off-Beziehung zwischen der für gesamtwirtschaftliche Effizienz notwendigen Regulierung der Netznutzungsentgelte und den daraus entstehenden unerwünschten Diskriminierungsanreizen (vgl. Brunekreeft 2000, S. 31 f.).

Sowohl die ökonomische Theorie als auch die in der Praxis bei vertikal integrierten Netzsektoren angewendeten Regulierungsverfahren konnten dieses Problem bis heute nicht eindeutig lösen. Dabei ist das grundlegende Defizit aller Verfahren in der asymmetrischen Informationsverteilung zwischen Netzbetreiber und Regulierungsinstanz zu sehen. Sowohl die Bestimmung kostenorientierter und damit ausbeutungsfreier Netznutzungsentgelte als auch die Vermeidung anderer Diskriminierungspotenziale in Form von Qualitätsunterschieden der Netzleistung erfordern genaue Kenntnisse über die Kosten- und Nutzenstruktur des Netzbetreibers. Insbesondere der für vertikal integrierte Netzsektoren charakteristisch hohe Anteil an nicht einzelnen Leistungen zurechenbaren Fixkosten stellt hierbei ein Problem dar. Alle aus der Kostenrechnung stammenden Verteilungsverfahren können allenfalls als Näherungslösung dienen und sind nicht in der Lage, eine verursachungsgerechte Zuordnung der Kosten eindeutig sicherzustellen. Insgesamt verbleibt dem integrierten Netzbetreiber ein gewisser Zurechnungsspielraum, der es ihm ermöglicht, Quersubventionierung zu betreiben. Dafür wird er die Zuordnung der Gemeinkosten so vornehmen, dass er weiterhin überhöhte Netznutzungsentgelte verlangen und Wettbewerber aus den nachgelagerten Märkten heraushalten kann (vgl. Monopolkommission 2003, S. 358). Für ihn ist es dabei völlig unerheblich, wie hoch oder niedrig die kalkulierten Netznutzungsentgelte sind, da sie innerhalb seiner Organisation lediglich interne Verrechnungspreise zwischen den einzelnen Unternehmensbereichen darstellen. Für die Regulierungsinstanz wird das Feststellen von Quersubventionierung zudem dadurch erschwert, dass sie in erster Linie auf buchhalterische Informationen des integrierten Netzbetreibers angewiesen ist. Eine ökonomische Vergleichsbetrachtung ist weitestgehend ausgeschlossen, da die aus wirtschaftlichen Gründen bestehende Nicht-Duplizierbarkeit der Netzinfrastruktur vergleichbare Strukturen in der Regel nicht zulässt. Selbst für den Fall, dass ähnliche Strukturen international existieren, ist davon auszugehen, dass auch hier keine Wettbewerbspreise vorliegen, sondern allenfalls regulierte Preise (vgl. Monopolkommission 2003, S. 362).

Im Ergebnis zeigen die angeführten Zusammenhänge, dass allein schon die Preisregulierung vor erheblichen Informationsproblemen steht. Wird diesem noch die notwendige Betrachtung nicht-preislicher Diskriminierungspotenziale mit zusätzlichem Informationsbedarf hinzugefügt, so stellt sich die Frage, ob letztendlich nur eine institutionelle Separierung ein geeignetes Instrument ist, diese Problematik zu beseitigen. Der Vorteil hierbei besteht darin, dass durch die Trennung der Netzebene von den anderen Wertschöpfungsstufen eines Sektors und durch das Verbot jeglicher Aktivität des Netzbetreibers auf den vor- beziehungsweise nachgelagerten Sektorbereichen dieser keinen Anlass mehr hat, unabhängige Wettbewerber zu diskriminieren (vgl. Brunekreeft 2000, S. 32).

Die institutionelle Separierung ist somit in der Lage, den ohne sie bestehenden Konflikt zwischen Preisregulierung und nicht-preislichen Diskriminierungspotenzialen zu lösen. Die Regulierungsanforderungen lassen sich auf die Netzzugangsentgelte reduzieren, was zu einer Verringerung des Informationsbedarfs der Regulierungsinstanz führt. Zudem werden Informationsasymmetrien dadurch abgebaut, dass ein vertikal separierter Netzbetreiber nicht mehr in der Lage ist, Quersubventionierung zu betreiben. Das von der Regulierungsinstanz zu prüfende Rechnungswesen beschränkt sich nur noch auf die tatsächlich innerhalb der Netzebene angefallen Kosten und ist somit für Dritte wesentlich einfacher zu analysieren beziehungsweise zu bewerten.

Dieser regulatorischen Vorteilhaftigkeit institutioneller Separierung stehen allerdings umfangreiche ökonomische, juristische sowie politische Probleme gegenüber. Unter ökonomischen Gesichtspunkten hat bei der Überlegung, vertikal zu separieren, immer eine Abwägung zwischen den – durch den Wegfall eventuell bestehender vertikaler Verbundvorteile – entstehenden Kosten und dem Nutzen durch möglichen Wettbewerb beziehungsweise geringerer Regulierungsaufwendungen zu erfolgen. Selbst wenn hierbei belegt werden könnte, dass eine Separierung vorteilhaft ist, sind weiterhin juristische Bestimmungen zu berücksichtigen. Eine vollständige institutionelle Separierung stellt einen gravierenden Eingriff in die Eigentumsrechte des integrierten Unternehmens dar. Innerhalb privatwirtschaftlich organisierter Sektoren wie dem Strom- und Gasmarkt besteht die Gefahr der Verfassungswidrigkeit. Eine vollständige eigentumsrechtliche Separierung in diesen Sektoren ist damit in der Regel nicht durchführbar (vgl. Monopolkommission 2003, S. 380). Dagegen sind im Bereich des Eisenbahnsektors die ehemaligen Monopolunternehmen in der Regel öffentlich kontrolliert. So ist die Deutsche Bahn AG bis heute zu 100 % im Besitz des Staates. Eine institutionelle Separierung ist damit aus juristischer Perspektive durchaus denkbar. Es ist allerdings mit politischen Hindernissen durch Eigeninteressen politischer Gruppen zu rechnen.

Ingesamt zeigt sich, dass der relativ gravierende Eingriff einer vollständigen institutionellen Separierung in der Praxis nur schwer zu realisieren ist. Aus diesem Grund schreibt die europäische Gesetzgebung für den Eisenbahnsektor bisher lediglich eine buchhalterische und organisatorische Separierung von Netz und Transport vor (vgl. RL 91/440/EWG, ABl. L237, S. 25; RL 2001/12/EG, ABl. L75, S. 1; RL 2001/13/EG, ABl. L75, S. 26 u. RL 2001/14/EG, ABl. L75, S. 29). Ziel dieser Maßnahmen ist, der Regulierungsinstanz einen transparenteren Einblick in die einzelnen Kostenstrukturen zu ermöglichen, Regulierungsaufwendungen zu senken und damit den Wettbewerb auf der Transportebene durch andere Unternehmen zu fördern. Nichtsdestotrotz können alle Unternehmensbereiche des ehemaligen Monopolisten weiterhin unter dem Dach eines Konzernverbundes in integrierter Form verbleiben. Gegenüber einer vollständigen institutionellen Separierung besteht damit weiterhin das Problem möglicher Diskriminierung. So lässt sich trotz der rechnerischen beziehungsweise funktionalen Trennung der Ebenen die Gefahr der Bevorzugung eigener Konzerngesellschaften beim Netzzugang und insbesondere die Problematik der Quersubventionierung durch Absprachen innerhalb des Verbundes nicht vollständig ausschließen.

3 Der deutsche Eisenbahnsektor im internationalen Vergleich

Innerhalb des Eisenbahnsystems sind drei Ebenen zu unterscheiden (vgl. Knieps 1996, S. 14):

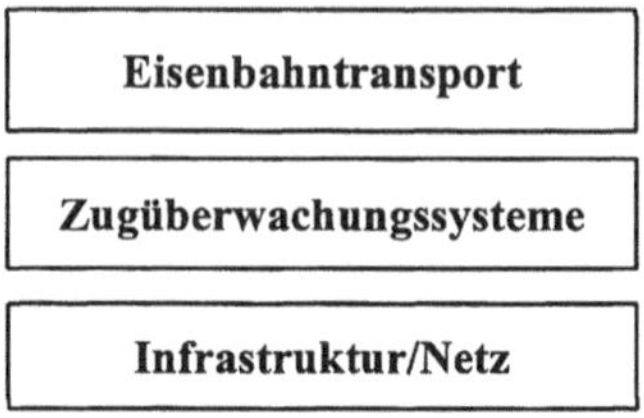

Abb. 1: Drei-Ebenen-Schema des Eisenbahnsektors

Die Ebene der Infrastruktur umfasst das gesamte Schienennetz und alle dazugehörigen Einrichtungen wie Bahnhöfe, Umladeterminals oder Signalanlagen. Der jeweilige Infrastrukturbetreiber ist für den Aufbau, den Betrieb und die Wartung dieser Infrastruktureinrichtungen zuständig. Damit verbunden ist die Ebene der Zugüberwachungssysteme. Diese umfassen zum einen das Ex-ante-Kapazitäts-management, das heißt die Streckenbelegungsplanung, und zum anderen die Real-time-Koordination der einzelnen Zugfahrten durch Signalschaltungen und Festlegung der Zugreihenfolge. Ziel ist es, den Schienenverkehr mit eventuell anfallenden Reparatur- oder Ausbaumaßnahmen der Infrastruktur zu koordinieren und somit einen reibungslosen und sicheren Ablauf zu gewährleisten. Schließlich umfasst die so genannte Diensteebene die Bereitstellung von Personen- und Gütertransportleistungen und die dazugehörigen Dienstleistungen wie Fahrplanabstimmung, Tarifgestaltung, Marketing und Produktgestaltung.

Unmittelbar ersichtlich ist, dass sowohl die Ebene der Infrastruktur als auch die der Zugüberwachungssysteme unabdingbare Voraussetzungen für die Bereitstellung von Eisenbahntransport sind. Neben einem Zugang zur Infrastruktur bedarf es einer ständigen Kontrolle und Koordination der Verkehrsströme. Zugüberwachungssysteme stellen damit ein wesentliches Bindeglied zischen der Infrastruktur- und der Transportebene dar (vgl. Knieps 1996, S. 14 f.).

Bis heute sind in Deutschland alle drei Bereiche durch eine dominierende Stellung der „Deutsche Bahn AG" gekennzeichnet. Unter dem Dach der „Deutsche Bahn AG" wurden im Zuge der Bahnreform, die 1994 begann, fünf Gesellschaften gebildet: Davon sind die „DB Fernverkehr AG", die „DB Regio AG" und die „DB Cargo AG" dem Transportbereich und die „DB Netz AG" und „DB Station & Service AG" dem Infrastruktur- und Zugüberwachungsbereich zuzuordnen. Trotz dieser organisatorischen Trennung verfügt die Holding mittels umfangreicher Kontrollbefugnisse über einen wesentlichen Einfluss auf ihre untergeordneten Gesellschaften. Mit allen Gesellschaften bestehen umfassende Beherrschungs- und Gewinnabführungsverträge, wodurch sich die Organisationsstruktur der Holding bis in die operativen Tätigkeiten der beherrschten Gesellschaften erstreckt (vgl. Monopolkommission 2003, S. 383).

Auf Grund dieser dominierenden Stellung der Deutschen Bahn AG erweist sich die Etablierung wettbewerblicher Strukturen als schwierig. Trotz der sehr hohen Anzahl von circa 290 in Deutschland lizenzierten Eisenbahnverkehrsunternehmen liegt der Marktanteil dritter Unternehmen am Schienenverkehrsmarkt gemessen in Zugkilometern unter 10 % (vgl. BDI/DIHK 2005, S. 7). Die relativ hohe Anzahl lizenzierter Eisenbahnverkehrsunternehmen ist zudem zu relativieren, da eine Vielzahl dieser Unternehmen Tochtergesellschaften der Deutschen Bahn AG sind und auch Museums- sowie unternehmensinterne Bahnen mit erfasst werden. Im nationalen Personenfernverkehr bedienen bislang lediglich die Georg Verkehrsorganisation und Connex einzelne von der Deutschen Bahn AG aufgegebenen Fernverkehrsstrecken in Ostdeutschland (vgl. Deutsche Bahn AG 2005, S. 12). Dies entspricht einem Segmentmarktanteil von unter 1 %. Im Güter- und im Personennahverkehr ist der Marktanteil an Zugkilometern dritter Eisenbahnverkehrsunternehmen mit heute 10 % beziehungsweise 12 % zwar seit Beginn der Bahnreform deutlich angestiegen, aber immer noch als sehr gering zu bewerten (vgl. BDI/DIHK 2005, S. 7).

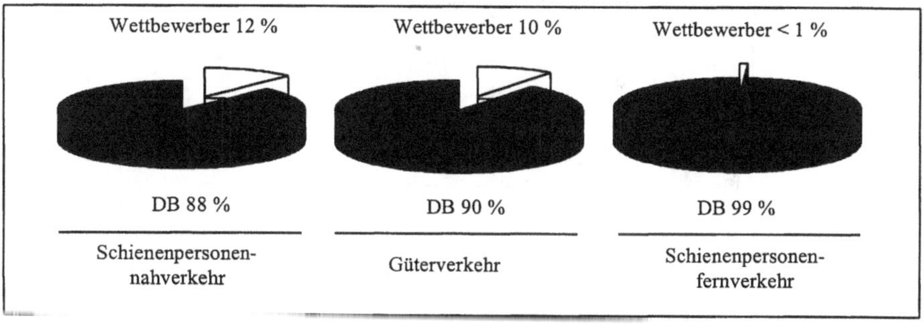

Abb. 2: Wettbewerbssituation im deutschen Schienenverkehr (Quelle: BDI/DIHK 2005, S. 7)

Zusätzlich führten Unternehmenskäufe internationaler Verkehrsunternehmen im letzten Jahr zu einer Verdrängung mittelständischer Betriebe im Regionalverkehr. So kaufte das an der Börse notierte britische Unternehmen Arriva im Jahre 2004 sowohl die in Mecklenburg-Vorpommern, Berlin/Brandenburg und Nordrhein-Westfalen tätige Prignitzer Eisenbahn Holding AG als auch die in Bayern, Sachsen und Thüringen tätige Regeltalbahn AG. Mehr als die Hälfte der Zugleistungen von Wettbewerbern der Deutschen Bahn AG entfallen inzwischen auf internationale Konzerne (vgl. Deutsche Bahn AG 2005, S. 15).

Auch das zweite Ziel der europäischen Eisenbahnliberalisierung, eine wesentliche Steigerung des Eisenbahnverkehrsaufkommens, konnte in Deutschland bis heute nicht erreicht werden (vgl. im Folgenden Europäische Kommission/ Eurostat 2000, 2004 und Pasi 2005). Während zwischen 1995 und 2002 im Güterverkehr zumindest eine Steigerung der Tonnenkilometerleistung um 4 % erreicht wurde, war im selben Zeitraum die Personenkilometerleistung im Personenverkehr mit einem Zuwachs von 0,5 % weitgehend stationär.

Beim Vergleich dieser Entwicklung mit anderen Europäischen Ländern, zeigt sich, dass Schweden und Großbritannien, welche bereits 1988 beziehungsweise 1995 ihre Eisenbahnsysteme separiert hatten, die größten Nachfragesteigerungen von 33 % beziehungsweise 32 % im Personenverkehr erreicht haben. Auch die mit separierten Eisenbahnsystemen ausgestatteten Länder Dänemark, Finnland und Frankreich erzielten deutliche Zuwächse ihrer Personenkilometerleistung. Lediglich die separierten Systeme in den Niederlanden und Portugal verzeichneten eine negative Entwicklung. Insgesamt konnten die sieben Länder mit separierten Systemen ihre Gesamtleistung an Personenkilometern mit einem Anstieg von 24 % um ein Vielfaches mehr steigern als Länder mit integrierten Eisenbahnsystemen. In letzteren wurde lediglich ein Gesamtanstieg der Personenkilometerleistung von 5 % erreicht (vgl. Abb. 3).

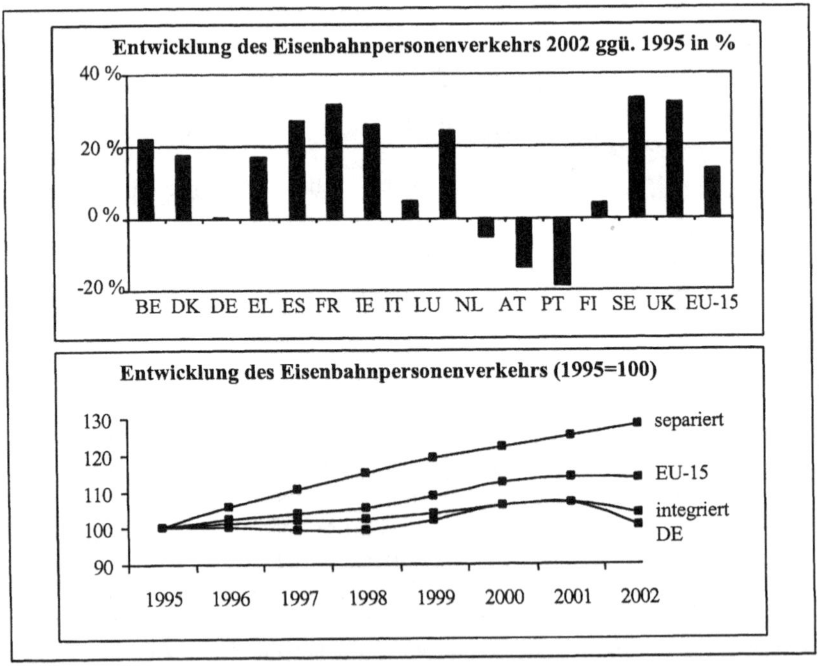

Abb. 3: Wachstum des Eisenbahnpersonenverkehrs im europäischen Vergleich (Basis: pkm)

Im Bereich des Güterverkehrs sind derartig große Unterschiede im Wachstum zwischen integrierten und separierten Systemen nicht auszumachen. Während Großbritannien auch hier mit einem Anstieg von über 40 % der Tonnenkilometerleistung an der Spitze liegt und auch Frankreich, Finnland, Portugal und die Niederlande Zuwächse realisieren konnten, sank die Leistung in Schweden und Dänemark um 2 % beziehungsweise 7 %. Insgesamt liegen aber auch hier die separierten Systeme mit einem Gesamtwachstum von 8 % über dem Gesamtwachstum der integrierten Systeme von 5 % (vgl. Abb. 4).

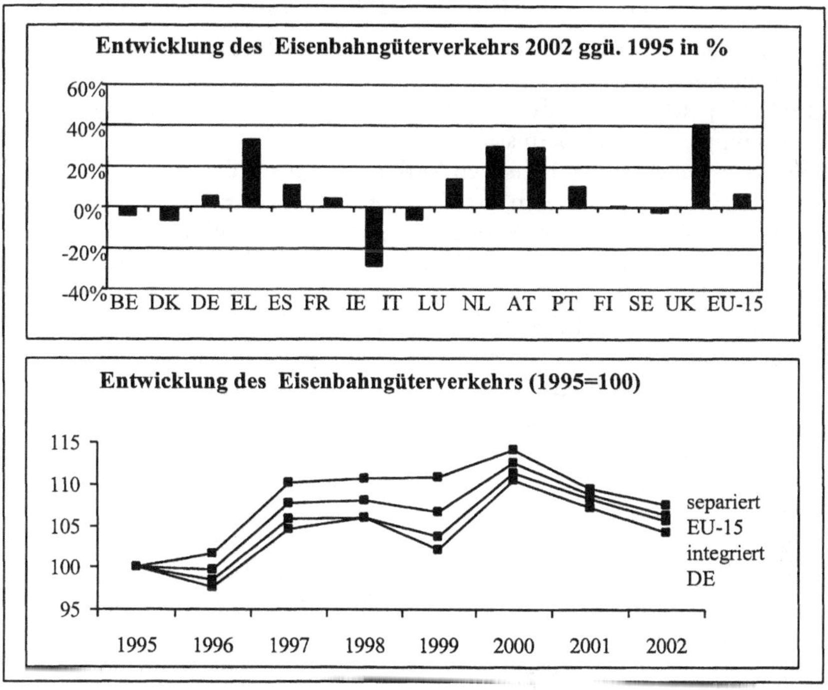

Abb. 4: Wachstum des Eisenbahngüterverkehrs im europäischen Vergleich (Basis: tkm)

Zusammenfassend zeigen die angeführten Entwicklungen, dass die Ziele der Bahnreform in Deutschland weitestgehend noch nicht erreicht worden sind. Der Wettbewerb entwickelt sich nur schleppend und ein wesentliches Wachstum der Eisenbahnverkehrsleistung ist nicht zu beobachten. Im Vergleich zu anderen europäischen Ländern belegt der deutsche Eisenbahnsektor einen hinteren Platz in der Wachstumsentwicklung. Zunehmend wird deshalb diskutiert, ob nicht auch in Deutschland eine institutionelle Trennung zwischen Netz und Transport wie in Schweden (1988), Großbritannien (1993), Finnland (1995), Frankreich (1997), Dänemark (1997), Portugal (1997) und den Niederlanden (1998) vorzunehmen ist. Die dort überwiegend zu beobachtenden positiven Wettbewerbsentwicklungen unterstützen ein derartiges Vorgehen.

Nicht widerlegt ist allerdings bisher die Vermutung, dass vertikale Verbundvorteile zwischen Netz und Transport existieren, die gegen eine derartige Trennung sprechen. Im Folgenden werden daher mögliche Ursachen vertikaler Verbundvorteile aufgezeigt und deren Bedeutung hinsichtlich einer institutionellen Trennung beurteilt.

4 Vertikale Verbundvorteile

Grundsätzlich sind bei der Betrachtung vertikaler Verbundvorteile zwei Arten zu unterscheiden:

- Technologische Verbundvorteile und
- Transaktionskostenersparnisse

Zu den klassischen technologischen Verbundvorteilen, die unmittelbar aus dem Produktionsprozess resultieren, werden vor allem Kostenersparnisse durch die gemeinsame Nutzung übergeordneter Unternehmensfunktionen, so genannte „headquarter services" gezählt. Dazu gehören gemeinsame Transport- und Kommunikationswege, Management- und Marketingaufgaben sowie die gebündelte Nutzung und Beschaffung spezifischer Ressourcen. Ihre Bedeutung als Argument gegen eine vertikale Separierung ist jedoch als relativ gering einzustufen, da vielfach durch marktbasierte Verträge ähnliche beziehungsweise sogar höhere Vorteile erreicht werden können (vgl. Hedderich 1996, S. 70). Insbesondere Marketing- und IT-Aufgaben werden zunehmend aus integrierten Unternehmen ausgegliedert, um Kosten einzusparen. Eine wesentlich höhere Bedeutung ist dagegen den möglichen Transaktionskostenersparnissen der vertikalen Integration beizumessen. Diese könnten aus der notwendigen Abstimmung von Finanzierung und Investitionen, Forschung und Entwicklung, Fahrplankoordination und Trassenvergabe, sowie Kontrolle des operativen Betriebsablaufs resultieren (vgl. Brenck et al. 2003, S. 51-53).

Zweifellos ist davon auszugehen, dass bei einer Trennung von Netz- und Transportleistung zur Erfüllung der genannten Aufgaben zunächst erhöhte Transaktionskosten entstehen werden. So bedarf es ausführlicher Verhandlungen zwischen dem Netzbetreiber und dem einen oder den mehreren unterschiedlichen Transportunternehmen in Bezug auf notwendige Ersatz- und Erweiterungsinvestitionen sowie der Erstellung eines Fahrplan- und Trassenpreissystems. Im Fall einer vertikal integrierten Organisation könnte hingegen mit internen Verrechnungspreisen kalkuliert werden. Nicht zu vernachlässigen ist allerdings, dass auch eine unternehmensinterne Organisation der genannten Aufgaben zu erheblichen Kosten führt (vgl. Aberle/Eisenkopf 2002, S. 18 f.). Aus der technischen und betriebswirtschaftlichen Verbundenheit von Netz und Transport kann daher nicht zwangsläufig auf eine effizientere Güterbereitstellung durch ein integriertes Unternehmen geschlossen werden. Weiterhin ist in anderen Sektoren zu beobachten, dass die Einführung von Wettbewerbselementen in ehemalige monopolistische Bereiche Effizienzzuwächse nach sich zieht, die zu einer Reduktion der zunächst hohen Transaktionskosten führt (vgl. Knieps 1996, S. 24).

Unbedingt abhängig ist diese Entwicklung allerdings von der institutionellen Gestaltung der Separierung. Insbesondere die Entwicklungen im britischen Eisenbahnwesen zeigen, welche große Bedeutung den institutionellen Regelungen bei einer vertikalen Trennung von Netz und Transport zukommt. In Großbritannien wurde 1995 eine Separierung von Netz und Betrieb in Verbindung mit einer vollständigen Privatisierung des netzbesitzenden Unternehmens Railtrack vorgenommen. In den darauffolgenden Jahren verschlechterte sich der Zustand des Schienennetzes zunehmend. Sowohl Ersatz- als auch Neuinvestitionen blieben hinter den Notwendigkeiten zurück, was zu Engpässen bei der Trassenbereitstellung und mittelbar zu einer Verminderung der Dienstequalität und Sicherheit führte. Kritiker der vertikalen Separierung sahen sich bestätigt und argumentierten, dass die Separierung zu einem fehlenden Marktkontakt des Netzunternehmens und damit zu fehlendem Interesse am Ausbau und an der Qualitätssicherung der Infrastruktur geführt habe. Vor diesem Hintergrund sollte ihrer Ansicht nach von einer Trennung grundsätzlich abgesehen werden.

Beispiele anderer Länder – wie Schweden oder die USA – zeigen allerdings, dass eine Trennung von Netz und Transport nicht zwangsläufig zu den genannten britischen Verhältnissen führen muss. Insbesondere die vollständige Privatisierung des monopolistischen Netzbetreibers „Railtrack“ in Form einer börsennotierten AG wird als grundlegender Fehler der britischen Reform gewertet. Verkannt wurde vor allem, dass ein eigenwirtschaftlicher Betrieb der Infrastruktur in der kurzen Frist unmöglich und auch in der langen Frist nur schwer zu erreichen ist. Investitionen sind aufgrund der langen Nutzungsdauer von Infrastruktureinrichtungen weit in die Zukunft zu planen und damit kaum in der Lage, kurzfristige Anlageziele privater und institutioneller Anleger zu befriedigen (vgl. BDI/DIHK 2005, S. 9). Railtrack sah sich mit Rücksicht auf das Interesse seiner Anteilseigner gezwungen, auf Erweiterungen und Modernisierung der Infrastruktur zu verzichten und lediglich den Erhalt der existierenden Infrastruktur zu garantieren. Mit stetiger Zunahme von Schwachstellen im System konnte allerdings auch dieses Ziel nicht mehr erreicht werden.

Im Gegensatz zu den dargestellten infrastrukturbezogenen Problemen des Liberalisierungssystems entwickelte sich der privatwirtschaftlich organisierte Wettbewerb auf der Transportebene positiv. Bis heute teilen sich in Großbritannien rund 30 Eisenbahnverkehrsunternehmen den Markt und auch die Eisenbahnverkehrsleistung konnte im Vergleich zu vorher gesteigert werden (vgl. Abb. 4). Die dargestellte Fehlentwicklung auf der Netzebene ist somit nicht einer rein transaktionsbezogenen Problematik zuzurechnen und kann nicht als

Standardargument gegen vertikale Separierung verwendet werden (vgl. Aberle/Eisenkopf 2002, S. 95 f.). Ob die Trassenplanung innerhalb eines integrierten oder eines desintegierten Unternehmens stattfindet, ist für die Beurteilung der möglichen Transaktionskosten nicht zwingend ausschlaggebend. Entscheidend ist vielmehr die Ausgestaltung des jeweilig anzuwendenden Regelwerks. Unter Beachtung der Nicht-Eigenwirtschaftlichkeit der Netzebene und eines nachfrageorientierten Anreizsystems besteht durchaus die Möglichkeit einer nach Transaktionskosten vorteilhaften Organisation des Trassenmarktes innerhalb eines separierten Systems.

Ähnliches gilt auch für die Argumentation, dass die Koordination der Verkehrsströme bei einer vertikalen Trennung von Netz und Transport grundsätzlich erheblich umfangreicher und damit kostenintensiver ausfallen würde. Es wird behauptet, dass die Existenz mehrerer Transportunternehmen innerhalb eines desintegrierten Systems sowohl die Erstellung der Fahrpläne als auch eventuell notwendige Umdisponierungen bei nicht vorausgeplanten Ereignissen erschweren würden. Dem ist entgegenzusetzen, dass auch bei einem integrierten System andere Eisenbahnverkehrsunternehmen das Netz des integrierten Unternehmens nutzen. Die Abstimmungskosten sind nicht von einer integrativen beziehungsweise separierten Organisationsform oder von der Anzahl der Eisenbahnverkehrsunternehmen abhängig, sondern von der Anzahl der einzelnen Zugverbindungen, deren Streckenbelegungen und Geschwindigkeiten (vgl. Knieps 1996, S. 40 f.). Die grundlegenden Aufgaben der Eisenbahnverkehrskontrolle, ob nun die Planung oder der operative Betriebsablauf, ändern sich mit der Art der Organisation nicht. Des Weiteren ist bei einer desintegrierten Lösung davon auszugehen, dass sich Regelungen etablieren, die wahrscheinlich zu einer effizienteren Abstimmung führen. Letztendlich liegt das Interesse des netzbesitzenden Unternehmens nicht mehr darin, ein ihm zugeordnetes Tochterunternehmen auf der Transportebene zu unterstützen, sondern den netznutzenden Unternehmen unter dem Aspekt der Gewinnmaximierung ein funktionsfähiges effizient abgestimmtes Netz anzubieten.

Auch im Bezug auf Forschung und Entwicklung ist kein eindeutiger Transaktionskostenvorteil der integrierten Lösung zu sehen. Die in der Vergangenheit durch unternehmensbezogene Systemlösungen zwischen Rad und Schiene erzielbaren technischen und transaktionskostenbezogenen Verbundvorteile dürften im Zuge der zunehmenden Liberalisierung und Internationalisierung an Bedeutung verlieren (vgl. Knieps 1996, S. 39). Bereits heute findet ein Großteil der Forschung und Entwicklung nicht mehr in einem einzelnen Eisenbahnunternehmen, sondern in länderübergreifenden Unternehmenskooperationen anderer Industriezweige statt. Ein sehr gutes Beispiel für diese Entwicklung ist die Zusammenarbeit der beiden weltweit tätigen Unternehmen Siemens und ThyssenKrupp bei der seit den 80er Jahren des letzten Jahrhunderts immer weiter voranschreitenden Entwicklung des Transrapids. Die weltweit erste kommerziell genutzte Transrapidstrecke nahm 2003 in Shanghai ihren Betrieb auf. In Europa sorgt zudem die Entwicklung des europäischen Hochgeschwindigkeitsnetzes innerhalb des Aufbaus eines transeuropäischen Verkehrsnetzes für den Bedarf länderübergreifender Lösungen. Ehemals innerhalb einzelner Unternehmen entwickelte Technik muss angepasst werden, um einen hindernisfreien Verkehr zu gewährleisten. Unternehmensinterne Forschung und Entwicklung mit möglicherweise erzielbaren Verbundvorteilen ist damit hinfällig und für eine Entscheidung zwischen Integration und Separation nicht mehr relevant.

5 Fazit und Ausblick

Die innerhalb dieses Beitrags dargestellten Entwicklungen im deutschen und europäischen Eisenbahnsektor verdeutlichen, dass Deutschland hinsichtlich der Gründungs- und Wettbewerbsentwicklung innerhalb des Eisenbahnsektors hinter anderen Ländern zurückliegt. Insbesondere in denjenigen Ländern, in denen bereits eine vollständige eigentumsrechtliche Trennung von Netz und Transport vorgenommen wurde, konnten neue Unternehmen in den Markt eintreten und wesentliche Marktbereiche der ehemaligen Monopolunternehmen übernehmen. Diese Zunahme an Wettbewerb führte in nahezu allen diesen Ländern zu einer deutlichen Zunahme der Eisenbahnverkehrsleistung.

Der Forderung, aus diesen Gründen auch in Deutschland eine derartige Trennung vorzunehmen, wird allerdings häufig der mögliche Verlust an vertikalen Verbundvorteilen entgegen gebracht. Die dazu vorgenommene theoretische Betrachtung hat gezeigt, dass zwar transaktionsrelevante Verbundvorteile zwischen der Netz- und Transportleistung bestehen könnten, deren Bedeutung aber nicht überschätzt werden darf. Der vielfach unterstellten Annahme, dass die Trennung von Netz und Betrieb in jedem Fall zu steigenden Transaktionskosten beziehungsweise dem Verlust von Transaktionsvorteilen führt, ist zu widersprechen. Die grundsätzliche Ablehnung einer institutionellen Separierung auf dieser Basis ist nicht nachvollziehbar. In jedem Fall bedarf es einer Abwägung zwischen den möglicherweise durch eine Trennung entstehenden Transaktionskosten und den innerhalb einer integrierten Organisation bestehenden internen Organisations- beziehungsweise Transaktionskosten.

Hinsichtlich einer empirischen Überprüfung der Bedeutung von Verbundvorteilen ermöglicht die bereits in einigen europäischen Ländern vorgenommene institutionelle Separierung einen Vergleich der dort existierenden Systeme mit den zurzeit noch integrierten Systemen in anderen Ländern. Grundlegender Ansatz hierfür könnte ein – aus der Analyse anderer Infrastruktursektoren bekannter technischer Effizienzvergleich (das sog. Benchmarking) sein. Dabei sind aus separierten Unternehmen virtuell integrierte Unternehmen zu konstruieren, welche dann aufgrund analoger Produktionsstruktur mit integrierten Unternehmen verglichen werden können. Sollte sich bei so einem Effizienzvergleich eine höhere Effizienz der integrierten Unternehmen ergeben, ist von vertikalen Verbundvorteilen beziehungsweise Transaktionskostenersparnissen innerhalb der integrierten Organisation auszugehen. In diesem Fall wäre aus ökonomischen Gründen auf eine institutionelle Separierung zu verzichten. Ergeben sich auf der anderen Seite aber Effizienzvorteile der virtuell integrierten Unternehmen, das heißt der tatsächlich separierten Unternehmen in ihrer Gesamtheit, ist von nicht existierenden Verbundvorteilen, beziehungsweise nicht von höheren Transaktionskosten bei einer institutionellen Separierung auszugehen. Aus ökonomischen Gründen steht einer Separierung in diesem Fall nichts entgegen. Abschließend bleibt daher festzuhalten, dass derart bedeutsame realökonomische Probleme wie die Umgestaltung eines gesamten Industriesektors nicht alleine auf der Basis theoretischer Überlegungen gelöst werden können. Vielmehr ist es zusätzlich nötig, Wirtschafts- und Ordnungspolitik empirisch zu fundieren.

Literatur

Aberle, G./Eisenkopf, A. (2002): Schienenverkehr und Netzzugang: Regulierungsprobleme bei der Öffnung des Schienennetzes und wettbewerbspolitische Empfehlungen zur Gestaltung des Netzzugangs, Hamburg 2002.

Baumol, W. J./Panzar, J. C./Willig, R. D. (1988): Contestable Markets and the Theory of Industry Structure, 2nd ed., San Diego 1988.

Brenck, A. et al. (2003): Synetra – Synergien zwischen Bahnnetz und -Transport: Praxis, Probleme, Potentiale, Berlin 2003.

BDI/DIHK (2005): Privatisierung der integrierten DB AG – Auswirkungen und Alternativen, Studie im Auftrag von: Bundesverband der Deutschen Industrie (BDI) und Deutscher Industrie- und Handelskammertag (DIHK), Berlin 2005.

Brunekreeft, G. (2000): Access pricing und Diskriminierung, in: G. Knieps/G. Brunekreeft (Hrsg.): Zwischen Regulierung und Wettbewerb: Netzsektoren in Deutschland, 1. Aufl., Heidelberg 2000, S. 23-44.

Deutsche Bahn AG (2005): Wettbewerbsbericht 2005, Berlin 2005.

Europäische Kommission/Eurostat (2000): EU transport in figures – statistical pocket book 2000, Luxemburg 2000.

Europäische Kommission/Eurostat (2004): European Union energy & transport in figures – statistical pocket book 2004, Luxemburg 2004.

Hedderich, A. (1996): Vertikale Desintegration im Schienenverkehr: Theoretische Basisüberlegungen und Diskussion der Bahnstrukturreform in Deutschland, Hamburg 1996.

Knieps, G. (1996): Wettbewerb in Netzen – Reformpotenziale in den Sektoren Eisenbahn und Luftverkehr, Tübingen 1996.

Knieps, G. (2001): Wettbewerbsökonomie, Berlin/Heidelberg 2001.

Kruse, J. (1997): Vertikale Integration als Wettbewerbsproblem, in: J. Kruse/K. Stockmann/ L. Vollmer (1997), Wettbewerbspolitik im Spannungsfeld nationaler und internationaler Kartellrechtsordnungen, Baden-Baden 1997, S. 247-270.

Monopolkommission (2003): Netzwettbewerb durch Regulierung, Hauptgutachten 2000/2001, Baden-Baden 2003.

Pasi, S. (2005): Eurostat – Statistik kurz gefasst: Eisenbahnpersonenverkehr 1995-2002, Luxemburg 2005.

Kooperation und Rechtsformwahl – Die eingetragene Genossenschaft als Verlierer im Wettbewerb der haftungsbeschränkten Rechtsformen?

Jörn Pistorius

Inhaltsverzeichnis

1 Problemstellung

Kleine und mittlere Unternehmen (KMU) stehen aktuell vor großen Herausforderungen. Beispielhaft seien nur der ungebrochene Trend zur Konzentration und zur Globalisierung der Märkte sowie die gewachsenen Ansprüche der Kunden hin zu einer „Full-Service-Palette“ genannt. Um den geänderten Anforderungen gerecht werden zu können, wird in der neueren Literatur der strategische Nutzen von Kooperationen verstärkt betont und mittlerweile ist ein Trend zur zwischenbetrieblichen Kooperation erkennbar.[1] In diesem Zusammenhang stellt sich auch die Frage nach der Rechtsform einer etwaigen Kooperation. Dies ist insbesondere dann der Fall, wenn die Kooperation nicht auf eine

1 Vgl. Göler von Ravensburg et al. (2003), S. 1 ff. und Henningsen (2001), S. 121.

fallweise Zusammenarbeit beschränkt bleibt, sondern langfristig institutionalisiert werden soll.

Für langfristige Kooperationen würde sich grundsätzlich auch die eingetragene Genossenschaft (eG) als Rechtsmantel eignen;[2] die Repräsentanten des Genossenschaftswesens halten sie sogar für besonders geeignet und zukunftsweisend.[3] Ein Blick in die Empirie belegt diese Annahme hingegen nicht, sondern wirft sogar die Frage nach der Zukunft der Rechtsform auf: Seit 1990 hat die Anzahl der eG kontinuierlich abgenommen, während die der Kapitalgesellschaften deutliche Zuwächse zu verzeichnen hat.[4] Bei zunehmendem Kooperationsbedarf und deutlicher Abnahme einer explizit kooperativen Rechtsform wie der eG liegt die Annahme nahe, dass die eG im Rechtsformwettbewerb für haftungsbeschränkte Kooperationen unterlegen ist. Stellenweise wird argumentiert und empirisch belegt[5], dass dieser Trend auf die zu geringe Bekanntheit und ein fehlendes positives Image der Rechtsform zurückzuführen sei. Dieses Argument greift insofern zu kurz, als dass sich eine Rechtsform mit dominanten Vorteilen, insbesondere eine tradierte Form wie die eG, im Zeitablauf durchsetzen müsste.

Vor diesem Hintergrund ist im vorliegenden Beitrag der Frage nachzugehen, ob konkrete Gründe für die Vernachlässigung der Rechtsform eG bei der Rechtsformwahl für zwischenbetriebliche Kooperationen existieren. Weiterführend ist zu hinterfragen, ob eventuell bestehende Nachteile der Rechtsform durch die Novellierung des GenG ausgeglichen werden können.

2 Rechtliche Gründungsvoraussetzungen

Eine Unternehmensgründung ist immer verbunden mit der Wahl der richtigen Rechtsform.[6] Gemäß dem vorliegenden Untersuchungsgegenstand wird von der Gründung einer haftungsbeschränkten Rechtsform als Rechtsmantel einer zwischenbetrieblichen Kooperation ausgegangen, so dass als Grundformen die eG, die GmbH und die AG zur Disposition stehen.[7] Unabhängig von der notwendigen Adäquanz der einzelnen Rechtsformen in Bezug auf die mit der Unternehmensgründung verfolgten Ziele nehmen bereits die gesetzlichen

2 Vgl. Ringle (2004), S. 204 und DGRV (2005).

3 Vgl. AK „Neue Genossenschaften" (2005) und DGRV (2005).

4 Vgl. z. B. die Umsatzsteuerstatistiken des Statistischen Bundesamtes von 1990-2003: Die Anzahl der umsatzsteuerpflichtigen eG ging im Zeitraum von 1990-2003 von 6.106 auf 5.593 zurück, während die Anzahl der Kapitalgesellschaften im gleichen Zeitraum von ca. 265.058 auf 458.579 gestiegen ist.

5 Vgl. Göler von Ravensburg et al. (2003), S. 34 ff. und Fehl (2002), S. 188.

6 Für eine Übersicht der verschiedenen Rechtsformen vgl. Wöhe/Döring (2005), S. 247 ff. und Stehle/Stehle (2005).

7 Auch andere haftungsbeschränkte Rechtskonstrukte wären denkbar, werden aber aus der Betrachtung ausgeklammert, um die Komplexität der Ausführungen zu begrenzen.

Gründungsvoraussetzungen Einfluss auf die Auswahlentscheidung. Aus diesem Grund werden im Folgenden zunächst die zentralen rechtlichen Gründungsvoraussetzungen der jeweiligen Rechtsformen überblicksartig dargestellt, um sie anschließend im Hinblick auf eine eventuelle Gründungsdiskriminierung der eG zu untersuchen.

2.1 Gesetzliche Gründungsvoraussetzungen

Die zentralen Regelungen zur Gründung der drei darzustellenden Rechtsformen finden sich für die eG in den §§ 1-16 GenG,[8] für die GmbH in den §§ 1-12 GmbHG und für die AG in den §§ 1-53 AktG. Rechtsbegründend ist für alle Rechtsformen die Eintragung in das Handelsregister beziehungsweise in das separat geführte Genossenschaftsregister. Tabelle 1 zeigt eine Gegenüberstellung wesentlicher Voraussetzungen, die erfüllt sein müssen, damit die Eintragung durch das Registergericht vorgenommen werden kann.[9]

	eG	GmbH	AG
erforderliche Gründer	≥ 7	≥ 1	≥ 1
Mindestkapital	keine gesetzliche Vorgabe	25.000 € (10.000 €)[10]	50.000 €
Pflichtorgane (Mindestbesetzung)	- Vorstand (2) - Aufsichtsrat (3) - Generalversammlung	- Geschäftsführer (1) - Gesellschafterversammlung	- Vorstand (1) - Aufsichtsrat (3) - Hauptversammlung
Satzung/ Gesellschaftsvertrag	Schriftform	notarielle Beurkundung	notarielle Beurkundung
Gründungsprüfung	umfassende „Bestandsprüfung"	–	„Ordnungsmäßigkeitsprüfung"

Tab. 1: Übersicht über zentrale rechtliche Gründungsanforderungen

Zunächst stellt sich bei der Suche eines Rechtsmantels für eine zwischenbetriebliche Kooperation die Frage nach der Anzahl der Kooperationspartner. Wie Tabelle 1 zu entnehmen ist, kommt die eG nur für Kooperationen mit mindestens sieben Teilnehmern in Frage, wohingegen die beiden Formen der Kapitalgesellschaften bereits für Kooperationen mit zwei Partnern geeignet sind.

8 Bei den folgenden Ausführungen wird vom Rechtsstand bis zum 5. 11. 2005 ausgegangen.

9 Für eine detaillierte Darstellung vgl. Memento (2005).

10 Vgl. Regierungsentwurf eines Gesetzes zur Neuregelung des Mindestkapitals im GmbH-Recht (MindestKapG). Da der Entwurf noch nicht dem aktuellen Rechtsstand entspricht, soll er nicht weiter berücksichtigt werden.

Im Gegensatz zu den Kapitalgesellschaften wird zur Gründung einer eG kein Mindestkapital benötigt. Jedes Gründungsmitglied hat nach § 7 GenG (mindestens) einen so genannten Geschäftsanteil zu zeichnen, wobei 10 % der Einzahlung auf diesen nach Höhe und Zeitpunkt festgelegt sein müssen. Kapitalgesellschaften müssen zwar über ein festgelegtes Mindestkapital verfügen, jedoch liegen die zur Gründung tatsächlich erforderlichen Mindesteinzahlungen deutlich niedriger:[11] So muss die Summe der Gründungseinlagen der GmbH nur die Hälfte des vorgesehenen Stammkapitals betragen und für die AG reicht bei einer reinen Bargründung ein Viertel des so genannten Grundkapitals von 50.000 Euro[12] zuzüglich des kompletten Betrags für das Aktienagio aus. Hinzu kommt, dass bei den Kapitalgesellschaften auch Sacheinlagen oder komplette Sachgründungen erfolgen können,[13] während bei einer Genossenschaft die Bargründung die einzige Alternative darstellt.

Eine weitere Voraussetzung für die Gründung der betrachteten Gesellschaften ist das Vorhandensein einer Satzung bei eG und AG beziehungsweise eines Gesellschaftsvertrags bei der GmbH.[14] Die Satzung der AG beziehungsweise der Gesellschaftsvertrag der GmbH bedürfen der notariellen Beurkundung. Die Satzung der eG muss lediglich von den Gründungsmitgliedern unterzeichnet sein.

Als Pflichtorgane sind bei AG und eG jeweils ein Vorstand, ein Aufsichtsrat und die Gesellschafterversammlung (Generalversammlung bei der eG und Hauptversammlung bei einer AG) zu etablieren. Tabelle 1 zeigt die Mindestbesetzung der Organe an. Die GmbH verfügt verpflichtend nur über einen Geschäftsführer und eine Gesellschafterversammlung. Bei der eG müssen Vorstands- und Aufsichtsratsmitglieder aus dem Mitgliederkreis stammen (Selbstorganschaft).[15] Für die beiden betrachteten Formen der Kapitalgesellschaften existiert keine äquivalente Vorgabe.

Bevor die Eintragung der eG vom Registergericht vorgenommen wird, muss die eG eine Mitgliedschaft in einem Prüfungsverband nachweisen (Pflichtmitgliedschaft). Ebenso ist das Ergebnis einer von diesem durchgeführten Gründungsprüfung vorzulegen.[16] Gründungsprüfungen können auch bei der AG verpflichtend werden.[17] Während jedoch bei der eG eine umfassende Prüfung stattfindet, die mögliche Gefährdungen der Mitglieder sowie der Gläubiger

11 Vgl. § 7 Abs. 2 GmbHG, § 36a Abs. 1 AktG.

12 Allerdings muss auf jede (!) Aktie ein Viertel des Nennbetrags geleistet werden.

13 Zu weitergehenden Vorschriften bei (teilweisen) Sachgründungen vgl. § 5 Abs. 4 GmbHG und §§ 27, 33, 34 AktG.

14 Zur sprachlichen Vereinfachung sollen die Begriffe „Satzung" und „Gesellschaftsvertrag" im Folgenden synonym verwendet werden.

15 Vgl. § 9 Abs. 2 GenG.

16 Vgl. § 11 Abs. 2 Nr. 3 GenG.

17 Vgl. § 33 AktG.

aufdecken soll und damit auf eine Prüfung der Tragfähigkeit des Geschäftsmodells hinausläuft, sind die Gründungsprüfungen der AG deutlich weniger umfangreich. So wird hier zum Beispiel nur die Angemessenheit von Sacheinlagen überprüft. Für die GmbH ist keine Gründungsprüfung durch Wirtschaftsprüfer vorgesehen.

2.2 Würdigung der rechtlichen Vorgaben

Die Würdigung der oben dargestellten rechtlichen Gründungsvoraussetzungen hat zum einen unter Kostengesichtspunkten stattzufinden. Zum anderen können kostenunabhängige Hemmfaktoren entscheidungsrelevant werden.

Variierende Gründungskosten werden im Wesentlichen durch die unterschiedliche Feststellung des Gesellschaftsvertrags und durch den unterschiedlichen Umfang der Gründungsprüfung hervorgerufen. Der zusätzliche Bedarf der notariellen Beurkundung des Gesellschaftsvertrags bei den Kapitalgesellschaften verursacht Notargebühren, die sich nach der Höhe des festgelegten Mindestkapitals richten.[18] Fraglich ist, ob hieraus ein tatsächlich entscheidungsrelevanter Vorteil der eG entsteht, da die Notargebühren für die Gründung einer mit dem Mindestgrundkapital ausgestatten AG bei circa 500 Euro liegen. Der Vorteil der fehlenden Verpflichtung zur notariellen Beurkundung des Gesellschaftsvertrags bei der eG dürfte also erst bei kapitalintensiven Gründungen relevant werden.

Einen größeren Kostenunterschied ruft die ausführliche Gründungsprüfung bei Genossenschaften hervor. Diese ähnelt in ihrer Komplexität einer Jahresabschlussprüfung und kann mehrere Wochen bis Monate in Anspruch nehmen.[19] Dadurch verzögert sich zum einen die Rechtsbegründung der eG. Zum anderen liegen die Kosten deutlich über denjenigen der vergleichsweise oberflächlichen Gründungsprüfung der AG.[20] Allerdings kann die umfassende Gründungsprüfung zu Vorteilen bei der Beschaffung von Fremdkapital führen, da die Interessen der Gläubiger explizit im Prüfungsauftrag enthalten sind.[21] Ergänzend ist zu vermerken, dass die Prüfungskosten nicht nur bei Gründung der eG höher liegen, sondern dass dies auch für die laufende Prüfung gelten kann. Da für die eG eine größenunabhängige laufende Prüfungspflicht besteht, können kleine Kapitalgesellschaften Kostenvorteile erlangen, da für diese keine Prüfungspflicht besteht.[22]

Bei Betrachtung der weiteren Gründungsvoraussetzungen fällt die höhere Zahl der notwendigen Kooperationspartner der eG auf. Diese kann durchaus als

18 Vgl. Mellert/Verfürth (2005), S. 75 und S. 77.
19 Vgl. Holzner (2001), S. 100 f.
20 Vgl. Peemöller/Weller (2001), S. 112 und S. 115.
21 Vgl. § 11 Abs. 2 Nr. 3 GenG.
22 Vgl. § 53 GenG und § 316 HGB.

ein Gründungshemmnis zu Lasten der eG angesehen werden,[23] da die Regelung kleineren Kooperationsgemeinschaften tatsächlich den Weg in die eG verschließen kann.

Ebenfalls als Hemmnis für die eG könnten sich die Regelungen zu den vorgeschriebenen Pflichtorganen erweisen. Der Kern des Problems liegt zunächst nicht so sehr in den einzurichtenden Organen, sondern in der gesetzlich vorgeschriebenen Selbstorganschaft. Gerade bei kleineren Kooperationsgemeinschaften ist fraglich, ob sich ausreichend Personen finden lassen, die bereit sind, ein Mandat zu übernehmen. Hier können gleich drei Engpässe auftreten:

1. fehlende zeitliche Ressourcen, da neben den Mandaten, insbesondere neben dem Vorstandsmandat, die weiterhin rechtlich und wirtschaftlich selbständigen eigenen Unternehmen fortgeführt werden müssen,
2. fehlende fachliche Ressourcen,[24] da das Kooperationsunternehmen regelmäßig Aufgaben wahrnimmt, die die Komplexität derselben in den Mitgliederwirtschaften übersteigen beziehungsweise die in diesen mitunter bisher überhaupt nicht verfolgt wurden,
3. fehlende Bereitschaft zur Übernahme der mit der Mandatswahrnehmung erweiterten Verantwortung und Haftung.[25]

Dieser Argumentation folgend könnten die beiden Formen der Kapitalgesellschaften mit der Möglichkeit zur Fremdorganschaft beziehungsweise die insgesamt schlankere Organstruktur der GmbH attraktiver wirken. Hinzu kommt, dass der bei der eG und der AG vorgeschriebene Aufsichtsrat im Vergleich zur GmbH höhere Kosten und erhöhten Administrationsaufwand verursacht.[26] Probleme erwachsen auch durch die bei kleinen Genossenschaften vorzufindenden Relationen zwischen Mandatsträgern und Mitgliedern in der Generalversammlung, da bei Entlastungsentscheidungen die betroffenen Mandatsträger nicht stimmberechtigt sind.[27]

Dagegen wirkt die fehlende Vorschrift zu einer Mindestkapitalausstattung der eG als grundsätzlich gründungserleichternd, insbesondere bei wenig kapitalbedürftigen Neugründungen, wie sie zum Beispiel im Dienstleistungssektor vorzufinden sind. Allerdings folgt aus einer zu geringen Eigenkapitalausstattung eine Begrenzung des Zugangs zu (kostengünstigem) Fremdkapital. Hier soll die umfassende Gründungsprüfung Abhilfe schaffen.[28] Der Vorteil des fehlenden Mindestkapitals relativiert sich, wenn die vorgeschriebenen Mindesteinzahlungen der Kapitalgesellschaften mit in die Betrachtung integriert werden,

23 Vgl. Weller (2004), S. 53 und Schaffland (2001), S. 210 f.
24 Vgl. Henningsen (2001), S. 124.
25 Vgl. § 34 GenG (analoge Anwendung auf Aufsichtsratsmitglieder).
26 Vgl. Peemöller/Weller (2001), S. 111.
27 Vgl. Holzner (2001), S. 101.
28 Vgl. Weller (2004), S. 55 und die dort angegebene Literatur.

die deutlich unterhalb des Mindestkapitals liegen. Hinzu kommt, dass bei Kapitalgesellschaften Sacheinlagen gestattet sind. In Einzelfällen könnte sich dies positiv auf die Rechtsformentscheidung zugunsten der AG beziehungsweise der GmbH auswirken.[29]

Insgesamt ist nach dem obenstehenden Überblick festzuhalten, dass

- die Gründungskosten der eG grundsätzlich – mit Ausnahme stark kapitalintensiver Kooperationen – höher sind als bei GmbH und AG. Hauptursache ist die umfangreiche Gründungsprüfung. Diese kann aber auch zu Vorteilen führen, die allerdings nicht eindeutig monetarisierbar sind. Somit ist der Kosteneffekt einzelfallbezogen zu beurteilen und kann damit nicht als allgemeingültiger Anhaltspunkt für einen Wettbewerbsnachteil der eG herangezogen werden.
- einzelne kostenunabhängige Faktoren durchaus zu einer Gründungsdiskriminierung der eG führen können. Insbesondere kleineren Kooperationsgemeinschaften wird hierdurch der Weg in die eG erschwert oder sogar blockiert.

3 Aspekte der Nachgründungsphase

Neben unmittelbar gründungsbezogenen Fragestellungen der Rechtsformwahl müssen auch längerfristig wirkende Aspekte einer Rechtsform mit in die Auswahlentscheidung einbezogen werden. Ihnen kommt tendenziell größeres Gewicht zu, da sie regelmäßig Auswirkungen auf die künftige Entwicklung des Unternehmens haben.

3.1 Zweckbindung

Eingetragene Genossenschaften sind „Gesellschaften von nicht geschlossener Mitgliederzahl, welche die Förderung des Erwerbes oder der Wirtschaft ihrer Mitglieder mittels gemeinschaftlichen Geschäftsbetriebes bezwecken“[30]. Die gesetzliche Definition beinhaltet damit eine klare Zweckbindung der eG: Der mit eigener Rechtspersönlichkeit ausgestattete gemeinschaftliche Geschäftsbetrieb wird von den Mitgliedern in Erwartung einer Förderleistung gegründet. In diesem Zusammenhang wird vom Förderungsauftrag der eG gesprochen.[31] Worin diese Förderung besteht, ist im Gesetz nicht weiter konkretisiert. Gemeinhin wird heute von einer wirtschaftlichen Förderung im Sinne von zumindest indirekt ersparten Ausgaben oder erhöhten Einnahmen auf Ebene der Mitgliederwirtschaften ausgegangen (materielle Förderung).[32] Vermittelt wird die Förderleistung vorrangig durch Geschäftsbeziehungen der Mitglieder zum

29 Der Aspekt der Sacheinlagen soll wegen seiner Randbedeutung nicht weiter verfolgt werden.

30 § 1 Abs. 1 GenG.

31 Vgl. Dülfer (1995), S. 131 f.

32 Vgl. Lang et al. (1997), S. 11 ff.

gemeinschaftlichen Geschäftsbetrieb. Damit sind die Träger des Unternehmens gleichzeitig die Kunden (Identitätsprinzip). Klassische Förderkategorien des genossenschaftlichen Geschäftsbetriebs sind:[33]

1. Verbesserte Konditionengestaltung bei Beschaffung/Absatz von Gütern.
2. Bereitstellung/Absatz qualitativ höherwertiger Güter.
3. Bereitstellung von Gütern/Schaffung von Marktzugängen, zu denen das einzelne Mitglied ohne den Geschäftsbetrieb keinen Zugang hätte.

Zweckbindung und Identitätsprinzip führen dazu, dass die eG nur für Kooperationen geeignet ist, in denen die Träger des Unternehmens gleichzeitig Geschäftsbeziehungen zum Gemeinschaftsbetrieb unterhalten wollen („Selbstnutzerkooperation"). Dieser Beschränkung unterliegen die Kapitalgesellschaften nicht; sie verfügen insofern über einen breiteren Anwendungsbereich. Im Wesentlichen sind damit reine Kapitalkooperationen von der Nutzung der eG ausgeschlossen. Gerade im Bereich der KMU dürfte die Selbstnutzung allerdings das dominierende Kooperationsmotiv darstellen, da die o. g. Förderkategorien letztlich grundsätzliche Kooperationsmotive verkörpern. Damit bleibt der potenzielle Anwendungsbereich für die eG breit gefächert. Um die Vergleichbarkeit der Rechtsformen aufrecht zu erhalten, fokussieren sich die folgenden Ausführungen ausschließlich auf „Selbstnutzerkooperationen".

Das aus dem Förderungsauftrag resultierende Identitätsprinzip kann sich als Wettbewerbsvorteil auswirken. Durch die Mitgliedschaft erfolgt eine verstärkte Kundenbindung,[34] da sich das Mitglied stärker mit dem eigenen Geschäftsbetrieb identifiziert als mit einem nicht im Eigentum stehenden Marktpartner. Während dies im marktlichen Wettbewerb durchaus einen Vorteil darstellt, kann das Identitätsprinzip nicht als Vorteil im Rechtsformwettbewerb gewertet werden. Über die Gestaltung des Gesellschaftsvertrags ist es durch die Kapitalgesellschaften nachzuahmen, so dass letztlich jede „Selbstnutzerkooperation" über Zugang zu diesem marktlichen Vorteil verfügt. Gleiches gilt für den Förderungsauftrag.

Die Zweckbindung der eG über den Förderungsauftrag, die in engem Zusammenhang zum Identitätsprinzip steht, beschränkt allerdings auch die unternehmerische Freiheit. Die eG ist in ihrem Handeln bei allen Entscheidungen an ihren Förderungsauftrag gebunden.[35] Wird hiervon abgewichen, so kann eine Auflösung der eG die Folge sein.[36] Für Kapitalgesellschaften gilt dies nicht. Sollte die „Selbstnutzung" im Zeitablauf für Einzelne/die Eigentümer obsolet werden oder sollten sich mitgliederunabhängige Marktchancen bieten, so lassen sich die Kapitalgesellschaften, gegebenenfalls verbunden mit einer

33 Vgl. Dülfer (1995), S. 54.
34 Vgl. Ringle (2004), S. 200.
35 Vgl. Binz/Freudenberg (1991), S. 2475.
36 Vgl. § 81 Abs. 1 GenG.

Änderung des Gesellschaftsvertrags, in renditeorientierte Kapitalanlagen umwandeln, oder es kann eine Veräußerung des Geschäftsbetriebs ohne Rechtsformwandel betrieben werden.[37] Beide Varianten scheiden für die eG aus. Zwar kann eine eG ebenfalls das Nichtmitgliedergeschäft betreiben, sofern es in der Satzung zugelassen ist[38] und damit gegebenenfalls den Bestand der Kooperation absichern. Reine Dividendengenossenschaften sind hingegen nicht von § 1 Abs. 1 GenG erfasst.[39] Der grundsätzliche Bezug zum Förderungsauftrag muss erhalten bleiben. Zudem bietet das Nichtmitgliedergeschäft nicht nur den Vorteil der Verbesserung der Bestandssicherung des Gemeinschaftsbetriebes, sondern es drohen gerade bei der Genossenschaft auch Nachteile, wie zum Beispiel mangelnde Beitrittsanreize oder der Verlust der steuerlichen Begünstigung der Warenrückvergütung.[40] Eine Veräußerung der eG scheidet generell strukturbedingt aus, denn hierzu bedürfte es eines vorherigen Rechtsformwechsels.

3.2 Organschaft

Die gesetzlich vorgeschriebene Selbstorganschaft, die bereits bei den Gründungsanforderungen der eG kritisiert wurde, ist auch im Zusammenhang mit den langfristigen Auswirkungen der Rechtsformwahl zu diskutieren.

Grundsätzlich gilt in Bezug auf die Unternehmensführung: Übernimmt nicht die Gesamtheit der Eigentümer eines Unternehmens gemeinschaftlich die Führung, so muss die Eigentümergruppe jemanden mit der Führung des Unternehmens betrauen. Hieraus ergibt sich das Prinzipal-Agenten-Problem[41]: Zwischen Führungsperson/-gruppe (Agent) und Eigentümergemeinschaft (Prinzipal) kann es zu Interessendivergenzen kommen, die der Agent zu seinen Gunsten, und damit zu Lasten der Prinzipale, ausnutzt. Der Vorteil, den die Eigentümer aus dem Unternehmen ziehen könnten, wird dadurch reduziert. Um dies zu vermeiden, werden von den Eigentümern regelmäßig Kontroll- und Anreizsysteme eingesetzt, die den Handlungsspielraum des Agenten reduzieren beziehungsweise zu einer Interessenharmonisierung von Agent und Prinzipal beitragen sollen. Grundgedanke etwaiger Anreizsysteme ist, dass der Agent vom Erfolgsmaßstab der Prinzipale mit profitiert, das heißt Mitbetroffener seiner eigenen Entscheidungen wird.

Die eG verfügt mit der gesetzlich vorgeschriebenen Selbstorganschaft „automatisch" über ein solches Anreizsystem. Da die Mandatsträger in Vorstand

---

37 Voraussetzung ist, dass eine allgemeine Nachfrage nach der angebotenen Leistungspalette existiert.

38 Vgl. § 8 Abs. 1 Nr. 5 GenG.

39 Vgl. Kühnberger (2004), S. 666 und die dort angegebene Literatur.

40 Einführend zu Risiken und Nutzen des Nichtmitgliedergeschäfts vgl. Dülfer (1995), S. 95.

41 Vgl. hierzu grundlegend Jost (2001), S. 11 ff.

und Aufsichtsrat aus dem Mitgliederkreis stammen müssen, sind sie von den wirtschaftlichen Auswirkungen ihrer Entscheidungen grundsätzlich selbst betroffen. Allerdings greift hier der Einwand, dass auch in den Kapitalgesellschaften die Selbstorganschaft über eine entsprechende Gestaltung des Gesellschaftsvertrags nachzuahmen ist. Fraglich bleibt indes, ob eine vollständige Nachahmung wünschenswert ist, da, wie oben bereits erwähnt, möglicherweise Qualifikationsdefizite der Organträger resultieren können. In der Praxis der eG ist deshalb die Tendenz vorzufinden, dass der Mitgliedervorstand ehrenamtlich agiert und ein hauptamtlicher Geschäftsführer eingesetzt wird oder dass ein gemischter Vorstand aus Haupt- und Ehrenamt existiert. Im zweiten Fall wird die Pflichtmitgliedschaft des hauptamtlichen Vorstands regelmäßig fingiert,[42] um Personen außerhalb des eigentlichen Mitgliederkreises in die eG einzuführen. Dies führt zu einem Auftreten des vorher nicht existenten Prinzipal-Agenten-Problems.[43] Sein Ausmaß hängt wesentlich von der Wirksamkeit der Kontrolle des Hauptamts durch das Ehrenamt ab. Diese Kontrolle kann bei gemischten Vorständen bereits im Gremium selbst erfolgen. Daneben ist der Aufsichtsrat das zentrale Überwachungsgremium. Entgegen der Besetzungspraktik im Vorstand finden sich im Aufsichtsrat regelmäßig nur ehrenamtliche Mitglieder.

Die Kontrolle durch ehrenamtliche Mandatsträger, die nach wie vor von den Entscheidungen des Vorstands betroffen bleiben, wirkt zwar einschränkend auf den Handlungsspielraum der Hauptamtlichen. Allerdings wird das Hauptamt regelmäßig über einen Qualifikationsvorsprung verfügen,[44] so dass nicht alle Maßnahmen vom Ehrenamt in ihrer Tragweite voll abgeschätzt werden können. Hier kann insbesondere mit Blick auf den Aufsichtsrat von einer drohenden Kontrolllücke gesprochen werden. Der Lückenschluss soll durch die genossenschaftliche Pflichtprüfung erfolgen.[45] Diese umfasst nicht nur eine mit den Kapitalgesellschaften vergleichbare Jahresabschlussprüfung, sondern auch eine explizite Überprüfung der Ordnungsmäßigkeit der Geschäftsführung.[46] Durch diesen erweiterten Prüfungsauftrag sollen eventuelle kaufmännische Defizite des Aufsichtsrats ausgeglichen werden. Von ebensolcher Wichtigkeit ist für den Aufsichtsrat die Überwachung des Förderungsauftrags. Hier soll die Ordnungsmäßigkeitsprüfung feststellen, ob bestmöglich gefördert wurde.[47] Inwiefern die Förderleistung tatsächlich zu überprüfen ist, muss allerdings angesichts der bis

---

42 Vgl. Weller (2004), S. 130.

43 Vgl. Jäger (2001), S. 147.

44 Vgl. Grossfeld (1979), S. 226 und Jäger (2001), S. 146.

45 Vgl. Weller (2004), S. 130 f. und Jäger (2001), S. 146 f.

46 Vgl. § 53 Abs. 1 GenG.

47 Vgl. Jäger (2001), S. 146 f.

heute nicht abschließend gelösten Operationalisierung des Förderungsauftrags[48] offen gelassen werden. Tendenziell kann eher von einer geringen Kontrollwirkung ausgegangen werden.

Die Kapitalgesellschaften unterliegen nicht der Verpflichtung zur Selbstorganschaft. Sie können offen Nichtmitglieder für die Mandatsübernahme werben und sowohl im Vorstand als auch im Aufsichtsrat den eventuell vorhandenen Qualifikationsvorsprung nutzen. Abhängig vom Ausmaß der Fremdorganschaft tritt hier ebenfalls das Prinzipal-Agenten-Problem auf, das für Kapitalgesellschaften sogar typisch ist. Wie oben angeführt, ist alternativ über eine entsprechende Gestaltung des Gesellschaftsvertrags auch eine vollständige Selbstorganschaft zu erreichen.

Im Ergebnis bleibt festzuhalten, dass die eG als einzige Rechtsform mit der Selbstorganschaft über ein gesetzlich vorgeschriebenes, „natürliches" und damit kostenloses Anreizsystem verfügt. Allerdings wird die Selbstorganschaft praktischen Anforderungen zumeist nur in sehr engen Grenzen gerecht. Die Kapitalgesellschaften mit ihrer offenen Regelung der Mandatsbesetzung sind hier in Bezug auf notwendige Anpassungen der Organstrukturen flexibler.

3.3 Mitgliedschaft

3.3.1 Erwerb und Beendigung

Laut gesetzlicher Definition sind Genossenschaften Gesellschaften von nicht geschlossener Mitgliederzahl. Das heißt, dass grundsätzlich sowohl der jederzeitige Zutritt neuer Mitglieder als auch die Beendigung bestehender Mitgliedschaften möglich sein muss.[49] Der Beitritt zur eG erfolgt durch Unterzeichnung der Beitrittserklärung und durch Zulassung durch die Genossenschaft.[50] Praktisch ist die Zulassung nur zu prüfen, wenn die Mitgliedschaft über die Satzung an persönliche Voraussetzungen, wie zum Beispiel die Ausübung eines bestimmten Berufs, gebunden ist. Mit seinem Beitritt verpflichtet sich der Genosse, (mindestens) einen Geschäftsanteil zu zeichnen und die notwendigen Einzahlungen zu leisten. Der Austritt aus der Genossenschaft erfolgt grundsätzlich durch Kündigung[51] und hat die Auszahlung des Geschäftsguthabens zur Folge. Durch Ein- und Austritte variiert folglich das Eigenkapital der eG. Ein

48 Vgl. Kühnberger (2004), S. 666. Zum Stand der theoretischen Modellbildung: Theurl (2002), S. 84 ff.

49 Gegen diese Regelung wird nicht verstoßen, wenn eine Höchstmitgliedergrenze festgelegt wird. Im Mindestumfang müssen sieben Mitglieder existieren. Ansonsten ist die eG aufzulösen.

50 Vgl. § 15 Abs. 1 GenG.

51 Vgl. § 65 Abs. 1 u. 2 GenG.

Austritt durch Veräußerung des Geschäftsanteils ist nicht möglich; lediglich eine Übertragung des Geschäftsguthabens ist statthaft.[52]

Die Kontrolle über den Mitgliederkreis kann auch bei Kapitalgesellschaften erreicht werden, zum Beispiel über die Vinkulierung von Namensaktien. Darüber hinaus besteht die Möglichkeit, dass der Gesellschaftsvertrag Voraussetzungen für den Erwerb der Mitgliedschaft enthält. Problematischer gestaltet sich die Nachbildung der „offenen Mitgliederzahl". Durch die bei der Gründung festgelegte Anzahl der Geschäftsanteile/Aktien und deren Übernahme durch die Gründungsmitglieder ist die Anzahl der Mitglieder zunächst genau festgelegt. Die Aufnahme neuer Mitglieder kann auf zwei Wegen erfolgen: Entweder veräußert ein Mitglied Teile seiner Beteiligung oder es wird eine Kapitalerhöhung durchgeführt. Im ersten Fall muss mindestens ein Mitglied bereit sein, einen Teil seiner Beteiligung freizugeben; bei der GmbH ist hierbei der Weg über einen Notar notwendig. Der Vorteil einer „automatischen" Erhöhung des Eigenkapitals, wie dies mit dem Beitritt eines neuen Mitglieds in die eG erfolgt, tritt nicht ein. Die zweite Variante, die Kapitalerhöhung, bedarf in jedem Fall eines Gesellschafterbeschlusses und ist damit ebenfalls ein stark formalisiertes und vergleichsweise umständliches Verfahren.

Der „Austritt" aus einer Kapitalgesellschaft ist grundsätzlich nur möglich, wenn ein Käufer für die bestehende Beteiligung gefunden wird. In diesem Fall bleibt das Eigenkapital der Gesellschaft unverändert und der Nachteil der eG, dass sich das Eigenkapital bei Austritt von Gesellschaftern reduziert, wird umgangen. Allerdings können bei den unterstellten Selbstnutzerkooperationen Verkaufsbeschränkungen auftreten, zum Beispiel bei einer regionalen Ausrichtung der Kooperation oder durch Bestimmungen über Voraussetzungen zur Erlangung der Mitgliedschaft, die das Mitgliederpotenzial begrenzen. Alternativ können auch Regelungen über die Einziehung von Anteilen beziehungsweise den Erwerb eigener Anteile durch die Gesellschaft in Frage kommen, wobei hier strengere Anwendungsvorschriften gelten und es sich um schwerfälligere Verfahren handelt.[53]

Insgesamt ist festzuhalten, dass die eG über vergleichsweise einfache Ein- und Austrittsregelungen verfügt. Damit liegt ein rechtsformspezifischer Vorteil für diejenigen Kooperationen vor, die von einer fluktuierenden Mitgliederzahl ausgehen und damit auf einen einfachen Ein- und Austritt angewiesen sind. Dieser Tatbestand ist gerade bei Unternehmensneugründungen, die nach der Anlaufzeit auf Mitgliederzuwachs hoffen, nicht unbedeutend.

---

52 Vgl. § 76 GenG.

53 Vgl. Memento (2005), S. 374, S. 522 ff., S. 597 ff. und S. 613 ff.

3.3.2 Stimmrecht

In der eG gilt unabhängig von der Kapitalbeteiligung grundsätzlich das Kopfstimmrecht. Jedes Mitglied verfügt über eine Stimme.[54] Diese Regelung verhindert, dass einzelne Mitglieder eine dominierende Stellung innerhalb der Mitgliedergruppe einnehmen und sichert somit die Attraktivität des gemeinschaftlichen Geschäftsbetriebs für die gesamte Nutzergruppe.[55] Insofern kann von einer Schutzfunktion des Kopfstimmrechts gesprochen werden. Mit der Genossenschaftsnovelle von 1973 wurde das Stimmrecht unwesentlich erweitert. Einem Mitglied können nun, soweit dies in der Satzung verankert ist, bis zu drei Stimmen zugesprochen werden. Bei Entscheidungen, die mindestens eine qualifizierte Mehrheit erfordern, erlischt das Mehrstimmrecht.[56] Hierdurch bleibt es für Einzelpersonen weiterhin unmöglich, eine dominante Stellung einzunehmen.

Bei Kapitalgesellschaften sind die Stimmrechte regelmäßig nach Maßgabe des Beteiligungskapitals vergeben. Unter Ausnutzung der Satzungsfreiheit kann das Stimmrecht beschränkt werden. So ermöglicht das GmbHG ebenfalls die Einführung eines beteiligungsunabhängigen Kopfstimmrechts.[57] Das AktG setzt Stimmrechtsbeschränkungen hingegen vergleichsweise enge Grenzen, die darüber hinaus bei wesentlichen Entscheidungen aufgehoben werden müssen.[58] So können Einzelaktionäre zwar durchaus dominante Positionen erlangen. Ein „permanentes“ Kopfstimmrecht wäre jedoch nur möglich, wenn jeder Aktionär nur eine Aktie halten dürfte. Eine solche Regelung läuft dem Grundgedanken der AG entgegen und wird sich daher in der Praxis kaum finden lassen.

Damit bietet die AG im Vergleich zu eG und GmbH nur einen eingeschränkten Schutz für die Kooperationsgruppe. Andererseits kann das Kopfstimmrecht bei Streitigkeiten in der Mitgliedergruppe zu einer Lähmung der Entscheidungsfindung führen. Ebenfalls problematisch wirkt es, wenn die Anreize für eine Kapitalbeteiligung und das Kopfstimmrecht gemeinsam betrachtet werden.[59] Damit ist das Kopfstimmrecht nicht eindeutig als vorteilhaft zu klassifizieren. Sein Nutzen hängt von der Mitgliederstruktur der Kooperation ab.

3.3.3 Erfolgsbeteiligung

Aus dem Eigentümerstatus an einem Unternehmen kann über zwei Möglichkeiten am Erfolg des Unternehmens partizipiert werden: Im engeren Sinne erfolgt die Erfolgsbeteiligung über eine Ausschüttung der laufenden Perioden-

---

54 Vgl. § 43 Abs. 3 S. 1 GenG.
55 Vgl. Keßler (2005), S. 279.
56 Vgl. § 43 Abs. 3 S. 2-6 GenG.
57 Vgl. § 45 Abs. 2 i. V. m. § 47 GmbHG.
58 Vgl. hierzu im Einzelnen § 134 Abs. 1 AktG.
59 Vgl. hierzu 3.4.

erfolge. Im weiteren Sinne kann am Erfolg des Unternehmens über eine eventuelle Steigerung des Unternehmenswertes teilgenommen werden. Die zweite Variante ist allerdings erst zu realisieren, wenn das Engagement beendet wird, das heißt über den Verkauf der Beteiligung respektive des Unternehmens.

Ein Vergleich der Ausschüttungsmöglichkeiten der in Frage stehenden Gesellschaftsformen zeigt, dass die Erfolgsverteilung in allen betrachteten Rechtsformen entweder kapital- beziehungsweise beteiligungsbezogen oder nach Maßgabe der Inanspruchnahme des Geschäftsbetriebs durch das einzelne Mitglied erfolgen kann. Beteiligungsbezogene Erfolgsausschüttungen können nur aus dem versteuerten Jahresergebnis erfolgen. Die fließenden Zahlungen (Dividenden) sind auf Ebene „natürlicher" Gesellschafter nach dem Halbeinkünfteverfahren zu versteuern. Diese Regelungen gelten für alle drei Rechtsformen. Abweichungen ergeben sich, wenn eine Erfolgsverteilung nach Maßgabe der Inanspruchnahme des Geschäftsbetriebs, zum Beispiel anhand des Umsatzes, erfolgt. Die Änderung des Verteilungsmodus hat bei Kapitalgesellschaften keine weiteren Auswirkungen. Es gelten die Auswirkungen der beteiligungsbezogenen Ausschüttung. Anders ist der Sachverhalt bei der eG: Die Erfolgsverteilung nach Inanspruchnahme des Geschäftsbetriebs, die Warenrückvergütung, ist steuerlich als Betriebsausgabe absetzbar.[60] Insofern erfolgt die Erfolgsausschüttung aus dem Vorsteuergewinn des Mitgliedergeschäfts.[61] Auf Ebene der Mitglieder ist die Warenrückvergütung mit dem persönlichen Grenzsteuersatz zu versteuern. Damit führt die steuerliche Abzugsfähigkeit der Warenrückvergütung auf Ebene der eG zu finanziellen Vorteilen für die Mitglieder. Tabelle 2 gibt hierzu einen vereinfachten Überblick anhand eines Zahlenbeispiels.

---

60 Vgl. § 22 KStG.

61 Periodenerfolge aus dem Nichtmitgliedergeschäft sind vom Anwendungsbereich des § 22 KStG ausgenommen. Erreichen die Umsätze des Nichtmitgliedergeschäfts mehr als 50 % der Gesamtumsätze, so ist streitig, ob überhaupt noch eine Warenrückvergütung vorgenommen werden kann.

	Dividende			Warenrückvergütung		
Ergebnis vor Steuern	100.000			100.000		
./. effektive Unternehmenssteuern[62]	36.000			-		
Auszahlung an Eigentümer	64.000			100.000		
Zu versteuerndes Einkommen	32.000			100.000		
Grenzsteuersatz	20 %	30 %	40 %	20 %	30 %	40 %
Nettoeinkommen der Eigentümer	57.600	54.400	51.200	80.000	70.000	60.000

Tab. 2: Einkommensvergleich bei Dividende und Warenrückvergütung

Rechnerisch ergibt sich für das Beispiel,[63] dass erst bei einem Einkommensteuersatz von knapp 53 % die Dividende zu einem höheren Nettoeinkommen der Eigentümer führen würde. Eine Senkung des Effektivsteuersatzes, zum Beispiel durch geringere Gewerbesteuerhebesätze, wirkt in Richtung einer Reduktion dieses Grenzsteuersatzes. Nach momentanem Rechtsstand beträgt der maximale Einkommensteuersatz 42 %. Demzufolge müsste der Effektivsteuersatz eines Unternehmens unterhalb von 26,6 % liegen, damit die Dividende als Ausschüttungsvariante der Warenrückvergütung vorzuziehen wäre. Da dies nicht realistisch erscheint, ist festzustellen, dass die steuerliche Abzugsfähigkeit der Warenrückvergütung einen Exklusivvorteil der Rechtsform eG darstellt.

Dieser Vorteil erfährt eine Einschränkung, wenn berücksichtigt wird, dass die Warenrückvergütung ihrem Charakter nach einer nachträglichen Preisreduktion entspricht. Diese kann bei Kapitalgesellschaften über die Einführung von Bonussystemen im Ansatz nachgeahmt werden. Allerdings wirken Boni anders als die Warenrückvergütung: Bei der Warenrückvergütung erhält jedes Mitglied entsprechend des Umfangs seiner Geschäftsbeziehung zum Gemeinschaftsbetrieb für jede Bezugsgrößeneinheit einen Rückvergütungsbetrag. Boni hingegen werden regelmäßig für das Erreichen eines bestimmten Umsatzvolumens gezahlt, wodurch einzelne Mitglieder von der Erfolgsverteilung ausgeschlossen werden könnten. Zudem sind Bonussysteme oftmals so gestaffelt, dass für eine Bezugsgrößeneinheit unterschiedliche Rückzahlungen erfolgen.

62 Aus Vereinfachungsgründen wurde der für deutsche Unternehmen geltende Effektivsteuersatz von 36 % gewählt, vgl. Wöhe/Döring (2005), S. 309 und die dort angegebene Quelle.

63 Als Ansatz wurden die Formeln zur Bestimmung des Nettoeinkommens der Eigentümer gleichgesetzt.

Dem Vorteil der eG bei der laufenden Erfolgsbeteiligung steht die grundsätzlich fehlende Beteiligung der Eigentümer am Unternehmenswert entgegen. Scheidet ein Mitglied aus der Genossenschaft aus, so hat es nur Anspruch auf Auszahlung seines Geschäftsguthabens. Erweiternd kann die Beteiligung an einer satzungsmäßigen Rücklage (sog. Reservefonds) vereinbart werden.[64] Von dieser Möglichkeit wird in der Praxis aber nur äußerst selten Gebrauch gemacht. Eine Beteiligung am Unternehmenswert würde zum Abfluss von gebundenem Kapital führen und somit die Erfüllung des Förderungsauftrags durch den Gemeinschaftsbetrieb gefährden.[65] Schließlich besteht im Gegensatz zum Mitgliederstamm bei den nötigen Anlageinvestitionen ein Teilbarkeitsproblem. Damit verfügt die eG über einen starken Bestandsschutzmechanismus. Aus Sicht des Einzelmitglieds erweist sich diese Regelung dann als nachteilig, wenn – wie es bei Neugründungen in den ersten Jahren häufig der Fall ist – aus den Periodenerfolgen umfangreich thesauriert wird.

Bei den Kapitalgesellschaften stellt die Beteiligung am Unternehmenswert hingegen den Regelfall dar, da die Veräußerung an Dritte grundsätzlich möglich ist. Hierdurch können sich Markt- beziehungsweise marktähnliche Preise bilden. Das Eigenkapital unterliegt bei dem Verkauf der Beteiligung an Dritte einem Bestandsschutz. Dennoch können in der GmbH wiederum der eG ähnliche Regelungen getroffen werden; ein vollständiger Ausschluss der Beteiligung am Unternehmenswert tritt aber vergleichsweise selten auf.

Insgesamt kann der „Rechtsformstreit" unter dem Aspekt der Erfolgsbeteiligung nicht eindeutig beantwortet werden. Wie gezeigt, stellt die Warenrückvergütung grundsätzlich einen Vorteil der Rechtsform eG dar, der unter rein monetären Gesichtspunkten allerdings durch die fehlende Beteiligung am Unternehmenswert relativiert wird.

3.4 Finanzierungsmöglichkeiten

Die künftige Entwicklung eines Unternehmens ist maßgeblich von seiner Fähigkeit bestimmt, auf Veränderungen der Umfeldfaktoren reagieren zu können. Eine wichtige Voraussetzung hierfür stellt eine situationsadäquate Kapitalversorgung dar. Insbesondere das Eigenkapital nimmt eine zentrale Stellung ein, da es als „Verlustauffangpotenzial" direkten Einfluss auf den Zugang zu (kostengünstigem) Fremdkapital hat.

Nach Meinung großer Teile des Schrifttums weist die Rechtsform eG genau im Bereich der Eigenkapitalausstattung erhebliche Defizite auf. Häufig wird,

64 Vgl. § 73 GenG.
65 Vgl. Lang et al. (1997), S. 1004 f. und Beuthien (2002), S. 267.

wenn auch meistens ohne empirische Unterstützung, ein Eigenkapitalmangel festgestellt.[66] Zwei zentrale Problemfelder werden regelmäßig angeführt:

1. Mangelnder Zugang zu „frischem“ Eigenkapital.
2. Innenfinanzierungsproblem durch erschwerte Thesaurierung von Periodenerfolgen.

Ad 1.) Ein Bedarf an „frischem“ Eigenkapital entsteht vorrangig bei einmaligen Sonderinvestitionen wie zum Beispiel der Ausweitung des Geschäftsbetriebs, Fusionen et cetera. Diesen Bedarf können sowohl die bestehenden Eigentümer als auch bisher unbeteiligte Personenkreise decken. Bei Betrachtung des bestehenden Eigentümerkreises ist unter theoretischem Blickwinkel festzuhalten, dass das zentrale Beteiligungsmotiv der Mitglieder einer eG die Erlangung von Fördervorteilen aus der Geschäftsbeziehung zum Gemeinschaftsbetrieb sein sollte. Daraus folgt, dass diese zu weiteren Einlagen bereit sein werden, wenn dadurch eine adäquate Ausweitung des Fördervorteils zu erwarten ist. Dennoch finden sich in der Praxis Probleme, die Mitglieder zu weiteren Einzahlungen zu bewegen. Dieses Problem tritt vorrangig in größeren Genossenschaften auf, wofür die in gewachsenen Genossenschaften verstärkt anzutreffende Heterogenität der Mitgliedergruppe ursächlich ist.[67] Hierdurch können bei anstehenden Investitionen nicht alle Interessengruppen weitere Vorteile erlangen, so dass es schwierig wird, Kapitalbeiträge der Mitglieder, die einer qualifizierten Mehrheit bedürfen, durchzusetzen. Ein weiterer Einwand gegen eine Aufstockung der Geschäftsanteile stellt die unter Umständen mangelnde Zahlungsfähigkeit der Mitglieder dar. Als Ausweg bietet sich nur die Erschließung weiterer Mitgliederkreise an. Da aber der regionale Radius der meisten Genossenschaften begrenzt ist und häufig Beitrittsvoraussetzungen formuliert sind, ist dieses Potenzial beschränkt.

Der bisher beschriebene Problemkreis ist keinesfalls als spezifisches Problem der eG anzusehen. Den oben genannten Beschränkungen unterliegen alle Selbstnutzerkooperationen. Ein spezifisches Problem tritt erst dann auf, wenn verstärkt auf bisher unbeteiligte Personengruppen geblickt wird, wie es mit der Erschließung zusätzlicher Mitglieder bereits getan wurde. Neben dem insgesamt verfügbaren Mitgliederpotenzial stehen als weitere Eigenkapitalgeber theoretisch auch strategische Investoren und Finanzinvestoren zur Verfügung. Ihre Beteiligung würde die Entwicklung des genossenschaftlichen Geschäftsbetriebs von den Mitgliedern unabhängiger machen und damit insbesondere die Interessendivergenzen in Großgenossenschaften auflösen. Allerdings bietet die rechtliche Ausgestaltung des genossenschaftlichen Geschäftsanteils für Investoren wenig Anreize: Das mit ihm verbundene Kopfstimmrecht verhindert politische

66 Vgl. z. B. Kühnberger (2004), S. 661 ff.; Strieder (1999), S. 1567 und Binz/Freudenberg (1991), S. 2475.

67 Vgl. Selchert (1972), S. 182 ff.

Einflussnahme, genossenschaftliche Geschäftsanteile sind nicht frei veräußerbar und bei Beendigung des Engagements findet keine Beteiligung am Unternehmenswert statt. Hier bieten die Kapitalgesellschaften aufgrund der höheren Flexibilität der Beteiligungsgestaltung stärkere Beteiligungsanreize.

Dennoch ist der oben beschriebene Problemkreis etwas zu relativieren, da sich auch bei Genossenschaften über die Ausgabe von Genussrechten und stillen Beteiligungen zusätzliche Finanzierungspotenziale erschließen lassen.

Ad 2.) Neben der Aufstockung des Eigenkapitals durch „frisches" Eigenkapital kommt auch die Thesaurierung von Periodenerfolgen in Frage. Gleichzeitig begünstigt die Thesaurierung den Aufbau eines mitgliederunabhängigen Eigenkapitalbestands, der der Genossenschaft mehr Stabilität verleiht. Eine Thesaurierung von Periodenerfolgen ist nur möglich, wenn die Mitglieder auf die laufende Förderung zugunsten künftiger Fördervorteile verzichten. Problematisch ist, dass die thesaurierten Beträge bei Austritt aus der eG regelmäßig nicht ausbezahlt werden. Thesauriertes Kapital ist damit den Mitgliedern, sofern es in langfristigen Investitionen gebunden ist, endgültig entzogen. Insofern werden die Mitglieder eventuellen Thesaurierungsbestrebungen kritisch gegenüberstehen.

Auch bei den Kapitalgesellschaften kann das Problem auftreten, dass die Mitglieder eher an einer kurzfristigen Gewinnausschüttung interessiert sind als an einer Thesaurierung der Gewinne. Allerdings kann bei Inaussichtstellung einer entsprechenden Rendite auf eine Steigerung des Unternehmenswertes gehofft werden, die sich bei Beendigung des Engagements realisieren lässt. Zumindest aber lässt sich ein Anspruch auf die nominalen Thesaurierungsbestände durchsetzen, sofern das Eigenkapital nicht verbraucht wurde. Somit ist die Thesaurierung von Periodenerfolgen in der Kapitalgesellschaft tendenziell leichter durchzusetzen als in der eG.

3.5 Zwischenfazit

Bei Zusammenfassung der vorgestellten, eher langfristig wirkenden Aspekte der Rechtsformwahl finden sich sowohl Vor- als auch Nachteile der eG im Vergleich zu den Kapitalgesellschaften. Festzustellen ist, dass die Rechtsform eG weniger Gestaltungsspielräume aufweist und damit schwerfälliger als die Kapitalgesellschaften ist. Die Anpassung an sich wandelnde Bedürfnisse der Mitglieder oder Umfeldbedingungen wird dadurch erschwert. So steht den Kapitalgesellschaften zwar die Verfolgung förderwirtschaftlicher Zwecke identisch denen der eG offen; sie sind dabei jedoch nicht an so enge gesetzliche Vorgaben gebunden. Aus der genossenschaftlichen Kooperationsweise können, bis auf die Warenrückvergütung, selektiv Einzelbausteine gewählt und situationsadäquat eingesetzt werden. Generell ist auch ein ähnlicher „Nachbau" der Regelungen des GenG möglich. Bei Betrachtung der anscheinenden Vernachlässigung der eG im Gründungswettbewerb scheint diese geringere Flexibilität entscheidenden Wert zu haben.

4 Novellierung des Genossenschaftsrechts

Fraglich ist, ob eine Novellierung des GenG der eG eine ähnliche Flexibilität wie die der Kapitalgesellschaften verschaffen kann. Wurden bisher die Einzelpunkte im Wesentlichen nur benannt, müssen bei einer Reform des GenG die Eigenheiten der Wirtschaftsform „Genossenschaft“ Berücksichtigung finden. Eine zu starke Annäherung an die Kapitalgesellschaften würde die Rechtsform eG selbst in Frage stellen.

Mit dem Statut der Europäischen Genossenschaft[68] ist eine Richtungsweisung für die Novellierung des deutschen GenG erfolgt. Aber auch die Interessenträger des Genossenschaftswesens[69] sowie die Genossenschaftstheorie haben entsprechende Novellierungsvorschläge unterbreitet. Diese mündeten in der Veröffentlichung eines Referentenentwurfes zur Änderung des Genossenschaftsrechts, der gleichzeitig mit einem Gesetz zur Einführung der Europäischen Genossenschaft (SCE) in den deutschen Rechtskreis verbunden ist.[70] Im Folgenden werden zunächst die wesentlichen Novellierungsvorschläge, die sich aus den Ausführungen der Kapitel zwei und drei ergeben, einer kritischen Würdigung unterzogen. Sodann erfolgt die Vorstellung des Inhalts der Genossenschaftsnovelle.

4.1 Vorstellung ausgewählter Novellierungsvorschläge

Bei den unmittelbar gründungsbezogenen Rechtsformaspekten wurde die Mindestgründerzahl von sieben Personen als real existierender Diskriminierungspunkt im Rechtsformwettbewerb genannt. Hier gehen die Reformvorschläge in Richtung einer Reduzierung der Mindestgründerzahl auf drei Personen.[71] Die vergleichsweise hohe Mindestgründerzahl ist, wenn überhaupt, historisch zu begründen, da die eG von ihrem Grundgedanken durch die Bündelung mehrerer kleiner Beiträge ein größeres, leistungsfähigeres Gebilde schaffen sollte. Eine notwendige Voraussetzung für genossenschaftliches Handeln ist die Mindestgründerzahl indes nicht, so dass eine entsprechende Änderung unter diesem Aspekt unproblematisch ist.

---

68 Vgl. Verordnung (EG) Nr. 1435/2003 des Rates vom 22. Juli 2003 über das Statut der Europäischen Genossenschaft.

69 Vgl. BzFdG (2005) und DGRV (2004).

70 Vgl. Referentenentwurf eines Gesetzes zur Einführung der Europäischen Genossenschaft (SCE) und zur Änderung des Genossenschaftsrechts vom 19. 10. 2005 (im Folgenden zitiert als: RefEGenossenschaft).

71 Vgl. BzFdG (2005) S. 9; Schaffland (2001), S. 210 und Henningsen (2001), S. 127.

Eine Senkung der Mindestmitgliederzahl hat allerdings für kleine Genossenschaften eine Veränderung der Organanforderungen nach sich zu ziehen, denn der Vorstand müsste auf eine Person reduziert werden. Auch sollte eine Wahlfreiheit bestehen, ob ein Aufsichtsrat etabliert wird.[72] Gerade in kleinen Gemeinschaften könnte seine Rolle durch die soziale Kontrolle innerhalb der Mitgliedergruppe und durch eine entsprechende Rechtezuweisung an die Generalversammlung ersetzt werden. Fraglich bliebe, ab welcher Mitgliederzahl ein Aufsichtsrat wieder verpflichtend würde, das heißt ab wann die Generalversammlung als Aufsichtsgremium als nicht mehr handlungsfähig anzusehen wäre beziehungsweise ab wann die Koordinationskosten zu hoch würden. Diese Regelung könnte in Grenzen der Satzung anheim gestellt werden, so dass die Mitgliedergruppe ihre Kontrollstrukturen selbst bestimmen könnte. Grundsätzlich ist dem Vorschlag zuzustimmen, ab zwanzig Mitgliedern weiterhin einen obligatorischen Aufsichtsrat vorzusehen.[73] Der Selbstverwaltungsgrundsatz wird durch die bisher vorgeschlagenen Änderungen nicht aufgehoben.

Allerdings wurde bereits herausgestellt, dass in der Praxis die Selbstorganschaft zumindest im Vorstand seit langem durchbrochen ist und die Regelung somit eine leere Hülle darstellt. Insofern ist zu überlegen, ob nicht eine Öffnung der Regelung stattfinden sollte. Die bisher häufig zu findende und bewährte Mischung aus Nichtmitgliederhauptamt und Mitgliederehrenamt könnte dann über eine entsprechende Gestaltung der Satzung offiziell möglich sein. Für kleine Genossenschaften bis 20 Personen müsste ein hauptamtlicher Nichtmitgliedervorstand (bestehend aus einer Person) gestattet werden. Auch an eine Reform des Aufsichtsrats wäre zu denken: Seine Mitglieder sollten nicht vollständig aus den Reihen der Mitglieder stammen müssen, um auch außerhalb der genossenschaftlichen Pflichtprüfung ein professionelles Gegengewicht gegen die Qualifikation des hauptamtlichen Vorstands zu ermöglichen.[74] Zusätzlich könnten die Nichtmitglieder im Aufsichtsrat die Rolle eines neutralen Gutachters oder Vermittlers zwischen Vorstand und Mitgliedergruppe einnehmen. Zu beachten ist, dass mit der Lockerung der Selbstorganschaft in zentrales genossenschaftliches Gedankengut eingegriffen wird. Schließlich ist die Selbstorganschaft Bestandteil des bis heute anerkannten Dreiklangs von Selbstverwaltung, Selbstverantwortung und Selbsthilfe. Dennoch muss festgestellt werden, dass die Selbstorganschaft zumindest im Vorstand dem heutigen Wirtschaftsleben nicht mehr in allen Fällen gerecht wird. Schwierigkeiten bereitet in diesem Zusammenhang die bisher unvollständig gelöste Operationalisierung des Förderungsauftrags,[75] da hierdurch kein theoretisch einwandfreies

72 Vgl. Weller (2004), S. 58.

73 Vgl. Schaffland (2001), S. 213.

74 Vgl. Henningsen (2001), S. 128 und kritisch Jäger (2001), S. 149 ff.

75 Vgl. Fn. 48.

Anreizsystem für förderorientiertes Handeln zur Verfügung steht. Allerdings gilt dies auch für Selbstnutzerkooperationen in anderen Rechtsformen.

Bei Betrachtung der Gründungskosten kann die umfassende Gründungsprüfung zu einer Diskriminierung der eG führen. Neben den hohen Kosten der Prüfung verzögert sie auch zeitlich die Rechtsentstehung der eG, so dass die Gründungsmitglieder länger in einer umfassenderen Haftung verfangen sind. Aus diesem Grund wird eine Reduktion des Prüfungsumfangs gefordert.[76] Dieser Ansatz ist durchaus fruchtbar. Allerdings muss er mit Vorsicht verfolgt werden, um die Vorteile der Gründungsprüfung nicht zu beeinträchtigen. Eine Reduktion der Aussagefähigkeit des Prüfungsergebnisses muss deshalb unbedingt vermieden werden.

Weitere Reformvorschläge zielen auf die Veränderung des Stimmrechts. Insbesondere für Genossenschaften, die aus dem Zusammenschluss mehrerer Unternehmen hervorgehen (Unternehmergenossenschaften), wird eine Verstärkung des Mehrstimmrechts gefordert.[77] Diese Vorschläge sind hingegen differenziert zu betrachten. Auf der einen Seite könnten den Mitgliedern Anreize zur Zeichnung genossenschaftlicher Anteile über die Pflichtbeteiligung hinaus geboten werden, da sie politischen Einfluss erlangen können. Auf der anderen Seite besteht die Gefahr, dass die genossenschaftliche Kooperation in diesem Fall nicht für alle Mitglieder attraktiv bleibt. Bei Vereinigungen mit differierenden Mitgliederinteressen könnte hierdurch der Austritt von Mitgliedern herbeigeführt werden. Sperrminoritäten bei wesentlichen Entscheidungen müssen entsprechend in jedem Fall vermieden werden,[78] da sie dem Gruppengedanken nicht gerecht werden. Insofern kann auch eine Ausweitung des Mehrstimmrechts zum Beispiel auf bis zu fünf Stimmen, wie es das Statut der Europäischen Genossenschaft vorsieht, die Attraktivität des Geschäftsanteils nur begrenzt steigern, obwohl in kleineren Genossenschaften zum Beispiel die Entscheidung über die Gewinnverteilung/-thesaurierung stärker beeinflusst werden könnte.

Auch Vorschläge zur Erhöhung der Fungibilität der genossenschaftlichen Geschäftsanteile[79] leisten nur einen marginalen Beitrag zur Erhöhung der Attraktivität des Geschäftsanteils und damit zur Lösung der Eigenkapitalproblematik. Mit der Einführung der Handelbarkeit verbundene unterstellte Beteiligungen am Unternehmenswert wirken eher konstruiert, beziehungsweise ihre Relevanz bleibt auf Sonderfälle beschränkt. Die weitestgehend fehlende Beteiligung am Unternehmenswert bleibt also als Manko der Rechtsform eG zugunsten des Bestandsschutzes des Gemeinschaftsbetriebes bestehen.

76 Vgl. Peemöller/Weller (2001), S. 117 und Holzner (2001), S. 101.
77 Vgl. DGRV (2004).
78 Vgl. Beuthien (2002), S. 274.
79 Vgl. Strieder (1999), S. 1567 ff.

Das Statut der Europäischen Genossenschaft sieht auch die Möglichkeit der Beteiligung von reinen Finanzinvestoren oder strategischen Investoren vor (sog. nicht nutzende Mitglieder). Dieser Ansatzpunkt sollte bei der Reform des deutschen GenG nicht weiter verfolgt werden,[80] obwohl die mitgliederunabhängige Finanzierung neuer förderungsorientierter Geschäftsfelder durchaus Vorteile bietet.[81] Diesen stünde aber der Nachteil entgegen, dass eine weitere Interessengruppe mit ganz eigenen Zielen in den Kooperationsbetrieb eintritt, die regelmäßig nicht förderungsorientiert sind.[82] Strategische Investoren könnten zum Beispiel eine vertikale Integration anstreben, um Einfluss auf vor- oder nachgelagerte Wertschöpfungsstufen zu erlangen. Finanzinvestoren sind überdies in der Regel rein renditeorientiert. Beide Interessen stehen dem Fördergedanken entgegen und könnten über das Stimmrecht in die Genossenschaft eingebracht werden. Die Uneinheitlichkeit der genossenschaftlichen Gruppe wäre die Folge. Zudem würde die Autarkie eines unter Umständen hauptamtlichen Vorstands von der Mitgliedergruppe gefördert und der Kontrollmechanismus des Austritts an Bedeutung verlieren. Fraglich bleibt allerdings, ob bei Aufrechterhaltung der notwendigen Stimmrechtsbeschränkungen überhaupt ein Anreiz zur Zeichnung von Geschäftsanteilen besteht. Ein Ausweg in der Praxis besteht darin, mezzanine Finanzierungsformen einzusetzen. Diese beinhalten zwar auch den Konflikt zwischen Förderinteresse und Kapitalrendite, aber durch die flexibleren Ausgestaltungsmöglichkeiten der Finanzinstrumente im Vergleich zu Geschäftsanteilen können die negativen Auswirkungen für die genossenschaftliche Gruppe begrenzt werden.[83] Zu berücksichtigen bleibt, dass jede Rechtebeschneidung potenzieller Eigenkapitalgeber mit einer geringeren Zeichnungsbereitschaft oder einer höheren Renditeforderung einhergeht. Insofern bleiben auch die Finanzierungsmöglichkeiten über Mezzaninekapital beschränkt.

Ein weiterer Reformschritt im Rahmen des Statuts der Europäischen Genossenschaft ist die Notwendigkeit einer Kapitalausstattung von mindestens 30.000 Euro. Wird das Mindestkapital durch Mitgliederaustritte unterschritten, so kann die Rückzahlung des Geschäftsguthabens ausgesetzt werden. Somit wird der Kapitalbestand in Grenzen vom Mitgliederbestand abgekoppelt. Auch diese Regelung ist als problematisch einzustufen. Ein Mitglied wird aus der Genossenschaft austreten, wenn keine Anreize zur weiteren Beteiligung bestehen. Nach der eben genannten Regelung kann dennoch die Kapitalbindung bestehen bleiben, so dass dem Mitglied eine negative Rendite droht oder alternative Investitionsmöglichkeiten entgehen. Wie oben bereits angesprochen,

80 A. A. Henningsen (2001), S. 128 f.
81 Vgl. unter 3.4.
82 Vgl. Cario (2005), S. 150 f.
83 Vgl. Kühnberger (2004), S. 664 ff.

wird hierdurch der freie Austritt blockiert, was vor der Wahl der Rechtsform eG zurückschrecken lassen könnte. Gerade die Flexibilität der Ein- und Austrittsregelungen ist bislang ein exklusiver Vorteil der Rechtsform eG. Es sollte sehr genau abgewogen werden, ob hier eine Einschränkung wünschenswert ist. Unter diesem Gesichtspunkt ist auch ein weitgehender Ersatz der Gründungsprüfung durch Mindestkapitalvorschriften abzulehnen.[84] Allerdings würde die eG mit einer entsprechenden Regelung eine höhere Bestandssicherheit bekommen, die sich insbesondere in den ersten Gründungsjahren positiv auf die Kreditfähigkeit auswirken könnte. Im Ergebnis ist eine verpflichtende Regelung, wie bei der Europäischen Genossenschaft, abzulehnen. Eine freiwillige Selbstbeschränkung der Mitglieder im Rahmen der Satzung wäre unter Umständen eine adäquate Lösung, könnte aber im Einzelfall mit einer verringerten Attraktivität für potenzielle Mitglieder einhergehen. Zu berücksichtigen bliebe auch, dass wiederum der Kontrollmechanismus „Austritt von Mitgliedern" in seiner Funktionsfähigkeit beschränkt würde. Formal bewirkt die Einführung einer Mindestkapitalvorschrift für die eG eine Gleichstellung mit den Kapitalgesellschaften.

4.2 Der Referentenentwurf zur Änderung des GenG

Die wesentlichen Änderungen des GenG, die der Referentenentwurf enthält, sind in der Tabelle 3 überblicksartig zusammengestellt und auf Basis der Ausführungen des Abschnitts 4.1 einer ersten Bewertung hinsichtlich ihres genossenschaftstheoretischen Problempotenzials und ihrer Wirkung auf die Stellung der eG im Rechtsformwettbewerb unterzogen. Die Veränderungen zielen hauptsächlich auf die Gründungserleichterung von eingetragenen Genossenschaften und auf die Verbesserung der Kapitalbeschaffungs- und Kapitalerhaltungsmöglichkeiten. Zugleich soll die Wettbewerbsfähigkeit der deutschen eG mit der Europäischen Genossenschaft sichergestellt werden.[85]

84 Vgl. Weller (2004), S. 58 ff.
85 Vgl. RefEGenossenschaft, S. 2.

	Kriterium	vorgesehene Veränderung	Problem-potenzial	Wirkung
gründungsbezogen	erforderliche Gründer	Senkung auf drei	niedrig	hoch
	Organanforderungen	Vereinfachungen für eG mit weniger als 21 Mitgliedern, d.h. - fakultativer Aufsichtsrat - fakultativer Ein-Personen-Vorstand	niedrig	hoch
	Sachgründung	erlaubt	-	niedrig
	laufende Prüfung durch Genossenschaftsverband	keine Jahresabschlussprüfung für eG mit Bilanzsumme bis zu einer Million Euro, aber weiterhin Prüfung nach § 53 Abs. 1 GenG	niedrig	niedrig-mittel
längerfristige Wirkung	Stimmrecht	grundsätzliche Abschaffung von Mehrfachstimmrechten, Mehrfachstimmrechte nur in Unternehmergenossenschaften, max. 1/10 der in der Generalversammlung anwesenden Stimmen	niedrig	niedrig
	Fungibilität der Anteile	Teilübertragbarkeit von Geschäftsguthaben bei freiwillig gehaltenen Anteilen auf vorhandene Mitglieder oder Neuzutritte	-	niedrig
	Mindestkapital	fakultativ	mittel	niedrig-mittel
	nicht nutzende Mitglieder (investierende Mitglieder)	fakultativ mit Auflagen, d.h. - keine Stimmenmehrheit über nutzende Mitglieder - keine Sperrminoritäten bei „qualifizierten" Entscheidungen - max. 1/4 der Aufsichtsratsmitglieder	mittel	niedrig-mittel
	Förderungsauftrag	Erweiterung um soziale und kulturelle Förderleistungen	niedrig	hoch

Tab. 3: Änderungen des GenG durch den Referentenwurf

Mit Blick auf die unmittelbar gründungsbezogenen Auswirkungen der Novelle ist festzustellen, dass sich der Gesetzgeber den Verbesserungsvorschlägen weitestgehend angeschlossen hat. Die fehlende Veränderung bei der Gründungsprüfung ist als unkritisch einzuschätzen, insbesonders, da ein positiver Effekt einer Reduktion des Prüfungsumfangs nicht vollständig bejaht werden konnte. Die Reduktion des laufenden Prüfungsumfangs bei „kleinen Genossenschaften" und die Einräumung der Möglichkeit von Sacheinlagen sind ebenfalls als unbedenklich einzustufen. Letztlich erfolgt nur eine – wenn auch zum Teil halbherzige – Annäherung an die für die Kapitalgesellschaften vorzufindenden Regelungen.[86]

Bei Betrachtung der Veränderungen bei den längerfristig wirkenden Aspekten der Rechtsformwahl ist festzustellen, dass auf den ersten Blick nicht nur unkritische Regelungen aufgenommen wurden. Hier muss im Einzelfall geprüft werden, ob sich unter Umständen eine Gefährdung des genossenschaftlichen Charakters der Kooperation ergeben könnte. Betroffen sind die Regelungen zu den Mehrfachstimmrechten, zu den investierenden Mitgliedern und zum Mindestkapital.

Grundsätzlich sind die Mehrfachstimmrechte abgeschafft worden. Damit wird das Demokratieprinzip wieder gestärkt. Eine Ausnahme bilden die Unternehmergenossenschaften, das heißt eG, deren Mitglieder zu mindestens drei Viertel aus Unternehmern gemäß § 14 BGB bestehen. Hier ist die Vergabe von Mehrfachstimmrechten zugelassen, die allerdings nur bis zu einem Umfang von ein Zehntel der in der Generalversammlung anwesenden Stimmen ausgeübt werden können. Eine Dominierung der Geschäftspolitik durch einzelne Mitglieder wird so weiterhin ausgeschlossen. Dennoch kann über die Regelung Mitgliedern, die den Geschäftsbetrieb besonders fördern, eine stärkere Einflussnahme eingeräumt werden, als es bisher mit der Möglichkeit der Vergabe von maximal drei Stimmen möglich war.[87] Ein Erlöschen der Mehrstimmrechte bei „qualifizierten" Entscheidungen ist ebenfalls nicht mehr vorgesehen. In der vorzufindenden Ausgestaltung kann die Regelung für die eG grundsätzlich als unbedenklich eingestuft werden. Allerdings bleibt offen, ob die Regelung tatsächlich Anreize schafft, weitere Anteile an der eG zu zeichnen. Der politische Einfluss unterliegt auch weiterhin – richtigerweise – Beschränkungen. In Abhängigkeit von der Anzahl der bei der Generalversammlung anwesenden Mehrstimmrechtsinhaber variiert er sogar.

In diesem Zusammenhang ist auch die fakultative Einführung investierender Mitglieder zu beurteilen. Die Einführung dieser Interessengruppe wurde als grundsätzlich problematisch eingestuft. Um im Interesse der nutzenden Mit-

86 Vgl. für die laufende Prüfung § 316 Abs. 1 HGB i. V. m. § 267 Abs. 1 HGB; Begründung zum RefEGenossenschaft, S. 88.

87 Vgl. Begründung RefEGenossenschaft, S. 83 f.

glieder den Förderungsauftrag der eG nicht zu gefährden, obliegen die Einflussmöglichkeiten der investierenden Mitglieder den in Tabelle 3 aufgeführten Einschränkungen.[88] Mit den getroffenen Vorkehrungen ist es auch für investierende Mitglieder nicht möglich einen dominanten Einfluss in der eG zu erlangen. Zu berücksichtigen bleibt in diesem Zusammenhang die grundsätzliche Beschränkung des Stimmrechts auf eine Stimme beziehungsweise die für Unternehmergenossenschaften geltenden Beschränkungen. Entsprechend ist ein positiver Einfluss auf die Eigenkapitalbeschaffung auch hier als fraglich einzustufen. Durch den eingeschränkten politischen Einfluss werden entsprechend die Renditeforderungen der investierenden Mitglieder steigen. Da investierende Mitglieder, anders als bei bestimmten mezzaninen Finanzierungsformen, über ein Recht zur Kündigung ihrer Anteile verfügen, steigt der Druck, die Renditeforderungen zu erfüllen.[89] Wiederum tritt dann der Gruppenkonflikt zwischen nutzenden und investierenden Mitgliedern hervor. Positiv ist die Regelung zu den investierenden Mitgliedern allerdings vor dem Hintergrund der Umgehung der Problematiken der Selbstorganschaft zu sehen: Da der Gesetzgeber explizit an der Selbstorganschaft festgehalten hat, ermöglicht die Einführung von investierenden Mitgliedern die Erschließung von Personen außerhalb des eigentlichen Mitgliederpotenzials.[90]

Die Festlegung eines Mindestkapitals ist künftig über eine Regelung in der Satzung möglich. Hier hat sich der Gesetzgeber für eine vorsichtigere Regelung als bei der Europäischen Genossenschaft entschieden. Ob die Regelung tatsächlich positive Auswirkungen auf die Wettbewerbsfähigkeit der Rechtsform eG haben wird, ist – wie oben erläutert wurde – nicht eindeutig festzustellen. Zumindest treten negative Begleiterscheinungen auf. Hier muss im Einzelfall eine Gewichtung vorgenommen werden.

Als wenig erfolgversprechend wurde die Erhöhung der Fungibilität der Anteile eingestuft. Der jetzt vorzufindende Regelungsvorschlag ist unbedenklich, wird aber voraussichtlich nur eine Wirkung in eG mit zahlenmäßig beschränktem Mitgliederbestand entfalten. Bei offenem Zugang zur eG wird die Zahlungsbereitschaft des Käufers weiterhin auf den nominalen Wert des Geschäftsanteils beschränkt bleiben, so dass keine Beteiligung am Unternehmenswert stattfindet. Damit bleibt die Attraktivität des genossenschaftlichen Geschäftsanteils für einen Großteil der eG unverändert.

Der Bedarf zur Erweiterung des Förderungsauftrags, wie er im Referentenentwurf vorzufinden ist, wurde bisher nicht weiter thematisiert, findet sich aber vereinzelt in Novellierungsvorschlägen.[91] Durch die Einbeziehung von kulturel-

88 Vgl. Begründung RefEGenossenschaft, S. 75 f.
89 Vgl. Cario (2005), S. 151.
90 Vgl. Begründung RefEGenossenschaft, S. 75.
91 Vgl. BzFdG (2005), S. 5.

len und sozialen Zwecken wird der Anwendungsbereich der eG verbreitert. Die Konkretisierung eines entsprechenden Förderungsauftrags im Sinne einer eindeutigen Handlungsanweisung für die Unternehmenssteuerung dürfte allerdings nur begrenzt möglich sein, so dass der Förderungsauftrag mehr den Charakter einer Willenserklärung annimmt. Künftig muss bei der Festlegung des Zwecks der eG im Rahmen der Satzung deutlich differenziert werden, ob eine ökonomische Förderung oder eine Förderung im Bereich der sozialen und kulturellen Belange gewünscht ist. Ansonsten ist die Einhaltung des Förderungsauftrags nicht weiter zu überprüfen.

5 Fazit

Nach der Analyse des momentan geltenden Genossenschaftsrechts lässt sich ohne Gewichtung der diskutierten Einzelkriterien – mit Ausnahme der vorgeschriebenen Mindestmitgliederzahl – keine eindeutige Begründung für eine Vernachlässigung der eG bei der Rechtsformwahl für zwischenbetriebliche Kooperationen finden. Insofern wäre es falsch, die eG bei der Rechtsformwahl von vornherein auszuschließen. Wird eine Gewichtung der Kriterien eingeführt, so scheint die fehlende Flexibilität das größte Problem der Rechtsform zu sein. Vor dem Hintergrund der zunehmenden Dynamik der Umwelt gewinnt dieser Aspekt bei der Rechtsformwahl zunehmend an Bedeutung und die eG könnte dadurch in den Hintergrund gedrängt werden.

Eine Verbesserung der Positionierung der eG im Rechtsformwettbewerb soll deshalb durch die Novellierung des GenG erfolgen. Bei dieser ist allerdings darauf zu achten, dass die Charakteristika der Rechtsform erhalten bleiben. Ansonsten gäbe es keine Rechtfertigung für eine separate Rechtsform eG. Bei der Diskussion der verschiedenen Novellierungsvorschläge stellte sich heraus, dass einzelne Korrekturen die Attraktivität der Rechtsform eG leicht steigern können, ohne den Inhalt der Kooperation zu beeinträchtigen. Andere Regelungen würden unter Umständen zu einer Verbesserung der Positionierung im Rechtsformwettbewerb führen, gleichzeitig bergen diese aber auch Risikopotenziale für zentrale genossenschaftliche Inhalte, insbesondere den Förderungsauftrag. In diesem Spannungsfeld hat der Gesetzgeber eine Richtungsentscheidung zwischen stärkerer Flexibilisierung des Genossenschaftsrechts und dem Erhalt der genossenschaftsspezifischen Charakteristika und Stärken zu treffen. Mit Blick auf den Referentenentwurf zur Veränderung des Genossenschaftsrechts ist festzustellen, dass der Gesetzgeber unter Ausnutzung der Satzungsautonomie verstärkt auf die Selbstverantwortung der Mitgliedergruppen setzt. Hierdurch gewinnt die Rechtsform eG an Flexibilität. Dennoch hat der Gesetzgeber zum Schutze genossenschaftlicher Eigenheiten jeweils einen letztlich engen Rahmen gesetzt. Als Folge dieser notwendigen Rahmensetzung werden durch die

Novellierung erhoffte Verbesserungen im Rechtsformwettbewerb nach Auffassung des Verfassers allerdings nur sehr begrenzt wirksam werden.

Im Ergebnis bleibt damit festzustellen, dass durch die anstehende Novellierung des GenG zwar der Zugang zur Rechtsform eG verbessert wird, die langfristig wirkenden Rechtsformnachteile allerdings nur eingeschränkt behoben werden können. Damit ist die Genossenschaft auch künftig nicht für alle Kooperationen geeignet, sondern sie bleibt auf ein bestimmtes Kooperationsdesign, die gleichberechtigte Förderkooperation, zugeschnitten. Eine zu starke Annäherung an die Kapitalgesellschaften würde dazu führen, dass der benötigte spezielle Kooperationstyp gerade nicht mehr verfügbar ist.[92]

Literatur

AK „Neue Genossenschaften" (2005): Kooperation und Genossenschaft – Strategien für den Mittelstand, http://www.neuegenossenschaften.de/kooperation/index.html, eingesehen am 13. 10. 2005.

Beuthien, V. (2002): Der genossenschaftliche Geschäftsanteil – Begriffliches Unding oder Schlüssel zur Öffnung der Rechtsform?, in: AG, 47. Jg. (2002), S. 266-278.

Binz, M. K./Freudenberg, G. (1991): Ist die Rechtsform der Genossenschaft noch zeitgemäß? – ein Rechtsformvergleich zwischen Genossenschaft und Aktiengesellschaft, in: DB, 41. Jg. (1991), S. 2473-2477.

BzFdG (2005): Vorschläge des BzFdG zur Veränderung des Genossenschaftsgesetzes, http://www.genossenschaftsgedanke.de, eingesehen am 13. 10. 2005.

Cario, D. (2005): Aufnahme von Investorenmitgliedern in die SCE? – Gedanken zur Ausübung des Wahlrechts in Art. 14 Abs. 2 SCE-VO durch den deutschen Gesetzgeber, in: ZfgG, 55. Jg. (2005), S. 146-152.

DGRV (2004): GenG-Novelle, http://www.dgrv.de/de/news/news-2004.08.12-1.html, eingesehen am 13. 10. 2005.

DGRV (2005): Genossenschaften als Bestandteil der Wirtschaft, http://www.dgrv.de/de/genossenschaftswesen/wirtschaftsfaktor.html, eingesehen am 13. 10. 2005.

Dülfer, E. (1995): Betriebswirtschaftslehre der Genossenschaften und vergleichbarer Kooperative, Göttingen 1995.

Fehl, U. (2002): Die Genossenschaft – eine weiterhin aktuelle Rechtsform für Kooperationen!, in: ZfgG, 52. Jg. (2002), S. 187-188.

Göler von Ravensburg, N./Pinkwart, A./Schmidt, R. (2003): Kriterien für die Gründung mittelständischer Kooperationen in genossenschaftlicher Rechtsform, Göttingen 2003.

Grossfeld, B. (1979): Genossenschaft und Ehrenamt, in: ZfgG, 29. Jg. (1979), S. 217-227.

Henningsen, E. (2001): Attraktivität der Genossenschaften erhöhen – Ökonomische Überlegungen zur Reform des Genossenschaftsrechts, in: ZfgG, 51. Jg. (2001), S. 120-130.

Holzner, J. (2001): Probleme einer kleinen Dienstleistungsgenossenschaft in der Gründungs- und Aufbauphase – dargestellt am Beispiel der SOFTWARE RING eG, in: ZfgG, 51. Jg. (2001), S. 98-106.

92 Vgl. Fehl (2002), S. 187.

Jäger, W. (2001): Die Selbstverwaltung als Typen bestimmendes Merkmal genossenschaftlicher Kooperation – Zur Frage einer Modernisierung des Genossenschaftsgesetzes, in: ZfgG, 51. Jg. (2001), S. 138-154.

Jost, P.-J. [Hrsg.] (2001): Die Prinzipal-Agenten-Theorie in der Betriebswirtschaftslehre, Stuttgart 2001.

Keßler, J. (2005): Die Genossenschaftsreform im Lichte der Corporate-Governance-Debatte, in: BB, 60. Jg. (2005), S. 277-283.

Kühnberger, M. (2004): Mezzaninekapital als Finanzierungsalternative von Genossenschaften, in: DB, 57. Jg. (2004), S. 661-667.

Lang/Weidmüller/Metz/Schaffland (1997): Genossenschaftsgesetz – Kommentar, 33. Aufl., Berlin/New York 1997.

Mellert, C. F./Verfürth, L. C. (2005): Wettbewerb der Gesellschaftsformen – Ausländische Kapitalgesellschaften als Alternative zu AG und GmbH, Berlin 2005.

Memento [Hrsg.] (2005): Gesellschaftsrecht für die Praxis, 6. Aufl., Freiburg i. Br. 2005.

Peemöller, V./Weller, H. (2001): Möglichkeiten zur Überwindung der Kostenbarrieren bei der Neugründung von Genossenschaften, in: ZfgG, 51. Jg. (2001), S. 107-119.

Ringle, G. (2004): Ist die Kooperationsform „Genossenschaft“ noch wettbewerbsfähig?, in: ZfgG, 54. Jg. (2004), S. 193-204.

Schaffland, H.-J. (2001): Änderungen des Genossenschaftsgesetzes aus der Sicht der Praxis, in: ZfgG, 51. Jg. (2001), S. 208-213.

Selchert, F. W. (1972): Wachstumsprobleme genossenschaftlicher Unternehmungen, in: ZfgG, 22. Jg. (1972), S. 175-193.

Stehle, H./Stehle, A. (2005): Die rechtlichen und steuerlichen Wesensmerkmale der verschiedenen Gesellschaftsformen, 19. Aufl., Stuttgart [u. a.] 2005.

Strieder, T. (1999): Übertragung einzelner Geschäftsanteile bei Genossenschaften – ein Lösungsvorschlag, in: BB, 54. Jg. (1999), S. 1567-1568.

Theurl, T. (2002): „Shareholder Value“ und „genossenschaftlicher Förderungsauftrag“ – Zwei unvereinbare strategische Ausrichtungen?, in: T. Theurl/R. Greve (Hrsg.): Vom Modell zur Umsetzung – Strategische Herausforderungen für Genossenschaften, Aachen 2002, S. 51-91.

Weller, H. (2004): Anforderungen im Rahmen der Gründung einer Genossenschaft – Ein Gründungsleitfaden, Nürnberg 2004.

Wöhe, G./Döring, U. (2005): Einführung in die Allgemeine Betriebswirtschaftslehre, 22. Aufl., München 2005.

Ärztegesellschaft als Limited: eine zulässige und geeignete Rechtsform?

Susanne Braun

Inhaltsverzeichnis

1 Einführung

Gemäß § 23a Musterberufsordnung für Ärzte (MBO), dessen Einführung auf dem 107. Deutschen Ärztetag 2004 beschlossen wurde,[1] ist die Gründung einer Ärztegesellschaft in Form einer juristischen Person des Privatrechts ausdrücklich zulässig. Die Rechtsform der Gesellschaft mit beschränkter Haftung (GmbH) oder der Aktiengesellschaft steht nunmehr fachgleichen Ärzten zur gemeinsamen Berufsausübung oder zum Einsatz als fachübergreifendes Medizinisches Versorgungszentrum (MVZ)[2] zur Verfügung.

Ebenso wie Rechtsanwälten oder Steuerberatern ist es damit den Ärzten nach der Schaffung entsprechender gesetzlicher Grundlagen und der Übernahme dieser Änderung in materielles Berufsrecht[3] möglich, durch Gründung einer

1 DÄBl. 2004, A-1578. Die Ärztegesellschaft ist bisher nur in der Novelle der MBO auf der Grundlage der Beschlüsse des 107. Deutschen Ärztetages 2004 vorgesehen. Die Beschlüsse des Deutschen Ärztetages bedürfen zu ihrer Wirksamkeit der Umsetzung in das Berufsrecht der Landesärztekammern, vgl. Ratzel/Lippert (2004), S. 525.

2 Eingeführt durch das Gesetz zur Modernisierung der Gesetzlichen Krankenversicherung (GKV-Modernisierungsgesetz – GMG –) vom 14. 11. 2003, BGBl. I 2003, S. 2190.

3 Vgl. Attermeyer (2005), S. 76 f. und Braun/Richter (2005a), S. 446 ff.

Kapitalgesellschaft die Haftung für ihre unternehmerische Tätigkeit auf das Gesellschaftsvermögen zu beschränken.[4] Es ist allerdings erforderlich, dass die Gesellschafter ein Mindestkapital aufbringen. Diese Voraussetzung kann wegen des Grundsatzes der Kapitalaufbringung und -erhaltung im deutschen Kapitalgesellschaftsrecht auch nicht umgangen werden: etwa durch Schaffung einer neuen Gesellschaftsform kraft Parteiautonomie, die zwar die Rechtsstellung einer Kapitalgesellschaft hat, aber von der Erbringung eines Mindestkapitals absieht. Dies ist zudem wegen des Verstoßes gegen den „numerus clausus" des deutschen Gesellschaftsrechts unzulässig. Aufgrund der europarechtlich gewährleisteten Niederlassungsfreiheit, die auch für Personen- und Kapitalgesellschaften gilt (Art. 43 ff. EG-V), haben deutsche Unternehmensgründer die Möglichkeit, sich in jedem anderen EU-Mitgliedstaat niederzulassen. Diesen können sie sich gezielt nach dem für sie vorteilhaftesten Gesellschaftsrecht aussuchen, um die Kapitalgesellschaft mit dem geringsten Aufwand und den niedrigsten Kosten zu gründen. Selbst wenn diese Gesellschaft anschließend ihre gesamte Geschäftstätigkeit in einem anderen EU-Staat entfaltet, kann sie nach der Inspire Art Entscheidung des Europäischen Gerichtshofs[5] diese Rechtsform mit dem jeweiligen nationalen Gesellschaftsrecht in den Zuzugsstaat „importieren".

Deutsche Existenzgründer im Handel, Dienstleistungsbereich und Handwerk machen vermehrt von diesen Möglichkeiten Gebrauch und umgehen das Mindestkapitalerfordernis deutscher Kapitalgesellschaften durch die Gründung einer englischen „private company limited by shares" oder kurz Limited.[6] Für Vertragsärzte[7] könnte die Limited ebenfalls eine Rechtsformalternative zur deutschen GmbH darstellen, wenn sie nicht im Widerspruch zu den vertragsarzt- und berufsrechtlichen Vorgaben steht.[8] Außerdem müsste sie unter Berücksichtigung der Anforderungen des englischen Gesellschaftsrechts eine geeignete Rechtsform für die Berufsausübung von Vertragsärzten sein.

2 Zulässigkeit der Limited als Rechtsform für eine Ärztegesellschaft

§ 23a MBO bestimmt, dass die Ärzte zur gemeinsamen Berufsausübung eine juristische Person des Privatrechts gründen können. Demnach ist die Ärzte-

4 Vgl. hierzu eingehend Häußermann/Dollmann (2005), S. 255 ff.

5 Urteil vom 30.09.03 – Rs. C-167/01, NJW 2003, S. 3331, das den Schlusspunkt einer Reihe von Urteilen bildete: Daily Mail (Urteil vom 27. 9. 1988 – Rs. C 81/8, NJW 1989, S. 2186), Centros (Urteil vom 9. 2. 1999 – Rs. C-212/97, NJW 1999, S. 2027), Überseering (Urteil vom 5. 11. 2002 – Rs. C-208/00, AG 2003, S. 37).

6 Nach Schätzungen sind in Deutschland 15 000 Ltd. tätig, vgl. Westhoff (2004), S. 289.

7 Vertragsärzte stehen im Unterschied zu Privatärzten aufgrund ihrer Zulassung in einem Rechtsverhältnis mit der Kassenärztlichen Vereinigung.

8 Vgl. zu den berufsrechtlichen Vorgaben Braun/Richter (2005b), S. 686 f.

gesellschaft Rechtssubjekt, d. h. Trägerin von Rechten und Pflichten. Eine Beschränkung auf deutsche Kapitalgesellschaften enthält der Regelungswortlaut nicht und lässt sich auch nicht den Kriterien des § 23a MBO, die bei der Gründung einer Ärztegesellschaft zu berücksichtigen sind, entnehmen. Die Vorschrift bestimmt, dass die Ärztegesellschaft verantwortlich von einem Arzt geführt werden und mehrheitlich Ärzte als Gesellschafter haben muss. Zudem wird vorausgesetzt, dass die Mehrheit der Geschäftsanteile und der Stimmrechte den Ärzten zustehen, Dritte nicht am Gewinn beteiligt werden und eine ausreichende Berufshaftpflichtversicherung für jeden in der Gesellschaft tätigen Arzt besteht.[9] Diese Anforderungen sollen die eigenverantwortliche und selbständige sowie nicht gewerbliche Berufsausübung gewährleisten[10] und dem Patientenschutz in ausreichendem Maße Rechnung tragen. Eine grundsätzliche Beschränkung der Ärztegesellschaft auf deutsche Rechtsformen bezwecken sie nicht. Die Vorgaben des § 23a MBO könnten auch bei der rechtlichen Gestaltung der Limited berücksichtigt werden, so dass diese Rechtsform nicht von vornherein ausscheidet.

Allerdings könnte die Rechtsform einer Limited im Widerspruch zu den Regelungen der Heilberufe- und Kammergesetze der Länder stehen. Sofern diese noch Vorschriften enthalten, wonach eine Vertragsarztpraxis nicht in der Rechtsform der juristischen Person geführt werden darf, ist die Gründung jeder Art von Kapitalgesellschaft unzulässig. Wenn diese Regelungen an § 23a MBO angepasst werden,[11] um die Ärztegesellschaft zu ermöglichen, wäre auch eine Limited zulässig.

Aus den übrigen Vorschriften der MBO zur gemeinschaftlichen Berufsausübung der Ärzte (§§ 18, 23b, 23c MBO) lässt sich auch keine grundsätzliche Unzulässigkeit einer ausländischen Rechtsform herleiten. Die aufgeführten Regelungen enthalten eine Aufzählung der für die verschiedenen ärztlichen Kooperationsformen in Frage kommenden Rechtsformen, bei denen es sich

---

9 Diese nationalen berufsrechtlichen Vorgaben schränken die Gestaltungsfreiheit einer Limited von vornherein ein und berühren ihre Niederlassungsfreiheit. Solche nationalen Maßnahmen sind nach dem Vier-Konditionen-Test des EuGH (NJW 2003, S. 3331 Rz. 133) nur zulässig, wenn sie in nicht diskriminierender Weise angewendet werden, sie aus zwingenden Gründen des Allgemeinwohls gerechtfertigt und geeignet sind, die Verwirklichung des mit ihnen verfolgten Ziels zu gewährleisten und nicht über das hinausgehen, was zur Erreichung dieses Ziels erforderlich ist. Die Einschränkungen des § 23a MBO sollen verhindern, dass die Ärztegesellschaft als Kapitalanlage missbraucht wird, und die Unabhängigkeit der tätigen Ärzte zu sichern, indem der Einfluss Berufsfremder begrenzt wird. Insofern gibt es berechtigte Gründe für diese Vorgaben, die vor dem EuGH im Falle einer Überprüfung bestand haben könnten.

10 Vgl. Abschnitt D II Nr. 8 MBO i. d. F. der Beschlüsse des 106. Ärztetages 2003 in Köln.

11 Attermeyer (2005), S. 76: „Solange nicht die Heilberufe- und Kammergesetze den gesetzlichen Rahmen für die Satzungsregelungen bereitstellen, werden die Ärztekammern ihnen nicht folgen können.“

allerdings nur um solche des deutschen Gesellschaftsrechts handelt. Die Vorschriften zur gemeinsamen Berufsausübung werden von dem Gedanken getragen, dass diese aus ökonomischen Gründen, zur Verbesserung der Patientenversorgung durch höhere Erreichbarkeit und Nutzung von Synergieeffekten und zur Verbesserung der Berufszufriedenheit erforderlich ist und nicht um ein „forum shopping" zu verhindern. Um das Bestehen einer Behandlungs- und Abrechnungseinheit zu dokumentieren, ist die gemeinsame Berufsausübung gegenüber den Patienten und der Kassenärztlichen Vereinigung anzukündigen (§ 18a Abs. 1 MBO).[12] Eine allgemeine Unzulässigkeit ausländischer Gesellschaftsformen lässt sich daraus nicht begründen.

Die Zulässigkeit einer Limited widerspricht auch nicht der Niederlassungspflicht und der Ausübung der ärztlichen Tätigkeit in einer Praxis. Nach § 17 Abs. 1 MBO ist die Ausübung ambulanter ärztlicher Tätigkeit außerhalb von Krankenhäusern einschließlich konzessionierter Privatkliniken an die Niederlassung in einer Praxis gebunden, soweit gesetzliche Vorschriften nicht etwas anderes zulassen. Die Niederlassung wird durch diese Vorschrift als lokalisierbare Betriebsstätte definiert.[13] Dabei dürfen Ärzte über den Praxissitz hinaus an zwei weiteren Orten tätig sein (§ 17 Abs. 2 MBO). Um die Einhaltung dieser Vorschriften zu gewährleisten, sind Ort und Zeitpunkt der Tätigkeiten am Praxissitz sowie die Aufnahme weiterer Tätigkeiten und jede Veränderung der Ärztekammer unverzüglich mitzuteilen (§ 17 Abs. 3 MBO). Die Limited hat ihren Satzungssitz in Großbritannien. Eine Verlegung des Satzungssitzes ist nach sect. 10 Companies Act 1985 (CA 1985) nur innerhalb Englands, Schottlands und Wales zulässig,[14] um die Gesellschaft nicht der staatlichen Kontrolle, die durch eine Zustelladresse und Gerichtspflicht im Gründungsstaat gewährleistet ist, zu entziehen. Eine Verlegung des Satzungssitzes in einen anderen EU-Mitgliedstaat ist demnach nicht zulässig. Wenn die Ärztegesellschaft in der Rechtsform der Limited ihren Verwaltungssitz dauerhaft nach Deutschland verlegen möchte,[15] muss eine Zweigniederlassung gegründet werden. Der Begriff „Zweigniederlassung" bezeichnet im Sinne des Handelsgesetzbuchs einen von der Hauptniederlassung räumlich getrennten, unter deren Oberleitung stehenden, jedoch wirtschaftlich und organisatorisch verselbständigten Betriebs-

12 Vgl. Reiter (2005), S. 7 f.

13 Vgl. Reiter (2005), S. 13.

14 Hierbei handelt es sich um eine Beschränkung der europarechtlich garantierten Niederlassungsfreiheit, die einerseits aufgrund der Daily-Mail Doktrin für zulässig erachtet wird, andererseits lässt sich mit dem Vier-Konditionen-Test des EuGH die Staatsaufsicht über Gesellschaften als zwingendes Erfordernis des Allgemeinwohls rechtfertigen, so Rehm in Eidenmüller (2004), § 10, Rz. 31.

15 Der Verwaltungssitz ist der Ort, an dem die grundlegenden Entscheidungen der Unternehmensleitung effektiv in laufende Geschäftsführungsakte umgesetzt werden, vgl. BGHZ 97, S. 269 (272).

teil.[16] Im Falle der in Großbritannien gegründeten Limited, die in Deutschland ihre Geschäftstätigkeit entfalten soll, handelt es sich jedoch nicht um eine Zweigniederlassung,[17] sondern um eine faktische Hauptniederlassung. Aber der EuGH hat in seinen Entscheidungen (Centros und Inspire Art) bestimmt, dass inländische Zweig- und Hauptniederlassungen ausländischer Gesellschaften gleichgestellt sind.[18] Demnach sind für die Limited die HGB-Vorschriften über Zweigniederlassungen anwendbar.[19] Die Errichtung einer Zweigniederlassung muss in das deutsche Handelsregister eingetragen werden (§§ 13 ff. HGB).[20] Es ist somit durchaus denkbar, dass eine Ärztegesellschaft in der Rechtsform einer Limited ihren Satzungssitz in Großbritannien hat, ihre Praxis in Deutschland als Zweigniederlassung führt und damit die Anforderungen des § 17 MBO erfüllt. Darüber hinaus lässt sich dies mit den berufsrechtlichen Anforderungen an Sitz und Firmierung der Ärztegesellschaft vereinbaren. Der Sitz der Gesellschaft hängt vom Ort der Zulassung ab. Die Zulassung zur Teilnahme an der ärztlichen Versorgung wird bei einer Ärztegesellschaft als Kooperationsform fachgleicher Ärzte den einzelnen Gesellschaftern erteilt. Die Zulassung erfolgt für den Ort der Niederlassung als Arzt (§ 24 Ärzte-ZV). Für das MVZ stellt § 95 Abs. 1 S. 4 SGB V die Verbindung von Zulassungs- und Gesellschaftssitz über den Begriff des Vertragsarztsitzes her.[21] Danach erfolgt die Zulassung für den Ort der Niederlassung als Arzt oder MVZ. Eine dem § 95 Abs. 1 S. 4 SGB V vergleichbare Regelung für die Ärztegesellschaft existiert nicht. In Anlehnung an das für das MVZ Geltende, erfolgt die Zulassung der Ärztegesellschaft am Ort ihrer Niederlassung in Deutschland. Hinsichtlich der Firmierung bestimmt § 23a Abs. 2 MBO, dass die Firma nur die Namen der in der Gesellschaft ärztlich tätigen Gesellschafter enthalten darf und die gewählte Rechtsform erkennen lässt. Auch diese Vorgaben lassen sich mit der Rechtsform einer Limited befolgen.

Somit ergibt sich weder aus dem Wortlaut oder durch Auslegung des § 23a MBO noch durch sonstige gesetzliche Vorschriften oder berufsrechtliche Vorgaben eine Unzulässigkeit der Rechtsform der Limited für die Ärztegesellschaft. Der Rechtsverkehr wird vor Benachteiligungen durch die Anwendbarkeit der berufsrechtlichen Regelungen auf Auslandsgesellschaften geschützt.[22] Ein generelles Verbot von Auslandsgesellschaften würde einen

16 Vgl. Rehberg in Eidenmüller (2004), § 15 Rz. 19.

17 Vgl. Ebert/Levedag (2003), S. 1338.

18 EuGH-Urteil vom 9. 2. 1999 – Rs. C-212/97, NJW 1999, S. 2027; EuGH-Urteil vom 30. 9. 2003 – Rs. C-167/01, NJW 2003, S. 3331.

19 Vgl. Heinz (2004), § 15 Rz. 2 und Lutter (2005), S. 8.

20 Vgl. Riedemann (2004), S. 348.

21 Vgl. Häußermann/Dollmann (2005), S. 261.

22 Vgl. hierzu die Frage nach der Zulässigkeit ausländischer Rechtsberatungsgesellschaften in Deutschland bei Grunewald/Müller (2005), S. 465: Die Bundesrechtsanwaltsordnung

Verstoß gegen die europarechtliche Niederlassungsfreiheit darstellen und die Ärztegesellschaft im Wettbewerb zwischen den verschiedenen Versorgungsformen, der durch die Einführung des MVZ als ambulantem Versorgertypus eröffnet wurde, behindern. Gemäß § 95 Abs. 1 S. 3 SGB V kann sich das MVZ aller zulässigen Organisationsformen bedienen. Es sind nur solche Rechtsformen unzulässig, die in Deutschland nicht gesetzlich zugelassen sind, wozu die Rechtsformen des außereuropäischen Rechts gehören.[23] Die Gesellschaftsformen europäischen Rechts sind für MVZ zulässig.[24] Um die Wettbewerbsfähigkeit der vertragsärztlichen Berufsausübungsgemeinschaften zu steigern, wurde die Einführung des § 23a MBO beschlossen. Diese Maßnahme hätte ihr Ziel verfehlt, wenn bei der Frage der Zulässigkeit ausländischer juristischer Personen je nach Versorgungsform unterschiedliche Maßstäbe gelten würden.

3 Geeignetheit der Limited als Rechtsform für eine Ärztegesellschaft

Nachdem die Limited unter Berücksichtigung der berufsrechtlichen Vorgaben für deutsche Ärzte als zulässige Rechtsform grundsätzlich in Betracht kommt, ist zu untersuchen, ob sie aufgrund ihrer gesellschaftsrechtlichen Vorgaben für eine Ärztegesellschaft auch geeignet ist. Dazu werden im Folgenden das anwendbare Recht, die Gründungsvoraussetzungen und Gestaltungsmöglichkeiten einer Limited dargestellt. Anschließend werden die Besonderheiten erörtert, die von deutschen Unternehmensgründern zu berücksichtigen sind.

3.1 Anforderungen des englischen Gesellschaftsrechts

3.1.1 Anwendbares Recht

Zunächst stellt sich die Frage, welches Recht auf die englische Limited mit alleiniger Geschäftstätigkeit in Deutschland anwendbar ist.

Die Bestimmung der Rechtsordnung, die für die Rechtsverhältnisse der juristischen Person maßgebend ist (Personal- oder Gesellschaftsstatut), ist gesetzlich nicht geregelt sondern der Konkretisierung durch Rechtsprechung und Lehre überlassen.[25] Während bei natürlichen Personen für dieses Personalstatut

---

kennt keine Beschränkungen auf bestimmte gesellschaftsrechtliche Organisationsformen und verbietet die Verwendung von Auslandsgesellschaften nicht. Demnach können sich grundsätzlich Gesellschaften in der Rechtsform eines EU-Mitgliedstaats in Deutschland niederlassen und dort ihren Rechtsrat anbieten. Allerdings unterliegen sie im Grundsatz denselben berufsrechtlichen Regeln wie vergleichbare inländische Rechtsformen.

23 Vgl. Klose (2003), S. 2703. Wenn der Gesetzgeber bestimmte Rechtsformen hätte ausschließen wollen, so hätte dies vor dem Hintergrund der Berufsfreiheit ausdrücklicher gesetzlicher Einschränkungen bedurft, wie sie in den Berufsrechten der Rechtsanwälte, Steuerberater und Wirtschaftsprüfer vorgesehen sind.

24 Vgl. Klose (2003), S. 2703.

25 Vgl. Heldrich in Palandt (2005), Anhang zu EGBGB 12, Rz. 1.

an die Staatsangehörigkeit, den Wohnsitz oder den gewöhnlichen Aufenthalt angeknüpft wird, muss bei juristischen Personen auf die für die Gründung relevante Rechtsordnung (Gründungstheorie) oder auf die Rechtsordnung, in deren Bereich der Sitz der Gesellschaft liegt (Sitztheorie), zurückgegriffen werden.[26] Im Geltungsbereich der Niederlassungsfreiheit nach Art. 43 ff. EG-V ist seit der EuGH-Entscheidung „Inspire Art" die Maßgeblichkeit des Gründungsrechts vorgeschrieben.

Die Limited ist eine Gesellschaftsform, die in Großbritannien gegründet wird. Daher ist englisches Recht anwendbar, auch wenn die Gründer eine andere Staatsangehörigkeit haben. Wenn die Limited nach der Gründung ihren tatsächlichen Sitz nach Deutschland verlegt, sind sämtliche gesellschaftsrechtliche Fragen nach englischem Recht zu lösen.[27]

Mit der Entscheidung eine Limited zu gründen, haben sich die potenziellen Gesellschafter für eine Kapitalgesellschaft entschieden, die den Besonderheiten des anglo-amerikanischen Rechts unterliegt. Danach sind gesetzliche Regelungen nur eine Rechtsquelle zweiten Ranges, die den Normenkomplex des case law ergänzen.[28] Allerdings wurden aufgrund des Einflusses des Europarechts auf das englische Gesellschaftsrecht zunehmend kontinentaleuropäische Rechtsinstrumente übernommen. Regelungen zur Limited finden sich im Companies Act 1985 ergänzt und geändert durch den Companies Act 1989 (CA 1989).[29]

3.1.2 Gründung und Struktur der Limited

3.1.2.1 Gründung

Der Gesellschaftsvertrag einer Limited besteht nach geltendem Recht aus einem „memorandum of association" und den „articles of association" .[30] Während Letztere das Innenverhältnis der Gesellschafter regeln, enthält das „memorandum of association" die für das Außenverhältnis der Gesellschaft relevanten Satzungsbestimmungen.[31]

Der Mindestinhalt des „memorandums" ist gesetzlich festgelegt und ergibt sich aus sect. 2 CA 1985. Danach müssen Name und Sitz der Gesellschaft, Gesellschaftszweck, Haftungsbeschränkung sowie Aussagen zum Kapital der Gesellschaft (Aufteilung des Stammkapitals sowie Zahl der von jedem Gründer erworbenen Anteile) angegeben werden. Für den im „memorandum" festge-

26 Vgl. Heldrich in Palandt (2005), Anhang zu EGBGB 12, Rz. 1.
27 Vgl. Schumann (2004), S. 743
28 Vgl. Blumenwitz (1987), S. 41.
29 Vgl. Rehm in Eidenmüller (2004), § 10 Rz. 5.
30 Vgl. Heinz (2004), S. 33, Rz. 1.
31 Vgl. Rehm in Eidenmüller (2004), § 10 Rz. 13.

legten Unternehmensgegenstand gibt es bei der Limited keine Beschränkung.[32] Sie kann jede Art von Handel und alle Geschäfte betreiben sowie alle hierzu erforderlichen Handlungen vornehmen (sect. 3 A CA 1989). Jede Limited muss einen Satzungssitz, ein „registered office", haben, der von dem tatsächlichen Sitz, dem Ort, an dem grundlegende Entscheidungen der Unternehmensleitung effektiv in laufende Geschäftsführungsakte umgesetzt werden,[33] abweichen kann. Das „registered office" hat seinen Sitz in Großbritannien, um den dortigen Behörden die ständige Möglichkeit der Einsichtnahme in die Geschäftsunterlagen zu ermöglichen und zu gewährleisten. Es muss dem „registrar of companies" gemeldet werden. Das „memorandum" muss von den Gründern unterzeichnet werden.

Mit den „articles of association" können die Gründer alle Fragen, die das Verhältnis der Gesellschafter zur Gesellschaft und das Verhältnis der Gesellschafter untereinander betreffen, festlegen. Ihnen kommt dabei ein weiter Gestaltungsspielraum zu.[34] Beschränkungen der Gestaltungsfreiheit können sich einerseits aus dem Gesellschaftsinteresse selber, durch das Gesetz oder durch Vorgaben des „memorandums", das im Verhältnis zu den „articles" von übergeordneter Bedeutung ist, ergeben.[35] Die Gesellschafter sind jedoch nicht verpflichtet, entsprechende Regelungen auszuarbeiten. Erstellen die Gründer keine „articles", so tritt automatisch die Mustersatzung, Table A, in Kraft (sect. 8 [2] CA 1985).

Das „memorandum" und die „articles" sowie eine Aufstellung der gegenwärtigen und früheren Namen, Adressen, Nationalität, des Berufs, anderer Geschäftsführungsämter und das Geburtsdatum des ersten Geschäftsführers und des Namens und der Adresse des ersten Sekretärs der Limited, die schriftliche Zustimmung der Amtsträger zu ihrer Ernennung, die Adresse des „registered office" sowie eine eidesstattliche Versicherung eines Rechtsanwalts, dass die Limited nach den Vorschriften des Companies Act 1985 gegründet werden soll und die gesetzlichen Vorschriften erfüllt wurde, müssen beim Registrar of Companies in Cardiff, Edinburgh oder Belfast mit dem Antrag auf Eintragung eingereicht werden (sect. 10 [1] CA 1985). Nach einer formellen Prüfung wird eine Gründungsbescheinigung (certificate of corporation) ausgestellt, die die Gesellschaft ab dem darauf vermerkten Datum als juristische Person entstehen lässt (sect. 13 CA 1985).

32 So die „catch-all clause" nach § 3 A CA 1985 im Gegensatz zur älteren „ultra-vires-Lehre", wonach die Gesellschaft auf einen engen Gesellschaftszweck beschränkt ist mit der Folge der Nichtigkeit diesen überschreitender Handlungen oder Rechtsgeschäfte.

33 BGHZ 97, S. 269 (272).

34 Vgl. Rehm in Eidenmüller (2004), § 10 Rz. 20.

35 Vgl. Rehm in Eidenmüller (2004), § 10 Rz. 20.

Für den Schutz des Rechtsverkehrs muss die Firma auf die Gesellschaftsform hinweisen (sect. 25 [2] CA 1985). Die Gründung einer Limited ist auch möglich, wenn die Gesellschaft ausschließlich national oder regional im Zuzugsstaat tätig wird.

3.1.2.2 Kapitalverfassung

Für die Limited gibt es kein gesetzlich vorgeschriebenes Mindestkapital.[36] In dem „memorandum" muss ein Nennkapital ausgewiesen werden, das jedoch für die Haftung bedeutungslos ist. Es muss nicht auf eine bestimmte Währung lauten. Die Höhe sowie die Anzahl der ausgegebenen Anteile sind frei durch die Gesellschafter bestimmbar. Die Gesellschafter erhalten für ihre Einzahlungen Gesellschaftsanteile, „shares". Jeder Gründungsgesellschafter muss mindestens einen Anteil übernehmen. Die Ausgabe von Anteilen mit unterschiedlichen Rechten ist zulässig.[37]

Haftungsgrundlage ist die Summe der von den Gesellschaftern übernommenen Einlageverpflichtungen, „issued share capital".[38] Die Kapitalaufbringung zeichnet sich durch eine große Flexibilität aus. Eine gesetzliche Verpflichtung der Gesellschafter zur Einlageleistung besteht nicht. Sie ist keine Gründungsvoraussetzung und hat nicht bereits bei Anmeldung der Gesellschaft zu erfolgen. Sie basiert auf einer internen Vereinbarung der Gesellschafter. Grundsätzlich können die Gesellschafter Bar- oder Sacheinlagen in Form von Dienstleistungen oder Warenlieferungen erbringen.[39] Eine Bewertung der Sacheinlagen durch einen externen Prüfer ist nicht erforderlich.[40] Wenn sie ihrer Einlageleistung nicht nachkommen, kann die Satzung vorsehen, dass ihre Anteile verfallen. Das „issued share capital" verringert sich.[41]

Bei der Kapitalerhaltung geht es mangels Mindestkapitals um die Erhaltung des von den Gesellschaftern auf ihre Anteile eingezahlten Kapitals. Wird dieses verringert, reduziert sich damit die zur Verfügung stehende Haftungsmasse. Gewinnausschüttungen sind nur aus erwirtschafteten Gewinnen abzüglich der realisierten Verluste zu tätigen (sect. 263 [1] CA 1985). Dabei müssen die seit Bestehen der Gesellschaft erwirtschafteten Gewinne die seit diesem Zeitpunkt entstandenen Verluste übersteigen. Kapitalabschöpfungen unter Umgehung dieser Vorgaben, zum Beispiel verdeckte Gewinnausschüttungen, sind unzu-

36 Die Limited ist im Gegensatz zur „public limited company" nicht als Publikumsgesellschaft ausgestaltet. Daher unterliegt sie nicht dem Mindestkapitalerfordernis der europäischen Kapitalrichtlinie (Richtlinie 77/91 des Rates vom 13. 12. 1976, ABl. EG L 26, S. 1).

37 Vgl. Ebert/Levedag (2003), S. 1344.

38 Vgl. Heinz (2004), § 9 Rz. 5.

39 Vgl. Rehm in Eidenmüller (2004), § 10 Rz. 35.

40 Vgl. Wachter (2004), S. 91.

41 Vgl. Heinz (2004), § 9 Rz. 10.

lässig. Eine Kapitalherabsetzung ist nur durch besonderen gerichtlich bestätigten Beschluss (sect. 135 CA 1985) oder bei entsprechender Regelung in den „articles" möglich. Der Erwerb eigener Anteile ist grundsätzlich unzulässig (sect. 143 CA 1985). Allerdings sieht das Gesetz hiervon Ausnahmen vor. Anteile sind grundsätzlich frei und formlos übertragbar.[42]

3.1.2.3 Organe

Die Limited als juristische Person wird durch ihre Organe, die „directors" und die Gesellschafterversammlung handlungsfähig. Im englischen Gesellschaftsrecht gilt das board- oder monistische System, wonach im Unterschied zum dualistischen System die Unternehmensführung und -kontrolle nur von einem Organ wahrgenommen wird. Der „director" wird für die Gründung in den „articles" bestimmt. Später werden sie von der Gesellschafterversammlung gewählt. Grundsätzlich muss die Limited mindestens einen Direktor haben (sect. 282 [3] CA 1985) Regelungen zur Geschäftsführung sind Bestandteil der „articles". Gesetzlich zwingende Vorgaben bestehen nicht. Der Geschäftsführer hat Geschäftsführungsbefugnis und Vertretungsmacht. Bei mehreren „directors" besteht ein „board of directors", das grundsätzlich nur zur gemeinschaftlichen Vertretung der Gesellschaft berechtigt ist. Entscheidungen über Geschäftsführungsmaßnahmen werden bei den Direktorenversammlungen, „board meetings", getroffen. Eine Delegation der Befugnisse auf Dritte ist nur eingeschränkt möglich. Die Gesellschafter sind grundsätzlich nicht berechtigt, in die Geschäftsführung einzugreifen, solange der „director" oder das „board of directors" im Rahmen seiner Befugnisse handelt.

Gegenüber der Gesellschaft obliegt dem „director" eine strenge Treue- und allgemeine Sorgfaltspflicht bei der Wahrnehmung der Interessen der Gesellschaft. Letzterer wird ein objektiver Maßstab zugrunde gelegt.[43] Der „director" soll die Geschäfte der Gesellschaft mit der gewöhnlichen Sorgfalt eines Geschäftsführers und den seiner Person eigenen Fähigkeiten und Erfahrung führen.[44] Außerdem ist der „director" gehalten, die Finanzlage der Gesellschaft während ihres gesamten Bestehens zu überwachen. Ihm kann durch Urteil untersagt werden, seine Funktion als Geschäftsführer auszuüben, wenn er Gesellschaftsvermögen missbraucht, Gesellschaftsinteressen missachtet, betrügerische

---

42 Vgl. Rehm in Eidenmüller (2004), § 10 Rz. 46

43 Seit Norman v. Theodore Goddard, 1992, BBC 14 und Re D'Jan Limited 1993, BCC 646 wird in der Lehre ein objektiver Standard angenommen.

44 Vgl. Lembeck (2003), S. 960.

Handlungen im Zusammenhang mit einer Insolvenz oder Straftaten begeht. Es erfolgt seine „disqualification" nach sect. 6 Disqualification Act.[45]

Die Gesellschafterversammlung ist strukturell das oberste Organ der Gesellschaft[46]. Sie ist zuständig für die Bestellung des „directors" und dessen Widerruf sowie für Kapitalerhöhung und -herabsetzung. Die Gesellschafterversammlung findet grundsätzlich einmal im Jahr statt (sect. 366 CA 1985). Die Einberufung außerordentlicher Hauptversammlungen erfolgt durch die Geschäftsführer oder durch Gesellschafter, wenn deren Anteile zusammen 10 % des gezeichneten und abbezahlten Kapitals erreichen. Bei ordentlichen Beschlüssen ist eine einfache Mehrheit, für außerordentliche Beschlussfassung eine Dreiviertelmehrheit, erforderlich.[47]

Neben den genannten Organen muss jede Limited einen „secretary" haben, der die Verwaltungsabläufe der Gesellschaft steuert und überwacht (sect. 283 CA 1985). Ihm kommen Verwaltungsaufgaben wie die Protokollführung und Überwachung vorgeschriebener Formalitäten bei Gesellschafter- und Geschäftsführerversammlungen zu. Er hat die Mitteilungen an den „registrar" vorzubereiten und zu unterzeichnen sowie die gesetzlich vorgeschriebenen Register der Gesellschaft, „statutory registers", zu erstellen und zu vervollständigen. Eine Personenidentität zwischen „secretary" und einzigem Geschäftsführer ist unzulässig.[48]

3.1.2.4 Haftung

Gläubigern gegenüber haftet die Limited als juristische Person nur mit dem Gesellschaftsvermögen, eine persönliche unbeschränkte Haftung der Gesellschafter ist ausgeschlossen.[49] Die Haftungsbeschränkung ist im „memorandum" entsprechend zu vermerken (sect. 2 [3] CA 1985). Im Falle der Beendigung der Gesellschaft, bei der Liquidation, haften die Gesellschafter in Höhe der noch nicht erbrachten Einlage (sect. 74 [2] Insolvency Act 1986).

Im Einzelfall ist jedoch auch eine Durchgriffshaftung möglich. Vor allem bei einer Vermischung von Privat- und Geschäftsvermögen kann es zu einer persönlichen Haftung des Gesellschafters für Gesellschaftsverbindlichkeiten, „lifting of the corporate veil", kommen.[50]

---

45 Westhoff (2004), S. 290: „Die Liste sämtlicher Personen, die unter den Status eines Disqualified Directors fallen, ist für die Öffentlichkeit elektronisch bei dem Gesellschaftsregister einsehbar."

46 Vgl. Rehm in Eidenmüller (2004), § 10 Rz. 53.

47 Vgl. Mellert/Verfürth (2005), S. 109.

48 Vgl. Rehm in Eidenmüller (2004), § 10 Rz. 64.

49 Seit der Entscheidung Salomon v. Salomon Co. Limited von 1897, Appeal Cases 22, House of Lords.

50 Vgl. Mellert/Verfürth (2005), S. 113.

Der „director“ haftet grundsätzlich nicht für Verbindlichkeiten der Gesellschaft.[51] Wenn er jedoch hätte wissen müssen, dass eine vernünftige Chance besteht, die Insolvenz der Gesellschaft zu vermeiden, und nicht alles unternommen hat, um die Nachteile für die Gläubiger möglichst gering zu halten, haftet er nach den Grundsätzen der „wrongful trading rule“ des Insolvency Act persönlich.[52]

3.1.2.5 Rechnungslegung

Die Limited ist – auch nach der Verlegung ihres Verwaltungssitzes nach Deutschland – verpflichtet, in Großbritannien Bücher zu führen, die ihre Geschäfte erläutern, ihre finanzielle Situation widerspiegeln und den Gesellschaftern ermöglichen, Bilanzen sowie Gewinn- und Verlustrechnungen zu erstellen (sect. 221 ff. CA 1985).

Spätestens 22 Monate nach ihrer Gründung und anschließend jährlich muss die Limited außerdem einen Jahresabschluss beim Gesellschaftsregister einreichen. Dieser besteht in der Regel aus dem Geschäftsbericht, der Bilanz und einer Gewinn- und Verlustrechnung sowie aus den Anmerkungen und dem Testat des Wirtschaftsprüfers.[53]

3.2 Besonderheiten bei der Rechtsformwahl für deutsche Gründer

Obwohl in Großbritannien allgemein anerkannt ist, dass die Limited keine passende Rechtsform für kleinere Unternehmen darstellt,[54] scheint sie im Hinblick auf Gründungsaufwand, Struktur und Flexibilität – Veränderungen der Gesellschafterstruktur müssen nur einmal jährlich beim „Registrar of companies“ gemeldet werden –, grundsätzlich eine geeignete Rechtsform für die Ärztegesellschaft zu sein. Vor der Entscheidung für die Rechtsform einer Limited müssen deutsche Gründer jedoch noch einige Besonderheiten berücksichtigen.

Die Gesellschafter bewegen sich im Laufe der weiteren Geschäftstätigkeit der Gesellschaft in einem fremden Rechtssystem, dessen Gesellschaftsrecht andersartige oder weitreichendere Pflichten für Gesellschafter beinhaltet als das deutsche Recht für die GmbH. Dies setzt erforderliche Sprachkenntnisse sowie konkrete Kenntnisse des gesamten englischen Rechtssystems voraus. Neben spezifischen gesellschaftsrechtlichen Problemen sind bei einer Limited auch allgemeine zivil-, steuer- sowie insolvenzrechtliche Aspekte zu berücksichtigen. Für die Errichtung und Eintragung einer Zweigniederlassung muss der englische

---

51 Vgl. auch BGH, NJW 2005, S. 1648.

52 Forum Europaeum (1998), S. 753.

53 Erleichterungen bestehen aufgrund der 4. Richtlinie 78/660 des Rates vom 25. 7. 1978, ABl. EG L 222, S. 11 für kleine Gesellschaften.

54 Vgl. DTI (2001).

Gesellschaftsvertrag übersetzt, beglaubigt und mit einer Apostille versehen werden, um den Nachweis zu führen, dass die Limited überhaupt existiert.[55] Dadurch sowie durch das Erfordernis eines „secretary“, den Unterhalt des „registered office“ und die Notwendigkeit des doppelten Jahresabschlusses nach englischen Bilanzierungsregeln in englischer Sprache und für die Zweigniederlassung nach den in Deutschland geltenden Regelungen entstehen für die Gesellschafter zusätzliche Kosten.[56] Wenn die Limited Trägerin eines MVZ ist, bedarf sie zudem auch einer Zulassung für die Teilnahme an der vertragsärztlichen Versorgung gemäß § 95 Abs. 1 S. 1 2. Alt. SGB V. Bei einer Limited als Kooperationsgemeinschaft fachgleicher Ärzte ist dagegen die Vertragsarztzulassung der einzelnen Gesellschafter- oder Geschäftsführerärzte erforderlich.

Für Klagen, welche die Gültigkeit, die Nichtigkeit oder die Auflösung einer Gesellschaft oder juristischen Person oder die Gültigkeit der Beschlüsse ihrer Organe zum Gegenstand haben, besteht nach Art. 22 EuGVVO eine ausschließliche Zuständigkeit englischer Gerichte. Für weitere Klagen können deutsche Gerichte zuständig sein, wenn eine entsprechende Gerichtsstandsvereinbarung oder der allgemeine Wohnsitz der Gesellschafter gemäß § 12 und § 13 ZPO entscheidend ist. Im Falle der Zuständigkeit deutscher Gerichte müsste sich der deutsche Richter bei materiell-rechtlichen Fragen, die sich nach englischem Recht bestimmen, mit einer „fremden“ Rechtsordnung auseinander setzen.[57] Es ist fraglich, ob er über ausreichende Kenntnisse des englischen Rechtssystems verfügt. Wenn die Zuständigkeit englischer Gerichte gegeben ist, bleibt zu bedenken, dass die Prozesskosten in Großbritannien grundsätzlich höher sind als in Deutschland und selbst der Obsiegende seine Kosten zum größten Teil selbst tragen muss.

Des Weiteren ist zu beachten, dass es bei der Limited keinen Minderheitenschutz gibt. Das englische Rechtssystem setzt voraus, dass jeder Anteilserwerber beim Erwerb seiner Anteile weiß, um welche Gesellschaft es sich handelt. Da er die Risiken kennt, ist er nicht schutzwürdig. Einen Gläubigerschutz gibt es bei der Limited insofern nicht, als es am Mindestkapitalerfordernis fehlt. Dennoch darf das vorhandene Kapital nur unter Einhaltung eines bestimmten Gläubigerschutzverfahrens an die Gesellschafter ausgezahlt und nur der Bilanzgewinn ausgeschüttet werden. Eine verdeckte Einlagenrückgewähr ist wie bei der GmbH unzulässig. Um Leistungen Dritter zu erhalten, müssen die Gesellschafter oder der „director“ persönliche Garantien erbringen, die unter Umständen die Vorteile der Haftungsbeschränkung bei der Limited wieder auf-

55 Vgl. Heinz (2004), § 15 Rz. 6.

56 Vgl. Dierksmeier (2005), S. 1517 f.

57 Vgl. hierzu Altmeppen (2004), S. 101. Der deutsche Richter hat nicht das englische Common Law anzuwenden, weil es keine Bindung des deutschen Richters an die Präzedenzfälle des Common Law gibt.

heben.[58] So werden vor allem Kreditinstitute im Vorfeld der Kreditvergabe auf der Beibringung von Sicherheiten oder einer persönlichen Haftung der Gesellschafter bestehen. Die Gläubiger haben die Möglichkeit laufend die wirtschaftliche Leistungsfähigkeit ihrer Kunden zu überwachen und ihr Kreditverhalten entsprechend zu modifizieren.[59] Außerdem können durch entsprechende Vertragsgestaltungen die Folgen möglicher Insolvenzen begrenzt werden. Dem Missbrauch des Haftungsprivilegs einer Limited tritt die englische Rechtsordnung zudem mit anderen Instrumenten wie die jährliche Verpflichtung zur Offenlegung der Kapitalverhältnisse gegenüber dem Handelsregister, dem Recht für Gesellschaftsgläubiger und britisches Wirtschaftsministerium, die gerichtliche Auflösung wegen offensichtlich unzureichendem Kapital zu beantragen,[60] der strengen Inpflichtnahme der „directors“[61] und den Regelungen des Insolvenzrechts entgegen.[62] Bei Anhaltspunkten für eine gesetzwidrige oder betrügerische Gesellschaftstätigkeit kann die Staatsaufsicht tätig werden.[63]

4 Ergebnis

Grundsätzlich kommt der Rechtsformwahl bei der Gründung von Unternehmen eine wesentliche Bedeutung zu. Sie ist Bestandteil der Unternehmensplanung.[64] Durch die Wahl der Rechtsform werden die rechtliche Organisation sowie die steuerliche Behandlung verbindlich festgelegt. Die MBO trifft für die Ärztegesellschaft bereits eine Vorauswahl an zulässigen Rechtsformen, die allerdings nicht auf deutsche Kapitalgesellschaften beschränkt ist. So ist auch die Gründung einer englischen Limited mit den berufsrechtlichen Vorgaben vereinbar. Die Vertragsärzte haben wie alle anderen Existenzgründer die Möglichkeit, eine Gesellschaft in einem EU-Mitgliedstaat zu gründen, um strengere oder aufwendigere Gründungsvorschriften in Deutschland offensichtlich zu umgehen. Im Hinblick auf die geringen Gründungskosten und das fehlende Mindestkapital ist die Limited als Rechtsform attraktiver als die GmbH.[65] Der englische Gesetzgeber möchte innerhalb des regulatorischen

---

58 Vgl. Wachter (2004), S. 92.

59 Vgl. Micheler (2004), S. 330.

60 Vgl. Schumann (2004), S. 744 und Westermann (2005), S. 14.

61 Nach BGH, NJW 2005, S. 1648 haftet der „director“ einer Limited mit tatsächlichem Verwaltungssitz in Deutschland grundsätzlich nach englischem Recht.

62 Vgl. DTI (2000), S. 231 ff.

63 Vgl. Rehm in Eidenmüller (2004), § 10 Rz. 72. Es besteht ein umfassendes Recht auf Dokumentenvorlage und -einsicht nach sect. 432 CA 1985, Bestellung von Sonderprüfern nach sect. 431 CA 1985 bis hin zu eigenen Ermittlungsbefugnissen (sect. 442 CA 1985).

64 Vgl. Kessler et al. (2002), Rz. 1 ff.

65 Während für die Gründung einer GmbH ca. 400 Euro aufgebracht werden müssen, kostet die Gründung einer Limited ca. 30 brit. Pfund (ca. 43,78 Euro).

Wettbewerbs in Europa mit dieser Gesellschaftsform bewusst klare Anreizmechanismen schaffen, um Unternehmen nach Großbritannien zu locken und somit seinen Marktanteil an den in Europa inkorporierten Unternehmen zu vergrößern.[66] Daher hat in Deutschland das Bundeskabinett am 1. Juni 2005 ein Gesetz zur Neuregelung des Mindestkapitals im GmbH-Recht beschlossen,[67] wonach unter anderem eine Herabsetzung des Mindeststammkapitals einer GmbH von 25.000 Euro auf 10.000 Euro vorgesehen ist, um die Attraktivität dieser Rechtsform für den Mittelstand zu erhöhen.

Eine realistische Beurteilung der Geeignetheit der Rechtsform der Limited erfordert in jedem Fall die Berücksichtigung der Folgekosten nach der Gründung sowie der mit der Limited verbundenen Pflichten. Außerdem bestehen trotz der Freiheit der Rechtsformwahl und der vom EuGH statuierten Rechtssicherheit hinsichtlich der Anerkennung von EU-Auslandsgesellschaften im Inland zahlreiche Fragen gesellschafts-, handels- und auch steuerrechtlicher Natur, die sich aus der Kollision verschiedener Rechtsfragen ergeben.[68]

Eine generelle Aussage darüber, ob für Ärzte die Gründung einer Limited statt einer deutschen GmbH generell vorteilhafter ist, lässt sich daher nicht treffen. Dies wird von dem jeweiligen „Geschäftsmodell“ abhängen und ist für den Träger eines MVZ sicherlich anders zu beurteilen als für die Kooperation fachgleicher Ärzte.

Literatur

Altmeppen, H. (2004): Schutz vor europäischen Kapitalgesellschaften, in: NJW 2004, S. 97-104.

Attermeyer, E. (2005): Die ambulante Arztpraxis in der Rechtsform der GmbH, Berlin 2005.

Blumenwitz, D. (1987): Einführung in das anglo-amerikanische Recht, München 1987.

Braun, S./Richter, J. (2005a): Vertragsärztliche Gemeinschaftspraxis: zivil-, steuer- und sozialrechtliche Aspekte der Nachfolge von Todes wegen, in: MedR 2005, S. 446-452.

Braun, S./Richter, J. (2005b): Gesellschaftsrechtliche und steuerrechtliche Grundfragen der Ärzte-GmbH, in: MedR 2005, S. 685-690.

Dierksmeier, J. (2005): Die englische Limited in Deutschland – Haftungsrisiko für Berater, in: BB 2005, S. 1516-1523.

DTI (2001): Modern Company Law for a competitve Economy: Final Report, URN 01/942, URN 01/943, London 2001, http://www.dti.gov.uk/cld/final_report/index.htm, eingesehen am 1. 6. 2005.

DTI (2000): Modern Company Law for a competitve Economy: Developing the Framework – A consultation document from the Company Law Review Steering Group, URN 00/656, London 2000 http://www.dti.gov.uk/cld/modcolaw.htm, eingesehen am 1. 6. 2005.

66 Vgl. Lembeck (2003), S. 965.

67 Vgl. Art. 1 Nr. 2 MindesKapG-E (BTDrs. 15/5673). Der Gesetzentwurf wurde allerdings vom Bundesrat in seiner Sitzung am 23. 9. 2005 abgelehnt (BRDrs. 619/05).

68 Vgl. Korts/Korts (2005), S. 1474 ff.

Ebert S./Levedag C. (2003): Die zugezogene „private company limited by shares (Ltd.)“ nach dem Recht von England und Wales als Rechtsformalternative für in- und ausländische Investoren in Deutschland, in: GmbHR 2003, S. 1337-1346.

Eidenmüller, H. [Hrsg.] (2004): Ausländische Kapitalgesellschaften im deutschen Recht, München 2004.

Forum Europaeum (1998): Konzernrecht, in: ZGR 1998, S. 672-772.

Forsthoff, U. (2003): Internationales Gesellschaftsrecht im Umbruch, in: DB 2003, S. 979-981.

Grunewald, B./Müller, H.-F. (2005): Ausländische Rechtsberatungsgesellschaften in Deutschland, in: NJW 2005, S. 465-469.

Häußermann, D./Dollmann, M. (2005): Die Ärztegesellschaft mbH, in: MedR 2005, S. 255-261.

Heinz, V. (2004): Die englische Limited, Baden-Baden 2004.

Kessler, W./Schiffers, J./Teufel, T. (2002): Rechtsformwahl – Rechtsformoptimierung, München 2002.

Klose, H. (2003): Zulässigkeit von Kapital- und Personengesellschaften für Ärzte und andere Heilberufe ab 2004, in: BB 2003, S. 2702-2706.

Korts, S./Korts, P. (2005): Die steuerrechtliche Behandlung der in Deutschland tätigen englischen Limited, in: BB 2005, S. 1474-1477.

Lembeck, E.-D. (2003): UK Company Law Reform – Ein Überblick, in: NZG 2003, S. 956-965.

Lutter, M. (2005): Europäische Auslandsgesellschaften in Deutschland, Köln 2005.

Mellert, C. R./Verfürth, L. C. (2005): Wettbewerb der Gesellschaftsformen, Berlin 2005.

Micheler, E. (2004): Gläubigerschutz im englischen Gesellschaftsrecht, in: ZGR 2004, S. 324-347.

Palandt (2005): Bürgerliches Gesetzbuch, Kommentar, München 2005.

Ratzel, R./Lippert, H.-D. (2004): Das Berufsrecht der Ärzte nach den Beschlüssen des 107. Deutschen Ärztetages in Bremen, in: MedR 2004, S. 525-533.

Reiter, C. (2005): Ärztliche Berufsausübungsgemeinschaft vs. Organisationsgemeinschaft, in: GesR 2005, S. 6-15.

Riedemann, S. (2004): Auseinanderfallen von Gesellschafts- und Insolvenzstatut. "Inspire Art" und die Insolvenz über das Vermögen einer englischen "limited" in Deutschland, in: GmbHR 2004, S. 345-350.

Schumann, A. (2004): Die englische Limited mit Verwaltungssitz in Deutschland: Kapitalaufbringung, Kapitalerhaltung und Haftung bei der Insolvenz, in: DB 2004, S. 743-749.

Wachter, T. (2004): Auswirkungen des EuGH-Urteils in Sachen Inspire Art Ltd. auf Beratungspraxis und Gesetzgebung Deutsche GmbH vs. englische private limited company, in: GmbHR 2004, S. 88-105.

Westermann, H. P. (2005): Die GmbH in der nationalen und internationalen Konkurrenz der Rechtsformen, in: GmbHR 2005, S. 4-16.

Westhoff, A. (2004): Die Gründung einer britischen Kapitalgesellschaft mit Verwaltungssitz im Inland und die Pflichten ihrer laufenden Geschäftstätigkeit – How to Set up a Limited?“ in: ZInsO 2004, S. 289-295.

Marketing für Gründungsunternehmen – Forschungsstand und Forschungsperspektive

Fabian Eggers

Inhaltsverzeichnis

1 Einleitung

Die Implementierung und Durchführung eines auf die besonderen Eigenschaften von Gründungsunternehmen angepassten Marketings ist entscheidend für das Überleben und Wachstum dieses Unternehmenstyps. Laut *Hisrich* sind Marketing und Finanzierung die wichtigsten Problembereiche von kleinen jungen Unternehmen.[1] Risikokapitalgeber bewerten das Marketing von kleinen jungen Unternehmen auf einer 7,0-Skala mit 6,7 und messen den absatzfördernden Aktivitäten damit den höchsten Wert aller Unternehmensfunktionen bei. Die Quote der Unternehmensaufgaben kann nach deren Aussagen um 60 % verringert werden, wenn vor Aufnahme des Geschäftsbetriebs Marketinganalysen durchgeführt werden.[2] Zudem führt eine häufig zu beobachtende übermäßige „Verliebtheit" der Jungunternehmer in ihre Geschäftsidee zur Ignorierung negativer Marktinformationen und zur Vernachlässigung oder nur unzureichenden Durchführung von Marktstudien. Übereinstimmend werden Marketingschwächen bei weniger erfolgreichen Jungunternehmern festgestellt, insbesondere in Bezug auf die Werbung und beim Zugang zu geeigneten Distributionskanälen.[3] Als zentrale Misserfolgsursache für das Scheitern von kleinen jungen Unternehmen wird vielfach ein fehlendes, beziehungsweise mangelhaftes Marketing angesehen. Die Voraussetzungen für eine erfolgreiche

---

1 Vgl. Hisrich (1989), S. 7.
2 Vgl. Lodish et al. (2001), S. X-XI.
3 Vgl. Fritz (1999), S. 10.

Gründung sind nach *Fritz* eine richtige Einschätzung der Marktchancen und ein konsequent hierauf aufbauendes Marketing.[4] Hiermit einhergehen empirische Befunde, die belegen, dass marktorientierte Unternehmen generell erfolgreicher sind als produktorientierte.[5] Die herausragende Bedeutung des Gründungsmarketing wird auch daran deutlich, dass es sich keineswegs nur auf die Absatzseite des Unternehmens bezieht, sondern sich die Wirkung der Gründungsmarketingaktivitäten auch auf das Personalrecruiting und auf die Akquisition von Fremdkapital erstreckt.[6] *Lodish et al.* bemerken „All the concepts [...] are also important for improving the interface between the entrepreneurial venture and its current and prospective employees"[7] und weiter „Marketing may impact raising capital more than sales in a company's early life."[8]

Die Entwicklung und Implementierung eines auf die Anforderungen von kleinen jungen Unternehmen zugeschnittenen Marketingverständnisses sollte geeignet sein, einen Beitrag zu leisten, die Erfolgswahrscheinlichkeiten hinsichtlich Markteintritt, Stabilisierung und Wachstum dieses Unternehmenstyps zu erhöhen. Die einfache Übertragung des traditionellen Marketingansatzes auf die Belange von Gründungsunternehmen ist aufgrund deren besonderer Anforderungen nicht anzuraten, da der traditionelle Marketingansatz für große, bürokratische, arbeitsteilige und nicht zuletzt etablierte Unternehmen entwickelt wurde und sich auf sorgfältige, umfassende und zumeist teure Planungsprozesse stützt.[9] Obwohl weithin Konsens darüber besteht, dass sich große etablierte von kleinen jungen Unternehmen unterscheiden,[10] wird in Ermangelung eines eigenständigen und angepassten Marketingverständnisses in vielen Fällen aus Marketingsicht keine Differenzierung zwischen diesen Unternehmenstypen vorgenommen. So ergab eine Analyse von Gründungsratgeberliteratur, welche im Rahmen einer Studie vom Lehrstuhl für Gründungsmanagement an der Universität Lüneburg mit mindestens „empfehlenswert" bewertet wurde, dass jedes der Bücher den herkömmlichen Marketingansatz beschreibt und keines hinreichend auf die besonderen Anforderungen von Gründungsunternehmen eingeht.[11] Obwohl die Anpassung und Weiterentwicklung des Marketingverständnisses auf die Anforderungen von kleinen und jungen Unternehmen eine

4 Vgl. Fritz (1999), S. 2.
5 Vgl. Wortman et al. (1989), S. 117 sowie Buskirk (1987), S. 107.
6 Vgl. Lodish et al. (2001), S. XI.
7 Lodish et al. (2001), S. 210.
8 Lodish et al. (2001), S. 243.
9 Vgl. Collinson/Shaw (2001), S. 761-763.
10 Vgl. hierzu z. B. Hills (1994), S. 9. Die ressourcenorientierte Sichtweise bietet eine Möglichkeit der Begründung der Unterschiede zwischen großen etablierten und kleinen jungen Unternehmen, vgl. Eggers (2005).
11 Für nähere Informationen bzgl. der Bewertung der Gründungsratgeber vgl. o.V. (2003).

wichtige Erfolgsdeterminante darzustellen scheint, ist es erstaunlich, dass sich erst wenige Forschungsarbeiten diesem Thema widmen.

Im Rahmen dieses Beitrages gilt es, Antworten zu folgenden Fragen zu finden:

- Können Forschungsschwerpunkte im Bereich Gründungsmarketing herausgestellt werden? Sind Ansätze einer einheitlichen Theorie vorhanden? Ist ein Anstieg der Forschungsaktivitäten im Zeitverlauf festzustellen?
- Ist es darüber hinaus möglich Hinweise zu generieren, die Aufschluss über die in ein Marketing für Gründungsunternehmen zu integrierenden Elemente geben?
- Welche Forschungsbereiche sind betroffen? Wird Gründungsmarketing auch in den Bereichen der Marketing- und Innovationsforschung thematisiert?

Ziel dieses Beitrages ist es, die oben stehenden Fragen mittels eines Reviews renommierter Zeitschriften aus den Forschungsbereichen Gründungsmanagement/Entrepreneurship, Marketing und Innovationsmanagement zu beantworten. Hierzu erscheint es zunächst notwendig, die Begriffe Gründungsmanagement und Entrepreneurship voneinander abzugrenzen. An eine Darstellung bisheriger Arbeiten zum Stand der Forschung im Bereich Marketing für Gründungsunternehmen schließt sich die Beschreibung des Forschungsdesigns an. Der Darstellung und Diskussion der Analyseergebnisse folgen eine abschließende Zusammenfassung sowie eine Empfehlung hinsichtlich in Zukunft durchzuführender Forschungsarbeiten.

2 Zur Abgrenzung der Begriffe Gründungsmanagement und Entrepreneurship

Das Forschungsfeld „Marketing für Gründungsunternehmen" richtet sich an der Schnittstelle der Disziplinen Gründungsmanagement, Entrepreneurship, Marketing und Innovationsmanagement aus.[12] Die Besonderheiten des Gründungsmarketings setzen insbesondere an den Spezifika kleiner und junger Unternehmen an, welche Forschungsgegenstand sowohl des Gründungsmanagement als auch des Entrepreneurship sind. Aus diesem Grunde soll die vorliegende Arbeit aus der Sicht dieser beiden Disziplinen aufgebaut werden. Obwohl zwischen den Analysefeldern des Gründungsmanagement und des Entrepreneurship vielfältige Übereinstimmungen existieren, ist es im Hinblick der Nachvollziehbarkeit der nachfolgenden Ausführungen zum Thema Gründungsmarketing wichtig, die zwischen den Disziplinen bestehenden Unterschiede herauszuarbeiten. Diese sind dafür ursächlich, dass sowohl erste Ansätze zum

12 Die Verwandtschaft zwischen Gründungs- und Innovationsmanagement stellen z. B. Gruber (2004a), S. 83 sowie Gardner (1994), S. 40 heraus.

Gründungsmarketing als auch solche zum Entrepreneurial Marketing entstanden sind.

Im Gegensatz zur traditionellen Managementlehre fokussiert das Analysefeld des Gründungsmanagements auf den Prozess der Entstehung und Frühentwicklung von Unternehmen aus betriebswirtschaftlicher Sicht. Im Rahmen des Gründungsmanagements wird die zielbezogene betriebswirtschaftliche Gestaltung von unternehmerischen Gründungs- und Frühentwicklungsprozessen thematisiert. In diesem Sinne ist von einer dynamischen Betrachtungsweise zu sprechen und die Veränderung des jungen Unternehmens innerhalb zu durchlaufender Entwicklungsphasen als besondere Eigenschaft des betrachteten Unternehmenstyps herauszustellen. Da aufgrund der zumeist geringen Größe junger Unternehmen Entscheidungen selten einzelne Funktionsbereiche betreffen, dominiert bei Gründungsunternehmen eine integrative, über die üblicherweise funktional gegliederte Betriebswirtschaftslehre hinaus reichende Sichtweise. Im Rahmen des Gründungsmanagement kommt demnach funktionalen Interdependenzen innerhalb des Unternehmens eine besondere Bedeutung zu.[13] Der betriebswirtschaftlichen Disziplin Gründungsmanagement wurde im deutschsprachigen Raum seit den 1990er Jahren größere Aufmerksamkeit geschenkt.[14] Dieses insbesondere in Deutschland junge Forschungsgebiet hat seinen Ursprung in Arbeiten des Entrepreneurship, welches in der angloamerikanischen Literatur seit Beginn der 1970er Jahre intensivere Zuwendung erfährt.[15]

Während sich das Analysefeld des Gründungsmanagement primär bestimmten Lebensphasen des Unternehmens zuwendet und eine personenorientierte Sichtweise eher nachrangigen Charakter besitzt, bezieht sich die Forschungsrichtung des Entrepreneurship insbesondere auf die Vorstellung eines dynamisch agierenden Unternehmers.[16] Neben der Bezugnahme auf häufig innovative, technologieorientierte und schnell wachsende Unternehmen betont der Begriff des Entrepreneurship in besonderem Maße die Unternehmerperson und das unternehmerische Verhalten. Dieses äußert sich insbesondere in der Gründung von neuen Unternehmenseinheiten und in der Führung dieser Unternehmen als Manager-Eigentümer, also in der Verbindung von Leitung und Eigentum. Entrepreneurship kann übersetzt werden als „Unternehmertum" beziehungsweise „Unternehmerschaft" im Sinne der kreativen, wertschöpfenden Ausübung unternehmerischer Betätigung durch eine Person, die in der Rolle eines Entscheidungsträgers über Verfügungsrechte und Eigentum an Unternehmens-

---

13 Vgl. Schulte et al. (2005), S. 4.
14 Vgl. Drumm/Dowling (2003), S. 2.
15 Vgl. Müller-Böling/Klandt (1993), S. 138.
16 Vgl. Schulte/Klandt (1996), S. 20.

ressourcen verfügt oder diese aufbaut.[17] Der Begriff bezieht sich insofern auf das dynamische unternehmerische Verhalten, das zum Aufbau und zur Weiterentwicklung eines Unternehmens nötig ist.[18] Während das Analysefeld des Gründungsmanagement typischerweise auf junge und oftmals kleine Unternehmen fokussiert ist, ist eine Verwendung der Größendimension zur Abgrenzung des Entrepreneurship-Begriffes nicht geeignet. Oft werden sogar Aspekte des Managements großer Unternehmen in den Entrepreneurship-Ansatz einbezogen, womit dann auch das unternehmerische Handeln in abhängiger Beschäftigung, also bei Trennung von Eigentum und Kontrolle, zum Bestandteil einer weit ausgelegten Definition wird.[19] Entrepreneurship sollte also nicht mit dem Begriff Gründungsmanagement gleichgesetzt werden, da letzterer nicht personenorientiert, sondern institutionell ausgerichtet ist. Verwirrenderweise suggerieren aber einige Publikationen durch eine ausschließlich auf Gründungsunternehmen abzielende und damit zu enge Auslegung der Entrepreneurship-Definition die Deckungsgleichheit beider Begriffe.[20] Die Darstellung von Unterschieden und Gemeinsamkeiten zwischen Gründungsmanagement und Entrepreneurship wird unter anderem durch das Vorliegen uneinheitlicher Definitionsansätze des Entrepreneurship-Begriffes erschwert.[21]

Die herausgearbeiteten Unterschiede und Überschneidungen sind auch auf die Differenzierung der Ansätze des Entrepreneurial Marketing und des Gründungsmarketings anwendbar. Problematisch erweist sich hier auch wieder die unterschiedlich weite Auslegung des Begriffes Entrepreneurship, so dass sich resultierende Ansätze des Entrepreneurial Marketing mehr oder weniger stark an den Eigenschaften von Gründungsunternehmen orientieren.[22] Sofern im weiteren Verlauf des Beitrages Deckungsgleichheit zu den Begriffen Entrepreneurship

17 Fallgatter weist darauf hin, dass es im Deutschen für den Anglizismus „Entrepreneurship" keine eindeutige bzw. breit akzeptierte Übersetzung gibt, die durch den Begriff eingeschlossenen Elemente aber auch im Englischen nicht festgelegt sind. Als möglicher Erklärungsansatz wird das große Aktionsfeld von Unternehmern angeführt. Je nach Betrachtungsperspektive werden Unternehmer demnach unterschiedlich dargestellt, vgl. Fallgatter (2002), S. 13. Ähnlich argumentiert Faltin, der bemerkt, dass es in der deutschen Sprache kein Wort gibt, dass die Bedeutung von Entrepreneurship einigermaßen zutreffend wiedergeben kann, vgl. Faltin (1998), S. 3.

18 Vgl. Schulte et al. (2005), S. 5.

19 So betonen Shane und Venkataraman „... that entrepreneurship does not require, but can include, the creation of new organizations", Shane/Venkataraman (2000), S. 219.

20 Vgl. hierzu z. B. Müller-Böling/Klandt (1993), S. 137.

21 Für diverse Definitionsansätze des Begriffes Entrepreneurship vgl. Ronstadt (1984), S. 9-21 sowie Fallgatter (2002), S. 15-17.

22 Chaston definiert Entrepreneurial Marketing z. B. sehr weit, indem er seinen Ansatz sowohl für Gründungsunternehmen als auch etablierte Unternehmen entwickelt. Entrepreneurial Marketing wird in diesem Sinne als eine besonders innovative Ausprägungsform der Marketing-Philosophie verstanden, vgl. Chaston (2000), S. 7.

beziehungsweise Entrepreneurial Marketing besteht, sollen aus Gründen der Übersichtlichkeit die Begriffe Gründungsmanagement beziehungsweise Gründungsmarketing verwendet werden. Im Falle semantischer Differenzen werden die Besonderheiten des Entrepreneurship beziehungsweise Entrepreneurial Marketings gesondert herausgestellt.

3 Bisherige Arbeiten zur Beschreibung des Forschungsstandes

Zur Verdeutlichung des Forschungsbedarfes im Bereich Marketing für Gründungsunternehmen seien an dieser Stelle einige frühere Arbeiten angeführt, welche die Forschungslücke thematisieren. Aufgrund der insgesamt bis dato geringen Zuwendung zum Forschungsbereich verwundert es nicht, dass auch deren Zahl sehr klein ausfällt.

Hills untersuchte das Journal of Marketing bezogen auf den Zeitraum von 1936-1987 nach Artikeln mit dem Fokus Marketing für KMU beziehungsweise Gründungsunternehmen. Während kein einziger Artikel mit diesem Themenschwerpunkt identifiziert werden konnte, lieferte das gleichsam analysierte Journal of Retailing vier Treffer, wobei allerdings anzumerken ist, dass zwei der vier Artikel aus dem Jahr 1952 stammten.[23] In einer 1989 veröffentlichten Studie untersuchte *Hisrich* Bände der Babson Konferenz, das Journal of Small Business Management, das American Journal of Small Business sowie das Journal of Business Venturing nach Beiträgen zur Beziehung zwischen Marketing und Entrepreneurship. Es konnten insgesamt vier Artikel identifiziert werden, die im engeren Sinne das Forschungsfeld Marketing-Entrepreneurship untersuchen. Weit ausgelegt konnten 17 Beiträge ausgemacht werden, von denen aber allein 14 aus den Konferenzbänden der Babson Konferenz stammen.[24] Ebenfalls aus dem Jahr 1989 stammt eine Studie von *Wortman*, *Spann* und *Adams* bezüglich der Behandlung des Themas Marketing und Entrepreneurship in 38 amerikanischen sowie kanadischen Forschungsarbeiten. Die Artikel wurden dahingehend abgeprüft, ob in ihnen die Marketingthemen „Geschäftsdefinition", „Marketingkonzeption", „Segmentierung", „Positionierung" sowie die vier Marketing-Mix-Instrumente „Produkt-", „Preis-", „Kommunikations-" und „Distributionspolitik" abgehandelt werden. Obwohl die Zahl von 38 identifizierten Beiträgen recht hoch erscheint, wird bemerkt, dass sich lediglich zwei Artikel im engeren Sinne auf das Thema Entrepreneurial Marketing fokussieren.[25] Das Forschungsdefizit im Bereich Entrepreneurial Marketing erkennend wurde im Jahr 1987 erstmalig die Konferenz „Research at the Marketing/Entrepreneurship Interface" abgehalten. Eine Analyse der zugehörigen Konferenzbände von 1987 bis 2000 durch *Gruber* liefert Einblicke in die behandelten

23 Vgl. Hills (1987), S. 3.
24 Vgl. Hisrich (1989), S. 9-13.
25 Vgl. Wortman et al. (1989), S. 120-126.

Inhalte zum Thema „Marketing und Entrepreneurship".[26] Aus insgesamt 254 analysierten Artikeln konnten die in Abbildung 1 angeführten Themen extrahiert werden.

Thema	**Anzahl Artikel**	**prozentual**
Opportunity Findung und Evaluation	32	13 %
Marketingstrategie und -planung	32	13 %
Marketingnetzwerke	28	11 %
Marketing-Mix-Instrumente	23	9 %
Evolution und Wachstum	22	9 %
Internationalisierung und Export	19	7 %
Marketingumsetzung und -probleme	17	7 %
Neuproduktentwicklung und Markteintritt	16	6 %
Marktorientierung	16	6 %
Marktforschung und -definition	11	4 %
Marketingfähigkeiten	10	4 %
Marketinghilfe und -training	10	4 %
Glaubwürdigkeit und Vertrauen	8	3 %
Marketingfunktion	5	2 %
Low-cost Marketing	5	2 %

Tab. 1: Inhalte der Konferenz „Research at the Marketing/Entrepreneurship Interface"[27]

Die Beiträge von *Hills*, *Hisrich* sowie *Wortman*, *Spann* und *Adams* liefern durch ihre Analysen erste Belege für die geringe Beachtung des Forschungsgebietes. Durch die Veröffentlichung der Studien in den Jahren 1987 und 1989 tritt allerdings die Frage auf, ob und inwiefern die Evolution des Forschungsfeldes im weiteren Zeitverlauf vorangeschritten ist. Einen Einblick in die spätere Ausgestaltung der Disziplin gibt *Gruber* in seiner Untersuchung. Die Frage, wie sich das Thema in der Entrepreneurship- sowie Marketingforschung generell entwickelt hat, kann allerdings mit der Analyse einer gerade auf den speziellen Themenschwerpunkt Entrepreneurial Marketing ausgerichteten Konferenz nicht beantwortet werden.

26 Vgl. Gruber (2003), S. 603-605.
27 In Anlehnung an Gruber (2003), S. 604.

4 Forschungsdesign

Die Untersuchungsziele werden über einen Review renommierter Zeitschriften themennaher Forschungsbereiche erreicht. Im Rahmen eines Reviews werden Ergebnisse verschiedener Untersuchungen mit gemeinsamer Thematik zusammengefasst, um einen Überblick über den aktuellen Stand der Forschung zu gewinnen. Im Gegensatz zur verwandten Metaanalyse, welche Forschungsergebnisse auf einer statistischen Ebene integriert, befasst sich der qualitativ ausgerichtete Review umfassender und grundsätzlicher mit einem Forschungsgebiet und bietet die Möglichkeit, neben empirischen Befunden auch methodische und theoretische Fragen zu behandeln. So ist es über einen Review auch möglich, Bezugspunkte zu anderen Disziplinen und offene Forschungsfragen aufzuzeigen.[28]

Neben Journalen zur Entrepreneurship- und Gründungsforschung gingen Zeitschriften mit Fokus auf den Analysegegenstand Marketing in den Review ein. Durch den hohen Anteil an Bezügen zwischen Entrepreneurship- und Innovationsforschung wurden zudem Journale zu letzterem Themengebiet berücksichtigt. Die Auswahl der zu analysierenden Zeitschriften erfolgte über ein Zeitschriftenranking nach *Hennig-Thurau*, *Walsh* und *Schrader* im Auftrag des Verbandes der Hochschullehrer für Betriebswirtschaft.[29] In die Untersuchung aufgenommen wurden die jeweils Top 5 platzierten Zeitschriften der Bereiche Innovationsmanagement und Marketing.[30] Aufgrund der verhältnismäßig geringen Zahl an Zeitschriften zum Thema Entrepreneurship und der geringen Zahl an Bewertungen innerhalb des Rankings wurden in diesem Bereich alle genannten Zeitschriften berücksichtigt. Der Untersuchungszeitraum wurde, Bezug nehmend auf die Entwicklung des Entrepreneurship im deutschsprachigen Raum seit Beginn der achtziger Jahre, in allen Kategorien auf die vom Untersuchungszeitpunkt gesehen letzten 20 Jahre festgelegt, also das Intervall von 1984-2004. Eine Auflistung der untersuchten Zeitschriften findet sich in Tabelle 2.

---

28 Vgl. Bortz/Döring (2002), S. 627-628.

29 Vgl. Hennig-Thurau et al. (2003). Dass andere Rankings zu sehr ähnlichen Ergebnissen bzgl. der Rangreihung der Zeitschriften kommen, wird u. a. bei Roth/Gmür (2004), S. 141, oder Hult et al. (1997), S. 43-44 deutlich.

30 In der Kategorie Marketing wurde das an Stelle fünf gesetzte „Journal of Applied Psychology" aufgrund der wenig konformen Ausrichtung zum Analysegegenstand durch das auf Rang sieben befindliche „International Journal of Research in Marketing" ersetzt. Dies erscheint vertretbar, da erstens im Ranking der gewichtete Punktwert des „International Journal of Marketing Research" mit 8,885 nur 0,110 Punkte hinter dem Wert des Journal of Applied Psychology" (8,965) liegt und zweitens das „International Journal of Marketing Research" als wichtigstes Journal der europäischen Marketingforschung gilt, vgl. Roth/Gmür (2004) S. 145.

Forschungsgegenstand	
Entrepreneurship	***Marketing***
Entrepreneurship Theory and Practice *(1977 – früher American Journal of Small Business)* The International Journal of Entrepreneurship and Innovation *(2000)* International Journal of Entrepreneurship and Innovation Management *(2001)* International Small Business Journal *(1983)* Jahrbuch zur Mittelstandsforschung *(2000)* Journal of Business Venturing *(1985)* Journal of International Entrepreneurship *(2003)* Journal of Small Business and Entrepreneurship *(1983)* Journal of Small Business Management *(1963)* Small Business Economics *(1989)* Zeitschrift fuer Klein- und Mittelunternehmen *(1953 – früher Internationales Gewerbearchiv)*	International Journal of Research in Marketing *(1984)* Journal of Consumer Research *(1974)* Journal of Marketing *(1936)* Journal of Marketing Research *(1964)* Marketing Science *(1982)* ***Innovationsmanagement*** International Journal of Technology Management *(1986)* Journal of Engineering and Technology Management *(1984)* Journal of Product Innovation Management *(1984)* Research Policy *(1971)* Transactions on Engineering Management *(1954)*
(in Klammern Jahr der Erstausgabe)	

Tab. 2: In die Analyse aufgenommene Zeitschriften

Alle Zeitschriften wurden nach Artikeln zum Thema Marketing für Gründungunternehmen durchsucht. Extrahiert wurden die Beiträge, die sich zumindest im weiteren Sinne mit diesem Themengebiet auseinandersetzen. Ein Bezug zum Marketing einerseits und zum Gründungsmanagement andererseits musste demnach gegeben sein. Hierbei war es in der Analyse ausreichend, wenn ein Themengebiet durch das Forschungsfeld der zugrunde liegenden Zeitschrift abgedeckt wurde. Ein Artikel wurde also auch dann extrahiert, wenn er sich lediglich mit dem Thema Gründung beziehungsweise kleine Unternehmen auseinandersetzte und sich in einem Marketingjournal befand und umgekehrt. Hieraus folgt, dass Artikel in Zeitschriften zum Innovationsmanagement sowohl Marketing- als auch Entrepreneurship-Bezug vorweisen mussten. Aus dem Forschungsgegenstand des Innovationsmanagements lässt sich begründen, dass sich eine Vielzahl an Beiträgen mit der Markteinführung von Neuprodukten beschäftigt. Obwohl dies durchaus Relevanz für das Gründungsmarketing besitzt, wurden diese Artikel, sofern sie nicht auch explizit auf kleine beziehungsweise Gründungsunternehmen eingingen, nicht berücksichtigt.

Wie aus den Ausführungen bereits hervorgeht, wurden in allen drei Zeitschriftenkategorien auch Artikel berücksichtigt, die das Marketing in kleinen, aber bereits etablierten Unternehmen behandeln. Dies erscheint deshalb gerechtfertigt, da die betrachteten Zeitschriften aufgrund des Fokus Entrepreneurship nicht nur Gründungsbezug haben, sondern auch das Management in kleinen und sowohl mittleren Unternehmen thematisieren. Erkenntnisse zum Marketing in kleinen, aber bereits etablierten Unternehmen können zudem teilweise auch Anwendung auf Gründungsunternehmen finden.

Die Analyse teilt sich in zwei Bereiche. Die Darstellung der Entwicklung des Forschungsfeldes erfolgt über die Prüfung von aus den Forschungsfragen abgeleiteten Annahmen. Hinweise bezüglich der in einen Marketingansatz für Gründungsunternehmen aufzunehmenden Elemente sollen anschließend durch eine Zusammenstellung der durch die Zeitschriftenartikel abgedeckten Themenfelder generiert werden.

Im ersten Schritt der Untersuchung sollen nachstehende Annahmen geprüft werden.

Annahme 1) *Das Forschungsfeld ist stark fragmentiert. Artikel zum Forschungsfeld weisen nur geringe Verbindungen untereinander auf. Ein Großteil der Artikel befasst sich mit der grundsätzlichen Ausgestaltung der Schnittstelle zwischen Entrepreneurship/Gründungsmanagement und Marketing.*

Den Ausführungen von *Gruber* folgend ist zu vermuten, dass sich das Forschungsfeld aktuell so darstellt, dass Beiträge, die sich mit der allgemeinen Schnittstelle zwischen Marketing und Entrepreneurship/Gründungsmanagement auseinandersetzen, auf unterschiedlichen Basisannahmen beruhen und Artikel, die auf die Ausgestaltung der Marketingfunktion fokussieren, spezialisierte, voneinander unabhängige Teilgebiete analysieren.[31] Aufgrund der Neuartigkeit des Themas ist anzunehmen, dass sich die Artikel primär mit dem generellen Zusammenhang zwischen Entrepreneurship/Gründungsmanagement und Marketing auseinandersetzen.

Annahme 2) *Die Zahl an Forschungsarbeiten ist im Bereich des Entrepreneurship/Gründungsmanagement am größten.*

Obwohl das Thema Gründungsmarketing auch die Bereiche Innovationsmanagement und Marketing berührt, ist anzunehmen, dass ein Großteil der Forschungsarbeiten im Bereich Entrepreneurship/Gründungsmanagement angesiedelt ist. Insbesondere in Forschungsbereichen, welche auf eine längere Tradition zurückblicken können, ist es das erklärte Ziel der Herausgeber der führenden Journals, nur dann Artikel zu veröffentlichen, wenn sie eine hohe Reichweite für das Fach insgesamt haben und weiterführende Forschungen initiieren können. Kritisch werden Beiträge betrachtet, die sich als kurzfristige Trends herausstellen könnten oder denen die theoretische und/oder empirische

---

31 Vgl. Gruber (2004b), S. 165.

Fundierung fehlt.[32] In diesem Sinne ist zu vermuten, dass Zeitschriften zur Marketing- und Innovationsforschung Beiträge zur eher jungen Disziplin des Gründungsmarketings in geringerer Zahl veröffentlichen und diese eher in Entrepreneurshipzeitschriften erscheinen.

Annahme 3) *Die Anzahl an Artikeln zum Thema Marketing für Gründungsunternehmen nimmt im Zeitverlauf zu.*

Diese Vermutung besteht, da die Forschungsrichtung des Entrepreneurship/ Gründungsmanagement im Allgemeinen und das Thema Marketing für Gründungsunternehmen im Speziellen in den letzten Jahren mehr und mehr in das Forschungsinteresse gerückt sind.

5 Ergebnisse der Studie

Im Rahmen der Analyse konnten insgesamt 94 Artikel identifiziert werden, welche sich mit Fragen des Gründungsmarketings befassen. Die Entwicklung des Forschungsfeldes gilt es im ersten Untersuchungsschritt anhand der Prüfung der Annahmen darzustellen. Daran anschließend sollen Hinweise hinsichtlich der konkreten Ausgestaltung eines Marketings für Gründungsunternehmen generiert werden.

5.1 Die Entwicklung des Forschungsfeldes

Die Prüfung der Annahmen lieferte unten stehende Resultate.

Annahme 1) *Das Forschungsfeld ist stark fragmentiert. Artikel zum Forschungsfeld weisen nur geringe Verbindungen untereinander auf. Ein Großteil der Artikel befasst sich mit der grundsätzlichen Ausgestaltung der Schnittstelle zwischen Entrepreneurship/Gründungsmanagement und Marketing.*

Die starke Fragmentierung des Forschungsfeldes wird durch die Analyse bestätigt. Ein einheitlicher Ansatz ist nicht vorhanden. Die identifizierten Beiträge können in zwei verschiedene Typen eingeteilt werden, nämlich in solche, die die Schnittstelle zwischen Entrepreneurship/Gründungsmanagement und Marketing thematisieren und jene, die auf spezielle Teilfragen des Gründungsmarketings eingehen. Ein Aufgreifen ähnlicher Gedankengänge konnte in den seltensten Fällen weder bei Artikeln unterschiedlichen Typs noch bei Artikeln gleicher Ausrichtung beobachtet werden. Die sich auf bestimmte Teilfragen fokussierenden Artikel geben Einblicke in die möglichen Elemente, die im Zusammenhang mit einem Gründungsmarketingansatz zu berücksichtigen sind. Inwiefern diese aber in einen allgemein akzeptierten, einheitlichen Ansatz des Gründungsmarketings integriert werden können, ist nicht Gegenstand der Betrachtung. Das Fehlen eben dieses einheitlichen Ansatzes ist als grundsätzliches Problem der unterschiedlichen Herangehensweisen an das

32 Vgl. Roth/Gmür (2004), S. 157.

Thema „Marketing für Gründungsunternehmen" anzusehen. So ist unter anderem zu beobachten, dass verschiedene Autoren ihre Ausführungen anhand unterschiedlicher Eigenschaften von Gründungsunternehmen aufbauen, woraus unterschiedliche Empfehlungen zur Ausgestaltung des Marketings resultieren.

Die Annahme, dass sich ein Großteil der Artikel wiederum mit der grundsätzlichen Ausgestaltung der Schnittstelle zwischen Entrepreneurship/ Gründungsmanagement und Marketing befasst, kann durch die Analyse nicht betätigt werden. Im Bereich Entrepreneurship wurden von 80 identifizierten Beiträgen lediglich 16 gefunden, die sich auf allgemeinem Niveau mit der Thematik auseinandersetzen. Die weiteren 64 Beiträge fokussieren dagegen auf die Ausgestaltung des Marketings in Teilbereichen. Ähnliche Ergebnisse sind auch in den anderen Bereichen feststellbar; allerdings sind diese aufgrund der geringen Anzahl extrahierter Beiträge (Marketing: 3, Innovation: 11) weniger aussagekräftig.

Annahme 2) *Die Zahl an Forschungsarbeiten ist im Bereich des Entrepreneurship/Gründungsmanagement am größten.*

Die Annahme wird durch die Analyse bestätigt. Die mit Abstand größte Zahl an Artikeln entstammt aus Entrepreneurship-Journalen. In diesem Bereich wurden 80 Artikel identifiziert, während die Kategorie Innovationsmanagement 11 Beiträge lieferte. Aus Marketing-Journalen konnten lediglich 3 Aufsätze extrahiert werden. Speziell die Marketingforschung scheint sich so gut wie gar nicht mit dem Thema eines angepassten Marketingverständnisses für kleine Unternehmen und Start-ups auseinanderzusetzen.

Der mögliche Einwand, dass die Ursache für das Vorliegen der meisten Artikel in Entrepreneurshipzeitschriften darin begründet liegt, dass die Zahl der untersuchten Titel im Bereich Entrepreneurship höher ist als in den Themenfeldern Marketing und Innovation, kann zurückgewiesen werden. So werden mehrere untersuchte Zeitschriften erst seit wenigen Jahren aufgelegt, was die Zahl an insgesamt untersuchten Beiträgen schmälert. Der Einwand kann zudem durch die Bestimmung des Verhältnisses der pro Kategorie ermittelten Artikel mit Fokus Marketing für Gründungsunternehmen zur Gesamtzahl aller erschienenen Publikationen in der jeweiligen Kategorie entschärft werden. Es ist zu beobachten, dass das Verhältnis „Artikel mit Gründungsmarketingbezug/ Artikel gesamt" im Bereich Entrepreneurship am größten ist.

Annahme 3) *Die Anzahl an Artikeln zum Thema Marketing für Gründungsunternehmen nimmt im Zeitverlauf zu.*

Diese Vermutung wird durch die Analyse nicht betätigt. Die Zahl der pro Jahr veröffentlichten Artikel zum Forschungsthema weist, über den Gesamtzeitraum gesehen, keinen Trend auf. Eine Regressionsanalyse, welche die Anzahl an Artikeln mit dem Jahr der Veröffentlichung in Beziehung setzt, weist keinen Zusammenhang zwischen den Variablen aus. Die Annahme, dass ein positiver Trend im Zeitverlauf eher bezogen auf die Artikel bestünde, die sich allgemein mit der Schnittstelle zwischen Entrepreneurship/Gründungsmanagement und Marketing befassen, muss ebenfalls verworfen werden. Auch hier sprechen die Ergebnisse einer Regressionsanalyse dagegen. Eine mögliche Begründung dieser Resultate könnte darin liegen, dass sich die zugrunde liegende Annahme eines Anstiegs an Arbeiten primär auf den deutschsprachigen Raum bezieht, wo in den letzten Jahren in der Tat ein Anstieg der Forschungsaktivität zu beobachten war. Da die analysierten Zeitschriften aber hauptsächlich aus dem angelsächsischen Raum stammen, wo das Thema Entrepreneurship schon seit längerer Zeit fest etabliert ist, wäre dies eine mögliche Erklärung dafür, dass kein Trend zu erkennen ist. Zudem ist zu bemerken, dass die im Rahmen von Annahme 3 durchgeführte Analyse quantitativer Natur war. Eine mögliche Verbesserung der Qualität der Beiträge im Zeitverlauf wurde demnach nicht überprüft.

5.2 Instrumente eines Marketings für Gründungsunternehmen

Im zweiten Analyseschritt wurden Hinweise bezüglich der Ausgestaltung eines Marketingansatzes für Gründungsunternehmen gewonnen. Hierbei wurde unterstellt, dass sich aus der Gesamtheit der identifizierten Artikel Rückschlüsse auf die Gestaltung eines angepassten Marketingansatzes ziehen lassen. Die extrahierten Themenschwerpunkte finden sich in Tabelle 3.

Thema	**Anzahl Artikel**	**prozentual**
Marketing-Mix-Instrumente	34	36 %
Zusammenhang Entrepreneurship/Gründungsmanagement – Marketing	18	19 %
Marktforschung und -definition	12	13 %
Marktorientierung	5	5 %
Marketingstrategie und -planung	4	4 %
Internationalisierung und Export	4	4 %
Risikomanagement	3	3 %
Netzwerke	2	2 %
Marketingumsetzung und -probleme	2	2 %
Beziehungsmanagement	2	2 %
Marketing Controlling	2	2 %
Unternehmensumwelt	2	2 %
Neuproduktentwicklung und Markteintritt	1	1 %
Marketingfähigkeiten	1	1 %
Unternehmenskultur	1	1 %
Dienstleistungsmarketing	1	1 %

Tab. 3: Durch die Zeitschriftenanalyse identifizierte Themenbereiche

Eine Kombination der eigenen Ergebnisse mit denen von *Gruber* liefert weiterführende Hinweise bezüglich möglicher Elemente, die in eine umfassende Theorie des Marketings für Gründungsunternehmen aufzunehmen wären.

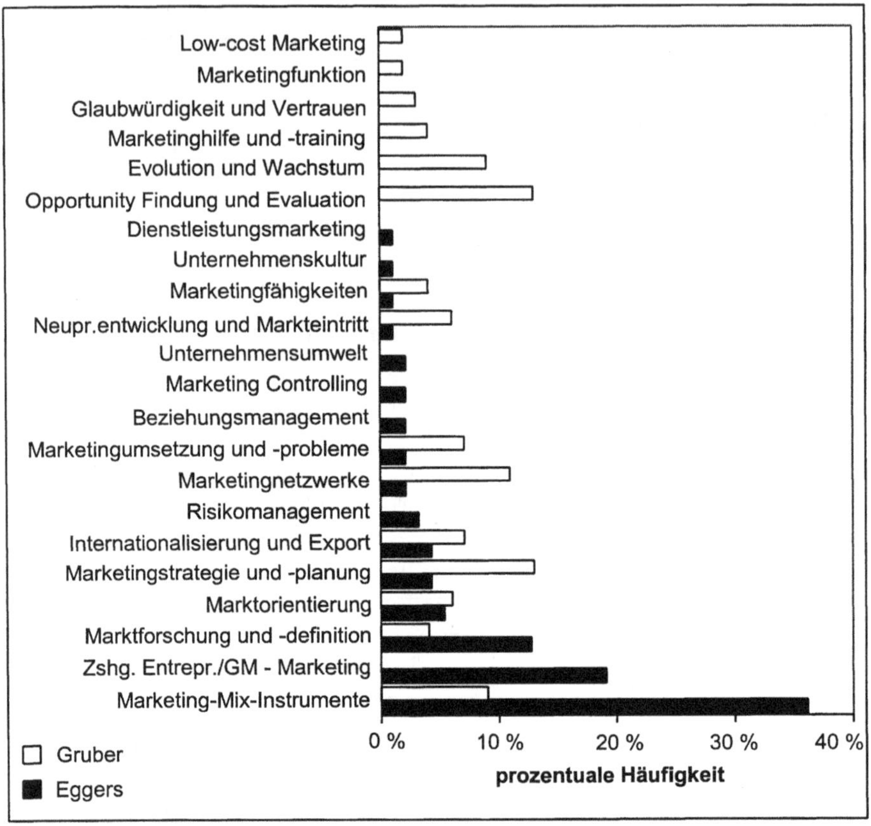

Abb. 1: Gegenüberstellung der Ergebnisse mit denen von Gruber

Obwohl mehrere Themen sowohl in der eigenen Analyse als auch in der Untersuchung von *Gruber* identifiziert wurden, fällt auf, dass diverse Inhalte nur in einer der beiden Studien ausgemacht werden konnten. Dies mag zum einen an der geringen Durchdringung des Forschungsfeldes liegen, zum anderen aber auch an der unterschiedlichen Herkunft der untersuchten Beiträge. So ist auch zu begründen, weshalb *Gruber* keine Artikel mit dem Fokus auf den generellen Zusammenhang zwischen Entrepreneurship-/Gründungs- und Marketingforschung identifiziert. Es ist anzunehmen, dass auf einer Konferenz, die das Thema Marketing und Entrepreneurship thematisiert, nicht unbedingt Beiträge erscheinen, die den grundsätzlichen Zusammenhang beispielsweise die Legitimation der Integration der beiden Disziplinen erörtern.

Zur Erhöhung der Übersichtlichkeit sollen die verwandten Elemente Marktforschung und -definition, Marktorientierung, Marketingstrategie und -planung, Marketingumsetzung und -probleme, Marketing Controlling, Neuproduktentwicklung/Markteintritt sowie Marketingfähigkeiten zur Kategorie „Marktbezug von Gründungsunternehmen" zusammengefasst werden. Zudem wurden die Themen Beziehungsmanagement und Netzwerke aggregiert. Die verdichteten Ergebnisse finden sich in Abbildung 2.

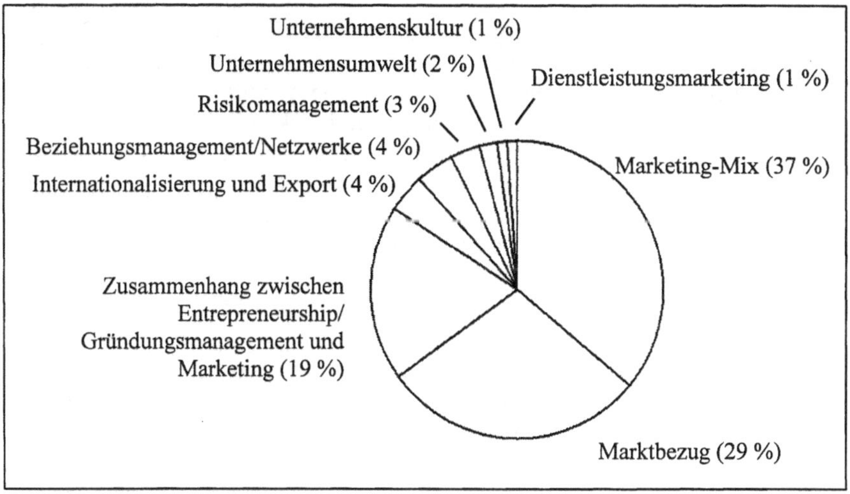

Abb. 2: Zusammengefasste Themenbereiche

Es ist zu beobachten, dass die drei Bereiche „Zusammenhang zwischen Entrepreneurship/Gründungsmanagement und Marketing", „Marketing-Mix" und die neue Variable „Marktbezug" mit über 80 % einen Großteil der Inhalte innerhalb der untersuchten Artikel ausmachen.

Die vier Instrumente des Marketing-Mix „Produkt-", „Preis-", „Kommunikations-" und „Distributionspolitik" scheinen – wenig überraschend – einen Einfluss auf die Ausgestaltung des Gründungsmarketings zu besitzen. Obwohl die einzelnen Instrumente weitgehend im Lichte ihrer Anpassung an die besonderen Eigenschaften von Gründungsunternehmen diskutiert werden, scheinen insbesondere Unterschiede zum herkömmlichen Marketingansatz in der starken Akzentuierung des Marktbezuges von Gründungsunternehmen zu liegen. Im Gegensatz zum gängigen Marketingansatz kommt hier der grundsätzlichen Entscheidung Bedeutung zu, wie ein Marketing einzusetzen und umzusetzen ist. In diesem Sinne sind der Sensibilisierung der Gründerperson beziehungsweise des Gründerteams auf die Wichtigkeit marktorientierter Handlungsweisen und die hiermit einhergehenden Marketingfähigkeiten der Unternehmerperson besondere Beachtung zu schenken. In diesem Zusammenhang ist auch die Bedeutung der Erstellung von Gründungsplänen hervorzuheben, da diese dazu dienen können, erste Marktkontakte zum Beispiel zu Nachfragern, Zulieferern und Banken zu initiieren. Weiterhin scheint sich ein Marketing für Gründungsunternehmen durch die Einbindung des gegründeten Unternehmens in Netzwerke und der Konfrontation des Unternehmens mit Wachstums- beziehungsweise Evolutionsprozessen vom herkömmlichen Ansatz abzugrenzen. Der besonderen Gefahr fehlgeschlagener Marketingkampagnen könnte mit der Implementierung eines Risikomanagementsystems entgegengesteuert werden. Die Ergebnisse von *Gruber* suggerieren zudem, dass in besonderem Maße Methoden der Aufdeckung und Prüfung von Marktgelegenheiten Bedeutung beigemessen werden sollte. Interessanterweise konnte die eigene Analyse keinen Artikel mit einer derartigen Thematik identifizieren. An dieser Stelle soll aber angenommen werden, dass der Findung und Bewertung von Marktgelegenheiten im Rahmen eines Marketings für Gründungsunternehmen Bedeutung zukommen muss.

In Kombination mit den Ergebnissen von *Gruber* werden die Aussagen hinsichtlich der Aufnahme gewisser Teildisziplinen in ein Marketing für Gründungsunternehmen auf eine solidere Basis gestellt. Allerdings ist darauf hinzuweisen, dass die Ergebnisse zwar erste Hinweise zur Ausgestaltung des Marketingansatzes geben, es zur Validierung der Resultate jedoch weiterer Forschungsarbeiten bedarf.

6 Diskussion

Vorliegende Beiträge mit dem Fokus Marketing für Gründungsunternehmen lassen größtenteils ein einheitliches Konzept vermissen. Die Ursachen hierfür sind unterschiedlichster Art. Die Entrepreneurship- und insbesondere die Gründungsforschung sind junge Analysefelder, die bis heute auf andere Bereiche wie zum Beispiel Fragen zur Gründerperson oder zur Gründungsfinanzierung fokussierten. In der Entrepreneurshipforschung besteht bis dato Uneinigkeit bezüglich eines einheitlichen Bezugsrahmens, was sich unter anderem auch in verschiedensten Definitionen des Entrepreneurshipbegriffes niederschlägt.[33] Zusätzlich verschärft wird das Problem der Suche nach einem einheitlichen Konzept durch die anhaltende Diskussion über die Ähnlichkeit beziehungsweise Unterschiedlichkeit zwischen dem angelsächsischen Ansatz des Entrepreneurship und dem deutschsprachigen Gründungsmanagement. Ein weiterer Grund

33 Vgl. Low (2001).

für die Uneinheitlichkeit im Bereich Gründungsmarketing wird in der Heterogenität des bestehenden Marketingansatzes gesehen. Im Laufe der Jahrzehnte kristallisierten sich diverse Richtungen des Marketings heraus, die sich zum Beispiel auf eine bestimmte Branche (wie Konsumgüter, Dienstleistungs- oder Industriegütermarketing) oder bestimmte Durchführungsarten (Transaktionsmarketing versus Beziehungsmanagement) spezialisierten. Je nach Ausrichtung und Branche finden demnach unterschiedliche Ausprägungen des Marketingansatzes Anwendung auf das jeweilige Gründungsunternehmen.

Wird die Auffassung vertreten, dass sich ein Marketing für Gründungsunternehmen vom herkömmlichen Marketingansatz unterscheiden sollte, ist das Herausstellen der Besonderheiten des Gründungsmarketing eine logische Konsequenz. Durch die in der vorliegenden Arbeit erfolgte Zusammenfassung der zumeist autonom stehenden Beiträge zum Thema konnten erste Hinweise zur Ausgestaltung eines spezifischen Marketingansatzes generiert werden.

Obwohl die vorliegende Arbeit bereits existierende Studien zum Forschungsstand des Gründungsmarketings erweitert, sind weitere empirische sowie theoretische Arbeiten zur Absicherung der getroffenen Aussagen notwendig. So ist neben praktischen Analysen des Marketingverhaltens junger Unternehmen gleichsam ein theoretisches Hinterfragen des Ansatzes gefordert. In diesem Sinne wäre eine auf theoretischen Überlegungen basierende Anpassung des herkömmlichen Marketingansatzes an die Besonderheiten von Gründungsunternehmen zu empfehlen, der sich eine empirische Überprüfung anschließt. Eine Analyse der Forschungsperspektiven der identifizierten Zeitschriftartikel zeigt, dass insbesondere in den Themenbereichen „Marketing für junge Dienstleistungsunternehmen" und „Marktbezug" besonderer Forschungsbedarf besteht. Nach *Brooksbank et al.* ist es weiterhin von besonderer Wichtigkeit, die Erfolgsfaktoren des Marketings anzuwenden auf verschiedene Branchen, strategische Umfeldfaktoren und die Besonderheiten des jeweiligen Unternehmens.[34] *Coviello et al.* schlagen schließlich vor, nicht nur die Unterschiede sondern die Gemeinsamkeiten zwischen großen und kleinen Unternehmen hinsichtlich der Ausgestaltung des Marketings herauszustellen.[35]

Literatur

Bortz, J./Döring, N. (2002): Forschungsmethoden und Evaluation für Human- und Sozialwissenschaftler, 3. Aufl., Berlin 2002.

Brooksbank, R./Kirby, D./Tompson, G./Taylor, D. (2003): Marketing as a determinant of long-run competitive success in medium-sized U.K. manufacturing firms, in: Small Business Economics, Vol. 20 (2003), S. 259-272.

34 Vgl. Brooksbank et al. (2003), S. 271.

35 Vgl. Coviello et al. (2000), S. 543.

Buskirk, R. H. (1987): Research opportunities in entrepreneurial marketing, in: G. E. Hills (Hrsg.): Research at the Marketing/Entrepreneurship Interface – Proceedings of the UIC Symposium on Marketing and Entrepreneurship, Marietta 1987, S. 107-110.

Chaston, I. (2000): Entrepreneurial Marketing – competing by challenging convention, London 2000.

Collinson, E./Shaw, E. (2001): Entrepreneurial marketing – a historical perspective on development and practice, in: Management Decision, Vol. 39 (2001), S. 761-766.

Coviello, N. E./Brodie, R. J./Munro, H. J. (2000): An investigation of marketing practice by firm size, in: Journal of Business Venturing, Vol. 15 (2000), S. 523-545.

Drumm, H. J./Dowling, M. (2003): Grundprobleme, Ziele und Vorgehensweise von Gründungsmanagement und Entrepreneurship, in: M. Dowling/H. J. Drumm (Hrsg.): Gründungsmanagement – vom erfolgreichen Unternehmensstart zu dauerhaftem Wachstum, 2. Aufl., Berlin 2003, S. 1-7.

Eggers, F. (2005): Die Begründung der Besonderheiten von kleinen und jungen Unternehmen aus ressourcenorientierter Sicht, in: R. Schulte (Hrsg.): Ergebnisse der MittelstandsForschung. Ökonomische Analysen zu Selbständigkeit, Freien Berufen und KMU, Münster 2005, S. 91-105.

Fallgatter, M. J. (2002): Theorie des Entrepreneurship – Perspektiven zur Erforschung der Entstehung und Entwicklung junger Unternehmen, Wiesbaden 2002.

Faltin, G. (1998): Das Netz weiter werfen – Für eine neue Kultur unternehmerischen Handelns, in: G. Faltin/S. Ripsas/J. Zimmer (Hrsg.): Entrepreneurship – Wie aus Ideen Unternehmen werden, München 1998, S. 3-20.

Fritz, W. (1999): Marketing und New Business, Braunschweig 1999.

Gardner, D. M. (1994): Marketing/Entrepreneurship Interface – A Conceptualization, in: G. E. Hills (Hrsg.): Marketing and Entrepreneurship – Research Ideas and Opportunities, Westport 1994, S. 35-54.

Gruber, M. (2003): Research on marketing in emerging firms – key issues and open questions, in: International Journal of Technology Management, Vol. 26 (2003), S. 600-620.

Gruber, M. (2004a): Entrepreneurial Marketing, in: DBW, 64. Jg. (2004), S. 78-100.

Gruber, M. (2004b): Marketing in new ventures – theory and empirical evidence, in: Schmalenbach Business Review, Vol. 56, April (2004), S. 164-199.

Hennig-Thurau, T./Walsh, G./Schrader, U. (2003): Zeitschriftenranking des Verbandes der Hochschullehrer für Betriebswirtschaft, http://pbwi2www.uni-paderborn.de/WWW/TEMP/VHB/NEW/VHB_WEB.NSF/Navigator?ReadForm&L3CTG=TOP~Verein~Zeitschriftenranking (2003), eingesehen am 6. 12. 2004.

Hills, G. E. (1987): Marketing and entrepreneurship research issues: scholary justfication, in: G. E. Hills (Hrsg.): Research at the Marketing/Entrepreneurship Interface – Proceedings of the UIC Symposium on Marketing and Entrepreneurship, Marietta 1987, S. 3-15.

Hills, G. E. (1994): Marketing and Entrepreneurship – The Domain, in: G. E. Hills (Hrsg.): Marketing and Entrepreneurship – Research Ideas and Opportunities, Westport 1994, S. 5-10.

Hisrich, R. D. (1989): Marketing and Entrepreneurship Research Interface, in: G. E. Hills/R. W. LaForge/B. J. Parker (Hrsg.): Research at the Marketing/Entrepreneurship Interface – Proceedings of the UIC Symposium on Marketing and Entrepreneurship, Chicago 1989, S. 3-17.

Hult, G. T. M./Neese, W. T./Bashaw, R. E. (1997): Faculty perceptions of marketing journals, in: Journal of Marketing Education, Vol. 19 (1997), S. 37-52.

Lodish, L. M./Morgan, H. L./Kallianpur, A. (2001): Entrepreneurial Marketing, New York 2001.

Low, M. B. (2001): The Adolescence of Entrepreneurship Research – Specification of Purpose, in: Entrepreneurship Theory and Practice, Vol. 25 (2001), S. 17-25.

Müller-Böling, D./Klandt, H. (1993): Unternehmensgründung, in: J. Hauschildt/O. Grün (Hrsg.): Ergebnisse empirischer betriebswirtschaftlicher Forschung – Zu einer Realtheorie der Unternehmung, Stuttgart 1993, S. 135-178.

o.V. (2003): Auf dem Prüfstand: Wie gut sind Gründungsratgeberbücher?, http://www.gmlg.de/88.0.html (2003), eingesehen am 14. 6. 2005.

Ronstadt, R. (1984): Entrepreneurship – Text Cases and Notes, Dover 1984.

Roth, S./Gmür, M. (2004): Strukturen und Entwicklungslinien der Marketingforschung – Ergebnisse einer Zitations- und Kozitationsanalyse nordamerikanischer Marketing-Journals 1987-2001, in: Marketing – Zeitschrift für Forschung und Praxis, 26. Jg. (2004), S. 141-158.

Schulte, R./Klandt, H. (1996): Aus- und Weiterbildungsangebote für Unternehmungsgründer und selbständige Unternehmer, Reihe Forschungsberichte des Bundesministeriums für Bildung und Wissenschaft, Forschung und Technologie, Bonn 1996.

Schulte, R./Tegtmeier, S./Eggers, F. (2005): Grundlagen des Gründungsmanagement, Kurseinheit im Rahmen des MBA-Fernstudienganges „Sustainability Management" der Universität Lüneburg, Lüneburg 2005.

Shane, S./Venkataraman, S. (2000): The promise of entrepreneurship as a field of research, in: Academy of Management Review, Vol. 25 (2000), S. 217-226.

Wortman, M. S./Spann, M. S./Adams, M. (1989): The interface of entrepreneurship and marketing: concepts and research perspectives, in: G. E. Hills/R. W. LaForge/B. J. Parker (Hrsg.): Research at the Marketing/Entrepreneurship Interface – Proceedings of the UIC Symposium on Marketing and Entrepreneurship, Chicago 1989, S. 117-137.

Möglichkeiten und Grenzen der Kommunikationspolitik für das Arztpraxismarketing unter besonderer Berücksichtigung rechtlicher Rahmenbedingungen

Hans-Jürgen Bartz, Dirk Nissen

Inhaltsverzeichnis

1 Einführung

Die Kommunikationspolitik als ein zentrales Instrument des operativen Marketings findet in unterschiedlichsten Ausgestaltungen auf allen Märkten statt. Eine besondere Aufmerksamkeit in der Praxis, aber auch in der Theorie, erzielt dabei die Kommunikation im Konsumgüterbereich. Jedes Wirtschaftssubjekt ist damit konfrontiert und verfügt daher vor allem als Adressat der Unternehmenskommunikation über Erfahrungen in diesem Bereich. Eher neu und immer noch ungewohnt sind die kommunikativen Anstrengungen der Akteure im Gesundheitswesen und hier vor allem der Ärzte, deren Bild in der deutschen Öffentlichkeit kaum mit wirtschaftlich denkenden und handelnden Akteuren in Verbindung gebracht wird, sondern nach wie vor von dem hippokratischen Eid geprägt ist.

Der verschärfte Wettbewerb zwischen den Leistungsanbietern im Gesundheitswesen hat das ärztliche Werberecht in den vergangenen Jahren stark verändert und dieser Wettbewerb wird mit steigendem Kostendruck noch zunehmen. Inhalte und Instrumente des Marketings werden daher für Leistungsanbieter im Gesundheitswesen zunehmend relevant.[1]

Die ärztliche Leistung gehört zu den Dienstleistungen, bei denen aufgrund ihrer zahlreichen Besonderheiten die Kommunikation eine große Bedeutung hat, wenn es darum geht, sich gegen Mitbewerber auf dem Markt durchzusetzen und zu behaupten. Im Gesundheitswesen können die Instrumente der Kommunikationspolitik jedoch nicht so eingesetzt werden, wie es in der gewerblichen Wirtschaft üblich ist.[2] Im Gesundheitswesen haftet den Instrumenten noch häufig das Image „marktschreierischer Reklame" an. Dies mag daran liegen, dass in der gewerblichen Wirtschaft der frei entscheidende Konsument erreicht wird, die Kommunikationspolitik im Gesundheitswesen aber in erster Linie auf den Patienten abzielt, der in der Regel ein kranker und leicht beeinflussbarer Mensch ist, den es durch entsprechende rechtliche Rahmen zu schützen gilt. Gleichzeitig hat der Patient jedoch ein Recht auf Information. Der Arzt hat also die Möglichkeit, durch seine Kommunikationspolitik sachlich zu informieren, darf den Patienten in seiner Entscheidung jedoch nicht manipulieren.

Gegenstand dieses Aufsatzes ist es, die rechtlichen Rahmenbedingungen unterschiedlicher kommunikationspolitischer Instrumente aufzuzeigen, um das Feld abzugrenzen, in dem auch Ärzte Kommunikation betreiben dürfen. Dabei erfolgt eine Beschränkung auf die Kommunikation im Rahmen des Arztpraxismarketings. Zu diesem Zweck werden kurz die Besonderheiten der ärztlichen Dienstleistung vorgestellt, um anschließend die gesetzlichen Rahmenbedingungen hinsichtlich ihrer Wirkungen auf die Kommunikationspolitik von Arztpraxen zu analysieren.

2 Die ärztliche Dienstleistung

2.1 Besonderheiten der ärztlichen Dienstleistung

Dienstleistungen und damit auch ärztliche Dienstleistungen zeichnen sich grundsätzlich durch folgende Besonderheiten aus:[3]

- Immaterialität und Intangibilität der Leistung,
- Individualität beziehungsweise Variabilität der Leistung,
- Unteilbarkeit, Simultanität von Produktion und Konsum,
- Enger Transaktionsverbund zwischen Dienstleister und Leistungsempfänger,
- Vergänglichkeit und mangelnde Lagerfähigkeit,
- Standortgebundenheit der Dienstleistungserstellung.

Dabei ergeben sich nach Kotler[4] die Besonderheiten der Kommunikationspolitik

---

1 Vgl. Frehse (2003), S. 11-16.
2 Vgl. Ehlers (2001), S. 116-120.
3 Vgl. Stauss/Hentschel (1991), S. 238 und Zeithaml/Parasuraman/Berry (1985).
4 Vgl. Kotler/Bliemel (1999), S. 723.

im Dienstleistungssektor vor allem aus den folgenden spezifischen Eigenschaften von Dienstleistungen: Immaterialität, Integrativität, Qualitätsschwankungen und fehlende Lagerfähigkeit. Welchen Stellenwert diese Eigenschaften auch für die ärztlichen Dienstleistungen haben, zeigen die folgenden Ausführungen.

Immaterialität bezeichnet den Zustand, dass Dienstleistungen materiell nicht greifbar sind und somit dem Kunden nicht wie ein materielles Gut präsentiert werden können. Dies erzeugt Unsicherheit beim Käufer, so dass dieser nach Zeichen und Hinweisen sucht, welche die Qualität der Dienstleistung bezeugen. Der Dienstleistungsanbieter muss deshalb sein Angebot mit leistungsbezeugenden Hinweisen versehen, indem er für die immaterielle Leistung materielle Ausdrucksformen findet. Tangibilität der Dienstleistung ist dann gegeben, wenn sie für den Verbraucher greifbar wird. Soll beispielsweise eine Arztpraxis als „die schnelle Arztpraxis" am Markt positioniert werden, so sollte das Personal diese immaterielle Leistung zum Beispiel in der Form in eine materielle Ausdrucksform bringen, als dass der Kunde am Empfang immer zuerst bedient wird, bevor andere Aufgaben erledigt werden. Das Informationsmaterial der Praxis sollte Schnelligkeit und Effizienz ausstrahlen. Hier setzt die Kommunikationspolitik an, deren Ziel es sein muss, eine Materialisierung der Dienstleistung zu erreichen, indem tangible Elemente dargestellt werden.

Bei einer Dienstleistung integriert der Dienstleistungsnachfrager sich selbst oder ein Objekt seiner Verfügungsgewalt in den Prozess der Dienstleistungserstellung. Dadurch wird die Dienstleistung zeitgleich produziert und konsumiert. Dieser Zusammenhang wird als *Integrativität*[5] der Dienstleistung bezeichnet. Die daraus entstehenden Interaktionen zwischen Leistungserbringer und -empfänger sind wichtiger Bestandteil des Dienstleistungsmarketings. Die Integrativität kann zur Klärung von Problemen im Rahmen der Dienstleistungserstellung dienen. Außerdem ist sie ein wichtiges Instrument zum Aufbau einer engen Kunden-Mitarbeiter-Beziehung.[6]

Qualitätsschwankungen sind ein weiteres wichtiges Kennzeichen von Dienstleistungen. Die Qualität der Leistung hängt stark von der Person des Leistungserbringers und -empfängers sowie von Ort und Zeitpunkt der Leistungserbringung ab.

Dienstleistungen können nicht auf Vorrat produziert werden. Sie zeichnen sich also durch *fehlende Lagerfähigkeit* aus. Dies ist problematisch, wenn die Nachfrage nach der Leistung schwankt. Das Unternehmen muss dann versuchen, Angebot und/oder Nachfrage anzupassen.[7] Dazu kann der Einsatz der Kommunikationspolitik einen wichtigen Beitrag leisten. Maßnahmen zur

5 Vgl. Kotler/Bliemel (1999), S. 724.
6 Vgl. Meffert/Bruhn (2003), S. 428.
7 Vgl. Kotler/Bliemel (1999), S. 726.

Anpassung der Nachfrage sind unter anderem: Kultivierung der Nachfrage außerhalb der Spitzenzeiten[8] oder zusätzliche Leistungen in Spitzenzeiten.[9] Zur Anpassung des Angebots dienen unter anderem der Einsatz von Teilzeitkräften,[10] Arbeitsumschichtung weg von Spitzenzeiten[11] und die verstärkte Integration des Leistungsempfängers.[12]

Die beschriebenen Besonderheiten von (ärztlichen) Dienstleistungen schränken die Möglichkeiten einer kommunikativen Ansprache der Zielgruppen (Patienten) ein. Noch komplexer gestaltet sich dieses Problem, wenn die unterschiedlichen Akteure und ihre besonderen Rollen im Gesundheitsmarkt betrachtet werden.

2.2 Wettbewerbskräfte der ärztlichen Dienstleistungen

Porter unterscheidet fünf Kräfte des Wettbewerbs, die sich zum einen auf den Wettbewerb innerhalb der Branche beziehen, zum anderen aber auch verhandlungsmächtige Lieferanten und Abnehmer integrieren und den Blick auf Ersatzprodukte und potenzielle neue Konkurrenten richten (vgl. Abb. 1).

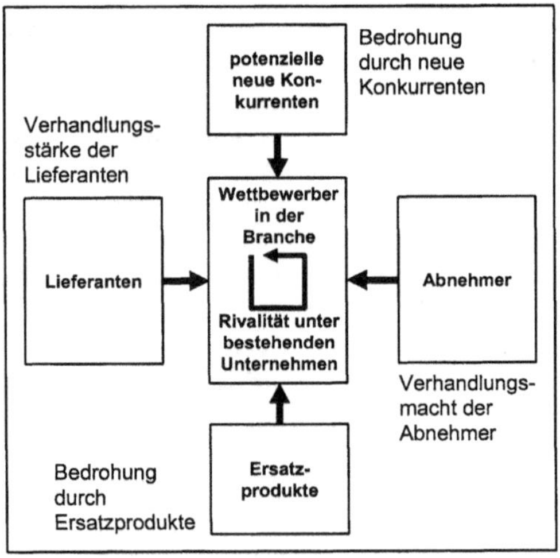

Abb. 1: Die fünf Wettbewerbskräfte nach Porter[13]

8 Ein Beispiel hierfür sind Wochenendtarife von Hotels.
9 Bspw. die Einrichtung einer Bar im Vorraum eines Restaurants zur Überbrückung der Wartezeit auf die Hauptleistung.
10 Bspw. der Einsatz von Aushilfskellnern in der Hochsaison.
11 Z. B. durch die Prioritätensetzung „Zuerst der Kunde, dann die Ablage".
12 Etwa indem der Patient seine Krankengeschichte selbst auf einem Formblatt vorbereitet.
13 Quelle: Nieschlag et al. (1997), S. 918.

Wird diese Sichtweise auf Arztpraxen übertragen, dann ergibt sich ein komplexes Konkurrenzumfeld, das aufgrund seiner Besonderheiten auch Konsequenzen für die Ausgestaltung der Kommunikationspolitik für Arztpraxen hat.

Der *Wettbewerb innerhalb der Branche* ist vergleichbar mit dem Wettbewerb zwischen anderen Dienstleistern. Unterschiede werden vor allem dahingehend zu beobachten sein, ob die Wettbewerbssituation in Ballungszentren beziehungsweise Großstädten oder in eher ländlich geprägten beziehungsweise kleinstädtischen Strukturen betrachtet wird. Die jeweilige Situation determiniert, wie die Instrumente der Kommunikationspolitik eingesetzt beziehungsweise ausgestaltet werden, um dem Wettbewerb innerhalb der Branche zu begegnen.

Die *Abnehmer* ärztlicher Leistungen sind die Patienten. Im Unterschied zu anderen Märkten wird hier allerdings ein Großteil der erbrachten Leistungen nicht vom Leistungsempfänger, sondern von einer dritten Institution, der Krankenkasse bezahlt. Durch diese Bündelung von Abnehmerinteressen wird die Verhandlungsmacht der Abnehmerseite zum Teil erheblich gesteigert. So kommt es zunehmend zu direkten Verhandlungen zum Beispiel zwischen Krankenhäusern oder auch Ärztegemeinschaften und Krankenkassen, in denen die ökonomischen Rahmenbedingungen für bestimmte medizinische Leistungen vereinbart werden. Aber auch die zunehmende Emanzipation der Patienten, gepaart mit einem in manchen Regionen vorhandenem Überangebot an ärztlichen Dienstleistungen, stärkt die Position der Abnehmer.[14] Kommunikative Anstrengungen werden sich daher sowohl an die gesetzlichen Krankenkassen beziehungsweise Ersatzkassen sowie an den Patienten richten.

Als *Lieferanten* lassen sich hier Pharmaunternehmen aber auch andere überweisende Ärzte identifizieren. Vor allem diese sind im Rahmen der Praxiskommunikation mit dem Ziel der Leistungsinformation als auch der Vertrauensbildung zu berücksichtigen.

Potenzielle neue Konkurrenten sind neue Ärzte, die sich im Umfeld niederlassen, aber auch andere medizinische Dienstleister wie Homöopathen, Anbieter von Naturheilverfahren sowie die ärztliche Beratung via Internet oder via Telefon. Die Signalisierung von bestimmten Alleinstellungsmerkmalen wie beispielsweise besondere Fähigkeiten und Kompetenzen zur Abgrenzung von diesen alternativen Dienstleistungsangeboten, wird hier im Zentrum der Kommunikationspolitik stehen.

OTC-Produkte und der zunehmende Trend zur Selbstmedikation einiger Patientenschichten lassen sich unter dem Begriff der *Ersatzprodukte* zusammenfassen. Hier gilt es, die Gründe in Erfahrung zu bringen, warum diese Abnehmer

14 Vgl. Nissen/Weisenfeld (2001), S. 1.

die Ersatzprodukte einem Arztbesuch vorziehen, um diese Gründe dann mittels Kommunikation zu entkräften.[15]

Die Zuordnung zu den einzelnen Kräften des Branchenwettbewerbs ist dabei zum Teil fließend. Wie gezeigt wurde, verschafft aber die isolierte Betrachtung der einzelnen Wettbewerbskräfte unterschiedliche Blickrichtungen und damit auch Stoßrichtungen kommunikationspolitischer Anstrengungen. Bevor auf diese unter besonderer Berücksichtigung der gesetzlichen Rahmenbedingungen im Abschnitt 4 eingegangen wird, erfolgt im Abschnitt 3 ein kurzer Überblick über die relevanten Rechtsnormen.

3 Gesetzliche Rahmenbedingungen der Kommunikationspolitik von Arztpraxen

Neben der Musterberufsordnung (MBO) bilden das Gesetz gegen den unlauteren Wettbewerb (UWG) und das Heilmittelwerbegesetz (HWG) die gesetzlichen Rahmenbedingungen für das ärztliche Werberecht.

Höchstrichterliche Rechtsprechung, insbesondere die Entscheidungen des Bundesverfassungsgerichts und des Bundesgerichtshofs, treibt die Erneuerung des ärztlichen Werberechts voran. Nach Auffassung des Bundesverfassungsgerichts sind Werbebeschränkungen heute nur noch aus Gründen des Gesundheitsschutzes und des Schutzes vor Verunsicherung der Patienten zulässig. Der Schutz vor besser qualifizierter Konkurrenz ist demgegenüber kein Verbotsgrund.[16] Allein aus der Tatsache, dass eine Berufsgruppe ihre Werbung anders als bisher üblich gestaltet, kann nicht gefolgert werden, dass dies unzulässige Werbung ist.[17]

Die Änderung der Musterberufsordnung (MBO) im Jahre 2002 hat das Werbeverbot für Ärzte noch einmal deutlich gelockert. Die noch bestehenden Werbebeschränkungen der ärztlichen Standesorganisationen werden heute zunehmend durch Richterrecht in Zweifel gezogen.[18] Dies liefert wichtige Grundlagen für die Modernisierung relevanter Gesetze.[19] Dennoch ist die MBO immer noch eine wichtige rechtliche Grundlage des ärztlichen Werberechts. Darüber hinaus sind für das ärztliche Werberecht das Gesetz gegen den unlauteren Wettbewerb (UWG) und das Heilmittelwerbegesetz (HWG) relevant. Der Informationsanspruch des Patienten rückt in allen Gesetzesgrundlagen in

15 So kann der Grund einer Selbstmedikation darin begründet sein, dass der Patient nicht dazu bereit oder in der Lage ist, die Zeit aufzuwenden, die er für einen Arztbesuch benötigt. Durch die Kommunikation garantiert kurzer Wartezeiten oder durch das Angebot einer Telefonsprechstunde kann dem entgegengewirkt werden.

16 Vgl. BVerfG, Beschl. v. 23. 7. 2001 – 1 BvR 873/00, NJW 2001, S. 2788.

17 Vgl. BVerfG, Beschl. v. 17. 4. 2000 – 1 BvR 721/99, MDR 2000, S. 730.

18 Vgl. Bahner (2001), S. 1-3.

19 Vgl. Bahner (2001), S. 1-3.

den Vordergrund.[20] Gleichzeitig muss der Patient aber vor Beeinflussung geschützt werden; schließlich soll eine Kommerzialisierung des Arztberufs vermieden werden.

Die MBO enthält wichtige Regeln für die Berufsausübung des Arztes. Laut § 27 MBO ist Werbung in Form von sachlicher, berufsbezogener Information, die wahrheitsgetreu und verständlich präsentiert wird, zulässig. Werbung ist dagegen dann berufswidrig, wenn sie anpreisend, irreführend oder vergleichend ist. An diesen Kernkriterien der MBO muss sich die Kommunikationspolitik ausrichten. Dabei werden alle Werbeträger gleich behandelt.[21]

Seit Novellierung der MBO wird das ärztliche Werberecht vor allem durch das HWG limitiert. Dies geht als Bundesgesetz dem Satzungsrecht der Landesärztekammern und damit der Berufsordnung vor.[22] Das HWG schützt die Gesundheitsinteressen der Allgemeinheit, während das UWG die Voraussetzungen für einen fairen Wettbewerb schafft. Ihm unterliegen die Angehörigen der freien Berufe und damit auch die Ärzte. Die Gerichte prüfen zunehmend Werbebeschränkungen, die von den Standesorganisationen erlassen werden. Das daraus resultierende Richterrecht liefert wichtige Grundlagen für die Modernisierung von MBO, UWG und HWG. Neben diesen Bestimmungen hat das Teledienstgesetz (TDG)[23] Einfluss auf die Kommunikationspolitik. Es soll einheitliche Rahmenbedingungen für die Nutzung elektronischer Informationsdienste schaffen.

4 Instrumente der Kommunikationspolitik für Arztpraxen

Die Auswirkungen beziehungsweise die Relevanz der beschriebenen rechtlichen Rahmenbedingungen der Kommunikationspolitik für Arztpraxen werden nun anhand verschiedener Instrumente des Kommunikationsmixes erläutert. Dabei konzentrieren wir uns auf jene Instrumente, die auch von kleineren und mittelgroßen Arztpraxen sinnvoll eingesetzt werden können:

- Mediawerbung,
- Verkaufsförderung,
- Persönlicher Verkauf,
- Direktmarketing,
- Öffentlichkeitsarbeit,
- Multimediakommunikation,
- Sponsoring.

---

20 Vgl. BÄK (2003), Nr. 1.

21 Wenn in Kommentaren der Ärztekammer oder der Gerichte von Werbung die Rede ist, können die Aussagen auf alle Instrumente der Kommunikationspolitik bezogen werden.

22 Vgl. Bahner (2003), S. 285.

23 Gesetz vom 22. 7. 1997 (BGBl. I, S. 1870), zuletzt geändert am 14. 12. 2001 (BGBl. I, S. 3721).

Grundsätzlich gilt, dass sich die kommunikationspolitischen Maßnahmen von Ärzten vor allem an die Abnehmer der medizinischen Dienstleistungen richten. Welche weiteren Zielsetzungen in Bezug auf die beschriebenen Wettbewerbskräfte verfolgt werden können, wird bei den folgenden Ausführungen berücksichtigt.

4.1 Mediawerbung

Mediawerbung ist der Transport und die Verbreitung werblicher Information über die Belegung von Werbeträgern mit Werbemitteln im Umfeld öffentlicher Kommunikation gegen ein leistungsbezogenes Entgelt. Sie richtet sich öffentlich und ausschließlich über technische Verbreitungsmittel mittels Wort-, Schrift-, Bild- und Tonzeichen einseitig an ein verstreutes Publikum.[24]

Grundsätzlich können alle Medien für das Arztpraxismarketing genutzt werden. Zeitungsanzeigen und Inserate werden häufig eingesetzt und können nach Meinung der Gerichte ohne Anlass geschaltet werden.[25] Die Bundesärztekammer vertritt, abweichend vom Urteil des Bundesverfassungsgerichts[26], einen konservativeren Standpunkt. Sie behält sich eine individuelle Beurteilung der Rechtmäßigkeit des Werbemittels vor. Eine eindeutige Empfehlung zum Vorgehen kann daher nicht gegeben werden. Im Zweifelsfall sollte die zuständige Landesärztekammer befragt werden.

Ärzte dürfen sich in Verzeichnisse, Datenbanken, Suchmaschinen[27] und sonstige Informationsmedien eintragen lassen. Auf Briefköpfen, Stempeln, Rezeptvordrucken und im weiteren beruflichen Verkehr sind alle Angaben zulässig, die auch in Patientenbroschüren und auf der Homepage zulässig sind. Broschüren, Praxiszeitungen oder Patienteninformationen können laut Musterberufsordnung innerhalb der Arztpraxis problemlos eingesetzt werden.[28]

In den genannten Gestaltungsformen richtet sich die Mediawerbung an die Leistungsempfänger und kann darüber hinaus der Abgrenzung gegenüber potenziellen Konkurrenten und „Ersatzprodukten" dienen.

4.2 Verkaufsförderung

Die *Verkaufsförderung* gewinnt auch im Dienstleistungsbereich zunehmend an Bedeutung.[29] Für Kotler[30] beinhaltet Verkaufsförderung eine Vielzahl unterschiedlicher, meist kurzfristiger Anreize zur Stimulation schnellerer beziehungs-

---

24 Vgl. Bruhn (2003), S. 277.
25 Vgl. BVerfG, Beschl. v. 18. 2. 2002 – 1 BvR 1644/01, WRP 2002, S. 521.
26 Vgl. Bahner (2001), S. 86.
27 Vgl. BVerfG, Beschl. v. 18. 10. 2001 – 1 BvR 881/00, WRP 2001, S. 1437.
28 Vgl. Bahner (2003), S. 130.
29 Vgl. Meffert/Bruhn (2003), S. 463.
30 Vgl. Kotler/Bliemel (1999), S. 1023.

weise umfangreicherer Käufe bestimmter Produkte oder Dienstleistungen durch die Verbraucher oder den Handel.

Im Rahmen des Arztpraxismarketings ist Verkaufsförderung im Sinne von patientenorientierten Serviceleistungen grundsätzlich zulässig.[31] Garantieversprechen sind, wenn Sie dezidiert dargestellt werden, ebenfalls erlaubt.[32] Sonderangebote und Rabattsysteme[33] kommen für medizinische Dienstleistungen allerdings nicht in Frage. Ferner ist produktbezogene Werbung durch oder für Dritte im Wartezimmer laut Bundesärztekammer[34] und aktueller Rechtsprechung unzulässig.[35] Darüber hinaus ist die Mitgabe von Gegenständen von geringem Wert nach Auffassung der Bundesärztekammer außerhalb der Praxis verboten.[36] Nach Ansicht von Juristen ist dies jedoch – genauso wie das Verbot des Auslegens von Informationsmaterial außerhalb der Praxis – mit der aktuellen Rechtsprechung kaum vereinbar.[37] Eine allgemeine Empfehlung zum Vorgehen bei kritischen Fällen der Verkaufsförderung kann nicht gegeben werden.

4.3 Persönlicher Verkauf

Bruhn[38] versteht unter *Persönlicher Kommunikation* die Analyse, Planung, Organisation, Durchführung und Kontrolle sämtlicher unternehmensinterner und -externer Aktivitäten, die mit der wechselseitigen Kontaktaufnahme beziehungsweise -abwicklung zwischen Anbieter und Nachfrager verbunden sind. Dies geschieht in einer durch die Umwelt vorgegebenen Face-to-Face-Kontaktsituation. Durch diese Maßnahmen sollen vorab definierte Ziele der Unternehmenskommunikation erreicht werden. Die Persönliche Kommunikation wird sowohl zur Leistungserbringung als auch zur Leistungsdarstellung eingesetzt.

Zu diesem Instrument liegt wenig konkrete aktuelle Rechtsprechung vor. Der Arzt hat jedoch sehr viele Möglichkeiten, die Persönliche Kommunikation zu gestalten. Er kann durch Vorträge mit seinen Patienten, vor allem mit so genannten „Schlüsselkunden“, in Kontakt treten. Im Gespräch mit Patienten hat er die Möglichkeit, ärztliche Kollegen in sachlicher und örtlicher Hinsicht zu empfehlen.[39] Der Arzt kann sich und sein Praxispersonal in Techniken der Persönlichen Kommunikation schulen. Professionelle Persönliche Kommunikation kann die Kundenbindung und das Image der Praxis verbessern. Die durch

31 Vgl. Bahner (2003), S. 176.
32 Vgl. Bahner (2003), S. 231 sowie § 136b Abs. 2 SGB V.
33 LG Frankfurt/Oder, Urt. v. 24. 7. 2003 – 32 O 43/03, WRP 2004, S. 406.
34 Vgl. BÄK (2003), Nr. 3.3.4.
35 VG Münster, Urt. v. 20. 5. 1998 – 6 K 3821/97 – MedR 1999, S. 146.
36 Vgl. BÄK (2003), Nr. 3.3.4.
37 Vgl. Bahner (2003), S. 283.
38 Vgl. Bruhn (2003), S. 334.
39 Vgl. Bahner (2003), S. 181.

Persönliche Kommunikation vermittelte Gesundheitsdienstleistung muss jedoch medizinisch indiziert sein. Die Entscheidung des Patienten darf nicht unter Druck zustande kommen.[40] Diese Grundsätze dürfen nicht durch professionelle Kommunikationstechniken unterlaufen werden.

Auch wenn die Abnehmer direkt angesprochen werden, dient das Instrument „Persönliche Kommunikation" in hohem Maße sowohl der Abgrenzung der eigenen Dienstleistungen gegen die Leistungsangebote der Wettbewerber innerhalb der Branche als auch der potenzieller neuer Konkurrenten.

4.4 Direktmarketing

Die *Direktkommunikation* umfasst sämtliche Maßnahmen, die darauf ausgerichtet sind, durch eine gezielte Ansprache einen direkten Kontakt zum Adressaten herzustellen und einen unmittelbaren Dialog in Gang zu setzen.[41] Die Maßnahmen können aber auch durch die indirekte Ansprache den Grundstein für einen Dialog in einer zweiten Stufe legen. In beiden Fällen haben sie das Ziel, die Kommunikationsziele des Unternehmens zu erreichen. Die Grundlage für eine wirksame Direktkommunikation ist ein sorgfältiges Database Marketing in Form einer gepflegten Kundendatei.[42] Damit kann ein „maßgeschneidertes" Kommunikationspaket erstellt werden.

Passive Direktkommunikation in Form von Rundschreiben, die auf dem Postwege distribuiert werden, ist zulässig. Diese können Praxisbroschüren, Einladungen zu Vorträgen oder Kursen oder anderes Informationsmaterial enthalten.[43] „Briefkastenwerbung" ist nicht aufgedrängt oder unlauter im Sinne des § 1 UWG.[44] Trotz dieser Argumente ist immer noch unklar, ob Rundschreiben an Personen verschickt werden können, die noch nicht Patienten der Arztpraxis sind.[45] Das Bundesverfassungsgericht hält das Auslegen von Praxisbroschüren in Einrichtungen, die einen Gesundheitsbezug haben, für zulässig. Darüber hinaus dürfen Broschüren auch anderen Medien beigelegt[46] oder auf fachärztlichen Symposien angeboten werden.[47] Dennoch wird diese Rechtsprechung von der Bundesärztekammer[48] nicht unterstützt. Eine abschließende Empfehlung kann daher nicht gegeben werden. Im Zweifelsfall sollte zum geplanten Vorgehen bei der zuständigen Landesärztekammer eine Stellungnahme eingeholt werden. Die Zielrichtung der passiven Direktkommunikation

40 Vgl. Franzki (1998), S. 167-171.
41 Vgl. Bruhn (2003), S. 302.
42 Vgl. Wilde (1989), S. 1-10.
43 Vgl. § 1 UWG; ergibt sich aus der Systematik des § 27 MBO.
44 Vgl. Bahner (2003), S. 132.
45 Vgl. Bahner (2003), S. 130.
46 Vgl. BVerfG, Beschl. v. 8. 1. 2002 – 1 BvR 1147/01.
47 LG Berlin, Urt. v. 3. 1. 2003 – 16 O 561/02.
48 Vgl. BÄK (2003), Nr. 3.3.4.

ist vielschichtig. Sie richtet sich sowohl an Lieferanten als auch an organisierte Abnehmerinteressen und grenzt dabei die eigenen Leistungen gegen den Wettbewerb ab.

Eine weit verbreitete Methode der interaktionsorientierten Direktkommunikation ist das Recall-System. Dessen Einsatz ist erlaubt, wenn der Angerufene vorher dazu (am besten schriftlich) sein Einverständnis erklärt hat.[49] Unzulässig sind dagegen unaufgeforderte Telefonanrufe und E-Mails, SMS auf Handys[50] oder Telefaxwerbung, vor allem, wenn sie den Empfänger finanziell belasten. Hier werden ausschließlich die Abnehmer angesprochen.

4.5 Öffentlichkeitsarbeit

„Die *Öffentlichkeitsarbeit* beinhaltet Planung, Organisation, Durchführung sowie Kontrolle aller Aktivitäten eines Unternehmens, um bei ausgewählten externen und internen Zielgruppen um Verständnis und Vertrauen zu werben.“[51]

Sie nimmt im Arztpraxismarketing einen hohen Stellenwert ein. Dies zeigt sich in der hohen Anzahl relevanter aktueller Urteile. Bei der Öffentlichkeitsarbeit stehen Publikationen in Presse und anderen Medien im Vordergrund. Die Presse darf im Rahmen ihrer Berichterstattung Aussagen über den Arzt machen, die unter Umständen diesem selbst aus Gründen standesrechtlicher Werbebeschränkungen untersagt wären.[52] Auch eine namentliche Nennung des Arztes mit Foto ist der Presse aus Gründen der lebendigen Berichterstattung und Authentizität erlaubt.[53] Ein Presseartikel mit begleitendem Werbeeffekt für den Arzt ist heute nicht mehr angreifbar, sofern er nicht anpreisend, irreführend oder vergleichend ist.

Medienauftritte von Ärzten bei Gesundheitsveranstaltungen sowie Veröffentlichungen und Vorträge medizinischen Inhalts sind zulässig.[54] Es ist gestattet in Fachzeitschriften oder in Medien für medizinische Laien zu publizieren.[55]

Ärzte können Bücher unter eigenem Namen herausgeben. Sie dürfen hierbei auch ihre eigenen ärztlichen Leistungen und Behandlungsmethoden herausstellen.[56] Innerhalb der Fachkreise darf der Arzt in persönlichen Mitteilungen oder in Fachzeitschriften in Wort und Bild auf neu eingeführte Untersuchungsmethoden hinweisen.[57] Auch die autobiografische Selbstdarstellung von Ärzten

---

49 Vgl. Bahner (2003), S. 179.

50 LG Berlin, Urt. v. 14. 1. 2003 – 15 O 420/02, CR 2003, S. 339.

51 Bruhn (2003), S. 341.

52 BVerfG, Beschl. v. 11. 2. 1992 – 1 BvR 1531/90, NJW 1992, S. 2341.

53 So bereits EGMR, Straßburg, Urt. 10/1983/66/101 v. 25. 3. 1985, Fall Dr. Barthold, EuGRZ 1985, S. 170.

54 BGH, Urt. v. 2. 5. 1999 – I ZR 54/97, WRP (1999), S. 1139.

55 LBGH OVG Koblenz, Urt. v. 27. 4. 1994 – LBGH A 12498/93, NJW 1995, S. 1633.

56 Vgl. BVerfG, Beschl. v. 19. 11. 1985 – 1 BvR 934/82, MedR 1986, S. 128.

57 BVerfG, Beschl. v. 21. 4. 1993 – 1 BvR 166/89, MedR 1993, S. 348.

in den Medien ist zulässig, sofern diese auf sachliche Information beschränkt bleibt.[58] Sowohl bei medizinischen Publikationen als auch bei Interviews muss die Sache, nicht die Person des Arztes im Vordergrund stehen.[59] Er darf auch Leser-, Zuschauer- oder Hörerfragen beantworten, solange seine Beiträge wissenschaftlich bleiben und persönlich zurückhaltend sind.[60]

Ärzte dürfen einen „Tag der offenen Tür" veranstalten. Dieser kann in einer Zeitungsanzeige angekündigt werden.[61] Ferner dürfen innerhalb der Praxisräume Urkunden sachlich präsentiert werden.[62]

Es ist wettbewerbswidrig, Werbemaßnahmen so zu tarnen, dass sie als objektive Berichterstattung durch unabhängige Dritte erscheinen.[63] Journalisten und Verleger sind nach dem Presserecht verpflichtet, Anzeigenwerbung von der redaktionellen Berichterstattung streng zu trennen.[64] Die redaktionelle Berichterstattung erfolgt grundsätzlich unentgeltlich. Wird trotz einer Vielzahl vergleichbarer Produkte nur eines besonders herausgestellt, so handelt es sich ebenfalls um getarnte Werbung. Werden Produktanzeigen dazu noch parallel geschaltet, ist dies ein strenges Indiz für geplante Absatzförderung.[65] Die anpreisende Herausstellung eigener Leistungen in Presseberichten oder Patientenzeitschriften ist ebenfalls berufswidrig.[66]

Mit Ausnahme des Instrumentes „Tag der offenen Tür" richtet sich die Öffentlichkeitsarbeit in erster Linie nicht an die Abnehmer. Durch ihre (scheinbare) Neutralität und die Vielfältigkeit der Ausgestaltungsformen ist sie dazu geeignet, in alle Richtungen der Wettbewerbskräfte zu wirken.

4.6 Multimediakommunikation

Die *Multimediakommunikation* hat sich zu einem wichtigen Instrument der Kommunikationspolitik entwickelt. Bruhn[67] versteht darunter die zielgerichtete, systematische Analyse, Planung, Organisation, Durchführung und Kontrolle sämtlicher Maßnahmen, die dazu dienen, durch die Absendung von Botschaften mittels elektronischer Medien mit dem Kunden entsprechend seinen indivi-

---

58 Vgl. BVerfG, Beschl. v. 19. 11. 1985 – 1 BvR 934/82, BVerfGE 71, S. 162 ff.
59 Richtlinien des Vorstandes der BÄK, DÄBl. (1997), S. 112.
60 Vgl. LG Frankenthal, Urt. v. 17. 8. 2000 – 2 HK. O 119/00.
61 Vgl. BÄK (2003), Nr. 2.
62 LG Detmold, Urt. v. 14. 9. 1999 – 8 O 118/99, MDR 2000, S. 675.
63 Diese „getarnte Werbung" ist ein Verstoß gegen § 1 UWG.
64 Vgl. BVerfG, Beschl. v. 7. 11. 2002 – 1 BvR 580/02, MDR 2003, S. 344.
65 Vgl. OLG Nürnberg, Urt. v. 15. 1. 2002 – 3 U 2999/01, WRP 2002, S. 585.
66 OLG Düsseldorf, Urt. v. 2. 2. 1998 – 20 U 101/98, WRP 1999, S. 700; vgl. auch BVerfG, Beschl. v. 19. 11. 1985 – 1 BvR 931/82, MedR 1986, S. 128; LBGH OVG NRW, Urt. v. 12. 3. 2003 – 6t A 689/01.T.
67 Vgl. Meffert/Bruhn (2003), S. 492.

duellen Bedürfnissen in Interaktion zu treten und Kommunikationsziele des Unternehmens zu realisieren.

Ärzte dürfen sich gemäß MBO grundsätzlich mit einer eigenen Homepage im Internet darstellen.[68] Es sind alle Informationen zulässig, die eine sachliche Darstellung der Arztpraxis beinhalten. Sämtliche Seiten einer Homepage dürfen in den Index von Suchmaschinen aufgenommen werden, sofern die Angaben inhaltlich zulässig sind.[69] Das Teledienstgesetz (TDG)[70] legt fest, welche Angaben auf der Homepage enthalten sein müssen. Ferner hat die Bundesärztekammer in ihrem so genannten Interpretationsbeschluss und in ihren Auslegungsgrundsätzen[71] Einschränkungen vorgenommen. Zulässige Informationen auf der Homepage sind unter anderem erworbene Qualifikationen und Tätigkeitsschwerpunkte sowie organisatorische Hinweise. Außerdem dürfen der Arzt und das Praxispersonal auf Fotos dargestellt werden. Die Homepage darf auch einen Lebenslauf des Arztes enthalten.[72] Allgemeine medizinische Hinweise oder Tipps zur Gesunderhaltung sind ebenfalls erlaubt.[73] In geschlossenen Ärztenetzen darf umfassend über das Leistungsangebot der Praxis informiert werden. Hier gelten andere Kriterien als bei der Werbung für ein „Laienpublikum". Die Werbung mit Erfolgsquoten oder irreführenden Erfolgsversprechen ist dagegen unzulässig.[74] Ebenfalls nicht gestattet sind Hinweise auf Hersteller pharmazeutischer Erzeugnisse, Medizinprodukte oder andere Waren der Gesundheitsindustrie. Das gleiche gilt für Werbebanner und Pop-up-Fenster auf der ärztlichen Homepage.[75] Eine Ausnahme bilden Links und Hinweise auf Institutionen des Gesundheitswesens, Selbsthilfegruppen oder Informationsanbieter. Bei der Wahl des Domain-Namens ist zu beachten, dass dieser keine Alleinstellung der Praxis für einen Ort oder eine Region signalisieren darf.[76]

Neben den bestehenden Patienten, denen mit dieser Art der Kommunikation die mittlerweile zum Standard gehörenden Informationswege bereitgestellt werden, ist die Multimediakommunikation ein besonders geeignetes Instrument, auch potenzielle Neukunden anzusprechen und ein Profil darzustellen, das der Abgrenzung zum Wettbewerb dient.

---

68 Vgl. Bahner (2001), S. 99.

69 Zur Nennung von Therapieschwerpunkten in Internet-Arztsuchdiensten vgl. LG Düsseldorf, Urt. v. 13.10.2000 – 38 O 90/00.

70 Vgl. Bahner (2003), S. 141 ff.

71 Vgl. BÄK (2003).

72 Vgl. Bahner (2003), S. 140 ff.

73 OLG Köln, Urt. v. 4.5.2001 – 6U 201/00, NJW-RR 2001, S. 1570 ff.

74 Vgl. OLG Zweibrücken, Urt. v. 13.12.2001 – 4 U 68/01, OLG-Report 2002, S. 252.

75 Vgl. Bahner (2003), S. 142 ff.

76 Beispiel: „der-augenarzt-in-hamburg.de".

4.7 Sponsoring

Das *Sponsoring* als Kommunikationsinstrument ermöglicht es, die Zielgruppen direkt über den Freizeitbereich anzusprechen. Sponsoring bedeutet die Bereitstellung von Geld, Sachmitteln, Dienstleistungen oder Know-how durch Unternehmen zur Förderung von Personen und/oder Organisationen in den Bereichen Sport, Kultur, Soziales, Umwelt und/oder den Medien.[77]

Sponsoring wird zunehmend auch für Arztpraxen interessant. Das Bundesverfassungsgericht erlaubte einer Anwaltskanzlei das Sponsoring kultureller Veranstaltungen.[78] Das Urteil ist ohne Einschränkungen auch auf Ärzte übertragbar. Dies ergibt sich aus der ausdrücklichen Bezugnahme des Bundesverfassungsgerichts auf die „freien Berufe".[79] Sponsoring ist sachliche Information über die Berufstätigkeit. Sponsoring macht darauf aufmerksam, dass sich der Werbende z. B. gemeinnützig engagiert. Selbstdarstellungen dieser Art sind für sich genommen weder irreführend noch reklamehaft. Der Arzt kann auf Ankündigungsplakaten oder Eintrittskarten in „dezenter Weise" als Förderer der Veranstaltung auftreten. Auch der Ärztegerichtshof Saarland hat entschieden, dass eine Arztpraxis als Sponsor auftreten darf. Dies verstößt nicht gegen das ärztliche Standesrecht.[80] Der Ärztegerichtshof Saarland hat damit konsequent die Rechtsprechung des Bundesverfassungsgerichts und anderer Gerichte fortgeführt. Ob Sponsoring zulässig ist, erfordert jedoch eine wertende Betrachtung des Einzelfalls unter Berücksichtigung zum Beispiel des Anlasses, der Mittel, des Zwecks und der Begleitumstände des Sponsorings.[81]

Da im Rahmen eines Sponsoringengagements (so gut wie) keine Informationen über das Leistungspotenzial des Arztes verbreitet werden können, dient es mit seiner imagefördernden Wirkung vor allem der Vertrauensbildung in Richtung vorhandener Patienten und zur Bekanntheitsförderung in Richtung Lieferanten und neuer Kunden.

5 Zusammenfassung zentraler Ergebnisse

Abschließend werden die zu den einzelnen Instrumenten des Kommunikationsmixes gemachten Ausführungen in der folgenden Tabelle zusammengefasst und einer Bewertung unterzogen.

Die Tabelle zeigt die Möglichkeiten und Grenzen der Kommunikation für Arztpraxen unter besonderer Berücksichtigung rechtlicher Rahmenbedingungen.

---

77 Vgl. Bruhn (2003), S. 311.

78 Vgl. BVerfG, Beschl. v. 17. 4. 2000 – 1 BvR 721/99, WRP 2000, S. 720.

79 Vgl. Bahner (2001), S. 132.

80 Vgl. ÄrzteGH Saarland, Beschl. v. 10. 10. 2001.

81 Vgl. Becker (2004), S. 1 und BVerfG, Beschl. v. 17. 4. 2000 – 1 BvR 721/99, WRP 2000, S. 720.

Instrument	**Ausgestaltungsformen**	**Bewertung**	**Empfehlung**
Mediawerbung	Zeitungsanzeigen und Inserate	Ohne Anlass gestattet	Keine eindeutige Empfehlung, Bundesärztekammer vertritt eine abweichende Auffassung
	Einträge in Datenbanken, Suchmaschinen u. ä.	Keine Einschränkungen	Empfehlenswert
	Angaben auf Stempeln, Briefköpfen und Rezeptvordrucken	Keine Einschränkungen	Empfehlenswert
	Broschüren, Patienten-informationen und Praxiszeitungen	Innerhalb der Praxis einsetzbar	Empfehlenswert
Verkaufsförderung	Patientenorientierte Serviceleistungen	Grundsätzlich zulässig	Empfehlenswert
	Garantieversprechen	Erlaubt, aber dezidiert darzustellen	Keine allgemeine Empfehlung zum Vorgehen bei kritischen Fällen möglich
	Sonderangebote/ Rabatte	Nicht erlaubt	
	Werbegeschenke	Umstritten	
Persönlicher Verkauf	Vorträge		Empfehlenswert
	Persönliche Gespräche	Nur erlaubt für medizinisch indizierte Dienstleistung	Empfehlenswert
Passives Direktmarketing	Rundschreiben auf dem Postweg	Zulässig	Versendung an Nicht-Patienten problematisch
	Auslegung von Praxisbroschüren	Zulässig in Einrichtungen bzw. bei Veranstaltungen mit Gesundheitsbezug	Empfehlenswert
Aktives Direktmarketing	Recall System	Zulässig bei schriftlichem Einverständnis des Angerufenen	Keine eindeutige Empfehlung, Bundesärztekammer vertritt abweichende Auffassung
Öffentlichkeitsarbeit	Publikationen in Presse und anderen Medien	Zulässig, da Information durch Dritte	Empfehlenswert, vor allem weil auch Aussagen möglich sind, die der Arzt selbst nicht verbreiten darf
	Medienauftritte	Zulässig bei Gesundheits-veranstaltungen	Empfehlenswert
	Veröffentlichungen und Vorträge	Mit medizinischen Inhalten zulässig	Empfehlenswert
	Mitteilungen z. B. über neue Untersuchungs-methoden	Innerhalb von Fachkreisen zulässig	Empfehlenswert
	„Tag der offenen Tür“	Zulässig	Empfehlenswert
	Präsentation von Urkunden/Zertifikaten	Zulässig innerhalb der Praxisräume	Empfehlenswert

Instrument	Ausgestaltungsformen	Bewertung	Empfehlung
Multimedia-kommunikation	Praxishomepage	Sachliche Darstellung der Praxis zulässig	Empfehlenswert
	Aufnahme der Homepage in Suchmaschinen	Zulässig	Beachtung der erlaubten Inhalte: Qualifikation, Tätigkeitsschwerpunkte, organisatorische Hinweise, Gesundheitstipps
	Präsenz in geschlossenen Ärztenetzen	Zulässig; umfassende Informationen über das Leistungsprogramm möglich	Empfehlenswert
	Links und Hinweise auf andere Einrichtungen	Zulässig für Institutionen des Gesundheitswesens und Selbsthilfeorganisationen	Empfehlenswert
Sponsoring	Sozio- und Kultursponsoring	Grundsätzlich zulässig	Welche Art und Ausgestaltung von Sponsoring zulässig ist, unterliegt einer wertenden Betrachtung des Einzelfalls

Tab. 1: Bewertung und Empfehlung der Kommunikationsmix-Instrumente für das Arztpraxismarketing

Grundsätzlich sollten die gesetzlichen Möglichkeiten zur Gestaltung der Kommunikationspolitik im Rahmen des Arztpraxismarketings ausgeschöpft werden. Eine professionell umgesetzte Kommunikationspolitik trägt entscheidend dazu bei, sich gegen Mitbewerber innerhalb der Branche aber auch gegen potenzielle Konkurrenten und gegen „Ersatzprodukte" auf dem Markt durchzusetzen und zu behaupten. Sinnvolle Kommunikationspolitik ist mehr als „marktschreierische Reklame". Der Informationsanspruch des Patienten steht eindeutig im Vordergrund. Dabei muss der Patient vor Beeinflussung geschützt und eine Kommerzialisierung des Arztberufs vermieden werden. Die Planung und Umsetzung der gesamten Kommunikationspolitik sollte aufgrund der Komplexität der Maßnahmen in die Hände von Fachleuten gelegt werden. Dies gilt sowohl für die Konzeption und Umsetzung des Marketings als auch für die Beurteilung der Ideen und Maßnahmen hinsichtlich ihrer rechtlichen Aspekte. Bei rechtlichen Unklarheiten ist es empfehlenswert, im Zweifelsfall die Standesorganisationen, insbesondere die zuständige Landesärztekammer oder fachkompetente Juristen, zu Rate zu ziehen.

Literatur

Bahner, B. (2001): Das neue Werberecht für Ärzte, 1. Aufl., Berlin 2001.

Bahner, B. (2003): Das neue Werberecht für Ärzte, 2. Aufl., Berlin 2003.

Becker, R. (2004): Werbung durch Sponsoring auch für Ärzte erlaubt, http://www.info.kanzlei-wbk.de/arztundwerbung/50122295600d43032.html, eingesehen am 7. 12. 2005.

Bruhn, M. (2003): Kommunikationspolitik. Systematischer Einsatz der Kommunikation für Unternehmen, 2. Aufl., München 2003.

BÄK Bundesärztekammer (2003): Arzt-Werbung-Öffentlichkeit, 2003, http://www.bundes aerztekammer.de/30/Berufsordnung/12Arztwerbung.html, eingesehen am 7. 12. 2005.

Ehlers, A. P. F. (2001): Marketing im Gesundheitswesen – rechtliche Aspekte, in: Der Arzt und sein Recht, 13. Jg. (2001), H. 4, S. 116-120.

Franzki, H. (1998): Die ärztliche Aufklärungspflicht – Notwendigkeit, Umfang und Modalitäten, in: Zentralblatt für Chirurgie, 123. Jg. (1998), S. 167-171.

Frehse, M. (2003): Neue Werbemöglichkeiten des niedergelassenen Arztes mit Medizinprodukten, in: Neue Zeitschrift für Sozialrecht, 12. Jg. (2003), H. 1, S. 11-16.

Kotler, P./Bliemel, F. (1999): Marketing-Management, Stuttgart 1999.

Meffert, H./Bruhn, M. (2003): Dienstleistungsmarketing, Wiesbaden 2003.

Nieschlag, R./Dichtl, E./Hörschgen, H. (1997): Marketing, Berlin 1997.

Nissen, D./Weisenfeld, U. (2001): Informationen und Entscheidung: Nachfrageverhalten im Gesundheitsmarkt, Arbeitsbericht Nr. 241 des Fachbereichs Wirtschafts- und Sozialwissenschaften der Universität Lüneburg, Lüneburg 2001.

Wilde, K. D. (1989): Database Marketing, in: Werbeforschung und Praxis, 34. Jg. (1989), H. 1, S. 1-10.

Stauss, B./Hentschel, B. (1991): Dienstleistungsqualität, in: WiSt, 20. Jg. (1991), S. 238-244.

Zeithaml, V./Parasuraman, A./Berry, L. (1985): Problems and Strategies in Services Marketing, in: Journal of marketing, Vol. 49 (1985), H. 2, S. 33-46.

Zur Finanzierung von Existenzgründungen nach Umsetzung der neuen Eigenkapitalunterlegungsvorschriften für Kreditinstitute (Basel II)

Stephan Schöning

Inhaltsverzeichnis

1 Einführung

Oftmals wird bemängelt, dass es in Deutschland nur unzureichende Finanzierungsmöglichkeiten für die Gründung von Unternehmen gibt[1] und dies neben der überhöhten Bürokratie ein wesentliches Hemmnis für die Umsetzung hoffnungsvoller Geschäftsideen ist.[2] Defizite werden sowohl hinsichtlich der Bereitstellung von risikotragendem Eigenkapital durch Dritte (Venture Capital)[3]

---

1 Vgl. Gaida (2002), S. 1 ff.; für eine ausländische Beurteilung vgl. Evans (1998), S. 228 ff.

2 Vgl. z. B. Szyperski/Nathusius (1999), S. 50 ff.

3 Zu den Defiziten der Bereitstellung von Venture Capital in Deutschland vgl. Gaida (2002), S. 191 ff. und Heitzer (2000), S. 55 ff. So kommt eine aktuelle Studie der Universität Kassel zu dem Ergebnis, dass (nach Berücksichtigung der unterschiedlichen Einwohnerzahl und einer geringeren Risikofreudigkeit) in Deutschland über 3 Mrd. Euro an Venture Capital zur Verfügung gestellt werden müssten, um ein mit den USA vergleichbares Gründergeschehen zu gewährleisten, aber bspw. im Jahr 2003 effektiv nur 72 Mio. Euro aufgebracht wurden, vgl. Nathusius in Michler (2005), S. 12.

als auch hinsichtlich der Gewährung von Fremdkapitalmitteln identifiziert.[4] In Bezug auf die Bankkredite, die in Deutschland die Fremdkapitalfinanzierung von Unternehmen trotz des Aufkommens von Kreditsubstituten[5] dominieren, klagen Gründer zum einen über eine traditionelle Zurückhaltung gegenüber Gründungskrediten[6] sowie aktuell über eine drastische Verknappung und Verteuerung des Kapitals.[7] Zum anderen werden die hohen Anforderungen an die Bereitstellung von Informationen über das Gründungsvorhaben sowie an den Umfang und die Qualität der zu stellenden Sicherheiten bemängelt, die vielfach als Hemmnis oder sogar als Blockierung von Gründungen angesehen werden.[8] Hinzu kommt, dass die Schwierigkeiten nicht nur die Bankkreditfinanzierung betreffen, sondern sich auch auf die Vergabe von Fördermitteln auswirken, da diese üblicherweise über die jeweilige Hausbank und nicht direkt abgewickelt werden.[9] Als Ursache für das gewandelte Kreditvergabeverhalten wird zumeist auf Basel II, die Neufassung der Eigenkapitalvorschriften für Kreditinstitute durch internationale Bankenaufsichtsgremien in Form des Baseler Ausschusses für Bankenaufsicht, verwiesen.[10]

---

4 Vgl. BMBF (1998), S. 64 und Perridon/Steiner (2004), S. 427.

5 Zu alternativen Finanzierungsinstrumenten vgl. z. B. Pape (2003), S. 950 ff.

6 Vgl. Hartmann-Wendels (1987), S. 17; Unterkofler (1989), S. 230 und Eckert (1990), S. 2; speziell für Genossenschaftsbanken vgl. Schneider (1989), S. 165 ff. Zu einem abweichenden Ergebnis kommen die Studien von Breitenacher (1994) und Betsch et al. (2000), S. 179; vgl. auch Stedler (1996), S. 77.

7 Vgl. Nathusius (2001a), S. 184 und S. 204. Häufig wird in diesem Zusammenhang auch aufgeführt, dass sich ein Teil der Kreditinstitute aus dem Geschäft mit Firmen und Existenzgründern weitgehend zurückgezogen hat und oftmals allein Sparkassen und Genossenschaftsbanken als Finanzierungsgeber zur Verfügung stehen, vgl. Nathusius (2001b), S. V und S. 105; Betsch et al. (2000), S. 5 und Kuhlbrodt (2003), S. 109 ff. Für eine differenzierte Analyse, die diese Aussage relativiert, vgl. KfW (2005b), S. 6 f. sowie Schöning (2004), S. 418.

8 Zu diesbezüglichen Umfrageergebnissen der KfW bei Unternehmen und Banken vgl. KfW (2005e), S. 51 ff.

9 Für einen aktuellen Überblick über die Förderprogramme vgl. z. B. Hebig (2004), S. 185 ff. oder die Datenbank des BMWi unter http://db.bmwi.de. Hintergrund für die indirekte Antragstellung ist, dass die Förderinstitute die Hausbank zumindest für Teilbeträge in die Haftung nehmen und nur von diesen vorab geprüfte Anträge bearbeiten, vgl. Rödel et al. (2002), S. 88 f. und Nathusius (2001b), S. 184. Die große Bedeutung der Hausbank zeigt sich speziell in Bezug auf die Programme der KfW, für die seit April 2005 bonitätsabhängige Zinssätze gelten, wobei die Bonitätsprüfung innerhalb gewisser Vorgaben seitens der KfW autonom durch die Hausbank erfolgt, vgl. o. V. (2005c), S. 13 und ausführlich bei PwC (2005), S. 40 ff.

10 Für differenziertere Betrachtungen zu Ursachen des veränderten Kreditvergabeverhaltens, speziell zur Verbindung von Verschärfungen im Bankenaufsichtsrecht, mangelhaftes Kreditrisikomanagement und unzureichende Ertragslage vgl. Paul et al. (2002), S. 578 ff. und Schöning (2004), S. 407 ff.

Im Folgenden wird untersucht, inwieweit Gründungsfinanzierungen durch Basel II betroffen sind und welche Möglichkeiten für Gründer bestehen, auch in Zukunft Bankkreditfinanzierungen zu erhalten. Nach einem kurzen Überblick über Basel II werden hierfür zunächst diejenigen Bereiche des neuen Regelwerks betrachtet, die im Hinblick auf die Gewährung von Krediten an Unternehmen und speziell an Gründer relevant sind. Darauf aufbauend wird aufgezeigt, welche Bedingungen von Gründern zu erfüllen sind, um aus Sicht von Kreditinstituten kreditwürdig zu erscheinen.

2 Überblick über Basel II und die Konsequenzen für die Bankkreditfinanzierung im Allgemeinen

2.1 Intention und Bestandteile von Basel II

Zur Stabilisierung des Finanzsystems und zur Sicherung der Einlagen sind Kreditinstitute weltweit einer Regulierung durch Bankenaufsichtsbehörden unterworfen, welche unter anderem aus eigenkapitalorientierten Begrenzungsnormen für die Übernahme von Kreditrisiken besteht. International werden diese Vorschriften durch den 1988 verabschiedeten Eigenkapitalakkord des Baseler Ausschusses für Bankenaufsicht (Basel I)[11] harmonisiert, der von Banken in Bezug auf Kredite an Unternehmen eine uniforme Hinterlegung von 8 Prozent Eigenkapital fordert. Durch die im Juli 2004 verabschiedete Neufassung dieser Eigenkapitalvorschriften (Basel II), die ab 2006/2007 wirksam werden wird,[12] sollen die zwischenzeitlich erzielten Fortschritte im Bereich des Kreditrisikomanagements bankenaufsichtlich berücksichtigt und bestehende unerwünschte Anreize in Bezug auf die Kapitalallokationen abgebaut werden.[13]

11 Die Regelungen des Baseler Ausschusses für Bankenaufsicht haben den Charakter von unverbindlichen Empfehlungen, zu deren Einhaltung sich die international operierenden Geschäftsbanken bereit erklärt haben. Überdies verpflichten sich die Bankenaufsichtsbehörden der teilnehmenden Staaten, für eine Umsetzung in nationales Recht zu sorgen, vgl. Burghof/Rudolph (1996), S. 205 und Schulte-Mattler/Kenne (2004), S. 37. Dementsprechend wird auf EU-Ebene eine Anpassung der betreffenden Richtlinie vorbereitet, die in Deutschland zu einer Änderung des bislang gültigen Regelwerks (bisheriger Grundsatz I der BaFin in Verbindung mit § 10 KWG) führen wird, vgl. Lellmann (2005), S. 45.

12 In 2006 werden zunächst die neuen Regelungen parallel zu den bisherigen berechnet, die weiterhin wirksam sind. Ab dem Jahr 2007 können Kreditinstitute dann die Standardansätze für Kredit- und operationelle Risiken sowie den Basis-IRB-Ansatz nutzen. Die fortgeschrittenen Ansätze dürfen dagegen jeweils erst 2008 eingesetzt werden, vgl. Meister (2004), S. 3. Im Jahr 2007 können diese Institute entweder die bisherigen Regelungen oder die Standardansätze verwenden, vgl. Cluse/Stellmacher (2005), S. 170.

13 Vgl. Schulte-Mattler/Kenne (2004), S. 37 und Cluse et al. (2005), S. 20. Die aktuelle risikoindifferente Regelung führt tendenziell dazu, dass die Kreditvergabe an bonitätsmäßig schlechte Schuldner für Banken lukrativer ist als die Kreditvergabe an bonitätsmäßig gute Schuldner, da bei gleichen Kosten für Eigenkapitalunterlegung (zumindest

Durch Basel II, deren Inhalte in 3 Säulen zusammengefasst sind,[14] werden Kreditinstitute mit vier wesentlichen Änderungen konfrontiert, die jeweils auch (teils direkte, teils indirekte) Auswirkungen auf das Kreditvergabeverhalten haben werden:

1. In Bezug auf Kreditrisiken wird in Säule 1 künftig eine in weiten Teilen *risikoabhängige Unterlegung mit Eigenkapital* erfolgen.[15] Zur Bestimmung des Kreditrisikos können sowohl Ratings externer Ratingagenturen als auch – beim Erfüllen spezifischer Anforderungen durch die Bank – bankinterne Ratings verwendet werden.[16] Je ungünstiger das Ratingurteil ausfällt, desto höher wird der von der Bank für den Kredit zu reservierende Eigenkapitalbetrag. Eine mit dem bisherigen Vorgehen vergleichbare risikoindifferente Regelung besteht nur dann, wenn die Bank auf externe Ratings zurückgreift (sog. Standardansatz) und der Kreditnehmer kein Rating aufweist.[17]
2. Abgesehen von der erhöhten Risikosensitivität ergeben sich bei isolierter Betrachtung für den Bereich der Kreditrisiken durch Basel II durchschnittlich niedrigere Eigenkapitalanforderungen. Diese Verringerung dient dazu, Freiräume für die künftig ebenfalls in Säule 1 separat mit Eigenkapital zu unterlegenden sog. *operationellen Risiken* zu schaffen,[18] denn insgesamt soll das Eigenkapitalniveau der Banken unverändert bleiben.[19] Die Berücksichtigung der operationellen Risiken führt unter anderem dazu, dass im unter 1) geschilderten Sonderfall das Kreditinstitut eine trotz der unveränderten

---

kurzfristig) höhere Erlöse aus den risikobedingt höheren Kreditpreisen erzielt werden können, vgl. Schöning (2003), S. 200 ff. und Paul (2001), S. 29 ff.

14 Für einen grundlegenden Überblick vgl. EZB (2005a), S. 54 ff.; vgl. auch Bieg et al. (2004), S. 301 ff.

15 Vgl. Schulte-Mattler/Kenne (2004), S. 38.

16 Für einen Überblick über die verschiedenen Rating-Verfahren vgl. z. B. Füser/Rödel (2002), S. 275 ff.

17 Derartige Kredite werden mit 100 % (bzw. bei Retailkrediten mit 75 %) auf die Risikoaktiva angerechnet und sind dann mit 8 % haftendem Eigenkapital zu unterlegen.

18 Vgl. EZB (2005a), S. 54 f.; vgl. auch Lenzmann (2004), S. 505 und Schulte-Mattler/Kenne (2004), S. 38

19 Die Vorgabe, dass das Eigenkapitalniveau insgesamt, d. h. innerhalb des gesamten Bankensystems, im Vergleich zum aktuellen Niveau weder steigen noch fallen soll, ist ebenso wie die ursprüngliche Festsetzung des Kapitalkoeffizienten mit 8 % nicht theoretisch fundiert, sondern basiert auf Erhebungen bei Banken und stellt einen politischen Minimalkonsens dar, vgl. Dürselen (1994), S. 114. Die Vorgabe führt dazu, dass bei der zusätzlichen Berücksichtigung der operationellen Risiken (und einer unveränderten Unterlegung der Marktpreisrisiken sowie einer nur geringfügig modifizierten Eigenkapitaldefinition) der Eigenkapitalbetrag, der für die Unterlegung von Kreditrisiken zur Verfügung steht, insgesamt geringer ausfällt. Aufgrund der höheren Risikosensitivität hat die Neuregelung gleichwohl zur Folge, dass die Eigenkapitalerfordernisse der Kreditinstitute je nach Risikosituation unterschiedlich hoch ausfallen.

Eigenkapitalanforderung für Kreditrisiken insgesamt höhere Eigenkapitalausstattung vorhalten muss.

3. Die bisherige, rein quantitativ ausgerichtete Bankenbeaufsichtigung mittels eigenkapitalbezogen Risikobegrenzungsnormen wird mit Säule 2 ergänzt durch die qualitative Normen, mit denen Mindeststandards für die Qualität des Risikomanagements vorgegeben und im Rahmen des sog. *Aufsichtlichen Überprüfungsverfahrens* kontrolliert werden.[20] Stellt die Bankenaufsicht Defizite im Bereich des Risikomanagements fest, so können erhöhte Eigenkapitalerfordernisse aufgestellt werden.[21]
4. Durch *ausgeweitete Publizitätserfordernisse* in Säule 3 soll die Fähigkeit der Kreditinstitute gestärkt werden, die Risikosituation bei anderen Instituten besser als bislang einschätzen zu können. Diese Maßnahme zielt darauf ab, die bankenaufsichtliche Regulierung durch eine Selbstregulierung der Kreditwirtschaft zu ergänzen, indem zum Beispiel Kreditinstitute mit unbefriedigender Risikosituation oder unzureichenden Risikomanagementsystemen höhere Risikoprämien im Interbankengeschäft zu zahlen haben.[22]

Insgesamt werden durch Basel II die Kreditinstitute gezwungen, ein verstärktes Augenmerk auf die Identifikation, Messung und Steuerung von bankbetrieblichen Risiken zu legen, wobei ein Schwerpunkt die Verbesserung des Kreditrisikomanagements ist. Obwohl Basel II noch nicht wirksam ist, die endgültige Ausgestaltung in Teilen noch nicht feststeht und sogar unklar ist, ob der Zeitplan der Einführung eingehalten wird,[23] sind diese Aspekte bereits aktuell relevant. Schließlich hat die deutsche Bankenaufsicht im Vorgriff auf Basel II bereits Verwaltungsvorschriften unter anderem bezüglich der Ausgestaltung des Kreditgeschäfts (sog. Mindestanforderungen an das Kreditgeschäft MaK)[24] veröffentlicht, durch die Mindestvorgaben für die Prozessgestaltung, die Kreditprüfung und -votierung sowie die Qualität der Mitarbeiter gesetzt werden.[25] Überdies führen die schlechte Ertragslage der deutschen Kreditwirtschaft, die primär durch geringe Zinseinkünfte und hohe Risikovorsorge im Kreditgeschäft verursacht wird, und – zumindest für das private Kreditgewerbe – die hohen Renditeanforderungen internationaler Kapitalmärkte

---

20 Vgl. EZB (2005a), S. 55; vgl. auch Schauff/Stellmacher (2005), S. 567 ff.

21 Vgl. §§ 757 ff. Basel II; vgl. auch Meister (2003), S. 356.

22 Siehe § 812 Basel II; vgl. auch EZB (2005b), S. 57.

23 Zu den Verzögerungen vgl. Meister (2004), S. 3; vgl. auch Disselbeck (2004), S. 1244.

24 Vgl. BaFin (2002); vgl. auch Deutsche Bundesbank (2003), S. 54 ff. Die MaK werden nur leicht modifiziert in die Ende 2005 veröffentlichten Mindestanforderungen an das Risikomanagement (MaRisk) übernommen, vgl. Angermüller et al. (2005), S. 52 f.

25 Vgl. Becker/Gruber (2002), S. 863 ff. und Hanenberg et al. (2003), S. 396 ff.

dazu, dass alle Kreditinstitute unabhängig von bankenaufsichtlichen Vorgaben Maßnahmen zur Verbesserung der Erträge im Kreditgeschäft ergriffen haben.[26]

2.2 Konsequenzen für das Kreditvergabeverhalten von Kreditinstituten

2.2.1 Auswirkungen auf die Kreditpreisgestaltung

Obwohl Basel II vordergründig allein das Verhältnis zwischen Kreditinstituten und der Bankenaufsicht betrifft, bestehen im Gegensatz zur bisherigen Regelung direkte Auswirkungen auf das Verhältnis zwischen Kreditinstituten und den Kreditnehmern. Zwar soll auch zukünftig die Entscheidung über die Kreditvergabe und die Kreditkonditionen allein in der Hand des Kreditinstituts liegen, jedoch wird die Entscheidungsautonomie deutlich eingeschränkt. So fordern sowohl die "Sound Practices for the Management of Credit Risk",[27] welche eine Konkretisierung des Aufsichtlichen Überprüfungsverfahrens darstellen, als auch die MaK, dass das Ergebnis des Kreditnehmerratings nicht allein für die Ermittlung der bankenaufsichtlichen Eigenkapitalerfordernisse verwendet wird, sondern auch in die Bestimmung der Kreditkondition mit einfließt.[28]

In der aktuellen Diskussion über die Folgen von Basel II für das Kreditvergabeverhalten wird oftmals allein der Effekt betrachtet, der aus der Einführung einer risikoabhängigen *Eigenkapitalunterlegung* von Kreditrisiken resultiert. In der Tat führen bonitätsabhängig unterschiedlich hoch ausfallende Eigenkapitalerfordernisse für Kreditrisiken, die zur Abdeckung der *unerwarteten Verluste*[29] dienen, ceteris paribus dazu, dass die Eigenkapitalkostenkomponente als Bestandteil von Kreditpreisen ebenfalls unterschiedlich hoch ausfällt und somit der Gesamtpreis variiert.[30]

Eine differenziertere Betrachtung lässt erkennen, dass durch Basel II auch sämtliche anderen Bestandteile einer Kreditpreiskalkulation[31] (vgl. Formel 1) betroffen sein werden.

---

26 Vgl. Schöning (2004), S. 409 ff.; vgl. auch Nathusius (2001b), S. 105.

27 Vgl. Basel Commitee on Banking Supervision (2000); vgl. auch Jacob/Wohlert (2001), S. 471 ff.

28 Vgl. Hofmann (2002), S. 551; vgl. auch Kreische/Martin (2004), S. 245 ff. und Kienesberger (2004), S. 138 f.

29 Während die sog. erwarteten Verluste eine bankbetriebliche Kostenkomponente darstellen, die über die Ansammlung von Risikoprämien abgedeckt werden soll, entstehen unerwartete Verluste, wenn die tatsächlichen Ausfälle größer als die erwarteten sind. Hierfür ist durch die Bildung von Rücklagen vorzusorgen, deren Mindestumfang bankenaufsichtlich durch entsprechende Risikobegrenzungsvorschriften reguliert wird. Zur Unterscheidung vgl. z. B. Tallner (2003), S. 32.

30 Vgl. Schöning (2003), S. 200 f.

31 Zu den einzelnen Komponenten der Kreditpreiskalkulation sowie ihren Einflussfaktoren vgl. Schierenbeck (2003a), S. 70 ff. und S. 405 ff.; Tallner (2003), S. 32 f. sowie Paul et

$$p_{Kredit} = i_{GKM} + r_{erwarteter\ Verlust} + b + (hEK_{unerwarteter\ Verlust} \cdot r_{hEK})$$

mit:

p_{Kredit}	Kreditpreis
i_{GKM}	(zinsbindungsgleicher) Zinssatz am Geld- und Kapitalmarkt
$r_{erwarteter\ Verlust}$	Risikoprämiensatz für erwartete Verluste
b	Bearbeitungskostensatz
$hEK_{unerwarteter\ Verlust}$	(bankenaufsichtliche) Eigenkapitalunterlegung für unerwartete Verluste
r_{hEK}	Verzinsungsanspruch des haftenden Eigenkapitals

Formel 1: Bestandteile der Kreditpreiskalulation

So führt die von Basel II unabhängig vom verwendeten Verfahren zur Bestimmung der Eigenkapitalunterlegung geforderte Einführung risikosensitiver Kreditwürdigkeitsprüfungen bei sämtlichen Banken dazu, dass der *Risikoprämiensatz* $r_{erwarteter\ Verlust}$ als Vorsorge für drohende Kreditausfälle kreditnehmerspezifisch genauer als bislang bestimmt werden kann, wobei weiterhin je nach Genauigkeit des eingesetzten Verfahrens Unterschiede auftreten werden. Von der Art des Verfahrens und auch von den kreditnehmerspezifischen Voraussetzungen (Umfang der notwendigen Nachprüfungen, Art der Sicherheiten) hängt die Höhe des *Bearbeitungskostensatzes* b ab. Die Güte des Kreditrisikomanagementsystems schlägt sich zum einen in den Zinssätzen nieder, die das Kreditinstitut als *Refinanzierungszinssatz* i_{GKM} am Geld- und Kapitalmarkt für die Aufnahme von Fremdkapital zu zahlen hat. Zum anderen hängt auch der *Verzinsungsanspruch der Eigenkapitalgeber* r_{hEK} von der Risikosituation der Bank ab. Deren Einschätzung wird für beide Gruppen von Kapitalgebern als Folge der ausgeweiteten Transparenz (Säule 3) erleichtert.

Die geschilderten Zusammenhänge verdeutlichen, dass die durch Basel II ausgelöste kreditnehmerbezogene Differenzierung der Kreditpreise sich nicht allein aus den veränderten Eigenkapitalunterlegungsvorschriften begründet, sondern mehrkausal ist. Zu beachten ist insbesondere, dass ein Teil der Veränderungen nicht mit dem Kreditnehmer an sich verbunden sind, sondern von der Ausgestaltung und Qualität des Risikomanagements des Kreditinstituts abhängig sind. Dies äußert sich darin, dass sich unterschiedliche Kreditpreise sowohl als Folge unterschiedlicher Bonitäten von Kreditnehmern als auch als

al. (2005), S. 79 ff. und S. 215 ff.; zu den Problemen bei der Bestimmung der einzelnen Komponenten vgl. auch Schöning (2003), S. 199 f.

Folge abweichender Entwicklungsstufen in den einzelnen Kreditinstituten ergeben können.[32]

2.2.2 Berücksichtigung von Sicherheiten

Der Differenzierungseffekt zeigt sich auch im Hinblick auf die Berücksichtigungsfähigkeit und -art von Sicherheiten.[33] Während der Kreis bei Kreditinstituten, die den Standardansatz anwenden, kaum größer ist als bislang und im Wesentlichen Garantien, erstklassige Wertpapiere und Immobilien umfasst, können bei Verwendung des Basis-IRB-Ansatzes alle Sicherheiten angerechnet werden, für die sich objektivierte Marktwerte bestimmen lassen. Beim Fortgeschrittenen IRB-Ansatz ist der Kreis noch weiter; bei ihm können sämtliche Sicherheiten berücksichtigt werden, für die sich zuverlässig Verwertungsquoten ermitteln lassen.[34] Gleichzeitig unterscheidet sich aber auch die Art der Einbeziehung insofern, als bei den beiden erstgenannten Verfahren pauschale Anrechnungen vorgenommen werden, während beim Fortgeschrittenen IRB-Ansatz eine differenzierte Erfassung nach erzielbaren Verwertungsquoten erfolgt.[35] Dies führt dazu, dass sich eine vorhandene Sicherheit je nachdem, welches Verfahren das kreditgewährende Institute verwendet, unterschiedlich in der Eigenkapitalkomponente und damit auch im Kreditpreis niederschlagen kann.

2.2.3 Weitere Auswirkungen

Generell führen die bankenaufsichtlichen Veränderungen im Zusammenhang mit der Umsetzung von Basel II dazu, dass sich sämtliche Kreditsuchende einer gegenüber den vormaligen Verhältnissen *ausgeweiteten Kreditwürdigkeitsprüfung* aussetzen müssen. Die daraus resultierende Erhöhung der Informations-

32 Besonders deutlich wird Letzteres bei Betrachtung eines bonitätsmäßig schlechten Kreditnehmers, für den bei einem Kreditinstitut mit einem wenig fortschrittlichen Risikomanagement eine – bezogen auf das spezifische Risiko – zu geringe Risikoprämie und eine zu niedrige Eigenkapitalunterlegung kalkuliert wird, gleichzeitig aber höhere Refinanzierungs- und Eigenkapitalkostensätze veranschlagt werden müssen im Vergleich zu einem in Bezug auf das Risikomanagement weiter fortschrittlichen Kreditinstitut.

33 Für einen grundlegenden Überblick zur Anrechnung der Sicherheiten vgl. Paul/Stein (2002), S. 59 ff.

34 Zur Berücksichtigung von Sicherheiten bei den verschiedenen Ansätzen siehe §§ 145 ff. und §§ 507 ff. Basel II; vgl. auch Braun (2005), S. 261 ff. sowie den Überblick bei Schöning (2003), S. 198.

35 Da z. B die im Basis-IRB-Ansatz pauschal bei nicht nachrangig gesicherten Forderungen vorgesehene Verwertungsquote für Sicherheiten von 45 % als recht optimistisch angesehen wird, ist wahrscheinlich, dass die Besicherungswirkung für gleiche Sicherheiten im Fortgeschrittenen IRB-Ansatz geringer ausfällt als beim Basis-IRB-Ansatz, vgl. Braun (2005), S. 263 f.

anforderungen an die Bankkunden gilt unabhängig davon, welches Verfahren das jeweilige Kreditinstitut zur Bestimmung der bankenaufsichtlichen Eigenkapitalanforderungen verwendet. Schließlich sind alle Institute durch die MaK verpflichtet worden, Klassifizierungsverfahren im Kreditgeschäft aufzubauen, die auch qualitative Kriterien berücksichtigen.[36] Neben den traditionell verwendeten quantitativen Kriterien in Form von Kennzahlen zur Vermögens-, Finanz- und Ertragslage gewinnen daher qualitative Kriterien wie zum Beispiel die Qualität des Managements oder die Wettbewerbsposition an Bedeutung; auch sind Branchen- und Länderrisiken in geeigneter Weise zu berücksichtigen.[37] Da die üblichen Ratingverfahren, die zu einem erheblichen Teil weiterhin auf der Kennziffernanalyse historischer Jahresabschlüsse aufbauen, für Gründungsfinanzierungen ungeeignet sind,[38] haben viele Banken mittlerweile eigenständige Verfahren für diesen Bereich entwickelt.[39]

Hinzu kommt, dass bei allen Kreditinstituten mittlerweile der *Aufbau von Risikomanagementsystemen* vorangetrieben wird. Auch Sparkassen und Genossenschaftsbanken, die primären Finanzierungsgeber für KMU und Existenzgründer, sind durch Basel II beziehungsweise die nationalen Umsetzungen gezwungen, die bisher bestehenden Defizite im Bereich des Risikomanagements und speziell beim Umgang mit Kreditrisiken zu beseitigen.[40] In diesem Zusammenhang erfolgt auch eine Ergänzung der traditionell einzelfallbezogenen Kreditprüfung durch Portfolioüberlegungen. Nunmehr werden sämtliche Kreditanfragen zusätzlich dahingehend geprüft, ob sie in das Kreditportfolio passen, das heißt sich nicht negativ auf die Gesamtertrags-/Risikoposition der Bank auswirken.[41] Dies kann dazu führen, dass Anträge, die für sich aufgrund ausreichender Bonität zu befürworten wären, trotzdem verweigert werden, weil sie bereits vorhandene Risikokonzentrationen (sog. „Klumpenrisiken") verstärken und nicht durch das Risikodeckungspotenzial abgedeckt sind beziehungsweise nicht mit der Kreditrisikostrategie der Bank korrespondieren.[42] Umgekehrt

---

36 Zu den Anforderungen der Bankenaufsicht an Risikoklassifizierungsverfahren vgl. Kreische/Martin (2004), S. 235 ff.

37 Vgl. Hanenberg et al. (2003), S. 406 und Capellero/Füser (2005), S. 68 f. Für einen Überblick über qualitative und quantitative Kriterien vgl. z. B. Schöning (2003), S. 204.

38 Vgl. Kuhlbrodt (2003), S. 254.

39 Für einen Überblick über die Bestandteile vgl. Schmeisser (2001), S. 90 ff.; speziell für innovative Unternehmensgründungen vgl. auch Laub (1991), S. 36 ff. und Baaken (1989). Für das Beispiel Sparkasse Münster vgl. Twarny/Rietkötter (2000), S. 213 ff.

40 Vgl. Betsch et al. (2000), S. 5.

41 Für ein Praxisbeispiel vgl. o. V. (2005a), S. 32.

42 Während das vorhandene Risikoabdeckungspotenzial (bestehend aus Risikoprämien, Übergewinnen, stillen Reserven etc.) die Fähigkeit von Kreditinstituten begrenzt, Risiken einzugehen, beschreibt die Kreditrisikostrategie die Bereitschaft der Geschäftsleitung zur bewussten Risikoübernahme („Chancen/Risiko-Kalkül"), vgl. Schierenbeck (2003b), S. 14 ff.

sind in bestimmten Konstellationen Institute auch bereit, höhere Risiken als bislang einzugehen, zumal sich die Möglichkeiten zur Weiterveräußerung des Kreditrisikos verbessert haben.

3 Aus Basel II resultierende Veränderungen für Gründungsfinanzierungen

3.1 Bedeutung von Bankkrediten für Gründungsfinanzierungen

Bankkreditfinanzierungen weisen für deutsche KMU im Allgemeinen seit langem eine anhaltend hohe, wenngleich in den letzten Jahren leicht rückläufige[43] Bedeutung auf (vgl. Tabelle 1).[44]

	Jahr	Eigenkapital	Bankkredite	sonstige Verbindlichkeiten (z. B. Anleihen, Lieferantenkredite)	sonstige Finanzierung (Rückstellungen, Rechnungsabgrenzung)
große Unternehmen (Umsatz ≥ 40 Mio. €)	2000	32,11	5,13	33,80	28,96
	1999	33,49	6,59	28,80	31,11
	1993	31,39	6,02	28,32	34,27
	1987	30,96	6,13	29,36	33,55
mittlere Unternehmen (7 Mio. € ≤ Umsatz ≤ 40 Mio. €)	2000	29,03	20,62	34,40	15,95
	1999	27,95	20,88	34,47	16,70
	1993	23,08	22,33	36,50	18,09
	1987	26,52	17,99	36,75	18,74
kleine Unternehmen (Umsatz < 7 Mio. €)	2000	20,09	26,63	38,47	14,80
	1999	20,57	26,85	38,13	14,45
	1993	14,29	30,16	42,30	13,25
	1987	16,84	26,19	43,93	13,04

Tab. 1: Finanzierungsstruktur deutscher Unternehmen nach Größenklassen[45]

---

43 Zum insgesamt spürbaren Rückgang der externen Mittelaufnahmen bei Unternehmen, der 2004 erstmals seit 1991 per saldo zu einer Nettotilgung führte, vgl. Deutsche Bundesbank (2005), S. 20 ff.; vgl. auch differenzierte Untersuchung in KfW (2005b), S. 3 ff. Gleichzeitig kommt die KfW in ihrer Verbändebefragung zu dem Ergebnis, dass Kredite umso stärker zur Realisierung von Investitionen in Anspruch genommen werden, je kleiner das Unternehmen ist und Kredite damit das typische Fremdfinanzierungsinstrument kleiner und mittlerer Unternehmen sind, vgl. KfW (2005c), S. 30.

44 Relativierend ist zu vermerken, dass bei deutschen Unternehmen traditionell das Innenfinanzierungsvolumen sehr wichtig ist, vgl. z. B. Gaida (2002), S. 204 ff., dieses jedoch gerade in den letzten Jahren wegen der konjunkturellen Eintrübung zurückgegangen ist.

45 Quelle: Europäische Kommission (2005), Datenreihe „Manufactoring Industry".

Gerade kleine und Kleinstunternehmen sind in hohem Maß auf die Finanzierung mit Bankkrediten angewiesen (vgl. Abbildung 1).

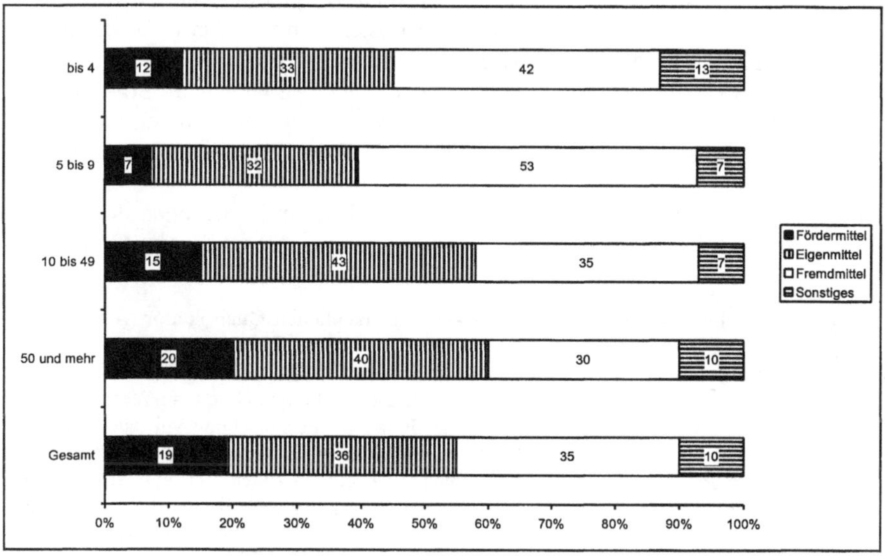

Abb. 1: Finanzierungsquellen deutscher Unternehmen nach Mitarbeiteranzahl[46]

Trotzdem ist der Zugang von Gründern zu Bankkreditfinanzierungen stets mit Schwierigkeiten verbunden gewesen,[47] da die Geschäftsphilosophie von Kreditinstituten risikoavers angelegt ist[48] und junge Unternehmen eine Reihe von Besonderheiten hinsichtlich der Fremdfinanzierung aufweisen.[49] Ursächlich für die Hemmnisse bei der Kreditvergabe sind unter anderem:

46 Quelle: KfW (2004), S. 26.

47 Zu einer vertieften Analyse der Beziehungen in Kreditverträgen sowie der dabei auftretenden Moral Hazard-Risiken vgl. Schmidt/Terberger (2003), S. 412 ff.; Drukarczyk (1993), S. 303 ff. und Spremann (2002), S. 718 ff.; speziell bezogen auf Gründungen im Handwerk vgl. Lux (2000), S. 49 ff.

48 Vgl. Rödel et al. (2002), S. 71. Angesichts der geringen Eigenkapitalausstattung und des Versprechens, Einlagen von Kunden mit größtmöglicher Wahrscheinlichkeit zurückzuzahlen, ist dieses Verhalten betriebswirtschaftlich rational, zumal es durch die Bankenaufsicht eingefordert wird, vgl. Grichnik/Kraschon (2002), S. B 13 Fn. 226. Die bisweilen in der Literatur anzutreffende Kritik an einer zu wenig ausgeprägten Risikofreudigkeit von Kreditinstituten, vgl. z. B. Schulte (2000), S. 393, ist vor diesem Hintergrund wenig angebracht.

49 Vgl. Smith/Smith (2004), S. 5 ff.; vgl. auch Schulte (2005), S. 476 ff.

- die erschwerte Beurteilung von *Gründerpersonen*[50] und der *Erfolgsaussichten* von Geschäftsideen, nicht zuletzt aufgrund fehlender Vergangenheitsdaten,[51]
- der vielfach recht *niedrige Finanzierungsbedarf*,[52] der angesichts von größenunabhängig anfallenden Bearbeitungskosten und hohem Bearbeitungsaufwand Ertragsprobleme für Kreditinstitute aufwirft,[53]
- das üblicherweise bei Gründern bestehende niedrige Niveau an *Eigenkapital*[54] und werthaltigen *banküblichen Sicherheiten*,[55] sowie daraus resultierend
- das vergleichsweise *hohe Ausfallrisiko* als Folge des Scheiterns der Neugründungen.[56]

Obwohl die Fremdkapitalfinanzierung von privatwirtschaftlichen Kreditinstituten aufgrund dieser Hindernisse „(...) per se nur begrenzt für die Gründungs-

50 Zur Beurteilung der persönlichen, sozialen und fachlichen Qualifikation von Existenzgründern vgl. Grebel (2004), S. 7 ff.

51 Zum fehlenden sog. Track Record vgl. Nathusius (2001b), S. 96 f.; vgl. auch Heinke/ Heitzer (1999), S. 215; Lompe et al. (1998), S. 24 und bereits Hartmann-Wendels (1987), S. 16; zu den verschiedenen Risiken in der Finanzierungsbeziehung vgl. auch Grichnik/ Kraschon (2002), S. B 30. Aufgrund der vielfach fehlenden Vergangenheitsdaten wird der Beurteilung der Gründerperson eine besondere Bedeutung zugebilligt, vgl. Nestel (2000), S. 419 f.; Klandt (1999), S. 11 ff. sowie Betsch et al. (2000), S. 6 und S. 127; kritisch hierzu Kuhlbrodt (2003), S. 94 ff. Zur mit zunehmender Unternehmensexistenz abnehmenden Unsicherheit über die Erfolgsaussichten vgl. Hayn (1998), S. 27 ff.

52 In ihren Umfragen kam die KfW zum Ergebnis, dass der Median des Finanzierungsbedarfs bei Vollerwerbsgründungen bei 5.000 Euro und bei Gründungen im Nebenerwerb lediglich bei 370 Euro liegt, vgl. KfW (2005d), S. 15.

53 Vgl. KfW (2005d), S. 18. Entsprechend ist das Ergebnis, dass die Bewilligungsquoten für großvolumige Gründungskredite höher ist als die für kleinvolumige, vgl. Schulte (1999), S. 104, durchaus begründet.

54 Vgl. Engelmann et al. (2000), S. 18 f. und Brettel et al. (2000), S. 61 ff. Zu Umfrageergebnissen zur Relevanz dieses Kriteriums bei Kreditablehnungen vgl. KfW (2005c), S. 35 und KfW (2005d), S. 17.

55 Vgl. Lux (2000), S. 86 und Kaufmann (1997), S. 150 f.; für einen Überblick über bankübliche Sicherheiten vgl. Rödel et al. (2002), S. 112 ff. und Nathusius (2001b), S. 101 ff. Im Zusammenhang mit Gründungsfinanzierungen kommen v. a. Bürgschaften, Sicherungsübereignungen und die Zession von Lebensversicherungen in Betracht, vgl. Müller/Geiser (1999), S. 272. Zu beachten bleibt, dass die vorhandenen Vermögensgegenstände speziell bei innovativen Technologieunternehmensgründungen oftmals einen unternehmensspezifischen Charakter aufweisen und aufgrund der eingeschränkten Verwertbarkeit als Sicherheit nicht anerkannt werden, vgl. Nathusius (2000), S. 18; Hartmann-Wendels (1987), S. 17 und S. 23 sowie Bruhns (1992), S. 11.

56 Vgl. Heitzer (2000), S. 17 f. und Weimerskirch (2000), S. 7. Zu empirischen Untersuchungen zum Risiko in verschiedenen Unternehmensphasen vgl. Schefczyk (1999), S. 1133 und Posner (1996), S. 12. Als Ursache für die hohen Ausfallraten wird bei jungen Unternehmen v. a. die mit der Konzentration auf einzelne Kernkompetenzen verbundene unzureichende Möglichkeit zum internen Risikoausgleich angeführt, vgl. Kaufmann (1997), S. 148.

finanzierung innovativer Unternehmen geeignet ist“[57], tragen Bankkredite maßgeblich zur Finanzierung von Unternehmensgründungen bei. Bezogen auf die Lebensphase von Gründungen sind Bankkredite weniger in der Seed- als vielmehr in der Start-up-Phase sowie in späteren Phasen von Bedeutung.[58]

Selbst wenn Gründern aktuell vielfach geraten wird, sich zur Vermeidung von Abhängigkeiten bei der Finanzierung neue Finanzierungsformen zu eröffnen und auch alternative Kapitalgeber in Betracht zu ziehen,[59] bleibt die Finanzierung über Bankkredite weiterhin eine bedeutsame Finanzierungsquelle.[60] Dies liegt auch darin begründet, dass Fremdkapitalalternativen bestimmte Mindestvolumina voraussetzen, die von Gründern zumeist nicht erreicht werden. Vergrößert wird die Bedeutung der Finanzierung über Banken dadurch, dass wie oben erwähnt ein Großteil der staatlichen Förderprogramme über die jeweilige Hausbank beantragt und vergeben wird.[61]

3.2 Absehbare Veränderungen im Kreditvergabeverhalten an Gründer durch Basel II

Basel II betrifft das gesamte Kreditgeschäft von Banken und Sparkassen und damit auch die Gewährung von Krediten an Gründer. Aufgrund der dargestellten Besonderheiten dieser Gruppe von Kreditnehmern lassen sich folgende maßgeblichen Veränderungen im Kreditvergabeverhalten gegenüber Gründern identifizieren:

- *Preissteigerungen*: Gründungsfinanzierungen werden von Banken zumeist in Form von Standardkrediten vergeben, bei denen allein die Kreditkonditionen

57 Grichnik/Kraschon (2002), S. B 14; vgl. auch Brettel et al. (2000), S. 64 ff.

58 Nach Erhebungen von Betsch et al. tragen Bankkredite nur zu 12 % zur Deckung des Finanzierungsbedarfs in der Seed-Phase bei, danach (Start-up- und Expansionsphase) aber zu 25 bzw. 26 %, vgl. Betsch et al. (2000), S. 178 ff.

59 Vgl. z. B. Widrat (2005), S. M1; Baaken (1989), S. 219 oder Pape (2003), S. 950. Speziell zu mezzaninen Finanzierungsformen vgl. Nathusius (2001a), S. 186 ff.; Nathusius (2001b), S. 108 ff.; Fahrholz (1998), S. 89 ff. und Pape (2003), S. 951 ff.

60 Vgl. KfW (2005c), S. 38 und S. 47 ff; vgl. auch Geiseler (1999) und Schulte (2002). So zeigte eine Untersuchung von Existenzgründern im Handwerkskammerbezirk Oberfranken auf, dass 25 % der Existenzgründer ein Bankdarlehen und 85 % einen Kontokorrentkredit zur Finanzierung nutzten, vgl. Grüner (1994), S. 220. In der aktuellen MIND-Umfrage erachten 27,5 % der befragten Unternehmen Bankkredite als unverzichtbar und weitere 33,9 % für sehr wichtig. Allerdings ist der Anteil von Bankkrediten an Investitionsfinanzierungen bei 60 % der Unternehmen geringer als 20 %, wobei dies v. a. kleinere Unternehmen sind, vgl. Impulse/DSGV (2005), S. 30 f.

61 Vgl. Betsch et al. (2000), S. 168. Zu den damit verbundenen Vor- und Nachteilen vgl. auch Schefczyk (1998), S. 84 ff.

je nach Bonität des Kreditnehmers variieren.[62] Während bislang zumeist pauschalierte Kostensätze für Bearbeitungs-, Risiko- und Eigenkapitalkosten angesetzt wurden, führt die im Umfeld von Basel II erfolgte Implementierung von genaueren Kalkulations- und Ratingverfahren dazu, dass sich die bei Gründungsfinanzierungen gegenüber anderen Unternehmenskrediten – aufgrund der aufwendigeren Bearbeitung und der größeren Ausfallgefährdung – höheren Kosten in den Kreditkonditionen niederschlagen werden.[63]

- Erhöhtes *Know-how*: Im Zusammenhang mit der generellen Verbesserung des Kreditrisikomanagements setzen Kreditinstitute zunehmend zukunftsorientierte Instrumente der Kreditwürdigkeitsanalyse zur Beurteilung der Erfolgsaussichten von Existenzgründungen und damit zur Rückzahlungswahrscheinlichkeit der Kreditmittel ein.[64] Ein besonderes Augenmerk im Hinblick auf Gründungsfinanzierungen liegt dabei auf der Einführung von Verfahren, mit denen die Plausibilität von Unternehmenskonzeptionen geprüft werden kann.[65] Der zum Teil anzutreffende Vorwurf der „Beamtenmentalität“[66] in Bezug auf die Kreditvergabe an Gründer, der auch in der Vergangenheit in Anbetracht der hohen Ausfälle als Folge des Scheiterns zu relativieren war,[67] ist nach der in vielen Banken erfolgten Bildung von speziellen Kreditabteilungen für Gründungsfinanzierungen mit besonders ausgebildeten Mitarbeitern[68] in dieser Form nicht mehr aufrecht zu erhalten. Angesichts des wachsenden Know-hows von Banken im Zusammenhang mit der Beurteilung von Existenzgründungen sind die Institute mehr als früher dazu in der Lage, Gründer fundiert zu beraten und vor der Realisierung von

---

62 Vgl. Nathusius (2001b), S. 25. Ausnahmen hierzu stellen sog. strukturierte Fremdkapitalfinanzierungen dar. Zur Ausgestaltung derartiger Finanzierungen vgl. Kuhlbrodt (2003), S. 142 ff.

63 Vgl. Kuhlbrodt (2003), S. 248 ff.; speziell in Bezug auf Bearbeitungskosten vgl. Walter (2005), S. 34.

64 Vgl. KfW (2005c), S. 38. Beispiele hierfür sind Unternehmens- und Umweltszenario-Analysen, Neuronale Netze, Expertensystem und Clusteranalyseinstrumente, die dazu dienen, qualitative Elemente in die eher quantitative Kreditwürdigkeitsanalyse einzubeziehen. Für einen Überblick über derartige Instrumente vgl. Betsch et al. (1997), S. 153.

65 Vgl. Nestel (2000), S. 423. Eine große Rolle spielen in diesem Zusammenhang Vergleiche mit den in den bankinternen Datenbanken existierenden Branchenzahlen, vgl. Nathusius (2001b), S. 102 f.

66 Schulte (2000), S. 393; zu weiteren Defiziten wie einer schleppenden und intransparenten Kreditentscheidung vgl. Christians (2001), S. 74.

67 So wurde geschätzt, dass in der Vergangenheit etwa 30 % der gescheiterten Unternehmensgründungen auf eine unzureichende Kreditprüfung und -beratung zurückzuführen sind, vgl. Krüger (2000), S. 205 f.

68 Vgl. Nestel (2000), S. 419. Für Beispiele zur Betreuung von Existenzgründern in Kreditinstituten vgl. Twarny/ Rietkötter (2000), 213 ff. und Christians (2001), S. 60.

unzureichend finanzierten Gründungsvorhaben zu warnen.[69] Ein ablehnendes Urteil sollte daher in jedem Fall Anlass für eingehende Rückfragen sein und zu einem Überdenken des Gründungsvorhabens führen.[70]

- Veränderte Beurteilung von *Sicherheiten*: Obwohl Kreditinstitute grundsätzlich Kredite nicht gegen die Beleihung von Sicherheiten gewähren, sondern an einer ordnungsgemäßen Kreditbedienung ohne Sicherheitenverwertung interessiert sind,[71] ist nicht von der Hand zu weisen, dass die Verfügbarkeit von Sicherheiten die Kreditvergabeentscheidung positiv beeinflussen.[72] Basel II führt dazu, dass Kreditinstitute je nach gewähltem Ratingansatz unterschiedlich bei der Bestimmung der bankenaufsichtlichen Eigenkapitalunterlegung berücksichtigen dürfen. Daher ist zu erwarten, dass sich zukünftig die Wertigkeit von Sicherheiten bei den jeweiligen Instituten dahingehend unterscheidet, ob und mit welchem Ansatz sie Berücksichtigung finden. Dies betrifft vor allem einige der vielfach bei Gründern vorhandenen Sicherheiten. So können zum Beispiel Sicherheitsübereignungen von Maschinen und Geräten nur von Kreditinstituten angerechnet werden, die den Fortgeschrittenen Ratingansatz einsetzen dürfen und über fundierte Erfahrungen bezüglich der erzielbaren Verwertungserlöse verfügen.

4 Möglichkeiten zur Gewährleistung einer Bankkreditfinanzierung für Gründer

Aufgrund der im vorherigen Abschnitt dargestellten direkten und indirekten Veränderungen im Kreditgeschäft durch Basel II und die begleitenden Vorschriften ergeben sich speziell für Gründer einige grundlegende Modifikationen, ohne deren Berücksichtigung eine Kreditaufnahme erschwert wird beziehungsweise sogar unmöglich ist. Essenziell für die Erhöhung der Erfolgsaussichten, eine Bankkreditfinanzierung zu erhalten, ist die intensive und vorbehaltlose Beschäftigung mit der Frage „Warum sollte die Bank mir einen Kredit gewähren?“[73] Durch die generelle Einführung von ausgefeilten Verfahren der Kreditwürdigkeitsprüfungen bei allen Banken unterliegen auch die Gründer

69 Zu Grundregeln und möglichen „Kunstfehlern“ in Bezug auf die Finanzierung vgl. Nathusius (2001b), S. 12 ff.; vgl. auch o. V. (2005a), S. 31 f. und Christians (2001), S. 68 ff.

70 Zu den Gründen für gescheiterte Kreditanträge von Gründern vgl. auch Fraunhofer Institut für Systemtechnik und Innovationsforschung/Zentrum für Europäische Wirtschaftsforschung (1998), S. 15.

71 Zur umstrittenen Bedeutung von Kreditsicherheiten vgl. Positionen von Hahn (1981), S. 221; Dicken (1997), S. 17 und Hanke (1999), S. 105.

72 Vgl. bereits Schneider (1992), S. 627 f. und Nowak (1991), S. 53 ff. Durch die Besicherung werden Kreditgeber vor allem gegenüber nachträglichen Vermögensverschiebungen zu ihren Ungunsten geschützt, vgl. Schmidt/Terberger (2003), S. 430 f.; vgl. auch Rudolph (1984), S. 30 ff. und Süchting (1995), S. 180.

73 Kußmaul (2005), S. 509.

deutlich intensiveren Prüfungen der wirtschaftlichen Verhältnisse und speziell des Gründungsvorhabens. In diesem Zusammenhang sind folgende Kriterien von besonderer Bedeutung:[74]

- *Eigenkapital*: Der Nachweis von eigenen Mitteln ist mehr denn je notwendig für die Gewährung von Kreditmitteln. Schließlich belegt die Bereitstellung beziehungsweise Akquisition von Eigenmitteln die Überzeugung(-skraft) des Gründers in sein Gründungsvorhaben und die Bereitschaft zur Risikoübernahme.[75] Zugleich erhöht ein ausreichendes Eigenkapitalpolster die Widerstandskraft gegenüber Verlusten in der Anlaufphase des neuen Unternehmens.[76]
- *Betriebswirtschaftliche Kenntnisse und Fähigkeiten*: Da viele Gründungen in der Vergangenheit trotz überzeugenden Geschäftskonzepts und (zunächst) ausreichenden Eigenkapitals als Folge betriebswirtschaftlicher Defizite gescheitert sind, legen Kreditinstitute strengere Maßstäbe in diesem Bereich an. Unter anderem prüfen sie intensiv, ob die Gründer neben Know-how in ihrem jeweiligen Geschäftsmetier über fundamentale Kenntnisse im Bereich der Unternehmensführung und -organisation verfügen.[77] Der Nachweis dieser Kenntnisse durch erfolgreichen Besuch entsprechender Angebote der IHK oder anderer Bildungsträger[78] ist daher als Grundvoraussetzung dafür anzusehen, dass beim Rating im Bereich der qualitativen Faktoren kein Negativmerkmal auftritt.
- *Überzeugender Businessplan*: Um potenzielle Kreditgeber für ein Engagement zu gewinnen, ist eine fundierte Darstellung der Geschäftsidee, eine plausible Analyse der Ausgangssituation (inkl. Markt-, Standort-, und Konkurrenzanalyse) sowie eine realistische Planung der Geschäftsentwicklung erforderlich.[79] Neben Informationen und Prognosen zur Liquiditäts-, Kapital-

---

74 Vgl. auch Twarny/Rietkötter (2000), S. 210 ff. und Tallner (2003), S. 35 ff.

75 Vgl. Hebig (2004), S. 186 und Nathusius (2001b), S. 22 f. Zur Bedeutung der Einbeziehung des privaten Eigentums als Signal für die Überzeugung des Gründers bezüglich seines Vorhabens vgl. Vincenti (2002), S. 65.

76 Vgl. Herz (1997), S. 10 f. und Rödel et al. (2002), S. 67. Entsprechend werden von Gründern i. d. R. höhere Eigenkapitalquoten als bei bestehenden Unternehmen verlangt, vgl. Kaufmann (1997), S. 146 und Nathusius (2001b), S. 12 f. sowie Nitzsch et al. (2005), S. 426.

77 Vgl. Nathusius (2000), S. 13.

78 Vgl. Arnold (1999), S. 145 ff.

79 Für einen Überblick über die notwendigen Inhalte vgl. Dowling (2002), S. 220 ff.; Klandt (1999), S. 171 ff.; Geigenberger (1999), S. 58 ff. und Rödel et al. (2002), S. 12 ff. Zur in diesem Zusammenhang notwendigen Unterscheidung zwischen Gründungsstrategie und weiterreichender Strategie des/r Gründer(s) sowie der Gründungskonzeption und den technischen Voraussetzungen vgl. Kuhlbrodt (2003), S. 98 ff.

bedarfs- und Ergebnisplanung[80] spielt das Vorliegen einer Auflistung des vorhandenen Anlage- und Umlaufvermögens sowie der Kosten für die private Lebensführung eine besondere Rolle. Bei der Bestimmung des Kapitalbedarfs ist eine Risikoreserve zur Verhinderung der Illiquidität in unvorhersehbaren Fällen vorzusehen.[81] Die Standortwahl kann bei bestimmten Branchen das Rating stark beeinflussen, so dass hier eingehende Untersuchungen und Nachweise der Attraktivität bestimmter Regionen in Bezug auf Kaufkraft, Konkurrenzsituation oder Verkehrslage notwendig sind.[82] Dagegen hat die Rechtsformwahl, die für den Gründer erhebliche Konsequenzen hat,[83] für das Ratingergebnis eine nachrangige Bedeutung, da allein Rechtsformen, die eine enge Haftungsbegrenzung aufweisen,[84] zu verschlechterten Ratings führen.[85]

Angesichts des vielfach zu erkennenden Verfehlens der Plandaten weist das letztgenannte Kriterium eine leicht abnehmende Bedeutung im Zusammenhang mit Kreditprüfungen auf.[86] Gleichzeitig ist zu unterscheiden zwischen Gründungen, die sich auf innovative Produkte oder Dienstleistungen beziehen und solchen, für die Branchen- und Markterfahrungswerte vorliegen.[87] Obwohl

---

80 Vgl. Blum et al. (2004), S. 69 und Kußmaul (2005), S. 589 ff. Als Besonderheit von Gründungsfinanzierungen ist hierbei zu beachten, dass die zur Bedienung von Krediten notwendigen Cash-Flows aus der Umsatztätigkeit erst allmählich zur Verfügung stehen, vgl. Kuhlbrodt (2003), S. 192 f. und daher für die Anfangszeit entweder andere Quellen vorzusehen oder auflaufende Zins- und Tilgungszahlungen in den Kreditverträgen zu berücksichtigen sind.

81 Vgl. Dittrich (1997), S. 46. Als notwendiger Umfang dieser Reserven werden mindestens 10 % des Gesamtkapitalbedarfs erachtet, vgl. Kußmaul (1998), S. 398. Zusätzlich zur Normal- und einer Optimalplanung sollte daher auch eine „Worst case"-Variante eingereicht werden, vgl. Nestel (2000), S. 423 und Nelles/Rocke (2001), S. 166.

82 Vgl. Blum et al. (2004), S. 69 f. sowie Arnold (1999), S. 75 ff. und S. 241 ff.

83 Neben der Anzahl der notwendigen Gründer sind dies vor allem Haftungs-, Einflussnahme- und Bilanzierungsfragen. Eine Änderung der Rechtsform erfolgt i. d. R. wegen der damit verbundenen Kosten nur in selten Fällen, vgl. Christians (2001), S. 63; vgl. auch Arnold (1999), S. 230 ff.

84 Zur Haftungsbeschränkung der Gesellschafter bei den verschiedenen Rechtsformen vgl. Schmidt/Terberger (2003), S. 440 ff. oder Süchting (1995), S. 34 ff. Zur Bedeutung der persönlichen Haftung der Gründung vgl. Betsch et al. (2000), S. 6 und Grichnik/Kraschon (2002), S. B 42 f.

85 Zur Begründung lässt sich anführen, dass Banken i. d. R eine zusätzliche Haftung mit dem Privatvermögen verlangen, vgl. Nathusius (2001b), S. 26. Zur unterschiedlichen Bedeutung der Rechtsformwahl bei verschiedenen Bankengruppen vgl. Discherl/Ring (2004), S. 63 f.

86 Zur Kritik hieran vgl. DIHK (2004), S. 3 ff. und DIHK (2005), S. 4 ff.; vgl. auch DZ Bank (2004), S. 15.

87 Zu einem Beispiel für die unterschiedliche Betreuung vgl. Twarny/Rietkötter (2000), S. 213.

sich insgesamt die Expertise von Kreditinstituten bei der Beurteilung von Geschäftsideen erhöht hat, präferieren die Institute Gründungen in bekannten Branchen, für die positive Aussichten bestehen. Schwierigkeiten, eine Kreditfinanzierung zu erhalten, weisen dagegen sowohl Gründungen in „Problembranchen“ wie etwa dem Baugewerbe[88] als auch hochinnovative Projekte auf, die von Banken nur eingeschränkt beurteilt werden können.[89] Zu beachten bleibt indes, dass letztere oftmals in der Frühphase eine intensive öffentliche Förderung erfahren und sich die Finanzierungsproblematik erst bei dessen Auslaufen zeigt.[90]

Insgesamt ist es wichtig, in Kreditverhandlungen *bankübliche Grundregeln* zu beachten, die die Basis für eine vertrauensvolle Zusammenarbeit darstellen:[91] So sind zum Abbau der bestehenden Informationsasymmetrien im Rahmen des „Signalling“[92] grundsätzlich möglichst aktuelle Daten vorzulegen,[93] sämtliche Angaben müssen korrekt sein und auch negative Aspekte sind anzusprechen.[94] Überdies sollte durch regelmäßige Kontaktpflege die Erfahrung der Bankbetreuer genutzt[95] und durch Informationsaustausch das jeweilige Rating optimiert werden.[96] Gleichwohl ist es nicht zuletzt angesichts der erläuterten kreditinstitutsspezifischen Unterschiede bei den eingesetzten Ratingverfahren auch sinnvoll, mehrere Kreditinstitute zu konsultieren, um auf Basis der

---

88 Zu einer differenzierten Analyse der Finanzierungsprobleme nach Branchen vgl. DIHK (2005), S. 8 ff.

89 Vgl. Betsch et al. (2000), S. 168; Nathusius (2000), S. 13 und Schween (1996), S. 55 f. Zur Bedeutung der Informationsdefizite, die sowohl auf Seiten der Kapitalgeber als auch der Kapitalnehmer auftreten können, vgl. Engelmann et al. (2000), S. 92 f.

90 Zur besonderen Finanzierungssituation innovativer Unternehmensgründungen vgl. Nathusius (2001b), S. 162; Kulicke/Bayer (1993), S. 126 ff. und Fraunhofer Institut für Systemtechnik und Innovationsforschung/Zentrum für Europäische Wirtschaftsforschung (1998), S. 91 ff.

91 Vgl. Hebig (2004), S. 45 f. sowie Checkliste auf S. 267; vgl. auch Rasner et al. (1996), S. 52; KfW (2005a), S. 10 f. und Arnold (1999), S. 352 ff.

92 Für einen Überblick über verschiedene Bereiche des Signalling vgl. Spence (1976), S. 591 ff.

93 Dies gilt besonders für Gründungsfinanzierungen wegen des üblicherweise höheren Risikos und des Fehlens werthaltiger Sicherheiten, vgl. Kuhlbrodt (2003), S. 237.

94 Zum Umgang mit negativen Aspekten im Zusammenhang mit Schufa-Auskünften vgl. Herz (1997), S. 22 ff.

95 Zur Bedeutung der effektiven Zusammenarbeit mit der jeweiligen Hausbank vgl. Lux (2000), S. 79 ff.; Tallner (2003), S. 37 und Nathusius (2001b), S. 103.

96 Zur Intensivierung und der damit oftmals verbundenen Verbesserung der Beziehung zur Hausbank als Folge von Basel II vgl. Larisch (2003), S. 344 ff. und Deter/Diegelmann (2003), S. 9 ff. sowie Umfrageergebnisse in Impulse/DSGV (2005), S. 34 f. und DZ Bank (2004), S. 12 f.

Konkurrenzangebote Konditionsverhandlungen durchzuführen.[97] Überdies ist es notwendig, sich wegen der Vielfalt verschiedenartiger Förderprogramme zur Finanzierung von Existenzgründungen und angesichts der oftmals anzutreffenden Zurückhaltung der Kreditinstitute, aktiv auf diese hinzuweisen,[98] frühzeitig vor Betriebsbeginn mit den Voraussetzungen für die Antragstellung auseinander zu setzen und zusätzliche Beratung einzuholen.[99]

5 Fazit

Basel II und die damit in Zusammenhang stehenden Veränderungen der bankenaufsichtlichen Behandlung von Kreditrisiken haben erhebliche Auswirkungen auf das Kreditgeschäft allgemein und auch auf die Finanzierung von Gründungen durch Kreditinstitute. Im Vordergrund der öffentlichen Diskussion stehen hierbei zumeist die Verknappung von Kreditmitteln und die Erhöhung von Kreditpreisen. Bei näherer Betrachtung resultieren beide Effekte aus einer seitens der Bankenaufsicht eingeforderten Professionalisierung des bislang primär auf Vertrauen und vergangenheitsorientierter Engagementsprüfung basierenden Kreditgeschäfts. Die Notwendigkeit für eine Modifikation des Kreditvergabeverhaltens erwächst dabei insbesondere aus den hohen Kreditrisiken, die gerade deutsche Kreditinstitute in der jüngeren Vergangenheit verkraften mussten und die das Bankensystem als Ganzes bedrohten.

Für Unternehmensgründer hat die deutlich vertiefte und verfeinerte Beurteilung der Finanzierungsanfragen durch Banken und Sparkassen zur Folge, dass nur diejenigen Anfragen erfolgreich sind, die ein kalkulierbares Risiko beinhalten. Höhere – aber noch überschaubare – Risiken, etwa als Folge von geringen Eigenmitteln und fehlender Besicherung, sind Kreditinstitute begrenzt bereit zu tragen, sofern eine risikoadäquate Prämie angesetzt werden kann. Da Basel II für sämtliche Institute in Deutschland Gültigkeit erlangen wird und diese bereits jetzt erhebliche Anstrengungen unternommen haben, um Kreditvergabeprozesse MaK-konform zu gestalten, ist im Gegensatz zur Vergangenheit davon auszugehen, dass sich diese höheren Preise auch im Wettbewerb durchsetzen

97 Zu einer abwägenden Beurteilung des Hausbank-Prinzips vgl. Brettel et al. (2005), S. 163 f.

98 Vgl. Kuhlbrodt (2003), S. 140. Hierzu trägt zum einen die Intransparenz der Förderprogramme bei, vgl. bereits Hennicke/de Pay (1986), S. 124 ff. Zum anderen mangelt es bei einigen Programmen an Anreizen (Zinserlösen bzw. Provisionen) für die Bank, Gründer auf diese aufmerksam zu machen, speziell wenn durch die Förderprogramme bankeigene Geschäfte substituiert werden, vgl. Christians (2001), S. 69 f.

99 Vgl. Herz (1997), S. 74 ff. und Rödel et al. (2002), S. 110. Für einen Überblick über die verschiedenen Anbieter von Gründungsleistungen vgl. Engelmann et al. (2000), S. 329 ff.

lassen.[100] Die für die Kreditversorgung notwendige Stabilität der deutschen Kreditwirtschaft, die in den letzten Jahren gefährdet war, wird hierdurch gesichert.

Die Analyse hat allerdings auch aufgezeigt, dass Basel II nicht nur eine generell gesteigerte Expertise der Kreditinstitute in Bezug auf die Beurteilung von Kreditanfragen einfordert, sondern dafür auch verschiedenartige Anspruchsniveaus vorgibt. In der Tendenz ist dies damit verbunden, dass je höher bei einem Kreditinstitut der gegenüber der Bankenaufsicht dokumentierte Entwicklungsstand des Kreditrisikomanagements ist, desto größer die Möglichkeit sein wird, teures Eigenkapital einzusparen. Je nachdem, welcher Typus von Ratingverfahren angewendet und aufsichtlich anerkannt ist, ergeben sich unterschiedliche Eigenkapitalunterlegungsverpflichtungen für das gleiche Kreditrisiko. Auch in Bezug auf die Anerkennung von Sicherheiten bleibt zu berücksichtigen, dass, je nach verwendeten und anerkannten Ratingverfahren, die gleiche Sicherheit von einem Institut eigenkapitalmindernd eingesetzt werden kann und von einem anderen Institut nicht. Die Untersuchung hat überdies verdeutlicht, dass sich daraus keine generellen Aussagen bezüglich der Wahl einer Bank- und Kreditverbindung für Unternehmen allgemein und speziell für Gründer ableiten lassen, sondern die spezifischen Gegebenheiten des Gründers (z. B. Art der Sicherheiten) und des Kreditinstituts (z. B. Art des verwendeten Ratingverfahrens, Art des anerkannten Ratingverfahrens, Zusammensetzung des Kreditportfolios, Möglichkeiten zum Kredittransfer) ausschlaggebend sind.

Dementsprechend ist es für Gründer zwar einerseits wichtig, zur Erlangung eines optimalen Ratings bestehende Beziehungen zur Hausbank zu pflegen. Andererseits sind jedoch auch Konkurrenzinstitute zu konsultieren, die gegebenenfalls andere Verfahren nutzen und größere kreditpolitische Spielräume besitzen. Generell erfordert die Erlangung von Bankkredit- und auch öffentlichen Finanzierungen aufgrund der gestiegenen Kompetenz der Geschäftsbanken im Zusammenhang mit Kreditwürdigkeitsprüfungen mehr denn je eine professionelle Vorbereitung, eine schlüssige Präsentation des Geschäftskonzepts sowie eine abgewogene Finanzierungsplanung. Es ist zu erwarten, dass durch eine realistischere Kreditbeurteilung die hohe Zahl an Gründungen, die die Anfangsphase nicht überstehen, sinkt.

Literatur

Angermüller, N./Eichhorn, M./Ramke, T. (2005): New Standards of Banking Supervision – A Look at the German Implementation Approach for the Second Pillar of Basel II, in: Journal of International Banking Law and Regulation, Vol. 20 (2005), H. 2, S. 45-55.

100 Vgl. T. Fischer (WestLB) anlässlich der Tagung der Schmalenbach-Gesellschaft 2005, wiedergegeben in o. V. (2005b), S. 25.

Arnold, J. (1999): Der sichere Weg zum Unternehmer Bd. 1: Existenzgründung: von der Idee zum Erfolg!, 3. Aufl., Würzburg 1999.

Baaken, T. (1989): Bewertung technologieorientierter Unternehmensgründungen: Kriterien und Methoden zur Bewertung von Gründerpersönlichkeit, Technologie und Markt für Banken und Venture-Capital-Gesellschaften sowie für die staatliche Wirtschafts- und Technologieförderung, Berlin 1989 (zugl. Diss. Freie Univ. Berlin 1986).

BaFin Bundesanstalt für Finanzdienstleistungsaufsicht (2002): Mindestanforderungen an das Kreditgeschäft der Kreditinstitute, Rundschreiben 34/2002 vom 20. Dezember 2002 – I 4 – 44 – 5/2001, Bonn 2002, abgedruckt in: Reichhauer/Kleinhans (Hrsg.): KWG-Kommentar, Kza. 281 Nr. 78.

Basel Committee on Banking Supervision (2000): Principles for the management of credit risk, Basel, September 2000.

Becker, A./Gruber, W. (2002): MaK – wesentliche Eckpunkte der neuen Vereinbarung, in: ZfgK, 55. Jg. (2002), S. 862-867.

Betsch, O./Brümmer, E./Hartmann, E./Wittberg, V. (1997): Kreditwürdigkeitsanalyse im Firmenkundengeschäft, in: Die Bank, o. Jg. (1997), S. 150-155.

Betsch, O./Groh, A./Schmidt, K. (2000): Gründungs- und Wachstumsfinanzierung innovativer Unternehmen, München/Wien 2000.

Bieg, H./Krämer, G./Waschbusch, G. (2004): Bankenaufsicht in Theorie und Praxis, 2. Aufl., Frankfurt a. M. 2004.

Blum, U./Gleißner, W./Schaller, A. (2004): Standortfaktoren im Existenzgründerrating, in: A.-K. Achleiner/O. Everling (Hrsg.): Existenzgründerrating – Rating junger Unternehmen, Wiesbaden 2004, S. 68-87.

BMBF (1998): Innovationsförderung für kleine und mittlere Unternehmen – Gesamtkonzept der Bundesregierung, Bonn 1998.

Braun, U. (2005): Sicherheiten und Risk Mitigation, in: Deloitte (Hrsg.): Basel II – Handbuch zur praktischen Umsetzung des neuen Bankenaufsichtsrechts, Berlin 2005, S. 243-265.

Breitenacher, M. (1994): Gesamtwirtschaftliche Wirkungen der Existenzgründungspolitik sowie Entwicklungen der mit öffentlichen Mitteln – insbesondere Eigenkapitalhilfe – geförderten Unternehmensgründungen: ein Gemeinschaftsgutachten, ifo Studien zur Finanzpolitik, Bd. 56, hrsg. v. Ifo-Institut für Wirtschaftsforschung, München und Bifego, Universität Dortmund, München 1994.

Brettel, M./Jaugey, C./Rost, C. (2000): Business angels: der informelle Beteiligungskapitalmarkt in Deutschland, Wiesbaden 2000.

Brettel, M./Rudolf, M./Witt, P. (2005): Finanzierung von Wachstumsunternehmen: Grundlagen – Finanzierungsquellen – Praxisbeispiele, Wiesbaden 2005.

Bruhns, K. (1992): Die Förderung von Kapitalbeteiligungsgesellschaften als Instrument der Mittelstandspolitik: eine kritische Analyse der Wirkungen und Einsatzmöglichkeiten, Pfaffenweiler 1992 (zugl. Diss. Univ. Freiburg i. Br.).

Burghof, H.-P./Rudolph, B. (1996): Bankenaufsicht: Theorie und Praxis der Regulierung, Wiesbaden 1996.

Capellero, C./Füser, C. (2005): IT-Risiken als Ratingkriterium, in: Die Bank, o. Jg. (2005), H. 10, S. 68-71.

Christians, U. (2001): Aktivitäten von Kreditinstituten im Rahmen des Existenzgründungsprozesses – Dargestellt anhand von Beispielen aus dem Sparkassen- und Kreditgenossenschaftssektor, in: W. Schmeisser/D. Krimphove (Hrsg.): Vom Gründungsmanagement zum Neuen Markt: Strategien für technologieorientierte kleine und mittlere Unternehmen, Wiesbaden 2001, S. 55-85.

Cluse, M./Dernbach, A./Engels, J./Lellmann, P. (2005): Einführung in Basel II, in: Deloitte (Hrsg.): Basel II – Handbuch zur praktischen Umsetzung des neuen Bankenaufsichtsrechts, Berlin 2005, S. 19-44.

Cluse, M./Stellmacher, T. (2005): Die IRB-Ansätze, in: Deloitte (Hrsg.): Basel II – Handbuch zur praktischen Umsetzung des neuen Bankenaufsichtsrechts, Berlin 2005, S. 167-208.

Deter, H./Diegelmann, M. (2003): Creditor Relations: Beziehungsmanagement mit Fremdkapitalgebern, Frankfurt a. M. 2003.

Deutsche Bundesbank (2005): Vermögensbildung und Finanzierung im Jahr 2004, in: Monatsbericht, Juni 2005, S. 15-30.

Deutsche Bundesbank (2003): Neue Mindestanforderungen an das Kreditgeschäft: MaK und Basel II, in: Monatsbericht, Januar 2003, S. 45-58.

Dicken, A. J. (1997): Kreditwürdigkeitsprüfung: Kreditwürdigkeitsprüfung auf der Basis des betrieblichen Leistungsvermögens, Hamburg 1997 (zugl. Diss. Univ. Köln 1996).

DIHK Deutscher Industrie- und Handelskammertag (2004): Kreditprobleme trotz konjunktureller Zuversicht, Ergebnisse einer DIHK-Umfrage zur Unternehmensfinanzierung im Mittelstand Frühjahr 2004, Berlin 2004.

DIHK Deutscher Industrie- und Handelskammertag (2005): Kreditkonditionen unter dem Diktat der Bonität, Ergebnisse einer DIHK-Umfrage zur Unternehmensfinanzierung im Mittelstand Frühjahr 2005, Berlin 2005.

Discherl, G./Ring, S. (2004): Die Rechtsformwahl des Start-ups als kritischer Faktor im Existenzgründerrating, in: A.-K. Achleiner/O. Everling (Hrsg.): Existenzgründerrating – Rating junger Unternehmen, Wiesbaden 2004, S. 53-65.

Disselbeck, K. (2004): Basel II, CAD und die Solvabilitätsverordnung II – nur Übergangsstandards, in: ZfgK, 57. Jg. (2004), S. 1244-1245.

Dittrich, H. (1997): Wege und Tips zur Existenzgründung, 6. Aufl., München 1997.

Dowling, M. J. (2002): Businesspläne, in: M. Dowling/H. J. Drumm (Hrsg.): Gründungsmanagement: vom erfolgreichen Unternehmensstart zu dauerhaftem Wachstum, Berlin [u. a.] 2002, S. 219-225.

Drukarczyk, J. (1993): Theorie und Politik der Finanzierung, 2. Aufl., München 1993.

Dürselen, K. E. (1994): Novellierung der Bankaufsichtsnorm Grundsatz I zur Erfassung und Begrenzung von Ausfallrisiken eines Kreditinstituts, in: ZBB, 6. Jg. (1994), S. 100-115.

DZ Bank (2004): Mittelstand im Mittelpunkt Herbst/Winter 2004, Frankfurt a. M. 2004.

Eckert, W. (1990): Das Gründungsgeschäft der Banken, Frankfurt a. M. [u. a.] 1990 (zugl. Diss. Univ. Erlangen, Nürnberg 1989).

Engelmann, A./Juncker, K./Natusch, I./Tebroke, H.-J. (2000): Moderne Unternehmensfinanzierung: Risikokapital für Unternehmensgründung und -wachstum, Frankfurt a. M. 2000.

Europäische Kommission (2005): Datenbank für harmonisierte Jahresabschlussdaten™ (BACH), Brüssel 2005.

Evans, D. M. (1998): Sorgen aus der Ferne – Wo sind die Neugründungen?, in: ZfgK, 51. Jg. (1998), S. 228-230.

EZB Europäische Zentralbank (2005a): Die neue Baseler Eigenkapitalvereinbarung: Wesentliche Merkmale und Auswirkungen, in: Monatsbericht, Januar 2005, S. 53-63.

EZB Europäische Zentralbank (2005b): Marktdisziplin im Bankensektor, in: Monatsbericht, Februar 2005, S. 57-67.

Fahrholz, B. (1998): Neue Formen der Unternehmensfinanzierung. Unternehmensübernahmen, Big-Ticket-Leasing, Asset-Backed- und Projektfinanzierungen, München 1998.

Fraunhofer-Institut Systemtechnik und Innovationsforschung (FhG-ISI)/Zentrum für Europäische Wirtschaftsforschung (ZEW) (1998): Beteiligungskapital und technologieorientierte Unternehmensgründungen: Gutachten für das Bundesministerium für Wirtschaft und Technologie, Referat VI A5; Kurzfassung, Karlsruhe [u. a.] 1998.

Füser, K./Rödel, K. (2002): Basel II – Internes Rating mittels (quantitativer und) qualitativer Kriterien, in: DStR, 40. Jg. (2002), S. 275-282.

Gaida, M. (2002): Venture-Capital in Deutschland und den USA: Finanzierung von Start-ups im Gefüge von Staat, Banken und Börsen, Wiesbaden 2002 (zugl. Diss. Univ. Göttingen 2001).

Geigenberger, I. (1999): Risikokapital für Unternehmensgründer: der Weg zum venture capital, München 1999.

Geiseler, C. (1999): Das Finanzierungsverhalten kleiner und mittlerer Unternehmen: eine empirische Untersuchung, Wiesbaden 1999 (zugl. Diss. Univ. Bayreuth 1997).

Grebel, T. (2004): Persönliche, soziale und fachliche Qualifikation des Existenzgründers, in: A.-K. Achleiner/O. Everling (Hrsg.): Existenzgründerrating – Rating junger Unternehmen, Wiesbaden 2004, S. 3-12.

Grichnik, D./Kraschon, D. (2002): Finanzierungs- und risikotheoretische Probleme bei Unternehmensgründungen: Systematisierung und ökonomische Analyse der Finanzierungsbeziehungen, in: M. Bitz (Hrsg.): Theoretische Grundlagen der Gründungsfinanzierung, Diskussionsbeiträge des Fachbereichs Wirtschaftswissenschaft der Fernuniversität Hagen Nr. 331, Hagen 2002, S. B1-B55.

Grüner, A. (1994): Finanzbedarfsermittlung bei der Gründung von Handwerksbetrieben, Frankfurt a. M. [u. a.] 1994 (zugl. Diss. Univ. Bayreuth 1990).

Hahn, O. (1981): Wandlungen des Sicherheitsdenkens im bankmäßigen Kreditgeschäft, in: E. Rühli/J.-P. Thommen (Hrsg.): Unternehmensführung aus finanz- und bankwirtschaftlicher Sicht: Bericht von der Wissenschaftlichen Tagung des Verbandes der Hochschullehrer für Betriebswirtschaft e. V.; Bericht über die Tagung in Zürich, Mai 1980, Stuttgart 1981, S. 211-223.

Hanenberg, L./Kreische, K./Schneider, A. (2003): Mindestanforderungen an das Kreditgeschäft der Kreditinstitute – Zum Inhalt des Rundschreibens 34/2002 (Bankenaufsicht) der Bundesanstalt für Finanzdienstleistungsaufsicht –, in: WPg, 56. Jg. (2003), S. 396-409.

Hanke, W. (1999): Beteiligungskapital – eine zukunftsweisende Finanzierungsmöglichkeit für KMU in Sachsen, in: M. Berrios Amador/K. Lohmann/F. Pleschak (Hrsg.): Beteiligungskapital in der Unternehmensfinanzierung: Grundfragen – Konzepte – Erfahrungen, Wiesbaden 1999, S. 105-112.

Hartmann-Wendels, T. (1987): Venture Capital aus finanzierungstheoretischer Sicht, in: ZfbF, 39. Jg. (1987), S. 16-30.

Hayn, M. (1998): Bewertung junger Unternehmen, Herne/Berlin 1998 (zugl. Diss. Univ. Saarbrücken).

Hebig, M. (2004): Existenzgründungsberatung: steuerliche, rechtliche und wirtschaftliche Gestaltungshinweise zur Unternehmensgründung, 5. Aufl., Berlin 2004.

Heinke, V. G./Heitzer, B. (1999): Early-Stage-Rating für technologieorientierte Innovationsfinanzierungen, in: FB, 1. Jg. (1999), S. 215-221.

Heitzer, B. (2000): Finanzierung junger innovativer Unternehmen durch Venture Capital-Gesellschaften, Lohmar/Köln 2000 (zugl. Diss. Univ. Münster).

Hennicke, M./de Pay, D. (1986): Zum Förderungssystem für kleine und mittlere Unternehmen, Stuttgart 1986.

Herz, P. (1997): Geldquellen für Existenzgründer: Finanzierung und Fördermöglichkeiten, Regensburg/Bonn 1997.

Hofmann, G. (2002): Basel II und die Zukunft des Kreditgeschäfts in Deutschland, in: BFuP, 54. Jg. (2002), S. 545-555.

Impulse/DSGV (2005): mind – Mittelstand in Deutschland, Köln/Berlin 2005.

Jakob, K./Wohlert, D. (2001): Die neuen Baseler Prinzipien für das Risikomanagement, in: B. Bl., 50. Jg. (2001), S. 471-479.

Kaufmann, F. (1997): Besonderheiten der Finanzierung kleiner und mittlerer Unternehmen: ein Überblick über die Problemlage, in: Kredit und Kapital, 30. Jg. (1997), S. 140-155.

KfW Kreditanstalt für Wiederaufbau (2004): KfW-Mittelstandspanel 2004: Repräsentatitive Analyse zu Investitionen und Beschäftigungseffekten kleiner und mittlerer Unternehmen, Frankfurt a. M., November 2004.

KfW Kreditanstalt für Wiederaufbau [Hrsg.] (2005a): Checkliste: Tipps fürs Bankgespräch – Was die Bank von Ihnen will, in: KfW-Infodienst Spezial, Frankfurt a. M., Juli 2005, S. 10-11.

KfW Kreditanstalt für Wiederaufbau [Hrsg.] (2005b): Die Kreditvergabe der deutschen Kreditinstitute: Aktuelle Zahlen zum Kreditneugeschäft, KfW-Research, Nr. 16, Frankfurt a. M., April 2005.

KfW Kreditanstalt für Wiederaufbau [Hrsg.] (2005c): Unternehmensfinanzierung: Immer noch schwierig, aber erste Anzeichen einer Besserung, Frankfurt a. M. 2005.

KfW Kreditanstalt für Wiederaufbau [Hrsg.] (2005d): KfW-Gründungsmonitor 2005: Zahl der Vollerwerbsgründungen stabil – Kleinstgründungen auf dem Vormarsch, Frankfurt a. M., Juni 2005.

KfW Kreditanstalt für Wiederaufbau [Hrsg.] (2005e): KfW-Mittelstandspanel 2005: Ist der Mittelstand fit für die Zukunft?, Frankfurt a. M., November 2005.

Kienesberger, E.-M. (2004): Ausgewählte Probleme im Rahmen der Umsetzung der MaK und die Ergebnisse der Diskussion im MaK-Fachgremium, in: A. Becker/W. Gruber/D. Wohlert (Hrsg.): Handbuch Bankenaufsichtliche Entwicklungen, Stuttgart 2004, S. 125-142.

Klandt, H. (1999): Gründungsmanagement: Der integrierte Unternehmensplan, München [u. a.] 1999.

Kreische, K./Martin, M. R. W. (2004): Anforderungen an die Risikoklassifizierungsverfahren, in: A. Becker/W. Gruber/D. Wohlert (Hrsg.): Handbuch Bankenaufsichtliche Entwicklungen, Stuttgart 2004, S. 227-258.

Krüger, U. (2000): Neue Herausforderungen des Bankgeschäfts und rechtliche Verantwortung – Beratungs- und Aufklärungspflichten im Internet Brokerage und bei der Vergabe von Existenzgründungskrediten, in: J. Evers/U. Krüger/U. Reifner (Hrsg.): Beratungsqualität in Finanzdienstleistungen, Baden-Baden 2000, S. 195-224.

Kuhlbrodt, M. (2003): Die Finanzierung von Start-ups aus Bankensicht: ein Anwendungsfall strukturierter Finanzierungen, Frankfurt a. M. 2003.

Kulicke, M./Bayer, M. (1993): Chancen und Risiken junger Technologieunternehmen: Ergebnisse des Modellversuchs "Förderung technologieorientierter Unternehmensgründungen" des Bundesforschungsministeriums, Heidelberg 1993.

Kußmaul, H. (1998): Arbeitsbuch Betriebswirtschaftslehre für Existenzgründer, München 1998.

Kußmaul, H. (2005): Betriebswirtschaftslehre für Existenzgründer: Grundlagen mit Fallbeispielen und Fragen der Existenzgründungspraxis, 5. Aufl., München [u. a.] 2005.

Larisch, M. (2003): Berührungspunkte zwischen Rating und Investor Relations, in: A.-K. Achleitner/O. Everling (Hrsg.): Rating Advisory: mit professioneller Beratung zum optimalen Bonitätsurteil, Wiesbaden 2003, S. 341-353.

Laub, U. D. (1991): Innovation und Unternehmertum: Perspektiven, Erfahrungen, Ergebnisse, Wiesbaden 1991.

Lellmann, P. (2005): Zeitplan der Umsetzung, in: Deloitte (Hrsg.): Basel II – Handbuch zur praktischen Umsetzung des neuen Bankenaufsichtsrechts, Berlin 2005, S. 45-52.

Lenzmann, B. (2004): Messung operationeller Risiken als Eckpfeiler effizienten Risikomanagements, in: A. Becker/W. Gruber/D. Wohlert (Hrsg.): Handbuch Bankenaufsichtliche Entwicklungen, Stuttgart 2004, S. 503-520.

Lompe, K./Kehlbeck, H./Schirmacher, A./Warnecke, D. (1998): Existenzgründungen, Risikokapital und Region, Baden-Baden 1998.

Lux, M.-O. (2000): Das Beteiligungskapital im Spektrum der Gründungsfinanzierung im Handwerk, Göttingen 2000.

Meister, E. (2003): Bankenaufsicht unter dem Aspekt der Kooperation von Bundesbank und BaFin, in: Die Sparkasse, 120. Jg. (2003), S. 355-357.

Meister, E. (2004): Aktuelle Entwicklungen in der Bankenaufsicht, Rede beim Sparkassen-Prüfertag in Baden-Baden, am 20. September 2004, in: Deutsche Bundesbank (Hrsg.): Auszüge aus Presseartikeln, 2004, Nr. 41, S. 3-7.

Michler, I. (2005): Deutschen Gründern fehlt das Geld, in: Die Welt v. 16. 7. 2005, S. 12.

Müller, B. R./Geiser, A. (1999): Existenzgründungsfinanzierung aus Sicht der Sparkassen, in: Die Sparkasse, 116. Jg. (1999), S. 272-276.

Nathusius, K. (2000): Finanzierungsinstrumente für unterschiedliche Gründungs-Modelle: Der Einfluss von Gründungsform und Unternehmensentwicklungsstand auf die Finanzierung von Unternehmensgründungen, Arbeitsbericht der Universität GH Kassel Wirtschaftsinformatik, Nr. 28, 2. Aufl., Kassel 2000.

Nathusius, K. (2001a): Mezzanine Finance als Instrument der Gründungs- und Wachstumsfinanzierung, in: K. Nathusius/H. Klandt/D. Seibt (Hrsg.): Beiträge zur Unternehmungsgründung, Festschrift für Norbert Szyperski anläßlich seines 70. Geburtstages, Lohmar [u. a.] 2001, S. 181-225.

Nathusius, K. (2001b): Grundlagen der Gründungsfinanzierung: Instrumente, Prozesse, Beispiele, Wiesbaden 2001.

Nelles, M./Rocke, R. (2001): Finanzierungsplanung, in: L. T. Koch/C. Zacharias (Hrsg.): Gründungsmanagement: mit Aufgaben und Lösungen, München [u. a.] 2001, S. 163-176.

Nestel, T. (2000): Die Bank als Partner, in: W. K. M. Dieterle/E. M. Winckler (Hrsg.): Gründungsplanung und -finanzierung, 3. Aufl., München 2000, S. 418-433.

Nitzsch, R. v./Rouette, C./Stotz, O. (2005): Kapitalstrukturentscheidungen junger Unternehmen, in: C. Börner/D. Grichnik (Hrsg.): Entrepreneurial Finance – Theoriebeiträge zur Gründungs- und Wachstumsfinanzierung, Berlin [u. a.] 2005, S. 409-429.

Nowak, R. (1991): Gesamtwirtschaftliche Aspekte von Existenzgründungshilfen des Bundes und der Länder, Köln 1991.

o. V. (2005a): Existenzgründung in Zeiten der Ich-AG – Interview mit Josef Hodrus, in: Bum, 34. Jg. (2005), H. 8, S. 31-33.

o. V. (2005b): Neuer Rückenwind für den Bankkredit, in: FAZ v. 22. 4. 2005, S. 25.

o. V. (2005c): Bis zu 7,2 Prozent für Förderkredite, in: FAZ v. 3. 3. 2005, S. 13.

Pape, D. (2003): Alternative Finanzierungsformen für den Mittelstand, in: DStR, 41. Jg. (2003), S. 950-954.

Paul, S. (2001): Der Baseler Akkord im Überblick, in: G. Hofmann (Hrsg.): Auf dem Weg zu Basel II: Konzepte, Modelle, Meinungen, Frankfurt a. M. 2001, S. 5-35.

Paul, S./Horsch, A./Stein, S. (2005): Wertorientierte Banksteuerung 1: Renditemanagement, Frankfurt a. M. 2005.

Paul, S./Stein, S. (2002): Rating, Basel II und die Unternehmensfinanzierung, Köln 2002.

Paul, S./Stein, S./Horsch, A. (2002): Treiben die Banken den Mittelstand in die Krise?, in: ZfgK, 55. Jg. (2002), S. 578-582.

Perridon, L./Steiner, M. (2004): Finanzwirtschaft der Unternehmung, 13. Aufl., München 2004.

Posner, D. (1996): Early Stage-Finanzierungen: Spannungsfeld zwischen Gründern, Investoren und staatlichen Rahmenbedingungen, Wiesbaden 1996 (zugl. Diss. Frankfurt a. M.).

PwC (2005): Risikoadjustierte Zinssystematik für Förderdarlehen – Ermittlung kundenindividueller Zinssätze, in: pwc:, o. Jg. (2005), Mai, S. 40-42.

Rasner, C./Füser, K./Faix, W. G. (2004): Das Existenzgründer-Buch: Von der Geschäftsidee zum sicheren Erfolg, 5. Aufl., Landsberg am Lech 2004.

Rödel, R./Wittemer, B./Gesmann, K. (2002): Existenzgründung: Finanzierung und öffentliche Födermittel, Mannheim 2002.

Rudolph, B. (1984): Kreditsicherheiten als Instrumente zur Umverteilung und Begrenzung von Kreditrisiken, in: ZfbF, 36. Jg. (1984), S. 16-43.

Schauff, J./Stellmacher, T. (2005): Der Supervisory Review Process, in: Deloitte (Hrsg.): Basel II – Handbuch zur praktischen Umsetzung des neuen Bankenaufsichtsrechts, Berlin 2005, S. 567-587.

Schefczyk, M. (1998): Erfolgsstrategien deutscher Venture Capital-Gesellschaften, Stuttgart 1998.

Schefczyk, M. (1999): Erfolgsdeterminanten von Venture Capital-Investments in Deutschland: eine Analyse der Investitionsaktivitäten und des Beteiligungsmanagements von Venture Capital-Gesellschaften, in: ZfbF, 51. Jg. (1999), S. 1123-1145.

Schierenbeck, H. (2003a): Ertragsorientiertes Bankmanagement, Bd. 1: Grundlagen, Marktzinsmethode und Rentabilitäts-Controlling, 8. Aufl., Wiesbaden 2003.

Schierenbeck, H. (2003b): Ertragsorientiertes Bankmanagement, Bd. 2: Risiko-Controlling und integrierte Rendite-/Risikosteuerung, 8. Aufl., Wiesbaden 2003.

Schmeisser, W. (2001): Zur Kreditwürdigkeitsprüfung bei innovativen Technologieunternehmen, in: W. Schmeisser/D. Krimphove (Hrsg.): Vom Gründungsmanagement zum Neuen Markt: Strategien für technologieorientierte kleine und mittlere Unternehmen, Wiesbaden 2001, S. 87-111.

Schmidt, R. H./Terberger, E. (2003): Grundzüge der Investitions- und Finanzierungstheorie, 4. Aufl., Nachdr., Wiesbaden 2003.

Schneider, D. (1992): Investition, Finanzierung und Besteuerung, Wiesbaden 1992.

Schneider, J. (1989): Die Gründungsfinanzierung innovativer Unternehmen: die Rolle der Kreditgenossenschaften, Göttingen 1989 (zugl. Diss. Univ. Marburg 1988).

Schöning, S. (2003): Mögliche Konsequenzen aus der Neufassung bankaufsichtlicher Eigenkapitalunterlegungsnormen („Basel II") für die Kreditfinanzierung mittelständischer Unternehmen, in: C. Fischer/D. Nissen/I. Ott/S. Schöning (Hrsg): Fokus Mittelstand, Frankfurt a. M. 2003, S. 191-213.

Schöning, S. (2004): Analyse der Ursachen des veränderten Kreditvergabeverhaltens gegenüber KMU im Vorfeld von Basel II, in: J. Merz/R. Schulte/J. Wagner (Hrsg.): Perspektiven der MittelstandsForschung – Ökonomische Analysen zu Selbständigkeit, Freien Berufen und KMU, Münster [u. a.] 2004, S. 407-432.

Schulte, R. (1999): Das Bankrisiko von Banken gegenüber Existenzgründungen, in: R. Ridinger/P. Weiss (Hrsg.): Existenzgründungen und dynamische Wirtschaftsentwicklung, Berlin 1999, S. 95-119.

Schulte, R. (2000): Bankbetriebliche Risikopolitik und Unternehmensgründungen. Eine neo-institutionalistische Analyse, in: H. Klandt/K. Nathusius/N. Szyperski/H. Heil (Hrsg.): G-Forum 1999. Dokumentation des 3. Forums Gründungsforschung, Lohmar/Köln 2000, S. 393-408.

Schulte, R. (2002): Finanzierungs- und wachstumstheoretische Aspekte der Frühentwicklung von Unternehmungen und deren empirische Analyse: eine dyadische Panelanalyse von Existenzgründungen, Dortmund 2002 (zugl. Habil. Univ. Dortmund).

Schulte, R. (2005): Fremdfinanzierung junger Unternehmen, in: C. Börner/D. Grichnik (Hrsg.): Entrepreneurial Finance – Theoriebeiträge zur Gründungs- und Wachstumsfinanzierung, Berlin [u. a.] 2005, S. 471-506.

Schulte-Mattler, H./Kenne, U. v. (2004): Meilenstein der Bankenaufsicht, in: Die Bank, o. Jg. (2004), H. 9, S. 37-40.

Schween, K. (1996): Corporate Venture Capital: Risikokapitalfinanzierung deutscher Industrieunternehmen, Wiesbaden 1996.

Smith, J. K./Smith, R. L. (2004): Entrepreneurial Finance, 2. Aufl., Hoboken, NY 2004.

Spence, M. (1976): Informational aspects of market structure: an introduction, in: The quarterly journal of economics, Vol. 90 (1976), S. 591-597.

Spremann, K. (2002): Wirtschaft, Investition und Finanzierung, 5. Aufl., 3. Nachdr., München [u. a.] 2002.

Stedler, H. R. (1996): Eigenkapital als Baustein der Innovationsfinanzierung, in: Die Bank, o. Jg. (1996), S. 73-77.

Süchting, J. (1995): Finanzmanagement : Theorie und Politik der Unternehmensfinanzierung, 6. Aufl., Wiesbaden 1995.

Szyperski, N./Nathusius, K. (1999): Probleme der Unternehmungsgründung: eine betriebswirtschaftliche Analyse unternehmerischer Startbedingungen, 2. Aufl., Lohmar [u. a.] 1999.

Tallner, G. (2003): Erklärungen und Handlungsempfehlungen für Unternehmer aus Sicht einer Großbank, in: H. Deter/M. Diegelmann (Hrsg.): Creditor Relations – Beziehungsmanagement mit Fremdkapitalgebern, Frankfurt a. M. 2003, S. 21-41.

Twarny, K.-A./Rietkötter, M. (2000): Der Weg zur Existenzgründung aus der Sicht eines Kreditinstituts: Ein Beitrag aus der Perspektive der Sparkasse Münster, in: A. Engelmann/K. Juncker/I. Natusch/H.-J. Tebroke (Hrsg.): Moderne Unternehmensfinanzierung: Risikokapital für Unternehmensgründung und -wachstum, Frankfurt a. M. 2000, S. 210-217.

Unterkofler, G. (1989): Erfolgsfaktoren innovativer Unternehmensgründungen: ein gestaltungsorientierter Lösungsansatz betriebswirtschaftlicher Gründungsprobleme, Frankfurt a. M. [u. a.] 1989 (zugl. Diss. Univ. Stuttgart 1988).

Vincenti, A. J. F. (2002): Wirkungen asymmetrischer Informationsverteilung auf die Unternehmensbewertung, in: BFuP, 54. Jg. (2002), S. 55-68.

Walter, T. (2005): Kleinunternehmen im Blick: Schufa im Firmengeschäft, in: Bum, 34. Jg. (2005), H. 8, S. 34-35.

Weimerskirch, P. (2000): Finanzierungsdesign bei Venture-Capital-Verträgen, 2. Aufl. Wiesbaden 2000 (zugl. Diss. Univ. Trier 1997).

Widrat, S. (2005): Eigenkapital im Fokus, in: Handelsblatt, Journal Mittelstand v. 11. 4. 2005, S. M 1.

Steuerungsmöglichkeiten von Kreditrisiken für Existenzgründer – Ein Instrument

Tobias Lücke

Inhaltsverzeichnis

1 Einleitung

In den letzten Jahren ist angesichts einer steigenden Anzahl von Privat- und Unternehmensinsolvenzen sowie einer angespannten Haushaltslage bei Bund, Ländern und Gemeinden viel über eine sich verschlechternde Zahlungsmoral diskutiert worden. So hat beispielsweise eine Befragung der Mitglieder der IHK Köln im Jahr 2003 ergeben, dass 79,5 % der Betriebe die Zahlungsmoral ihrer Geschäftspartner als verschlechtert ansieht.[1] Auch eine Studie des Zentralverbandes des Deutschen Handwerks aus dem Jahr 2005 kommt zu einem ähnlichen Ergebnis. So sind im Jahr 2004 81,3 % der ausgestellten Rechnungen nicht fristgerecht bezahlt worden und 56,7 % der Betriebe haben Totalausfälle einzelner Forderungen erlitten. Diese schlechte Zahlungsmoral hat im Verlauf des Jahres 2004 23,2 % der befragten Handwerksbetriebe in ihrer Existenz gefährdet.[2]

1 Vgl. IHK Köln (2003), o. S.
2 Vgl. o. V. (2005a), o. S.

Die Creditreform stellt in einem Gutachten im Frühjahr 2005 fest, dass lediglich 67,6 % der privaten und 55,7 % der öffentlichen Kunden von mittelständischen Unternehmen pünktlich zahlen. Bemerkenswert ist zudem, dass 1,3 % der privaten und 5,9 % der öffentlichen Kunden ihre Rechnungen erst nach mehr als 90 Tagen begleichen.[3] Neben diesen teilweise langen Zahlungsfristen beschäftigt den Mittelstand auch zunehmend der Forderungsausfall. So geben lediglich 10 % der Unternehmen an, zwischen Herbst 2004 und Frühjahr 2005 keine Forderungsausfälle erlitten zu haben. Vergleichsweise moderate Ausfälle verzeichneten 22,7 % und 22,2 % der Unternehmen, da dort bis 0,1 % beziehungsweise bis 0,5 % des Umsatzes ausgefallen sind. Ausfälle bis 1 % des Umsatzes haben 17 % der Unternehmen erlitten und 25,3 % musste sogar Ausfälle von über 1 % des Umsatzes hinnehmen.[4]

Aus Sicht des betroffenen Unternehmens bedeutet der Zahlungsverzug zunächst eine Liquiditätseinbuße, im Fall des Forderungsausfalls schließlich einen Verlust. Hat die in Verzug geratene oder ausgefallene Forderung eine gewisse Größe, kann das Unternehmen selbst in Zahlungsschwierigkeiten geraten und schließlich insolvent werden. Forderungsverluste und weitere exogene Faktoren, wie zum Beispiel der Ausfall eines Großabnehmers, werden für ca. 20 % der Insolvenzen in Deutschland verantwortlich gemacht.[5]

Die aus ausfallenden oder verspäteten Zahlungen resultierende Insolvenzgefahr ist für Existenzgründer besonders groß, da diese häufig keine ausreichende Liquiditätsreserve und Eigenkapitalbasis aufweisen. Zudem sind Banken oftmals nicht bereit, temporär auftretende Liquiditätsschwierigkeiten durch ausgeweitete Kreditlinien zu überbrücken.

Dieser Beitrag beschäftigt sich deshalb mit der Fragestellung, ob, wie und mit welchen Instrumenten Existenzgründer und KMU Kreditrisiken, die aus Lieferung und Leistung erwachsen, absichern können. Neben einer Darstellung von bereits verfügbaren Instrumenten werden auch Überlegungen zu einem Instrument angestellt, das gegebenenfalls verwendet werden könnte.

2 Grundlegende Bemerkungen

2.1 Systematisierung der betroffenen Existenzgründer und KMU

Um mögliche Steuerungsinstrumente zu untersuchen, ist es sinnvoll die KMU nach der Struktur ihres Forderungsportfolios in zwei Gruppen zu unterteilen. Die erste Gruppe von Unternehmen weist betragsmäßig relativ kleine Forderungen gegen eine Vielzahl von Kunden (Schuldnern) auf. Da es sich zumeist nicht um gleichartige Schuldner handeln wird, ergibt sich eine natürliche

---

3 Vgl. Creditreform (2005), S. 21.

4 Vgl. Creditreform (2005), S. 23.

5 Vgl. KfW (2002), S. 46.

Risikostreuung, die zu einer Reduktion des Portfoliorisikos führt. In Gruppe 2 fallen Unternehmen mit wenigen, betragsmäßig hohen Forderungen gegen einzelne Kunden. Dies ist beispielsweise bei Zulieferunternehmen der Fall, die oftmals lediglich an einen einzigen Abnehmer verkaufen. Zahlt dieser verspätet oder gar nicht, ist das gesamte Kreditportfolio betroffen. Das Risiko ist also auf Grund mangelnder Diversifikation erheblich höher.

2.2 Mögliche Risikosteuerungsinstrumente

Das simpelste Risikosteuerungsinstrument ist die Risikovermeidung, indem also keine Forderungen eingegangen werden, sondern Geschäfte nur gegen Vorkasse oder Barzahlung getätigt werden. Im Wettbewerb sind neben dem Preis jedoch gerade die Zahlungsbedingungen ein entscheidender Wettbewerbsfaktor. Insofern entstünde dem Unternehmen ein erheblicher Wettbewerbsnachteil, der zu sinkenden Umsätzen führen kann.[6]

Ein weiteres Steuerungsinstrument, welches im Fall der Forderungen aus Lieferung und Leistung nicht aktiv eingesetzt werden kann, ist die Risikodiversifikation. Für Unternehmen der Gruppe 1 besteht ein gewisses Maß an Diversifikation, welches aber – genau wie bei Unternehmen der Gruppe 2 – kaum gesteigert werden kann. Zu erhöhter Diversifikation bedürfte es einer Auswahl der Kreditrisiken, was jedoch faktisch nicht möglich ist, da sich die Kreditrisiken zwangsläufig aus dem Kundenbestand ergeben. Es bleibt also nur die Möglichkeit des Risikotransfers, dessen Instrumente im Folgenden betrachtet werden.

3 Darstellung bestehender Instrumente des Risikotransfers

3.1 Factoring

Factoring beschreibt den vertraglich fixierten, fortlaufenden Ankauf von Forderungen durch ein spezialisiertes Unternehmen oder Kreditinstitut (Factor).[7] Der Factor erwirbt Forderungen eines Unternehmens gegenüber einem Dritten, die zumeist aus Lieferung und Leistung entstanden sind und eine Laufzeit von nicht mehr als 120 Tagen haben.[8] Durch die Übertragung der Forderungen erwirbt das Unternehmen eine Forderung gegenüber dem Factor. Diese kann entweder beglichen werden, sobald die ursprüngliche Forderung fällig ist (Maturity Factoring) oder sie kann schon im Zeitpunkt des Ankaufs beglichen werden (Standard Factoring). Das Standard Factoring, welches am weitesten verbreitet ist, hat also eine Finanzierungsfunktion, weil dem verkaufenden Unternehmen der Gegenwert der Forderungen bereits heute zufließt. In der

6 Vgl. Zellner (2001), S. 40.
7 Vgl. Perridon/Steiner (2004), S. 452.
8 Vgl. Schiller et al. (2002), S. 24.

Praxis werden zumeist 80 bis 90 % der angekauften Forderungssumme sofort ausgezahlt; die verbleibenden 10 bis 20 % werden einem Sperrkonto gutgeschrieben und werden dem Unternehmen nach Ablauf einer gewissen Frist ausgezahlt. Dieser Einbehalt soll dazu dienen Skontoabzüge seitens des originären Schuldners oder Mängeleinreden aufzufangen.[9]

Das Ausfallrisiko der verkauften Forderungen kann beim Unternehmen verbleiben (unechtes Factoring) oder vom Factor übernommen werden (echtes Factoring). In Deutschland ist zunächst das unechte Factoring genutzt worden, weil die Finanzierungsfunktion im Fordergrund gestanden hat. In den letzten Jahren hat jedoch eine Entwicklung hin zum echten Factoring stattgefunden, so dass Factoring zunehmend auch eine Delkrederefunktion übernimmt.[10]

Neben der Finanzierungs- und Delkrederefunktion kann der Factor eine Dienstleistungsfunktion erfüllen und verschiedene Services rund um das Forderungsmanagement erbringen. Diese bestehen aus der Rechnungserstellung, der Überwachung der Zahlungseingänge, dem Mahnwesen und schließlich der Verwertung der Forderungen. Der Umfang der Servicefunktion ist vom Vertrag zwischen dem Unternehmen und dem Factor abhängig.[11]

Die zwischen Factor und Unternehmen geschlossenen Verträge sehen in der Regel vor, dass das Unternehmen dem Factor alle entstehenden Forderungen zum Kauf anbietet und dieser dann entscheidet, ob er sie übernimmt. Seine Entscheidung wird dabei von der Bonität des originären Schuldners, aber auch von der Höhe aller Forderungen gegen diesen Schuldner, die er bereits angekauft hat, abhängen. In der Praxis übernehmen Factoringgesellschaften eher Forderungen gegen eine Vielzahl von Schuldnern als sehr hohe Forderungen gegen einzelne Kunden, da sonst hohe Risiken aus einem schlecht diversifizierten Portfolio für den Factor bestehen würden.[12]

Factoring kann aus Sicht eines Existenzgründers vorteilhaft sein, da Fixkosten für den Aufbau und Betrieb einer Debitorenbuchhaltung eingespart und gegen eine variable, umsatzabhängige Provision getauscht werden können. Durch die Finanzierungsfunktion erhält der Existenzgründer Liquidität, die er zur Rückführung kurzfristiger Bankverbindlichkeiten oder zur Skontoziehung nutzen kann. Zudem wird die Bilanz gegebenenfalls verkürzt, da die verkauften Forderungen dort nicht mehr erscheinen und die liquiden Mittel zur Tilgung von

---

9 Vgl. Perridon/Steiner (2004), S. 453.

10 Vgl. Perridon/Steiner (2004), S. 452 f.

11 Vgl. Karsten (2001), S. 409. Für alle drei Funktionen verlangt der Factor Gebühren, die zumeist als Prozentsatz der angekauften Forderungen ausgedrückt werden. Für die Dienstleistungen stellen 0,5 % bis 2,5 % eine realistische Größe dar, für die Übernahme der Delkrederefunktion werden je nach Güte der Forderungen 0,2 bis 0,5 % Zinsen berechnet und für die Finanzierungsfunktion schließlich banküblich Sollzinsen. Vgl. dazu Perridon/Steiner (2004), S. 453 f.

12 Vgl. Karsten (2001), S. 420 f.

Verbindlichkeiten genutzt werden können, was zur Verbesserung der Eigenkapitalquote führen kann. Durch die Delkrederefunktion wird es zudem ermöglicht, dass das für den Existenzgründer existenzbedrohende Ausfallrisiko auf den Factor übertragen wird.[13]

Grundsätzlich fordern die in Deutschland tätigen Factoringgesellschaften allerdings einen gut diversifizierten Forderungspool und sind kaum bereit Forderungen gegen nur wenige Kunden anzukaufen. Auch werden jährliche Verkäufe von mindestens 0,5 Millionen Euro, in vielen Fällen sogar von mehr als 1 Millionen Euro, verlangt.[14] Außerdem werden fast ausschließlich Forderungen gegen gewerbliche Kunden angekauft.[15] Somit ist einschränkend festzuhalten, dass sich Factoring zwar zur Steuerung des Ausfallrisikos der Forderungen aus Lieferung und Leistung eignet, aber hauptsächlich für Unternehmen der Gruppe 1 und weniger für Unternehmen der Gruppe 2 in Frage kommt. Zudem ist das Instrument kaum für Existenzgründer geeignet, da diese in der Regel eine unzureichende Umsatzstärke aufweisen.

3.2 Kreditversicherung

Forderungen aus Lieferung und Leistung, die durch Waren- und Dienstleistungsgeschäfte entstanden sind, können durch eine Kreditversicherung gegen Ausfall abgesichert werden.[16] Dabei schließt das Unternehmen als Versicherungsnehmer einen Vertrag mit der Versicherungsgesellschaft, in dem es sich verpflichtet, dem Versicherer alle Forderungen oberhalb einer bestimmten Anbietungsgrenze zur Versicherung anzubieten. Das Versicherungsunternehmen prüft sodann die Bonität des Schuldners und entscheidet über die Versicherung der Forderung.[17] Wird die Forderung versichert, so ist sie für die Dauer ihres Bestehens oder bis zum Ablauf einer vereinbarten Frist gegen Ausfall versichert.[18]

Ein Ausfall gilt als eingetreten, wenn das Insolvenzverfahren eröffnet oder mangels Masse abgelehnt wird, gerichtliche und außergerichtliche Einigungen über Liquidations- oder Quotenvergleiche zu Stande kommen oder eine Zwangsvollstreckung durch den Versicherungsnehmer keine vollständige Befriedigung der Ansprüche zur Folge hat.[19] Sollten die Verfahren zeitaufwendig sein, so gewährt der Versicherer zumeist sechs Monate nach der ursprünglichen Fälligkeit der Forderung eine Abschlagszahlung. Einzelne Versicherungsgesellschaften bieten auch die Möglichkeit die Zahlungsunwillig-

13 Ähnlich z. B. bei Karsten (2001), S. 410.
14 Vgl. Schiller et al. (2002), S. 23 f.
15 Vgl. Schiller et al. (2002), S. 18 f. Derzeit können lediglich bei zwei in Deutschland ansässigen Factoringgesellschaften Forderungen gegen Privatkunden veräußert werden.
16 Vgl. Meyer (1997), S. 25.
17 Vgl. Pütz (2001), S. 80 f.
18 Vgl. Meyer (1997), S. 65.
19 Vgl. Pütz (2001), S. 80.

keit des Kunden mitzuversichern.[20] Entstehen fortlaufend in ihrer Höhe schwankende Forderungen gegen ein Unternehmen, sagt das Versicherungsunternehmen ein Limit zu, innerhalb dessen es Forderungen gegenüber diesem Unternehmen versichert.[21] Versichert sind in der Regel 70 % der Forderungssumme abzüglich gegebenenfalls erhaltener Zahlungen aus einer Sicherheitenverwertung oder aus der Insolvenzquote. Vom endgültigen Ausfall verbleiben also in der Regel 30 % beim Versicherungsnehmer. Dadurch sollen Anreize geschaffen werden, vor Vergabe des Lieferantenkredites eine ausreichende Risikoprüfung durchzuführen und gegebenenfalls auf die angestrebte Umsatzausweitung zu verzichten, wenn das Kreditrisiko zu groß ist. Zusätzlich ist die Gesamtleistung für alle Schäden in einem Versicherungsjahr auf ein bestimmtes Vielfaches der gezahlten Prämien beschränkt.[22]

Für Kredite unterhalb der Andienungsgrenze kann eine Pauschalversicherung vereinbart werden, bei der Ausfälle versichert sind, die aufgrund ihrer geringen Größe nicht namentlich gemeldet worden sind. Die durch diese Informationsasymmetrie entstehende Moral Hazard-Problematik soll dadurch gelindert werden, dass der Selbstbehalt hierbei in der Regel höher ist als der Selbstbehalt für namentlich angediente Forderungen.[23]

Neben der Funktion der Risikoabsicherung übernimmt die Versicherungsgesellschaft auch Bonitätsprüfungen für den Versicherungsnehmer. Die Bonitätsbeurteilung der Versicherung und die Bereitschaft Versicherungsschutz zu gewähren können Aufschluss darüber geben, ob ein Kunde kreditwürdig ist oder ob besser Barzahlung oder Vorkasse vereinbart werden sollte. Zudem bietet die Versicherungsgesellschaft Beratung und Unterstützung beim Aushandeln von Sicherheiten wie zum Beispiel dem Eigentumsvorbehalt an. Auch eine Unterstützung bei der Abwicklung und Wahrung von Ansprüchen im Fall eines Forderungsausfalls erfolgt in beiderseitigem Interesse.[24]

Kreditversicherungen können für Forderungen gegen Unternehmen und teilweise auch für Forderungen gegen gewerbliche Kunden abgeschlossen werden. Dagegen ist eine Versicherung gegen den Forderungsausfall gegenüber Privatpersonen nicht möglich.[25] Der Versicherer erhält für die einmal jährlich stattfindende Risikoprüfung der Kunden, für die er ein Limit eingeräumt hat, eine vereinbarte Servicegebühr. Darüber hinaus erhält er eine Prämie, die seinen Verwaltungsaufwand und die Risikokosten decken soll.[26]

20 Vgl. Kraemer (2005), S. 31.
21 Vgl. Meyer (1997), S. 53 ff.
22 Vgl. Meyer (1997), S. 35 ff. und S. 56 ff. In der Praxis ist die Gesamtleistung zumeist auf das Zwanzigfache der gezahlten Prämien beschränkt.
23 Vgl. Pütz (2001), S. 81.
24 Vgl. Meyer (1997), S. 16 ff.
25 Vgl. Kraemer (2005), S. 31.
26 Vgl. Stegmann und Stein (2000), S. 6.

Für den Existenzgründer bietet die Versicherung den Vorteil, dass er Informationen über die Bonität seiner möglichen Geschäftspartner erhält. Es ist jedoch fraglich, ob er die Verhandlungsmacht besitzt Sicherheiten zu fordern, oder ob er wirtschaftlich in der Lage ist Aufträge abzulehnen. Dem Vorteil, dass die Forderungen gegen Unternehmen und gewerbliche Kunden im Grunde abgesichert werden, steht jedoch der Nachteil eines relativ hohen Selbstbehaltes gegenüber. Der durch diesen Selbstbehalt verbleibende Schaden kann für einen Existenzgründer immer noch untragbar hoch sein. Die Kreditversicherung ist für Gründer der Gruppe 2 eher attraktiv, da hier die Andienungsschwellen überschritten werden dürften. Aber auch für Gründer der Gruppe 1 besteht über die Pauschalversicherung die Möglichkeit Forderungen abzusichern, sofern es sich nicht um Forderungen gegen Privatpersonen handelt. Insgesamt ermöglicht die Kreditversicherung also die Absicherung von großen und kleinen Forderungen, bleibt jedoch auf Unternehmen und gewerbliche Kunden beschränkt und beinhaltet Selbstbehalte.

3.3 Kreditderivate

Kreditderivate sind rechtlich selbstständige Kontrakte, durch die das Kreditrisiko handelbar wird. Das gängigste Kreditderivat ist der Credit Default Swap (CDS),[27] bei dem der Sicherungsnehmer gegen Zahlung einer Prämie das Recht erwirbt, nach Eintritt eines vorab definierten credit events eines Referenzaktivums eine Ausgleichszahlung vom Sicherungsgeber zu erhalten.[28]

Als Referenzaktivum können sowohl Anleihen als auch Kredite fungieren, wobei in der Praxis bevorzugt Anleihen verwendet werden, da deren Entwicklung öffentlich und objektiv beobachtbar ist.[29] Die Bestimmung der credit events richtet sich nach dem gewählten Referenzaktivum, ist ansonsten aber frei bestimmbar. In der Praxis kommen zumeist die Definitionen der International Swaps and Derivatives Association zur Anwendungen, gemäß denen

- die Insolvenz bei nicht-staatlichen Schuldnern sowie analog dazu das Moratorium bei staatlichen Schuldnern,
- der Zahlungsverzug über eine bestimmte Frist hinaus,
- Schuldenrestrukturierungsmaßnahmen, die zu einem substantiellen Nachteil des Kreditgebers führen,
- die vorzeitige Fälligkeit der Verbindlichkeiten sowie

27 Neben dem Credit Default Swap existieren drei weitere Grundformen: die Credit Linked Note, die Credit Spread Option und der Total Return Swap. Auf die beiden letzteren soll hier nicht weiter eingegangen werden, da sie zur Absicherung von Forderungen aus Lieferung und Leistung nicht geeignet sind. Eine ausführliche Darstellung findet sich z. B. bei Lücke (2005), S. 36 ff.

28 Vgl. z. B. Hüttemann (1997), S. 31.

29 Vgl. Kern (2003), S. 6 f.

- die absichtliche Nichterfüllung und Verweigerung von Zahlungsverpflichtungen

als credit events vereinbart sind.[30]

Die Ausgleichszahlung, welche direkt nach Eintritt eines credit events fällig wird, kann als physische Lieferung des Referenzaktivums (physical settlement) oder als Geldleistung (cash settlement) erfolgen. Beim physical settlement überträgt der Sicherungsnehmer dem Sicherungsgeber das Referenzaktivum und erhält im Gegenzug den ursprünglichen Wert. Beim cash settlement kann entweder eine fixe Ausgleichszahlung (digital cash settlement) oder eine am tatsächlichen Verlust des Referenzaktivums orientierte Zahlung vereinbart werden. Orientiert sich die Zahlung am tatsächlichen Verlust des Referenzaktivums, so wird dessen Wert nach einer gewissen, vereinbarten Frist nach Eintritt eines credit events festgestellt. Diese Frist liegt üblicherweise zwischen einer Woche und drei Monaten und soll garantieren, dass sich der Wert auf einem fairen Niveau einpendelt. Es wird davon ausgegangen, dass dieses Niveau die erwartete Insolvenzquote widerspiegelt. Wird das Referenzaktivum nicht (mehr) an der Börse gehandelt, so wird der Wert durch einen dealer poll, also eine Umfrage unter am Markt tätigen Händlern, ermittelt.[31]

Die Prämie, die der Sicherungsgeber erhält, richtet sich nach der Bonität des Referenzaktivums und wird vorab oder annualisiert gezahlt.[32] Durch einen CDS geht das Kreditrisiko faktisch vom Sicherungsnehmer auf den Sicherungsgeber über. Allerdings ist der Sicherungsnehmer einem Kontrahentenrisiko aus dem Kreditderivat ausgesetzt.[33]

Eine Variante des CDS ist der Basket Credit Default Swap, bei dem mehrere Referenzaktiva vereinbart werden. Wird die Ausgleichszahlung von dem ersten credit event im Basket ausgelöst, handelt es sich um eine first-to-default-Struktur. Nach der Zahlung endet das Kreditderivat, so dass keine Absicherung für die weiteren im Korb enthaltenen Risiken mehr besteht.[34] Dagegen ist der Sicherungsnehmer bei first-loss-Strukturen so lange gegen die ersten auftretenden Ausfälle abgesichert, bis eine vorher vereinbarte Höchstgrenze erreicht ist. Bei green-bottle-Strukturen ist die Auszahlung proportional an die im Basket enthaltenen Risiken geknüpft.[35]

Eine weitere Grundform von Kreditderivaten ist die Credit Linked Note. Diese kombiniert die Merkmale von Kreditderivaten mit denen einer Anleihe. Der Sicherungsnehmer emittiert eine Anleihe, die der Sicherungsgeber gegen

30 Vgl. Neske (2000), S. 47.
31 Vgl. Offermann (2001), S. 22 f.
32 Vgl. Hüttemann (1997), S. 31.
33 Vgl. Lücke (2005), S. 31.
34 Vgl. Tavakoli (2001), S. 171 ff.
35 Vgl. Posthaus (2000), S. 64.

Zahlung des Ausgabepreises zeichnet. Die Anleihebedingungen ermöglichen es dem Sicherungsnehmer die Tilgung bei Eintritt eines credit events beim Referenzaktivum um eine Ausgleichszahlung zu reduzieren.[36] Dadurch entfällt für den Sicherungsnehmer das Kontrahentenrisiko. Der Zinssatz der Anleihe vergütet die Liquiditätsüberlassung, das Ausfallrisiko des Referenzaktivums und das Ausfallrisiko des Sicherungsnehmers.[37]

Kreditderivate werden over-the-counter gehandelt, es können also individuelle Kontrakte zwischen den beiden Parteien vereinbart werden. Praktisch richten sich die Handelspartner jedoch zumeist nach den standardisierten Verträgen der International Swaps and Derivatives Association. Im Interbankenmarkt besteht derzeit ein liquider Markt für CDS, deren Referenzschuldner kapitalmarktfähige Unternehmen sind.[38] Zwar liegen gesicherte Daten über das durchschnittliche Volumen eines einzelnen Kreditderivatkontraktes nicht vor, jedoch dürfte es im Regelfall mehrere Millionen Euro betragen.

Kreditderivate sind in ihrer jetzigen Form nur für diejenigen Gründer der Gruppe 2 geeignet, bei deren Kunden es sich um kapitalmarktfähige Unternehmen handelt. Forderungen gegen mittelständische Unternehmen hingegen dürften nur schwerlich, Forderungen gegen Privatkunden gar nicht durch Kreditderivate abzusichern sein. Für Existenzgründer der Gruppe 1 ist dieses Instrument also auf Grund der Kundenstruktur und der geringen Höhe der Forderungen gänzlich ungeeignet.

3.4 Zwischenfazit

Insgesamt sind die in Kapitel 2.2 dargestellten Instrumente zur Steuerung des Ausfallrisikos nur bedingt für Existenzgründer geeignet. Insbesondere beim Factoring sowie bei Kreditderivaten sind die Mindestvolumina für die abzusichernden Forderungen ein Hemmnis. Für Unternehmen der Gruppe 1 sind diese Instrumente demnach überhaupt nicht, für Unternehmen der Gruppe 2 nur bedingt einsetzbar. Die Kreditversicherung erfordert zwar geringere Mindestvolumina und kann im Rahmen einer Pauschalversicherung auch Kleinstforderungen absichern, hat aber den Nachteil relativ hoher Selbstbehalte. Diese Selbstbehalte können für Unternehmen der Gruppe 2 immer noch existenzbedrohende Risiken darstellen, so dass sich die Kreditversicherung nur bedingt zur Absicherung eignet. Für Unternehmen der Gruppe 1 sind die Selbstbehalte bei Pauschalversicherungen noch höher und viele dieser Kleinstforderungen werden gegen Privatkunden bestehen, für die generell kein Versicherungsschutz erworben werden kann.

---

36 Vgl. Kern (2003), S. 13 f.

37 Vgl. Lücke (2005), S. 34 f.

38 Vgl. Lücke (2005), S. 25 und 107.

Ein Existenzgründer kann sich mit den existierenden Instrumenten also nicht ausreichend gegen Kreditrisiken aus Forderungen aus Lieferung und Leistung absichern. Ihm bleibt nur die Möglichkeit Risiken zu vermeiden, indem er entweder auf kurzfristiger Zahlung, gegebenenfalls sogar auf Vorkasse besteht oder indem er ganz auf den Umsatz verzichtet.

Im folgenden Kapitel wird ein Instrument dargestellt werden, welches hier Abhilfe schaffen könnte.

4 Ein mögliches zukünftiges Instrument zur Absicherung von Forderungen aus Lieferung und Leistung

4.1 Einführung

Werden die drei oben beschriebenen Instrumente zugrunde gelegt und wird erwogen diese derart zu modifizieren, dass sie für Existenzgründer einsetzbar werden, so ist evident, dass es für Factoring und Kreditversicherungen kaum Lösungsmöglichkeiten gibt. Die Mindestvolumina beim Factoring könnten natürlich gesenkt werden, jedoch ist zu vermuten, dass aus Kostenaspekten heraus eine Untergrenze existiert, da Factoringgesellschaften in den Buchhaltungs- und Mahnprozess des Unternehmens eingebunden werden und somit Schnittstellen erforderlich werden, deren Implementierung Investitionen erfordert. Zudem ist Factoring inzwischen ein etabliertes Instrument, bei dem eine Absenkung der Mindestvolumina bereits stattgefunden hätte, wenn sie denn möglich wäre. Diese Vermutung gründet darauf, dass Factoringunternehmen ein Interesse an einer Geschäftsausweitung haben dürften, wenn dieses Neugeschäft lukrativ ist. Das Haupthemmnis der Kreditversicherung ist die Selbstbeteiligung. Auch hier gilt zum einen, dass bei diesem seit langem bestehenden Produkt bereits eine Absenkung der Selbstbeteiligung stattgefunden hätte, wenn es für die Versicherer wirtschaftlich wäre. Zum anderen ist das Hauptargument für eine Selbstbeteiligung die Verhinderung einer negativen Risikoauswahl. Die Versicherung versucht zu verhindern, dass der Kunde schlechte Risiken im Bewusstsein eingeht, dass die Kreditversicherung ihm diese schon abnehmen wird. Zudem soll entgegengewirkt werden, dass das Unternehmen auf sorgfältige Buchhaltung, Mahnprozesse und eine möglichst gute Verwertung von Sicherheiten verzichtet.

Im Bereich Kreditderivate ist die Sachlage eine andere, weil es sich hierbei um rechtlich selbstständige Kontrakte handelt. Ein Sicherungsnehmer kann also ein Kreditderivat kaufen ohne das Referenzaktivum zu besitzen. Er kann demnach auch Absicherung in jeder beliebigen Höhe erwerben. Dies ist möglich, weil die potenziellen Kontrahenten unter Umständen andere Zielsetzungen (z. B. Risikodiversifikation) verfolgen.

4.2 Vorstellung des zukünftig möglichen Instrumentes

Die Grundidee des Instrumentes ist es, Kreditrisiken aus Lieferung und Leistung von KMU durch CDS auf eine Zweckgesellschaft zu übertragen und von dort durch Basket Credit Default Swaps oder Basket Credit Linked Notes an Dritte weiterzugeben. Im Folgenden werden für die dabei auftretenden Problemfelder, die bereits bei der Darstellung von Kreditderivaten aufgezeigt worden sind, Lösungsmöglichkeiten erörtert.

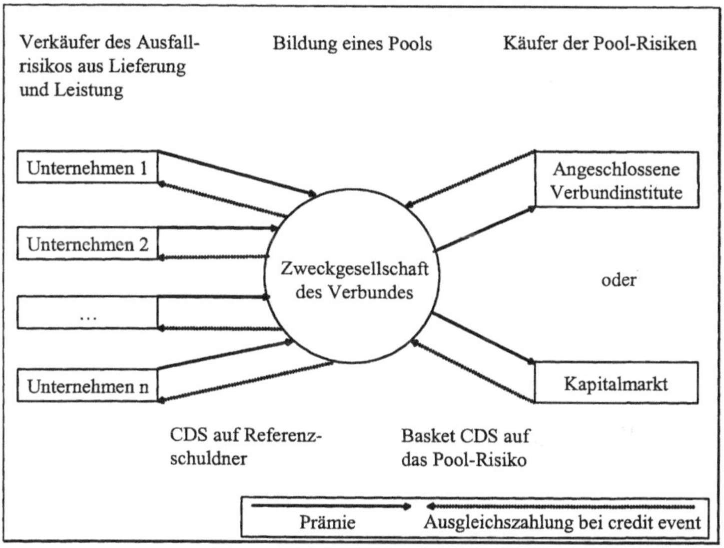

Abb. 1: Schematische Darstellung des Steuerungsinstrumentes für Kreditrisiken aus Lieferung und Leistung.[39]

Für KMU-Risiken sind nur selten objektiv beobachtbare Referenzaktiva vorhanden, da kaum ein KMU öffentlich gehandelte Anleihen emittiert hat. Ein potenzieller Ausweg wäre, nicht ein Referenzaktivum sondern einen Referenzschuldner zu bestimmen. Als credit event könnte dann die Eröffnung oder Ablehnung mangels Masse eines Insolvenzverfahrens definiert werden. Zudem könnte auch der eine bestimmte Frist überschreitende Zahlungsverzug einem Dritten gegenüber als credit event vereinbart werden. Dieser Zahlungsverzug müsste durch den Sicherungsgeber selbst beobachtbar sein oder der Sicherungsgeber müsste auf die Zuverlässigkeit der Angaben des Dritten vertrauen.

Die aus einem Kreditderivat zu leistende Ausgleichszahlung errechnet sich beim cash settlement als Differenz aus dem Nominalwert des Referenzaktivums

39 Quelle: Eigene Darstellung.

und dessen Wert nach Eintritt eines credit events. Im Gegensatz zu einem Referenzaktivum kann einem Referenzschuldner jedoch nach Eintritt eines credit events kein Wert beigemessen werden. Es könnte höchstens argumentiert werden, dass die Insolvenzquote dem „Wert" des Referenzschuldners entspricht. Dies ist jedoch nicht praktikabel, da die Ermittlung der Insolvenzquote eine gewisse Zeit in Anspruch nimmt, ein Kreditderivat sich aber gerade durch seine zügige Ausgleichszahlung auszeichnet. Die Vereinbarung eines digital cash settlement kann dieses Problem lösen, da nun unabhängig von der Insolvenzquote eine fixe Zahlung fällig wird. Der Sicherungsnehmer wird allerdings bei Abschluss des Kreditderivates keine zuverlässigen Erwartungen über die Höhe seines Ausfalles haben, so dass eine fixe Zahlung für ihn zu einer Unter- oder Überbesicherung führen kann. Dieser Nachteil kann jedoch relativiert werden, da der Sicherungsnehmer je nach persönlicher Risikoneigung und Risikotragfähigkeit eine höhere oder geringere Ausgleichszahlung vereinbaren kann. Zudem ist es dem Sicherungsnehmer auch möglich, Limits für seine Kunden festzulegen, innerhalb derer er Lieferantenkredite gewährt. Wählt er die Ausgleichszahlung nun in Höhe dieses Limits, ist er dem Kreditrisiko seines Kunden nicht mehr ausgesetzt.

Die Einbindung eines digital cash settlement in das Instrument bietet zudem den Vorteil, dass potentielle Sicherungsnehmer nicht nur Unternehmen sind, die Kreditrisiken absichern möchten, sondern auch Unternehmen, die sehr stark von einem Abnehmer abhängig sind. Ist zudem die Produktion oder das Dienstleistungsangebot speziell auf diesen Abnehmer ausgerichtet, besteht für das Unternehmen ein Existenzrisiko, wenn Umsätze dieses Abnehmers wegen Insolvenz ausbleiben. Die Ausgleichszahlung könnte dann so gewählt werden, dass die Kosten für die Suche nach neuen Kunden oder für die Modifikation des Angebotes gedeckt sind.

Der Sicherungsgeber benötigt zur Entscheidung über den Abschluss des CDS und zur Berechnung der zu verlangenden Prämie Bonitätsangaben über den Referenzschuldner. Da KMU zumeist nicht über externe Ratings anerkannter Agenturen verfügen und je nach Rechtsform unterschiedlich umfangreichen Veröffentlichungspflichten unterliegen, ist eine fundierte Bonitätsbeurteilung oftmals kaum möglich. Umgangen werden könnte diese Schwierigkeit nur dadurch, dass der Sicherungsgeber für möglichst viele potenzielle Referenzschuldner bereits eine Ratingnote ermittelt hat. Damit kommen als Anbieter des hier vorgestellten Instrumentes nur Banken in Betracht, die zu den Referenzschuldnern bereits eine Geschäftsbeziehung unterhalten. Als Anbieter sind damit Genossenschaftsbanken und Sparkassen prädestiniert. Grund dafür ist, dass beide Institutsgruppen über hohe Marktanteile bei der Finanzierung von KMU verfügen. Aufgrund ihres insgesamt höheren Marktanteils im Vergleich zu

Genossenschaftsbanken kommen vor allem Sparkassen in Betracht.[40] Ein weiterer Vorteil der Sparkassengruppe ist, dass ihr einheitliches, Basel II konformes Rating, das so genannte DSGV-Standard-Rating, bereits etabliert ist, während das BVR-II-Rating des genossenschaftlichen Verbundes noch keine nennenswerte Außenwirkung erzielt. Eine durch das DSGV-Standard-Rating ermittelte Note existiert derzeit bereits für eine Million Unternehmen. Diese in anonymisierter Form zentral gespeicherte Datenbasis gilt als „einmalig in der deutschen Kreditwirtschaft“[41].

Der derzeitige Datenbestand dürfte ausreichend sein, um das Instrument umzusetzen. Dazu müssten die Sparkassen lediglich die für ihre Kunden ermittelten Ratingnoten an einen zentralen Datenpool melden. Ein einzelner Datensatz bräuchte nur den Namen des Unternehmens und die Note nach DSGV-Standard-Rating enthalten. Rechtliche Bedenken in Bezug auf das Bankgeheimnis können dadurch entkräftet werden, dass die Zweckgesellschaft als eigentlicher Sicherungsgeber keinen Zugriff auf die Ratingnote erhalten braucht, sondern ein Rechenzentrum diese Ratingnote direkt in eine Prämie umsetzen könnte. Nur diese Prämie würde der Zweckgesellschaft dann mitgeteilt. Da heute bereits institutsübergreifende Rechenzentren die Kundendaten verarbeiten und speichern, dürfte dieses Vorgehen unproblematisch sein. Der einzige Unterschied wäre, dass aus den Kundendaten gewonnene Erkenntnisse (die Prämie) für andere Verbundunternehmen genutzt würden. Rechtliche Bedenken dürften auch deshalb nicht bestehen, weil innerhalb der Sparkassengruppe bereits Kreditpools gebildet worden sind, in die einzelne Institute Kreditrisiken mittels Kreditderivaten übertragen haben, wobei auch eine Risikobeurteilung anhand des DSGV-Ratings stattgefunden hat, ohne dass rechtliche Bedenken bestanden haben.[42]

Trotz des umfangreichen Datenbestandes verbleibt die Schwierigkeit, dass nicht alle KMU in Deutschland Kunden von Sparkassen sind und somit über ein DSGV-Rating verfügen. Ist jedoch die Anzahl derer, die ein solches Rating aufweisen, groß genug, entsteht auch für andere KMU ein Anreiz ein DSGV-Rating erstellen zu lassen, um weiterhin Lieferantenkredite in Anspruch nehmen zu können. Die Sparkassen-Organisation könnte die Ermittlung einer Ratingnote auch für Nichtkunden gegen Entrichtung einer Gebühr anbieten. Damit käme die Sparkassen-Organisation auch ihrem Ziel näher, das DSGV-Rating als ein

40 Durchschnittlich weisen Sparkassen einen Marktanteil von ca. 33,0 % auf, wohingegen Genossenschaftsbanken nur auf ca. 10,5 % kommen, vgl. eigene Berechnung nach Daten von Deutsche Bundesbank (2005), S. 106. Zu beachten ist zudem, dass dieser Anteil in einigen Regionen deutlich höher ist. Für eine entsprechende Untersuchung für Norddeutschland vgl. Schöning (2005), S. 267 ff.

41 O.V. (2005b), S. 15.

42 Vgl. für eine ausführliche Darstellung Lücke (2005), S. 109 ff.

wichtiges Rating für deutsche KMU zu etablieren und so den Kreditrisikohandel zu beleben.

Bisher stehen einer Anwendung von Kreditderivaten durch KMU auch die hohen Mindestvolumina entgegen. Diese sind darin begründet, dass der Kreditderivatmarkt ein Interbankenmarkt ist, der noch nicht vollständig standardisiert ist. Die Anbieter des dargestellten Instrumentes könnten für ein hohes Maß an Standardisierung sorgen, indem sie mit den Sicherungsnehmern einheitliche Rahmenverträge abschließen, die alle notwendigen Regelungen enthalten. Bei Abschluss eines speziellen Kreditderivates bräuchten dann unter Bezugnahme auf den Rahmenvertrag nur noch der Referenzschuldner, die Höhe der Ausgleichszahlung und die Laufzeit schriftlich fixiert werden.[43]

Durch eine solche Standardisierung würden die Kosten für eine Kreditderivattransaktion vernachlässigbar klein werden. Da die Nutzung von Kreditderivaten – anders als das Factoring – keinen Einfluss auf innerbetriebliche Abläufe nimmt, entstehen zudem keine Fixkosten. Auch einmalige Investitionen sind, wenn man von der Schulung des Unternehmers und gegebenenfalls des Personals absieht, nicht notwendig. Insofern dürften also keine ernsthaft restriktiv wirkenden Mindestvolumina notwendig sein.

Aus Sicht des Sicherungsgebers besteht bei der oben beschriebenen Anwendung von Kreditderivaten die potenzielle Gefahr einer negativen Risikoauswahl. Dies könnte durch die Einführung einer Ratinguntergrenze, unterhalb derer keine Risiken übernommen werden, vermieden werden. Aus den übernommenen Risiken ergäbe sich ein Pool, der ein ausreichendes Maß an Diversifikation in regionaler Hinsicht, nach Branchen, nach Größenklassen und nach Risikoklassen aufweisen dürfte. Die Zusammensetzung dieses Pools wechselt zwar ständig, da neue Kreditderivate abgeschlossen werden, während andere auslaufen. Im Hinblick auf das Portfoliorisiko und die Portfoliorendite dürfte er jedoch relativ stabil sein, sofern eine gewisse Größe erreicht wird.

Das Risiko eines derart diversifizierten Pools könnten die Verbünde zur Generierung von Erträgen übernehmen. Eine andere Möglichkeit wäre auch den Pool wiederum durch Basket Credit Default Swaps abzusichern. Als Transaktionspartner kämen dabei andere Banken und Kapitalsammelstellen in Betracht. Versicherungen und Fonds könnten Anteile am Pool beispielsweise zur Beimischung zu ihren Investmentportfolios nutzen. Eine weitere Möglichkeit bestünde darin, einen Teil der Risiken in Form von Basket Credit Linked Notes an Privatkunden weiterzuveräußern. Diese könnten in kleinen Stückelungen angeboten werden und es Privatkunden so ermöglichen in Kreditrisiken von KMU zu investieren, eine Möglichkeit, die ihnen bislang nicht offen steht.

---

43 Seit Mitte dieses Jahres setzt die NORD/LB derartige Rahmenverträge für den Kreditrisikohandel innerhalb der Sparkassen-Organisation ein, vgl. dazu Rehm (2005), S. 614.

Die zufließenden liquiden Mittel könnten entweder am Geld- und Kapitalmarkt angelegt oder zur Refinanzierung des jeweiligen Verbundes eingesetzt werden.

4.3 Beurteilung des Instrumentes

Die oben dargestellten Überlegungen zur Ausgestaltung des Instrumentes zeigen, dass alle aus theoretischer Sicht vorzubringenden Einwände entkräftet werden können. Die in der Regel mit einem Kreditderivat einhergehende Problematik der Festlegung eines Referenzaktivums, der Bestimmung des credit events, des Vorhandenseins eines anerkannten Ratings, der Bestimmung einer Prämie, des Verhinderns einer negativen Risikoauswahl und der Absenkung der erforderlichen Mindestvolumina ist lösbar und auch die Frage der letztendlichen Risikoübernahme kann beantwortet werden.

Im organisationsinternen Kreditrisikohandel werden einige der hier angesprochenen Ausgestaltungsmerkmale bereits von Sparkassen verwendet. So setzen die Basekt-Transaktionen der DekaBank und einiger Landesbanken Referenzschuldner und entsprechend definierte credit events ein, greifen bei der Preisfindung auf das DSGV-Standard-Rating zurück und bestimmen eine Rating-Untergrenze.[44] Rahmenverträge werden seit Mitte diesen Jahres von der NORD/LB und den angeschlossenen Sparkassen verwendet, um den Abschluss der einzelnen Kreditderivate zu erleichtern. Dennoch verlangt die NORD/LB weiterhin ein Mindestvolumen von einer Million Euro pro Kreditderivat.[45] Dieses Mindestvolumen scheint jedoch nicht in den Transaktionskosten begründet zu sein, sondern vielmehr daraus zu resultieren, dass die endgültige Risikoübernahme anders gestaltet ist als bei dem hier vorgestellten Instrument. So sollen die von der NORD/LB übernommenen Risiken als Einzelrisiken durch Credit Default Swaps innerhalb der Sparkassen-Organisation und gegebenenfalls auch an den Kapitalmarkt weitergegeben werden.[46] Diese Weitergabe an den Kapitalmarkt, ohne dass eine Bündelung vorgenommen wird, erfordert die hohen Transaktionsvolumina.

In Bezug auf die praktische Umsetzung des vorgestellten Instrumentes ist zu klären, ob KMU ein derartiges Steuerungsinstrument für ihre Forderungen nachfragen würden. Die eingangs angeführte Tatsache, dass 20 % der Insolvenzen auf externe Faktoren zurückzuführen sind, lässt vermuten, dass hier ein Bedarf vorhanden ist. Ob KMU die für sie existenzbedrohende Situation jedoch als solche wahrnehmen und ob sie bereit wären für eine Absicherung Prämien aufzuwenden, kann nicht mit letzter Sicherheit geklärt werden. Hier besteht weiterer Erhebungsbedarf.

---

44 Vgl. Lücke (2005), S. 109 ff.

45 Vgl. Rehm (2005), S. 614 f.

46 Vgl. Rehm (2005), S. 614.

Es ist ebenfalls zu klären, ob auf Seiten der potenziellen Anbieter, die Bereitschaft besteht ein solches Instrument zu vertreiben. Auch hier können nur Indizien angeführt werden, so dass weiterer Erhebungsbedarf besteht. Die Sparkassen-Organisation verfolgt das Fernziel, Mittelstandsrisiken in Deutschland kapitalmarktfähig und damit handelbar zu machen.[47] Durch den Einsatz des oben beschriebenen Instrumentes kann dieses Ziel erreicht werden. Als positiver Nebeneffekt würde das DSGV-Standard-Rating zu einem am deutschen Kapitalmarkt akzeptierten Rating werden. Neben einem positiven Effekt auf das Image der Sparkassen-Organisation bietet das Instrument auch Potenzial für Cross Selling Aktivitäten. Sollten KMU ein DSGV-Rating erstellen lassen, um weiterhin Lieferantenkredite zu erhalten, so steigt die Wahrscheinlichkeit, dass bei der nächsten notwendigen Bankfinanzierung auch ein Angebot der Sparkasse eingeholt wird, da eine Bonitätseinstufung bereits vorliegt und das Angebot deshalb präzise und mit geringem Aufwand erstellt werden kann.

Ein weiterer Grund, warum Sparkassen Interesse an der Umsetzung eines solchen Instrumentes haben könnten, besteht darin, dass sowohl die Plattformen für den Kreditrisikohandel als auch die Plattformen für die Prämienermittlung bereits vorhanden sind. Entwicklungskosten für diese Instrumente würden also nicht anfallen und die bisher getätigten Investitionen könnten sich schneller amortisieren als bei einer ausschließlichen Nutzung innerhalb der Organisation.

Schließlich ist noch anzuführen, dass mit dem vorgestellten Instrument Erträge generiert werden können, die zum einen aus einer in die Prämie einberechneten Servicegebühr resultieren und zum anderen aus der Risikovergütung, sofern der Verbund die übernommenen Risiken zumindest teilweise im eigenen Bestand hält. Letzteres hätte zudem den Vorteil, dass die Kreditportfolien weiter diversifiziert werden könnten, da unter den übernommenen Risiken auch solche sein werden, die für das Kreditinstitut bisher nicht zugänglich sind.

5 Fazit und Ausblick

Der vorliegende Beitrag hat in einer Analyse der derzeitigen Steuerungsmöglichkeiten für Kreditrisiken aus Lieferung und Leistung für KMU gezeigt, dass Risikovermeidung und Risikodiversifikation kaum möglich sind. Eine Analyse der Risikotransferinstrumente Kreditversicherungen, Factoring und Kreditderivate hat ergeben, dass diese Instrumente je nach Art des Kreditportfolios der KMU unterschiedlich gut zur Risikosteuerung geeignet sind, dass jedoch bei allen Instrumenten signifikante Nachteile bestehen.

Daraufhin ist ein neues Instrument entworfen worden, welches auf einer Modifikation von Kreditderivaten beruht. Im Kern ermöglicht es den KMU, ihre Kreditrisiken mittels Kreditderivaten auf Dritte zu übertragen, die dann die

47 Vgl. m. w. N. Lücke (2005), S. 118.

gebündelten Risiken entweder selbst übernehmen oder ihrerseits an den Kapitalmarkt abgeben. Als potenzielle Anbieter eines solchen Instrumentes sind Genossenschaftsbanken und vor allem Sparkassen identifiziert worden, da die Sparkassen-Organisation bereits über große Teile der benötigten Infrastruktur, insbesondere einen Pool von einheitlichen Ratings für mittelständische Unternehmen, verfügt.

Abschließend ist erläutert worden, weshalb vermutet werden kann, dass Sparkassen und Genossenschaftsbanken bereit sein könnten ein solches Instrument anzubieten und dass es auch auf Nachfrage bei den KMU treffen kann. Wie groß jedoch die Bereitschaft für ein derartiges Produktangebot konkret ist und wie stark die Nachfrage gegebenenfalls sein wird, kann nicht beantwortet werden. Hier besteht in der Zukunft weiterer Erhebungsbedarf.

Literatur

Creditreform (2005): Wirtschaftslage und Finanzierung im Mittelstand, Neuss, Frühjahr 2005.

Deutsche Bundesbank (2005): Bankenstatistik September, Frankfurt a. M. 2005.

Hüttemann, P. (1997): Kreditderivate im europäischen Kapitalmarkt, Wiesbaden 1997 (zugl. Diss. Univ. München).

IHK Köln (2003): IHK-Sonderbefragung Zahlungsmoral, http://www.ihk-koeln.de/Navigation/Standortpolitik/Konjunkturbericht/Anlagen/GesamtZahlungsmoral1.pdf, eingesehen am 27. 5. 2005.

Karsten, W. F. (2001): Factoring und Forfaitierung – Alternativen der Fremdfinanzierung, in: R. -E. Breuer (Hrsg.): Handbuch Finanzierung, 3. Aufl., Wiesbaden 2001, S. 401-433.

Kern, M. (2003): Kreditderivate – Chancen auf dem Markt für Bonitätsrisiken, Wiesbaden 2003.

KfW (2002): Warum Firmen pleite machen, KfW-Beiträge Nr. 28, http://www.kfw.de/DE/Research/Publikatio94/Mittelstan45/Mittelstnd99/KfW_VW_Beitrag_Nr_028-3.pdf, eingesehen am 27. 5. 2005.

Kraemer, M. (2005): Zurich Gruppe Deutschland: Wenn Rechnungen zu lange offen bleiben …, in: AssCompact, o. Jg. (2005), H. 6, S. 30-31.

Lücke, T. (2005): Einsatzmöglichkeiten und praktische Anwendung von Kreditderivaten in der Sparkassen-Organisation, Frankfurt a. M. [u. a.] 2005.

Meyer, B. H. (1997): Die Kreditversicherung, 4. Aufl., Frankfurt a. M. 1997.

Neske, C. (2000): Grundformen von Kreditderivaten, in: H.-P. Burghof et al. (Hrsg.): Kreditderivate – Handbuch für die Bank- und Anlagepraxis, Stuttgart 2000, S. 45-59.

Offermann, C. (2001): Kreditderivate – Implikationen für das Kreditportfoliomanagement von Banken, Lohmar/Köln 2001 (zugl. Diss. Univ. Köln 2000).

O.V. (2005a): Handwerk leidet unter der schlechten Zahlungsmoral, in: Handelsblatt Online, http://www.handelsblatt.com/pshb?fn=tt&sfn=go&id=1036247, eingesehen am 27. 5. 2005.

O.V. (2005b): Ratings: Sparkassen verfügen über größte Datenbasis, in: Finanzbetrieb News, o. Jg. (2005), H. 6, S. 15.

Perridon, L./Steiner, M. (2004): Finanzwirtschaft der Unternehmung, 13. Aufl., München 2004.

Posthaus, A. (2000): Exotische Kreditderivate, in: H.-P. Burghof et al. (Hrsg.): Kreditderivate – Handbuch für die Bank- und Anlagepraxis, Stuttgart 2000, S. 61-75.

Pütz, H. C. (2001): Kreditversicherung als Instrument zur Ertragssicherung, in: Bilanzbuchhalter und Controller, 25. Jg. (2001), H. 4, S. 77-82.

Rehm, Hannes (2005): Kreditrisikohandel – ein Instrument zur Optimierung der Risikostruktur der Sparkassen, in: ZfgK, 58. Jg. (2005), S. 613-615.

Schiller, B./Tobiczyk, I./Marek, M. (2002): Factoring in Deutschland – Ergebnisse einer Umfrage, Arbeitspapiere der Universität Paderborn Nr. 77, Paderborn 2002, http://wiwi.uni-paderborn.de/bwl3/de/sonstiges.html, eingesehen am 26. 7. 2005.

Schöning, S. (2005): Analyse regionaler Marktstrukturen im Kreditwesen: Konzentration als Ursache für Finanzierungsengpässe bei KMU?, in: R. Schulte (Hrsg.): Ergebnisse der MittelstandsForschung, Münster [u. a.] 2005, S. 267-286.

Stegmann und Stein, E. von (2000): Ansätze zur Risikosteuerung einer Kreditversicherung unter Berücksichtigung von Unternehmensverflechtungen, Göttingen 2000 (zugl. Diss. Univ. Göttingen 1999).

Tavakoli, J. M. (2001): Credit Derivatives, 2. Aufl., London 2001.

Zellner, J. (2001): Handhabung des Lieferantenkreditrisikos – Internes oder externes Kreditmanagement?, Wiesbaden 2001.

Ansparabschreibung durch Existenzgründer

Jörg Richter

Inhaltsverzeichnis

1 Einführung

Wirtschaftslenkende Steuervergünstigungen gehören zum Erscheinungsbild regulativer (Wirtschafts-)Politik. Obwohl aus gesamtwirtschaftlicher Sicht bei staatlichen Eingriffen in den Markt die Gefahr so genannter Fehlallokationen evident ist,[1] entwickeln Steuervergünstigungen oftmals ein statisches Eigenleben, das sie gegenüber einem Subventionsabbau resistent erscheinen lässt. Erfolgt ein Subventionsabbau, ist es oftmals weniger die Erkenntnis über Fehlwirkungen als vielmehr die Tatsache fehlender staatlicher Finanzmittel, die zu einer Streichung führt.[2]

In diesem Zusammenhang ist es bemerkenswert, dass die Vorschrift des § 7g Abs. 7 EStG, die es Existenzgründern ermöglicht, im Vorgriff auf künftige Investitionen eine steuerfreie Rücklage (Ansparabschreibung) von bis zu 307.000 Euro zu bilden, von der neuen Regierungskoalition aus CDU, CSU und SPD offensichtlich nicht abgeschafft werden soll.[3] Ein möglicher Grund dafür könnte

---

1 Vgl. Hey in Tipke/Lang (2005), § 19 Rn. 3; zur Kritik, Steuervergünstigungen in eine Gesamtbetrachtung einzubeziehen, vgl. Tipke (1993), S. 367.

2 Vgl. Hey in Tipke/Lang (2005), § 19 Rn. 85.

3 Der Koalitionsvertrag vom 11. 11. 2005 (http://www.bundesregierung.de/Anlage920135/Koalitionsvertrag.pdf) sieht weder eine Abschaffung vor noch spricht er sich explizit für eine Beibehaltung aus. Nur mittelbar finden sich Anhaltspunkte, so z. B. in der beabsichtigten Mittelstandsoffensive, die zu einer Verbesserung der Abschreibungsbedingungen führen soll (vgl. S. 15 des Koalitionsvertrags).

in der Zielgenauigkeit dieser Vorschrift liegen.[4] Ob diese Annahme zutrifft, untersucht der folgende Beitrag.

Für diesen Untersuchungsansatz ist es nicht erforderlich, die Regelungen der Ansparabschreibung durch Existenzgründer in ihrer (feingliedrigen) Gesamtheit darzustellen. Vielmehr bietet sich eine Beschränkung auf diejenigen Eckpunkte an, die für eine am beabsichtigten Förderungsziel orientierte Bewertung notwendig ist. Im Einzelnen sind dies das Wesen der Ansparabschreibung, die mit einer Existenzgründung verknüpften normativen Zeiträume, die Person des Existenzgründers und letztlich die Frage, unter welchen sachlichen Voraussetzungen eine Ansparabschreibung, insbesondere die vor einer Betriebseröffnung, möglich ist.

2 Wesen der Ansparabschreibung

Die Bildung von Ansparabschreibungen durch Existenzgründer ist ein Instrument wirtschaftslenkender Steuervergünstigung.[5] Sie ist Teil der ertragsteuerlichen Einkünfteermittlung[6] und steht im Kontext von Sonderabschreibung (§ 7g Abs. 1 EStG), geometrisch-degressiver AfA (sog. Buchwertabschreibung, § 7 Abs. 2 EStG) sowie allgemeiner Ansparabschreibung (§ 7g Abs. 3 EStG).

Unternehmer können für die Anschaffung oder Herstellung neuer beweglicher Wirtschaftsgüter des Anlagevermögens im Jahr der Investition und den vier folgenden (Wirtschafts-)Jahren unter bestimmten betriebsbezogenen Größenmerkmalen (§ 7g Abs. 2 Nr. 1 EStG)[7] sowie Verbleibens- und Nutzungsvoraussetzungen (§ 7g Abs. 2 Nr. 2 EStG) Sonderabschreibungen von bis zu 20 vom Hundert der Anschaffungs- oder Herstellungskosten in Anspruch nehmen (§ 7g Abs. 1 EStG). Es handelt sich dabei um eine besondere Form der Sonder-AfA, die in Erweiterung des § 7a Abs. 4 EStG nicht nur neben der linearen AfA

---

4 Der Entwurf des Gesetzes zur Senkung der Steuersätze und zur Reform der Unternehmensbesteuerung (Steuersenkungsgesetz – StSenkG) vom 15. 2. 2000 sah in Art. 1 Nr. 5 die ersatzlose Streichung des § 7g EStG vor (vgl. BTDrs. 14/2683, S. 4). Begründet wurde dies mit der beabsichtigten Senkung der Steuersätze für im Unternehmen verbleibende Gewinne (vgl. BTDrs. 14/2683, S. 113). Die Abschaffung der Ansparabschreibung sollte im Entstehungsjahr zu Steuermehreinnahmen von 440 Mio. Euro, die der Sonderabschreibung zu Steuermehreinnahmen von 295 Mio. Euro führen (vgl. BTDrs. 14/2683, S. 106 f.). Im Laufe des Gesetzgebungsverfahrens wurde die Streichung des § 7g EStG jedoch aufgegeben (vgl. Beschlussempfehlung des Vermittlungsausschusses v. 4. 7. 2000, BTDrs. 14/3760, S. 2 u. 4).

5 Vgl. Hey in Tipke/Lang (2005), § 19 Rn. 7.

6 § 7g EStG gilt über § 8 Abs. 1 KStG auch für Körperschaftsteuersubjekte. Darüber hinaus wirkt er im Fall gewerblicher Einkünfte auf die Gewerbesteuer (§ 7 S. 1 GewStG).

7 Die Größenmerkmale gelten nicht bei Neugründungen; vgl. dazu BFH, Urteil v. 21. 7. 1999 – I R 57/98, BStBl. II 2001, S. 127.

nach § 7 Abs. 1 EStG, sondern auch im Zusammenhang mit der geometrisch-degressiven AfA nach § 7 Abs. 2 EStG zulässig ist. Im günstigen Fall können im Investitionsjahr 40 vom Hundert der Anschaffungs- oder Herstellungskosten aufwandswirksam verrechnet werden (20 v. H. geometrisch-degressive AfA zzgl. 20 v. H. Sonder-AfA).

Weitere Voraussetzung für die Sonderabschreibung ist, dass für das Abschreibungsobjekt in den zwei dem Investitionsjahr vorangegangenen (Wirtschafts-) Jahren eine steuerfreie Rücklage gebildet wurde (§ 7g Abs. 3 EStG). Der Umfang dieser Ansparabschreibung ist auf 40 vom Hundert der voraussichtlichen Anschaffungs- oder Herstellungskosten beschränkt und steht damit im systematischen Zusammenhang mit dem im Erstjahr maximalen Abschreibungsvolumen. Die Summe der Rücklagen darf den Betrag von 154.000 Euro nicht übersteigen (§ 7g Abs. 3 S. 5 EStG), so dass im Ergebnis zukünftige Investitionen von insgesamt 385.000 Euro (154.000 Euro / 40 x 100) steuerwirksam abgebildet werden können.

Die steuerfreie Rücklage ist gewinnerhöhend aufzulösen, sobald für das begünstige Wirtschaftsgut Abschreibungen vorgenommen werden dürfen, spätestens am Ende des zweiten auf ihre Bildung folgenden Wirtschaftsjahres (§ 7g Abs. 4 EStG). Kommt es zu keiner Investition oder unterschreiten die tatsächlichen Anschaffungs- oder Herstellungskosten die prognostizierten Investitionskosten, ist für jedes Jahr, in dem die Rücklage bestanden hat, der aufzulösende (anteilige) Rücklagenbetrag um 6 vom Hundert zu erhöhen (sog. Gewinnzuschlag, § 7g Abs. 5 EStG).

Im Idealfall führt die Bildung der Ansparabschreibung zu einer Aufwandsvorverrechnung des im Jahr der Anschaffung oder Herstellung möglichen Abschreibungsvolumens. Grundsätzlich bewirkt sie eine Steuerstundung.[8] Zu einer effektiven Steuerentlastung kann es kommen, wenn zwischen der Bildung und Auflösung der Ansparabschreibung der Steuersatz gemindert wurde[9] oder im Fall von Personenunternehmen sich Progressionsvorteile ergeben.[10]

Die Sonderabschreibung nach § 7g Abs. 1 EStG wurde durch das Steuerentlastungsgesetz 1984[11] mit dem Ziel einführt, die gesamtwirtschaftlichen Rahmenbedingungen für kleine und mittlere Betriebe zu verbessern[12] und insbesondere die Liquidität und Eigenkapitalbildung zu stärken.[13] Die Aufnahme der Ansparabschreibung erfolgte durch das Standortsicherungsgesetz vom

8 Vgl. Hey in Tipke/Lang (2005), § 19 Rn. 28.

9 Vgl. dazu Ballof (1999), S. 62 und Niehues (2003), S. 2144.

10 Vgl. Vogelgesang (2004), S. 640.

11 Gesetz zur Stärkung der Wettbewerbsfähigkeit der Wirtschaft und zur Einschränkung von steuerlichen Vorteilen v. 22. 12. 1983 (Steuerentlastungsgesetz 1984 – StEntlG 1984), BGBl. I 1983, S. 1583.

12 Vgl. Begr. des GE, BTDrs. 10/336, S. 13.

13 Vgl. Begr. des GE, BTDrs. 10/336, S. 26.

13. 9. 1993.[14] Durch den Vorgriff auf spätere Abschreibungsmöglichkeiten sollen kleine und mittlere Unternehmen eigene Mittel zur Finanzierung künftiger Investionen ansparen können.[15] Der Gewinnzuschlag sei notwendig, um Mitnahmeeffekten vorzubeugen und unberechtigte Steuerstundungsvorteile auszugleichen.[16]

Das Jahressteuergesetz 1997 erweiterte die Bildung einer Ansparabschreibung um besondere Vergünstigungen für Existenzgründer.[17] Erklärtes Ziel des Gesetzentwurfs war die nachhaltige Erhöhung der Attraktivität von Unternehmensneugründungen.[18] Da bei einer Betriebseröffnung regelmäßig ein besonders hoher Investitionsbedarf bestünde, müsse Existenzgründern von kleinen und mittleren Unternehmen die Möglichkeit eingeräumt werden, in erweitertem Umfang von der Ansparabschreibung Gebrauch zu machen. Dies unterstütze einen kontinuierlichen Betriebsaufbau.[19] Zur Vermeidung unerwünschter Gestaltungen und Mitnahmeeffekten müsse der Begriff des Existenzgründers aber eng gefasst werden.[20] Der im Finanzausschuss erhobene Einwand, dass direkte Fördermaßnahmen zielgenauer und leichter zur Stärkung der Eigenkapitalbasis von Existenzgründungen führen würden als eine mittelbare und zudem gewinnabhängige Förderung, fand ebenso wenig Berücksichtigung wie der Hinweis auf eine weitere, erhebliche Komplizierung des Steuerrechts.[21]

Nach derzeit gültiger Rechtslage können Existenzgründer unter den allgemein für eine Ansparabschreibung gültigen objekt- und betriebsbezogenen Voraussetzungen für einen sechsjährigen Gründungszeitraum steuerfreie Rücklagen von jeweils bis zu 307.000 Euro gewinnmindernd bilden (§ 7g Abs. 7 S. 1 Nr. 2 EStG). Für im Gründungsjahr durchgeführte Investitionen sind Sonderabschreibungen nach § 7g Abs. 1 EStG unabhängig von der Bildung einer entsprechenden Ansparabschreibung zulässig (§ 7g Abs. 2 Nr. 3 EStG).[22] Die

14 Gesetz zur Verbesserung der steuerlichen Rahmenbedingungen zur Sicherung des Wirtschaftsstandorts Deutschland im Europäischen Binnenmarkt (Standortsicherungsgesetz – StandOG), BGBl. I 1993, S. 1569).

15 Vgl. Begr. des GE, BTDrs. 12/4158, S. 33.

16 Vgl. Begr. des GE, BTDrs. 12/4158, S. 34.

17 Jahressteuergesetz (JStG) 1997 v. 20. 12. 1996, BGBl. I 1996, S. 2949.

18 Vgl. Begr. des GE, BTDrs. 13/4839, S. 38 f.

19 Vgl. Begr. des GE, BTDrs. 13/4939, S. 77.

20 Vgl. Begr. des GE, BTDrs. 13/4939, S. 77.

21 Vgl. Beschlussempfehlung und Bericht des Finanzausschusses, BTDrs. 12/5016, S. 118.

22 Die Möglichkeit von Existenzgründern, im Gründungsjahr eine Sonderabschreibung vornehmen zu können wurde erst ab 2003 durch das Gesetz zur Förderung von Kleinunternehmern und zur Verbesserung der Unternehmensfinanzierung (Kleinunternehmerförderungsgesetz) v. 31. 7. 2003 (BGBl. I 2003, S. 1550) aufgenommen (vgl. Begr. des GE, BTDrs. 15/1042, S. 11); zur bis dahin bestandenen Problematik von Sonderabschreibung im Gründungsjahr vgl. Dotzel (2003), S. 409.

Ansparabschreibung ist spätestens Ende des fünften auf die Bildung der Rücklage folgenden Wirtschaftsjahres aufzulösen (§ 7g Abs. 7 S. 1 Nr. 1 EStG). Weder im Fall einer überhöhten Rücklagenbildung noch bei fehlender Investition wird ein Gewinnzuschlag nach § 7g Abs. 5 EStG erhoben (§ 7g Abs. 7 S. 1 EStG).

Im Ergebnis erfasst die Ansparabschreibung durch Existenzgründer mit 767.500 Euro (307.000 Euro / 40 x 100) gegenüber der allgemeinen Rücklagenbildung ein um 382.500 Euro höheres Investitionsvolumen. Ferner kann die Ansparabschreibung nicht nur über zwei Jahre, sondern über einen Zeitraum von sechs Jahren fortgeführt und darüber hinaus sanktionslos aufgelöst werden.

3 Existenzgründung

Eine Existenzgründung ist in aller Regel keine zeitpunktbezogene Erscheinung. Sie stellt vielmehr einen Prozess dar, der sich über mehrere Jahre erstrecken kann. Eine steuerliche Förderung von Existenzgründungen durch Vorverlagerung von Abschreibungsaufwand sowie seine nachfolgende Auflösung muss deshalb – neben der Bestimmung der Person des Existenzgründers – aus Gründen der Abgrenzung gegenüber bestehenden Unternehmenseinheiten verschiedene Zeiträume fixieren.

Zentraler Anhaltspunkt des § 7g EStG ist die Betriebseröffnung. Ein Existenzgründer kann im Jahr der Betriebseröffnung und in den fünf folgenden Wirtschaftsjahren eine Ansparabschreibung vornehmen (*Gründungszeitraum*, § 7g Abs. 7 S. 1 EStG). Die Ansparabschreibung ist im Jahr der Anschaffung oder Herstellung des begünstigen Wirtschaftsguts aufzulösen, spätestens zum Ende des fünften auf die Bildung der Rücklage folgenden Wirtschaftsjahres (sog. *Investitionszeitraum*,[23] § 7g Abs. 7 S. 1 Nr. 1 EStG). Letztlich muss die Existenzgründereigenschaft innerhalb der letzten fünf Jahre vor dem Wirtschaftsjahr der Betriebseröffnung bestanden haben (sog. *Vorgründungszeitraum*,[24] § 7g Abs. 7 S. 2 Nr. 1 EStG). Ausgehend von der Betriebseröffnung vermag die Existenzgründereigenschaft ihre steuerprivilegierenden Wirkungen über einen Zeitraum von maximal elf Jahren entfalten (*Begünstigungszeitraum*), wenn zum Beispiel am Ende des Gründungszeitraum eine Ansparabschreibung gebildet und über den gesamten Investitionszeitraum fortgeführt wird.

Die Betriebseröffnung ist ebenfalls ein Zeitraum.[25] Dies folgt daraus, dass Existenzgründer – ohne eine Ansparabschreibung gebildet zu haben – Sonderabschreibungen nach § 7g Abs. 1 EStG bereits dann in Anspruch nehmen können, wenn die Anschaffung oder Herstellung der begünstigten Wirtschaftsgüter in

---

23 Vgl. z. B. Handzik in Littmann/Bitz/Prust (2005), § 7g Rn. 137.
24 Vgl. z. B. Drenseck in Schmidt (2005), § 7g Rn. 28.
25 Vgl. dazu Meyer/Ball (1997), S. 78 f.

dem Wirtschaftsjahr erfolgt, in dem mit der Betriebseröffnung begonnen wird (§ 7g Abs. 2 Nr. 3 EStG).

Soweit der Betriebseröffnung die Eignung beigelegt wird, den Beginn des Vorgründungs- und Gründungszeitraums auszulösen, kann sie diese zeitpunktbezogene Funktion nur dadurch erfüllen, dass sie selbst als abgeschlossen begriffen wird. In diesem Sinne kennzeichnet die Betriebseröffnung den Abschluss derjenigen Vorbereitungsmaßnahmen, die eine Aufnahme der Geschäftstätigkeit ermöglichen, das heißt, dass die wesentlichen Betriebsgrundlagen vorhanden sind.[26]

Diese Interpretation ist aber nur dann zielgenau, wenn der Beginn und das Ende der Betriebseröffnung in einem Wirtschaftsjahr liegen. Erstreckt sich die Betriebseröffnung über mehrere Wirtschaftsjahre und hat der Existenzgründer im Wirtschaftsjahr des Beginns der Betriebseröffnung eine Ansparabschreibung vorgenommen, würde dies zu einer vom Gesetz nicht vorgesehenen Verlängerung des Gründungszeitraums beziehungsweise zu einer den gesetzgeberischen Vorgaben widersprechenden Verkürzung des Vorgründungszeitraums führen. Da nach § 7g Abs. 2 Nr. 3 EStG eine Ansparabschreibung im Wirtschaftsjahr des Beginns der Betriebseröffnung zulässig ist, kann eine zieladäquate, den Normzweck und die innere Systematik des § 7g EStG gleichermaßen berücksichtigende Lösung nur darin gesehen werden, dass bei einer wirtschaftsjahrübergreifenden Betriebseröffnung nicht der Abschluss der Betriebseröffnung maßgebend ist, sondern der Zeitpunkt der Vornahme einer entsprechenden Ansparabschreibung.[27]

Allgemein ist anerkannt, dass unternehmerische Einkünfte mit der ersten Vorbereitungshandlung begründet werden.[28] Wäre der Beginn der Betriebseröffnung gleichzusetzen mit dem Zeitpunkt, von dem an Betriebsausgaben verrechenbar sind, könnte ein Existenzgründer bereits in dem Jahr, in dem er den greifbaren Entschluss fasst, sich selbständig zu machen, eine Ansparabschreibung vornehmen.[29] Die Beantwortung dieser Frage ist nur vordergründig davon abhängig, ob der Rechtsanwender unter Betonung des Gesetzeszweckes einem weiten Verständnis folgt oder zur Vermeidung von Mitnahmeeffekten einer einengenden Sichtweise den Vorzug einräumen will.[30] Entscheidend ist vielmehr, dass § 7g Abs. 2 Nr. 3 EStG explizit den Beginn der Betriebseröffnung enthält und damit erkennbar zur ersten einkünfteverhafteten Vorbereitungshandlung abgrenzt.[31] Somit muss es im Regelfall einen der Betriebs-

26 Vgl. BFH, Urteil v. 25. 4. 2002 – IV R 30/00, BStBl. II 2004, S. 182.

27 Vgl. BMF, Schreiben v. 25. 2. 2004 – IV A 6 - S2183b - 1/04, Tz. 43, BStBl. I 2004, S. 337 (341).

28 Vgl. Weber-Grellet in Schmidt (2005), § 15 Rn. 129 m. w. N.

29 So z. B. Meyer/Ball (1997), S. 78 und Karsten (1997), S. 705.

30 Vgl. dazu Brandis in Blümich (2005), § 7g EStG Rn. 101.

31 Vgl. BFH, Urteil v. 25. 4. 2002 – IV R 30/00, BStBl. II 2004, S. 182.

eröffnung vorangehenden Zeitabschnitt geben. Mit Blick auf den Ablauf einer Existenzgründung ist dies die (abstrakte) Planungsphase. Aus steuerlicher Sicht wird diese Planungsphase mit der ersten, auf eine konkrete Umsetzung zielenden außenwirksamen Handlung verlassen. In diesem Zeitpunkt liegt der Beginn der Betriebseröffnung im Sinne von § 7 Abs. 2 Nr. 3 EStG.

4 Existenzgründer

Die gegenüber der allgemeinen Ansparabschreibung großzügig bemessenen Steuervergünstigen und vor allem der Verzicht auf den Gewinnzuschlag nach § 7g Abs. 5 EStG waren ausschlaggebend dafür, dass der Gesetzgeber den Kreis der Existenzgründer eng gezogen hat.[32]

Nach § 7g Abs. 7 S. 2 Nr. 1 EStG gelten diejenigen natürlichen Personen als Existenzgründer, die innerhalb der letzten fünf Jahre weder Gewinneinkünfte im Sinne des § 2 Abs. 1 Nr. 1 bis 3 erzielt haben noch an einer Kapitalgesellschaft unmittelbar oder mittelbar zur mehr als einem Zehntel beteiligt gewesen sind. Kapital- und Personengesellschaften ist dann eine Existenzgründereigenschaft beizuleben, wenn an ihnen nur solche natürlichen Personen beteiligt sind, die selbst die Voraussetzungen als Existenzgründer erfüllen (§ 7g Abs. 7 S. 2 Nr. 1 u. 2 EStG).[33]

Die Konkretisierung der Existenzgründereigenschaft erfolgt über das Vorliegen von Gewinneinkünften. Hat die Gründungsperson während des Vorgründungszeitraums Einkünfte aus Land- und Forstwirtschaft (§ 13 EStG), Gewerbebetrieb (§ 15 EStG) oder aus selbständiger Arbeit nach § 18 EStG erzielt, führt dies zum Verlust ihrer Existenzgründereigenschaft. Nach dem Wortlaut des Gesetzes stehen die einzelnen Gewinneinkunftsarten gleichrangig nebeneinander.[34] Da Einkünfte das bloße rechnerische Ergebnis darstellen (vgl. § 2 Abs. 2 EStG) und unter bestimmten Voraussetzungen bereits eine einmalige Handlung als nachhaltige Betätigung im Sinne von § 15 Abs. 2 S. 1 EStG angesehen wird,[35] sind weder die Einkünftehöhe noch die Dauer der Einkünfteerzielung von Bedeutung.[36] Eine Ausnahme sieht die Finanzver-

32 Vgl. Begr. des GE, BTDrs. 13/4939, S. 77.

33 Vgl. dazu Meyer/Ball (2001), S. 1239. Maßgeblich sind die Verhältnisse am jeweiligen Bilanzstichtag bzw. bei der Gewinnermittlung nach § 4 Abs. 3 EStG am Ende des Gewinnermittlungszeitraums, zu dem die Ansparrücklage gebildet werden soll; zu Einzelheiten vgl. BMF, Schreiben v. 25. 2. 2004 – IV A 6 - S 2183b - 1/04, Tz. 46-50, BStBl. I 2004, S. 337 (342).

34 Vgl. Meyer in Herrmann/Heuer/Raupach (2005), § 7g Rn. 142.

35 Vgl. Weber-Grellet in Schmidt (2005), § 15 Rn. 17 m. w. N.

36 Vgl. Meyer in Herrmann/Heuer/Raupach (2005), § 7g Rn. 142; Olbertz (1996), S. 1967 (1968); OFD Koblenz, Verfügung v. 28. 7. 2003 – S 2183b A, DStR 2003, S. 1484; FG Hamburg, Beschluss v. 4. 8. 2004 – III 264/04, EFG 2005, S. 183; Sächsisches FG,

waltung in selbständigen Einkünften aus ehrenamtlich ausgeübten Tätigkeiten, soweit die Einnahmen vollständig nach § 3 EStG steuerfrei waren.[37]

Dem Einkünftebegriff des § 7g Abs. 7 S. 2 Nr. 1 EStG kann keine Bagatellgrenze mit dem Hinweis beigelegt werden, dass nur eine zehnprozentige Beteiligung an einer Kapitalgesellschaft zum Verlust der Existenzgründereigenschaft führt. Für eine analoge Übertragung des kapitalgesellschaftsbezogenen Wesentlichkeitsmoments fehlt die (planwidrige) Regelungslücke,[38] weil der Gesetzgeber den Kreis der Begünstigten zur Vermeidung von Mitnahmeeffekten bewusst an das Nichtvorliegen von Gewinneinkünften geknüpft hat.[39]

Ebenso scheitert ein Rückgriff auf die höchstrichterliche Rechtsprechung zur so genannten Abfärberegelung. Nach § 15 Abs. 3 Nr. 1 EStG wird eine teilweise freiberuflich beziehungsweise vermögensverwaltend tätige Personengesellschaft zu einer einheitlich zu beurteilenden gewerblichen Mitunternehmerschaft, wenn sie auch eine gewerbliche Tätigkeit ausübt. Gestützt auf den Verhältnismäßigkeitsgrundsatz interpretiert der Bundesfinanzhof in verfassungskonformer Auslegung das Vorliegen einer teilweise gewerblichen Tätigkeit dahingehend einschränkend, dass ein äußerst geringer gewerblicher Anteil zu keiner Umqualifizierung führe.[40]

Diese Vorgehensweise kann jedoch nicht auf die Vorgründungseinkünfte übertragen werden, da eine verfassungskonforme Interpretation immer mehrere Verständnisalternativen zur Bedingung hat.[41] § 15 Abs. 3 Nr. 1 EStG setzt voraus, dass „die Gesellschaft auch eine [gewerbliche] Tätigkeit [...] ausübt". Diese Formulierung enthält keinen Ausschließlichkeitsvorbehalt; sie lässt offen, ob damit jede oder nur jede nicht völlig unbedeutende Tätigkeit gemeint ist.[42] Demgegenüber spricht § 7g Abs. 7 S. 2 Nr. 1 EStG ohne adverbiale Beifügung „von Einkünften im Sinne des § 2 Abs. 1 Nr. 1 bis 3 EStG" und nimmt damit klar und unmissverständlich Bezug auf das allgemeine Einkünfteverständnis des einkommensteuerrechtlichen Einkommensbegriffs. Für die Annahme eines fehlenden Ausschließlichkeitsvorbehalts ist deshalb kein Raum.[43]

Urteil v. 25. 1. 2005 – 1 K 1489/04, EFG 2005, S. 941, Revision eingelegt (BFH – IV R 13/05).

37 Vgl. OFD Frankfurt, Verfügung v. 9. 2. 2005 – S 2183b A - 3 - St II 2.01.

38 Vgl. Sächsisches FG, Urteil v. 25. 1. 2005 – 1 K 1489/04, EFG 2005, S. 941, Revision eingelegt (BFH – IV R 13/05).

39 Vgl. Begr. des GE, BTDrs. 13/4939, S. 77.

40 Vgl. Urteil v. 11. 8. 1999 – XI R 12/98, BStBl. II 2000, S. 229 und Beschluss v. 8. 3. 2004 – IV B 212/03, BFH/NV 2004, S. 954.

41 Vgl. Birk (1990), S. 303 f. und Lang in Tipke/Lang (2005), § 5 Rn. 74.

42 Vgl. Wendt (2000), S. 1039.

43 A. A. Jahndorf (2005), S. 1539.

Die Erkenntnis, dass bereits geringfügige Einnahmen zum Verlust der Existenzgründereigenschaft führen, erscheint auch verfassungsrechtlich unbedenklich, obwohl sehr leicht Sachverhalte gefunden werden können, die berechtigte Zweifel an der Zielgenauigkeit des Existenzgründerbegriffs aufkommen lassen. Bedenken werden sich insbesondere dann ergeben, wenn zum Beispiel einem Existenzgründer, der während des Vorgründungszeitraums ein sehr hohes Einkommen aus Überschusseinkünften generiert hat und auch zukünftig erzielen wird, derjenige (Nichtexistenz-)Gründer gegenübergestellt wird, der im Rahmen seiner Berufsqualifizierung notwendigerweise und in sehr geringem Umfang auf Werkvertragsbasis tätig werden musste und bei dem die Neugründung die allein existenzsichernde Erwerbsgrundlage darstellt.[44]

Eine Steuervergünstigung muss aus Gründen des Gemeinwohlprinzips gerechtfertigt sein.[45] Der Gesetzgeber besitzt eine große Gestaltungsfreiheit, vor allem in der Entscheidung darüber, welche Personen oder Unternehmen er fördern will.[46] In der gesetzlichen Ausformung muss der Lenkungszweck mit hinreichenderer Bestimmtheit tatbestandlich vorgezeichnet und gleichheitsgerecht ausgestaltet sein.[47] Der Gleichheitssatz ist erst dann verletzt, wenn der Kreis der Begünstigten nicht sachgerecht bestimmt wird, sondern die Auswahl willkürlich erscheint.[48] Dabei kann sich der Gesetzgeber in weitem Umfang auf sachbezogene Gesichtspunkte stützen.[49]

§ 7 Abs. 7 EStG wird erkennbar von der gesetzgeberischen Entscheidung getragen, Existenzgründungen zu fördern. Die Verfolgung dieses Ziels ist legitim und liegt innerhalb der wirtschaftspolitischen Entscheidungsfreiheit des Gesetzgebers, da bei einer Unternehmensgründung regelmäßig ein hoher Erstinvestitionsbedarf besteht.[50]

Die Existenzgründereigenschaft ist tatbestandlich klar gefasst und geeignet, den Kreis der Begünstigten – aus verfassungsrechtlicher Sicht – sachgerecht abzugrenzen. Existenzgründungen und nicht etwa bestehende Unternehmen

---

44 Dieser Fall dürfte gerade bei hochschulnahen Existenzgründungen, bei denen potenzielle Gründer oftmals auf Werkvertragsbasis in Hochschulprojekte eingebunden werden, zutreffen. Zu weiteren Beispielen vgl. Jahndorf (2005), S. 1536; Meyer/Ball (1997), S. 85 und Olbertz (1996), S. 1968.

45 Vgl. Hey in Tipke/Lang (2005), § 19 Rn. 74 m. w. N.

46 Vgl. BVerfG, Urteil v. 20. 4. 2004 – 1 BvR 1748/99, 1 BvR 905/00, BFH/NV Beilage 2004, S. 305 (309) m. w. N.

47 Vgl. BVerfG, Beschluss v. 22. 6. 1995 – 2 BvL 37/91, BStBl. II 1995, S. 656 (665) m. w. N.

48 Vgl. BVerfG, Urteil v. 20. 4. 2004 – 1 BvR 1748/99, 1 BvR 905/00, BFH/NV Beilage 2004, S. 305 (309) m. w. N.

49 Vgl. BVerfG, Urteil v. 20. 4. 2004 – 1 BvR 1748/99, 1 BvR 905/00, BFH/NV Beilage 2004, S. 305 (309) m. w. N.

50 Vgl. Jahndorf (2005), S. 1537.

sollen gefördert werden. Bestehende Unternehmen sind steuerlich dadurch greifbar, dass aus ihnen in der Vergangenheit Gewinneinkünfte generiert wurden. Deshalb ist es nicht willkürlich, wenn § 7 Abs. 7 S. 2 Nr. 1 EStG die Existenzgründereigenschaft einkünfteabhängig formuliert.[51] Dass die gesetzliche Regelung nicht in allen Fällen diejenigen begünstigt, die nach der gesetzgeberischen Zielvorstellung gefördert werden sollen, beziehungsweise Vergünstigungen Personen gewährt, die nach allgemeinem Verständnis nicht als Existenzgründer angesehen werden, liegt in der Natur abstrakter Normen.

5 Rücklagenbildung

Eine Rücklage kann gebildet werden für neue bewegliche Wirtschaftsgüter, die der Existenzgründer *voraussichtlich* bis zum Ende des Investitionszeitraums anschaffen oder herstellen wird (§ 7g Abs. 7 Nr. 1 i. V. m. § 7g Abs. 3 S. 2 EStG). Die Rücklagenbildung sowie ihre Auflösung müssen buchmäßig verfolgt werden können (§ 7g Abs. 7 Nr. 1 i. V. m. § 7g Abs. 3 S. 3 Nr. 3 EStG). Im Fall der überhöhten Rücklage oder bei fehlender Investition ist die Ansparabschreibung ohne Gewinnzuschlag aufzulösen (§ 7g Abs. 7 S. 1 EStG).

Aus der Dokumentationspflicht der Bildung und Auflösung der Rücklage ergibt sich, dass für jedes einzelne Wirtschaftsgut eine gesonderte Rücklage zu bilden ist,[52] die so genau zu bezeichnen ist, dass im Investitionsjahr zweifelsfrei festgestellt werden kann, ob die durchgeführte Anschaffung oder Herstellung derjenigen entspricht, für deren Finanzierung die Rücklage gebildet wurde (sog. Finanzierungszusammenhang).[53] Sind die beabsichtigte Investion und die später tatsächlich durchgeführte Investion nicht gleichartig, entfällt die Möglichkeit der Sonderabschreibung nach § 7g Abs. 1 EStG.[54]

Eine Investitionsabsicht kann der gesetzlichen Regelung nicht entnommen werden.[55] Dies bedeutet aber nicht, dass Ansparabschreibungen nach Belieben gebildet werden können, da nur eine *voraussichtliche* Investition begünstigt ist. Vom Existenzgründer wird eine Prognoseentscheidung über sein künftiges

51 A. A. Jahndorf (2005), S. 1537, der allerdings nicht den Schluss der Verfassungswidrigkeit zieht, sondern von einer fehlerhaften Typisierung ausgeht. Da Jahndorf den Vorgründungseinkünften kein Ausschließlichkeitsmerkmal zuweist, eröffnet sich ihm der Weg einer verfassungskonformen Interpretation.

52 Vgl. Pinkos (1993), S. 1689 f.

53 Vgl. BFH, Urteil v. 12. 12. 2001 – XI R 13/00, BStBl. II 2002, S. 385; FG Köln, Urteil v. 1. 6. 2005 – 7 K 3186/04, EFG 2005, S. 1413; FG Düsseldorf, Urteil v. 18. 11. 2002 – 7 K 7626/00, EFG 2003, S. 440; BMF, Schreiben v. 25. 2. 2004 – IV A 6 - S2183b - 1/04, Tz. 15, BStBl. I 2004, S. 337 (339); Vogelgesang (2004), S. 641 und Pohl (2003), S. 961.

54 Vgl. BFH, Beschluss v. 25. 9. 2002 – IV B 55/02, BFH/NV 2003, S. 159 und Urteil v. 12. 12. 2001 – XI R 13/00, BStBl. II 2002, S. 385; BMF, Schreiben v. 25. 2. 2004 – IV A 6 - S2183b - 1/04, Tz. 8 u. 27, BStBl. I 2004, S. 337 (338, 340).

55 Vgl. BFH, Urteil v. 12. 12. 2001 – XI R 13/00, BStBl. II 2002, S. 385.

Investitionsverhalten erwartet[56] und damit ein aus Sicht der Tatbestandsmäßigkeit der Besteuerung greifbarer Sachverhalt eingefordert.[57] Das heißt, dass voraussichtliche Investitionen zum Zeitpunkt der Rücklagenbildung von Gesetzes wegen hinreichend konkretisiert sein müssen.[58] Ob eine hinreichende Konkretisierung vorliegt, richtet sich nach Umständen des Einzelfalls.[59]

Die Bildung einer Rücklage wird dann zu versagen sein, wenn die beabsichtigte Investition objektiv unmöglich ist, wie zum Beispiel in Fällen der wirtschaftlichen und finanziellen Überforderung.[60]

Zweifel begründet jedoch die Auffassung der Finanzverwaltung, dass vor Abschluss der Betriebseröffnung eine Rücklage nur gebildet werden könne, wenn die Investitionsentscheidungen hinsichtlich der wesentlichen Betriebsgrundlagen am Ende des Jahres, für das die Rücklage gebildet wird, ausreichend konkretisiert seien. Rücklagen für wesentliche Betriebsgrundlagen erforderten darüber hinaus eine verbindliche Bestellung.[61] Die Finanzverwaltung bezieht sich dabei auf das Urteil des Bundesfinanzhofs vom 25. 4. 2002.[62] Der vierte Senat begründete die gesteigerten Konkretisierungserfordernisse ausschließlich mit der (abstrakten) Möglichkeit einer ungerechtfertigten Inanspruchnahme der Ansparförderung.[63] Streitbefangen war aber keine Existenzgründung, sondern die allgemeine Rücklagenbildung einer Neugründung nach § 7g Abs. 3 EStG.[64] Soweit die Finanzverwaltung in diesen Fällen eine Rücklagenbildung vor Abschluss der Betriebseröffnung anerkennt, tut sie dies in Anwendung des § 163 AO und unterstellt, dass die im Billigkeitsweg entschiedene Frage der Gesetzgeber ebenso entschieden hätte.[65] Für Existenzgründer kann aber keine unbillige Härte entstehen, da § 7g Abs. 3 S. 2 EStG diesen ausdrücklich die

---

56 Vgl. BFH, Urteil v. 17. 11. 2004 – X R 38/02, BFH/NV 2005, S. 846 und Urteil v. 12. 12. 2001 – XI R 13/00, BStBl. II 2002, S. 385.

57 Vgl. BFH, Urteil v. 17. 11. 2004 – X R 38/02, BFH/NV 2005, S. 846.

58 Vgl. BFH, Urteil v. 17. 11. 2004 – X R 38/02, BFH/NV 2005, S. 846 und FG München, Urteil v. 16. 10. 2002 – 1 K 1642/01, EFG 2003, 382.

59 Vgl. BFH, Urteil v. 19. 9. 2002 – X R 51/00, BStBl. II 2004, S. 184.

60 Vgl. BFH, Urteil v. 19. 9. 2002 – X R 51/00, BStBl. II 2004, S. 184 und Urteil v. 17. 11. 2004 – X R 41/03, BFH/NV 2005, S. 848; FG Köln, Urteil v. 28. 8. 2002 – 14 K 387/01, EFG 2003, S. 218; Pohl (2003), S. 963 und Vogelgesang (2004), S. 642.

61 Vgl. BMF, Schreiben v. 25. 2. 2004 – IV A 6 - S2183b - 1/04, Tz. 18, BStBl. I 2004, S. 337 (339).

62 Vgl. BMF, Schreiben v. 25. 2. 2004 – IV A 6 - S2183b - 1/04, Tz. 18, BStBl. I 2004, S. 337 (339).

63 Vgl. BFH, Urteil v. 12. 12. 2001 – XI R 13/00, BStBl. II 2002, S. 385.

64 Dies gilt auch für § 7g Abs. 3 EStG a. F., d. h. vor Einfügung des Satzes 2 mit der Besonderheit für Existenzgründer; vgl. dazu z. B. Hessisches FG, Urteil v. 6. 12. 2004 – 1 K 939/02, EFG 2005, S. 686, Revision eingelegt (BFH – IV R 8/05).

65 Vgl. BFH, Urteil v. 26. 10. 1972 – I R 125/70, BStBl. II 1973, S. 271 und Urteil v. 29. 04. 1970 – I R 105/68, BStBl. II 1970, S. 607.

Möglichkeit zur Ansparabschreibung mit Beginn der Betriebseröffnung einräumt. Demzufolge können die besonderen Anforderungen für wesentliche Betriebsgrundlagen, insbesondere das Vorliegen einer verbindlichen Bestellung, auf die Bildung von Rücklagen während des Zeitraums der Betriebseröffnung nicht übertragen werden.[66] Etwas anderes wird gelten müssen, soweit die Finanzverwaltung eine Rücklagenbildung auch vor Beginn der Betriebseröffnung als zulässig erachtet.[67]

6 Zusammenfassende Würdigung

Für die Ansparabschreibung durch Existenzgründer sind – ausgehend von der zurzeit herrschenden Auffassung – zwei Merkmale charakteristisch: die Legaldefinition des Existenzgründers und die Besonderheit, dass eine Rücklagenbildung für wesentliche Betriebsgrundlagen vor Betriebseröffnung deren verbindliche Bestellung voraussetzt.

Der Begriff des Existenzgründers führt formalrechtlich zu befriedigenden Ergebnissen, da das negative Ausschließlichkeitskriterium rücklagenschädlicher Voreinkünfte einfach festgestellt werden kann. Aus materieller Sicht kann die begriffliche Abgrenzung aber nur soweit überzeugen, wie sie geeignet ist, den typischen Fall der personenbezogenen Schaffung einer bisher nicht existierenden und damit neuen Wirtschaftseinheit abzubilden, die der Gründerperson als existenzsichernde Erwerbsquelle dienen soll. Gerade das Fehlen einer Bagatellgrenze muss als nicht sachgerecht empfunden werden.[68] Obwohl von Verfassungs wegen eine Bagatellgrenze nicht geboten ist,[69] hätte die Finanzverwaltung die Möglichkeit zu Billigkeitsmaßnahmen. Sie könnte sich dabei auf § 163 AO stützen. Dass sie davon – mit Ausnahme der als unschädlich angesehenen steuerfreien Einnahmen aus ehrenamtlicher Tätigkeit[70] – offensichtlich keinen Gebrauch machen will, mag in dem Mitnahmeeffekte begünstigenden Charakter der Rücklagenbildung liegen, was unter anderem auch in der restriktiven Sicht der eingeforderten Konkretisierung vor Betriebseröffnung geplanter Anschaffungen zum Ausdruck kommt. Darüber hinaus fällt es schwer, für eine praktikable Rechtsanwendung verlässliche Abgrenzungskriterien zu finden. Die bloße Forderung, der Typusbegriff des Existenzgründers

---

66 A. A. BFH, Urteil v. 17. 11. 2004 – X R 38/02, BFH/NV 2005, S. 846.

67 Vgl. BMF, Schreiben v. 25. 2. 2004 – IV A 6 - S2183b - 1/04, Tz. 18 u. 57, BStBl. I 2004, S. 337 (339, 343).

68 Vgl. Brandis in Blümich (2005), § 7g Rn. 102; Handzik in Littmann/Bitz/Pust (2005), § 7g Rn. 119; Meyer in Herrmann/Heuer/Raupach (2005), § 7g Rn. 142; Meyer/Ball (1997), S. 85 und Olbertz (1996), S. 1969.

69 Vgl. Handzik in Littmann/Bitz/Pust (2005), § 7g Rn. 119.

70 Vgl. OFD Frankfurt, Verfügung v. 9. 2. 2005 – S 2183b A - 3 - St II 2.01.

müsse den typischen Existenzgründungsfall beschreiben und die typischen Missbrauchsfälle ausgrenzen, reicht nicht aus.[71]

Eine Vielzahl von (höchst-)richterlichen Entscheidungen bestätigt die in der Beraterpraxis vorherrschende Auffassung, dass die Ansparabschreibung eher als ein Steuergestaltungsinstrument der kurzfristigen Beeinflussung des laufenden Gewinns und der Steuerlast ist und somit letztlich die vom Gesetzgeber und der Finanzverwaltung befürchteten Mitnahmeeffekte bestätigt.[72]

Wird der Erkenntnis gefolgt, dass bei jungen Unternehmen nicht die Gewinnbesteuerung, sondern das fehlende Eigenkapital das eigentliche Problem ist, muss die Fehlfunktion der Ansparabschreibung konstatiert werden. Dieses Ergebnis wird vor allem noch dadurch verstärkt, dass ihre Steuerwirkung maßgeblich in Abhängigkeit zur Gewinnsituation steht; bei Verlusten geht der angestrebte Finanzierungseffekt ins Leere. So gesehen ist die Ansparabschreibung ein nur bedingt taugliches Mittel, das mit ihr bezweckte Lenkungsziel folgerichtig umzusetzen;[73] zielgenauer wäre eine direkte Förderung, zum Beispiel in Form einer Investitionszulage für Existenzgründer. Wird eine Subventionierung aus Gründen der ökonomischen Eigenverantwortung abgelehnt, erscheint es erstrebenswerter, anstelle der Hingabe finanzieller Mittel, die Wirtschaftsförderung auf infrastrukturelle Hilfen und eine beratene Begleitung von Existenzgründungen zu konzentrieren.[74]

Literatur

Ballof, F. (1999): Die Ansparabschreibung – ein exzellentes Steuerspar-Instrument, in: ESTB 1999, S. 62-63.

Birk, D. (1990): Verfassungskonforme Auslegung im Steuerrecht, in: StuW 1990, S. 300-307.

Blümich, W. (2005): Kommentar zu EStG, KStG, GewStG und Nebengesetzen, hrsg. von K. Ebling, München, Loseblatt, Stand: 86. Ergänzungslieferung 2005.

Dotzel, J. (2003): Zur Problematik von Sonderabschreibungen nach § 7g EStG im Gründungsjahr, in: DStR 2003, S. 408-409.

Herrmann, C./Heuer, G./Raupach, A. [Hrsg.] (2005): Einkommensteuer- und Körperschaftsteuergesetz – Kommentar, Köln, Loseblatt, Stand: 219. Ergänzungslieferung 2005.

Jahndorf, C. (2005): Ansparabschreibung für Existenzgründer – Zur verfassungskonformen Auslegung des Begriffs „Existenzgründer" i. S. von § 7g Abs. 7 Satz 2 EStG, in: DB 2005, S. 1536-1539.

---

71 So aber Jahndorf (2005), S. 1536 (1537).

72 Vgl. z. B. BFH, Urteil v. 17. 11. 2004 – X R 38/02, BFH/NV 2005, S. 846 und Urteil v. 25. 4. 2002 – IV R 30/00, BStBl. II 2004, S. 182; FG Düsseldorf, Urteil v. 18. 11. 2002 – 7 K 7626/00, EFG 2003, 440; FG München, Urteil v. 16. 10. 2002 – 1 K 1642/01, EFG 2003, S. 382 und FG Köln, Urteil v. 28. 8. 2002 – 14 K 387/01, EFG 203, S. 218; vgl. stellv. für das Schrifttum z. B. Ballof (1999), S. 62 und Mrosek (2003), S. 29.

73 Vgl. Jahndorf (2005), S. 1536.

74 Vgl. Stober (1996), S. 1845 (1847).

Karsten, J. (1997): Wann kann eine Ansparabschreibung gem. § 7g Abs. 3 EStG noch gebildet werden – Neue Zweifelsfragen durch BMF-Schreiben, in: DB 1997, S. 704-705.

Littmann, E./Bitz, H./Prust, H. [Hrsg.] (2005): Das Einkommensteuerrecht – Kommentar zum Einkommensteuerrecht, Stuttgart, Loseblatt, Stand: 67. Ergänzungslieferung 2005.

Meyer, B./Ball, J. (2001): Die Kapitalgesellschaft als Existenzgründer im Sinne des § 7g Abs. 7 EStG – Unter Berücksichtigung des Gesellschafterwechsels sowie Umwandlungen gemäß § 20 UmwStG, in: DStR 2001, S. 1238-1244.

Meyer, B./Ball, J. (1997): Die neue Ansparabschreibung für Existenzgründer gem. § 7g Abs. 7 EStG, in: FR 1997, S. 77-87.

Mrosek, B. (2003): Ansparrücklage nach § 7g EStG, in: ESTB 2003, S. 29-33.

Niehues, K. (2003): Ansparrücklage: Wer investiert, wird bestraft, in: DB 2003, S. 2143-2144.

Olbertz, P. (1996): Die Erweiterung der Ansparabschreibung des § 7g EStG bei Existenzgründung, in: BB 1996, S. 1967-1969.

Pinkos, E. (1993): Standortsicherungsgesetz: Die Ansparabschreibung als Förderung des Mittelstands, in: BB 2003, S. 1688-1693.

Pohl, G. (2003): Aktuelle Fragen zur Ansparrücklage unter besonderer Berücksichtigung der Rechtsprechung des BFH, in: DB 2003, S. 960-965.

Schmidt, L. [Hrsg.] (2005): EStG Einkommensteuergesetz – Kommentar, 24. Aufl., München 2005.

Stober, R. (1996): Rechtliche Rahmenbedingungen der Wirtschaftsförderung, in: BB 1996, S. 1845-1847.

Tipke, K. (1993): Die Steuerrechtsordnung, Bd. I, Köln 1993.

Tipke, K./Lang, J. [Hrsg.] (2005): Steuerrecht, 18. Aufl., Köln 2005.

Vogelgesang, H. (2004): Die Ansparrücklage nach § 7g EStG – Anforderungen nach der BFH-Rechtsprechung unter Berücksichtigung des BMF-Schreibens vom 25. 2. 2004, in: BB 2004, S. 640-643.

Wendt, M. (2000): Anmerkung zu BFH, Urteil vom 18. 5. 2000 – VIII R 68/98, in: FR 2000, S. 1033-1039.

Bilanzierung von Einlagen, Entnahmen, Gewinn- und Verlustanteilen sowie Rücklagen bei deutschen Personenhandelsgesellschaften nach HGB und nach IAS/IFRS

Stand, Kritik und Perspektiven

Dietrich Jacobs, Oliver Obermann

Inhaltsverzeichnis

1 Einleitung

Traditionell haben Personenhandelsgesellschaften (oHG, KG) in Deutschland vor allem im Bereich der kleinen bzw. mittleren Unternehmen (KMU)[1] und damit im für Existenzgründer[2] relevanten Bereich eine starke Verbreitung gefunden.[3] Typischerweise sind diese Gesellschaften nicht gesetzlich verpflichtet, einen Abschluss nach International Accounting Standards/International Financial Reporting Standards (IAS/IFRS) aufzustellen.[4] Allerdings geben sich offenbar Investoren (Banken, Private Equity-Gesellschaften etc.) sowie andere (auch potenzielle) Geschäftspartner zunehmend nicht mehr mit Abschlüssen nach HGB-Standards als Informationsgrundlage zufrieden, sondern wünschen auch von KMU und damit eben auch von Personenhandelsgesellschaften die Bereitstellung kapitalmarktorientierter Rechnungslegungsinformationen.[5]

Allerdings ergeben sich bei einer Rechnungslegung nach IAS/IFRS speziell für Personengesellschaften im Zusammenhang mit der Bilanzierung derjenigen Mittel, welche die Gesellschafter ihrer Gesellschaft zur Verfügung stellen, seit der Neufassung des IAS 32 im Jahr 2003 diverse Schwierigkeiten, die bislang vor allem aus Sicht deutscher Personenhandelsgesellschaften noch nicht befriedigend gelöst werden konnten. Aufgabe dieses Beitrages ist es daher, im Rahmen eines Überblicks über die Behandlung der genannten Mittel nach IAS/IFRS praktische Detailprobleme der Bilanzierung herauszuarbeiten und dabei jeweils Ansatzpunkte aufzuzeigen, wie mittels zielgerichteter Sachverhaltsgestaltung Lösungen gefunden werden können.

Die Analyse gliedert sich in mehrere Schritte. In einem Grundlagenteil wird zunächst kurz die bilanzielle Darstellung von Einlagen, Gewinn- und Verlustanteilen sowie Rücklagen nach traditionellem deutschem Handelsbilanzrecht (HGB) erläutert. Anschließend wird die Bilanzierung dieser Mittel nach IAS/IFRS thematisiert und jeweils mit der Darstellung nach HGB verglichen. Soweit sich Abweichungen ergeben, werden deren mögliche Folgen untersucht und darauf aufbauend ausgewählte Gestaltungsansätze zur Behebung eventueller Problembereiche vorgeschlagen. Abschließend wird auf potenzielle Änderungen der IAS/IFRS-Regelungen und den daraus zu erwartenden Konsequenzen eingegangen.

---

1 Zum Begriff der kleinen und mittleren Unternehmen vgl. Mühlenkamp (2003), S. 237 ff. und Hauser (2000).

2 Zum Begriff der Existenzgründung vgl. Szyperski/Nathusius (1999), S. 24-26.

3 Vgl. allgemein Statistisches Bundesamt (2003), zitiert nach Wöhe (2005), S. 250; in Bezug auf Unternehmensgründungen vgl. auch IHK Koblenz (2005), S. 7.

4 Eine solche Verpflichtung besteht gegenwärtig nach § 315a HGB nur für den Konzernabschluss kapitalmarktorientierter Unternehmen.

5 Vgl. Hillmer (2005), S. 176; Lüdenbach in Lüdenbach/Hoffmann (2005), § 20 Rz. 130 ff. und Lückmann (2005), S. 39.

2 Bilanzierung von Einlagen, Gewinn- und Verlustanteilen sowie Rücklagen bei Personengesellschaften nach HGB

2.1 Ansatz und Ausweis

2.1.1 Maßstab für die Eigen- oder Fremdkapitalqualität

Für die Bilanzierung von Einlagen, Gewinn- und Verlustanteilen sowie Rücklagen bei Personengesellschaften nach HGB ist grundsätzlich zu unterscheiden, inwieweit es sich bei ihnen jeweils um Bestandteile des Eigen- oder des Fremdkapitals handelt. Dazu ist auf den Begriff des (bilanziellen) Eigenkapitals beziehungsweise Fremdkapitals abzustellen. Nach formeller Betrachtung ist das Eigenkapital im Sinne der HGB-Bilanzierung als Differenz zwischen den Vermögensgegenständen und aktiver Rechnungsabgrenzung einerseits sowie Schulden und passiver Rechnungsabgrenzung andererseits aufzufassen.[6] Diese Definition hilft im vorliegenden Kontext allerdings nur begrenzt weiter, da sie bereits ein inhaltliches Verständnis der Begriffe der Schulden beziehungsweise des Eigenkapitals voraussetzt, wie es sich allein abstrakt aus dem Sinn und Zweck der Bilanzierung nach HGB unter Beachtung ihrer grundlegenden Prinzipien ergibt. Als Eigenkapital sind demnach allgemein diejenigen Mittel aufzufassen, welche zumindest die folgenden Kennzeichen beziehungsweise Funktionen erfüllen; in den übrigen Fällen handelt es sich um Fremdkapital:[7]

- **Haftung**: Im Gegensatz zu Fremdkapital dient das Eigenkapital als Verlustauffangpotenzial, das heißt es vermindert sich automatisch um Verluste. Diese Verlustverrechnung mindert zugleich den Rückzahlungsanspruch der Eigenkapitalgeber, so dass sie wirtschaftlich betrachtet (zumindest) mit diesen dem Unternehmen zur Verfügung gestellten Werten für Schulden des Unternehmens haften.
- **Nachrangigkeit**: Dieses Kriterium ist zum Teil mit demjenigen der Haftung verbunden und beinhaltet, dass die Eigenkapitalgeber im Fall der Insolvenz beziehungsweise Liquidation nur einen Residualanspruch auf dasjenige Vermögen besitzen, welches nach Befriedigung der Fremdkapitalgeber (Gläubiger) verbleibt.
- **Nachhaltigkeit**: Nach dem für das HGB relevanten Verständnis der Nachhaltigkeit kann Eigenkapital nur dann vorliegen, wenn die fraglichen Mittel der Unternehmung mit einer gewissen Dauerhaftigkeit zur Verfügung stehen und ihr lediglich unter Beachtung von gläubigerschützenden Beschränkungen

6 Vgl. §§ 246, 247 HGB.

7 Vgl. zur Diskussion der nachfolgend genannten sowie weiterer Kriterien Heymann in Castan et al. (2005), B 231 Tz. 2; Baetge/Kirsch/Thiele (2005), S. 470-471; Wagenhofer (2005), S. 228; Ruhnke (2005), S. 513; Küting/Kessler/Hayn in Küting/Weber (2002), HGB § 272 Rn. 191 ff. und Adler/Düring/Schmaltz (1995-2001), § 246 HGB Tz. 80 ff., je m. w. N.; IDW St. HFA 1/1994, Abschnitt 2.1. und HFA RS 7, Tz. 7.

wieder entzogen werden können. Dieses Kriterium spielt allerdings bei der Beurteilung der Qualität von einer Personenhandelsgesellschaft zur Verfügung gestellten Mitteln nach herrschender Meinung keine entscheidende Rolle, weil zumindest die persönlich haftenden Gesellschafter einer deutschen Personenhandelsgesellschaft nach dem gesetzlichen Regelstatut grundsätzlich jederzeit Entnahmen tätigen können.[8]

Zusammenfassend kann für die Unterscheidung von Eigen- und Fremdkapital bei Personengesellschaften nach herrschender Meinung von einer Dominanz der eng zusammengehörigen Kriterien der Haftung und Nachrangigkeit ausgegangen werden.[9] Diese Überlegung trägt vor allem dem nach HGB stark ausgeprägten Gläubigerschutzgedanken Rechnung.

2.1.2 Anwendung auf Einlagen, Entnahmen, Gewinn- und Verlustanteile

Entsprechend den dispositiven gesetzlichen Regelungen wird für jeden persönlich haftenden Gesellschafter einer Personenhandelsgesellschaft ein einheitlicher Kapitalanteil erfasst, welcher die Einlagen und Entnahmen des Gesellschafters beinhaltet und zusätzlich auch um seine Gewinn- oder Verlustanteile fortgeschrieben wird.[10] Dieser Kapitalanteil besitzt aufgrund der unbeschränkten Haftung des persönlich haftenden Gesellschafters und der damit verbundenen Nachrangigkeit unstrittig Eigenkapitalcharakter. Bei einem Kommanditisten hingegen ist der Kapitalanteil auf den Betrag der individuellen Pflichteinlage begrenzt.[11] Soweit sich aufgrund von Einlagen oder durch Gewinnanteile ein höherer Betrag ergibt, ist diese Summe weder mit künftigen Verlusten zu verrechnen noch nachrangig gegenüber Gläubigern der Gesellschaft; sie ist daher anders als der Kapitalanteil, welcher Eigenkapital darstellt, als Fremdkapital zu erfassen.[12] Es besteht insoweit die Notwendigkeit zur getrennten Erfassung dieser Beträge auf besonderen Gesellschafterkonten.

---

8 Vgl. für viele Heymann in Castan et al. (2005), B 231 Tz. 23; IDW RS HFA 7, Tz. 15; a. A. unter Verweis auf die gesetzlichen Nachhaftungsregelungen Baetge/Kirsch/Thiele (2005), S. 459 und Thiele (1998), 125-140.

9 Vgl. für viele Förschle/Hoffmann in Ellrott et al. (2006), § 247 Anm. 165.

10 Vgl. §§ 120 Abs. 2, 161 Abs. 2 HGB. Haben die Gesellschafter ihre Pflichteinlagen noch nicht geleistet, so gelten für die Bilanzierung dieser Beträge die von Kapitalgesellschaften her bekannten Regelungen entsprechend – vgl. dazu sowie zu Anschlussfragestellungen IDW RS HFA 7, Tz. 34; Heymann in Castan et al. (2005), B 231 Tz. 64; Förschle/Hoffmann in Ellrott et al. (2006), § 264c Anm. 15; Adler/Düring/Schmaltz (1995-2001), § 272 HGB Tz. 71 und Küting/Kessler/Hayn in Küting/Weber (2002), HGB § 272 Rn. 46 je m. w. N.

11 Vgl. § 167 Abs. 2 HGB. Zur Irrelevanz der Hafteinlagen vgl. Adler/Düring/Schmaltz (1995-2001), § 247 HGB Tz. 72 m. w. N.

12 Vgl. Heymann in Castan et al. (2005), B 231 Tz. 25; Adler/Düring/Schmaltz (1995-2001), § 247 HGB Tz. 72; Coenenberg (2005), S. 354 und Förschle/Hoffmann in Ellrott et al. (2006), § 247 Anm. 81.

Häufig werden bei Personenhandelsgesellschaften für die Bemessung von Gewinnbezugsrechten, Stimmrechten et cetera fixe Kapitalbeträge der Gesellschafter festgelegt. Liegt eine solche Vereinbarung vor, werden (weitere) Einlagen, Entnahmen sowie Gewinn- und Verlustanteile der Gesellschafter oder weitere Kapitalgewährungen in der Regel gesondert erfasst. Technisch geschieht dies wiederum mittels jeweils spezieller Gesellschafterkonten:[13]

- **Fixe Kapitalkonten**: Diejenigen Konten, welche isoliert die Pflichteinlagen der Gesellschafter erfassen, werden üblicherweise als Kapitalkonten I bezeichnet.[14] Die Relation dieser prinzipiell starren Kapitalkonten spiegelt bei entsprechender vertraglicher Ausgestaltung die Beteiligungsverhältnisse mit Auswirkungen zum Beispiel auf die Stimmrechte und die Erfolgsbeteiligung der Gesellschafter wider. Die Kapitalkonten I erfüllen unstreitig die oben genannten Eigenkapitalkriterien.
- **Variable Kapitalkonten**: Bei Verwendung fixer Kapitalkonten besteht die Notwendigkeit zur gleichzeitigen Verwendung variabler Kapitalkonten, auf denen die Gewinn-/Verlustanteile und (laufenden) Entnahmen der Gesellschafter erfasst werden. Für persönlich haftende Gesellschafter ist prinzipiell nur das Führen eines variablen Kapitalkontos erforderlich; für einen Kommanditisten gilt dies hingegen nur unter der Bedingung, dass nach dem Gesellschaftsvertrag sein Gewinnanteil mit den Verlustanteilen späterer Jahre verrechenbar sein soll. Derartige variablen Kapitalkonten (sog. Kapitalkonten II) besitzen dann Eigenkapitalcharakter.[15] Gebräuchlich ist allerdings, anstelle der einheitlichen Kapitalkonten II jeweils mehrere variable Kapitalkonten für unterschiedliche Zwecke zu führen (z. B. Gewinnkonten, Verlustkonten, Darlehenskonten, Steuerkonten etc.).[16] Die Beurteilung dieser Konten richtet sich auch hier in wirtschaftlicher Betrachtung nach den jeweiligen Rechten und Pflichten, welche in Bezug auf die jeweiligen Mittel den Gesellschaftern zustehen: Möglich ist zum Beispiel, die Verlustanteile getrennt von den zur Entnahme zur Verfügung stehenden Gewinnanteilen auf besonderen Konten (häufig als Verlustvortragskonten bezeichnet) zu erfassen, so dass die entnahmefähigen Gewinnanteile nicht durch diese Verlustanteile gemindert werden. Bei einer derartigen Gestaltung weist das Gewinnkonto – obwohl seine Bezeichnung eine Zurechnung zum Eigenkapital nahe legen würde – in der Regel Fremdkapitalcharakter auf. Die Verlustanteile auf den Verlust-

---

13 Vgl. Schulte in Sudhoff (2004), § 6 Rn. 1 ff. und Rn. 17; Baumbach/Hopt (2003), § 120 Rn. 19 und Förschle/Hoffmann in Ellrott et al. (2006), § 247Anm. 61.

14 Zu Details vgl. Hoffmann in Müller/Hoffmann (2002), § 5 Rz. 100-103 und Schulte in Sudhoff (2004), § 6 Rn. 17.

15 Vgl. Hoffmann in Müller/Hoffmann (2002), § 5 Rz. 108 und Heymann in Castan et al. (2005), B 231 Tz. 30.

16 Vgl. hierzu und zu weiteren Beispielen Schulte in Sudhoff (2004), § 6 Rn. 11 und Hoffmann in Müller/Hoffmann (2002), § 5, Rz. 106.

vortragskonten sind dagegen regelmäßig mit künftig entstehenden Gewinnanteilen zu verrechnen. Es können somit erst wieder (zukünftige) Gewinnanteile entnommen werden, wenn diese Verlustvorträge ausgeglichen sind. Diese Verlustvortragskonten sind damit als Korrekturposten zum Eigenkapital zu betrachten.[17]

- **Privatkonten**: Welche Vorgänge auf Privatkonten erfasst werden, wird in der Praxis nicht einheitlich gehandhabt. Daher ist auch die Zurechnung zum Eigen- oder Fremdkapital nicht pauschal zu klären: Werden auf Konten mit dieser Bezeichnung lediglich Ansprüche im Rahmen von schuldrechtlichen Geschäftsbeziehungen zwischen Gesellschaft und Gesellschafter wie zum Beispiel im Rahmen von Darlehensverträgen erfasst, so kommt diesen Konten prinzipiell kein Eigenkapitalcharakter zu.[18] Handelt es sich dagegen um Konten, auf welchen die Entnahmen der Gesellschafter gebucht werden, so hängt ihre Zugehörigkeit zum Eigen- oder Fremdkapital vor allem davon ab, zulasten welcher Konten diese Entnahmen erfolgen und wie ein eventuell Rückforderungsrecht bei unzulässigen Entnahmen ausgestaltet ist.[19]

2.1.3 Anwendung auf gesamthänderische Rücklagen

Die Bildung von Rücklagen ist bei Personengesellschaften anders als bei Kapitalgesellschaften (z. B. in § 151 Abs. 1 AktG) nicht gesetzlich vorgeschrieben. Dennoch ist auch hier die Bildung von Rücklagen im Eigenkapital zulässig. Voraussetzung für die Bildung solcher Rücklagen ist allerdings eine entsprechende Ermächtigung im Gesellschaftsvertrag oder ein Gesellschafterbeschluss. Die Rücklagen können je nach Zweck vergleichbar mit den Regelungen bei Kapitalgesellschaften in Kapitalrücklagen, Gewinnrücklagen usw. untergliedert werden. Eine entsprechende Aufgliederung in der Bilanz ist allerdings nicht erforderlich; es reicht vielmehr aus, die Rücklagen insgesamt als gesonderten Posten innerhalb des Eigenkapitals auszuweisen.[20]

2.2 Bewertung

Nach den obigen Ausführungen zum (formellen) Eigenkapitalbegriff besteht lediglich im Hinblick auf das Fremdkapital ein originäres Bewertungsproblem, da sich die Höhe des Eigenkapitals als Residualgröße automatisch ergibt. Die Bewertung der oben genannten Fremdkapitalpositionen erfolgt nach den

---

17 Vgl. Adler/Düring/Schmaltz (1995-2001), § 247 HGB Tz. 68; Schulte in Sudhoff (2004), § 6 Rn. 14 ff. und Baumbach/Hopt (2003), § 120 Rn. 22.

18 Vgl. Schulte in Sudhoff (2004), § 6 Rn. 22; a. A. Heymann in Castan et al. (2005), B 231 Tz. 32.

19 Vgl. Heymann in Castan et al. (2005), B 231 Tz. 33 und Adler/Düring/Schmaltz (1995-2001), § 264c HGB Tz. 24 m. w. N.

20 Vgl. Heymann in Castan et al. (2005), B 231 Tz. 35 und IDW RS HFA 7, Tz. 35.

allgemeinen Regeln des deutschen Bilanzrechts, das heißt zum Rückzahlungsbetrag.[21] In der Praxis wird sich aus dieser Vorschrift bei den oben genannten Konten meist allerdings kein vom Nominalwert abweichender Betrag ergeben.

2.3 Zusammenfassendes Beispiel

Die Personen A und B gründen in der Periode 01 eine oHG. Beide leisten dazu eine Kapitaleinlage von 50 GE (Geldeinheiten). Darüber hinaus wird zur Finanzierung der oHG von Dritten ein Darlehen von 100 GE aufgenommen. In der Periode 02 erwirtschaftet die oHG einen handelsrechtlichen Gewinn von 100 GE. Der erzielte Gewinn soll laut Gesellschaftsvertrag zur Verrechnung zukünftiger Verluste vorgetragen werden. Mithin ist der Gewinn 02 als Eigenkapital zu klassifizieren.

Bilanz 01

Diverse Aktiva	200	Eigenkapital	100
		Übrige Schulden	100
	200		200

GuV 02

	Umsatzerlöse	300
./.	Aufwand	200
	Gewinn (Zufluss Kasse)	100

Bilanz 02

Diverse Aktiva	200	Eigenkapital	200
Kasse	100	Übrige Schulden	100
	300		300

3 Bilanzierung von Einlagen, Gewinn- und Verlustanteilen sowie Rücklagen bei Personengesellschaften nach IAS/IFRS

3.1 Ansatz

3.1.1 Maßstab für die Eigen- oder Fremdkapitalqualität

Vergleichbar der Auffassung nach HGB stellt nach IAS/IFRS das Eigenkapital im Sinne einer formellen Definition die Differenz zwischen den Vermögenswerten und Schulden dar.[22] Anders als im HGB muss bei den IAS/IFRS jedoch

21 Vgl. § 253 Abs. 1 S. 2 HGB; Adler/Düring/Schmaltz (1995-2001), § 253 HGB Tz. 58 ff.

22 Vgl. F. 49 (c). Zu Auswirkungen vgl. Hebestreit/Clemens in Bohl/Riese/Schlüter (2004), § 5, Tz. 2; Pellens/Füllbier/Gassen (2004), S. 429; Isert/Schaber (2005a), S. 300 und Lüdenbach in Lüdenbach/Hoffmann (2005), § 20 Rz. 6.

der materielle Eigenkapitalbegriff nicht abstrakt hergeleitet werden, sondern ist zumindest teilweise in IAS 32.16 ff. geregelt. Unter Berücksichtigung der für die nachfolgende Untersuchung relevanten Bereiche dieser Definition[23] liegt Eigenkapital vor, wenn im Hinblick auf die gewährten Finanzierungsmittel für die Personengesellschaft keine Verpflichtung besteht,

- flüssige Mittel oder einen anderen finanziellen Vermögenswert an einen Dritten abzugeben oder
- finanzielle Vermögenswerte oder finanzielle Verbindlichkeiten mit einem Dritten zu für die Personengesellschaft potenziell nachteiligen Bedingungen auszutauschen.[24]

Die Klassifikation nach IAS/IFRS beruht damit ebenso wie diejenige nach HGB zunächst auf dem generellen Verständnis, dass die Eigenkapitalgeber notwendig nur einen Anspruch auf das Vermögen, welches nach Begleichung der Schulden verbleibt, besitzen (Haftung/Nachrangigkeit).[25] Allerdings bestimmt darüber hinaus IAS 32.18 (b), dass ein Finanzinstrument, welches durch den Inhaber gegen Gewährung flüssiger Mittel oder anderer finanzieller Vermögenswerte zurückgegeben werden kann (sog. „puttable instrument"), zwingend als Fremdkapital zu klassifizieren ist.[26] Auch wenn sich eine solche Überlegung als eine strikte Ausprägung und Betonung des Nachhaltigkeitsgedankens der Kapitalüberlassung interpretieren lässt, so ist – wie oben gezeigt wurde – ein derartiges Kriterium dem traditionellen Eigenkapital-Verständnis nach HGB zumindest im Hinblick auf die Beteiligung an Personengesellschaften grundsätzlich fremd.[27] Zusammenfassend betont die IAS/IFRS-Defintion damit stark das Element der Nachhaltigkeit der Finanzierung durch Eigenkapital und unterscheidet sich somit grundsätzlich von dem auf Personengesellschaften anwendbaren Eigenkapitalverständnis nach HGB.

3.1.2 Anwendung auf Einlagen, Entnahmen, Gewinn- und Verlustanteile

Nach IAS 32.18 (b) kommt es für die Einordnung der durch die Gesellschafter gewährten Mittel als Eigen- oder Fremdkapital darauf an, ob der Kapitalgeber auf seine vertragliche Stellung gegen Rückgewähr des hingegebenen Kapitals beziehungsweise Gewähr eines Vermögensersatzes durch die Gesellschaft als

23 Ausgeklammert werden damit die Bestimmungen zur Eigenkapitalqualität in Bezug auf solche Instrumente, die eine Verpflichtung zur Hingabe eigener Anteile beinhalten – vgl. hierzu IAS 32.16 (b).

24 Vgl. IAS 32.16 (a).

25 Vgl. Baetge/Kirsch/Thiele (2005), S. 521.

26 Vgl. Lüdenbach in Lüdenbach/Hoffmann (2005), § 20 Rz. 16a und Leuschner/Weller (2005), S. 261.

27 Vgl. Baetge/Kirsch/Thiele (2005), S. 521; Breker/Harrison/Schmidt (2005), S. 469 f.; Hebestreit/Clemens in Bohl/Riese/Schlüter (2004), § 5, Rz. 6; Isert/Schaber (2005a), S. 301; Lüdenbach/Hoffmann (2004), S. 1044 und Wagenhofer (2005), S. 228.

Emittenten des Kapitals verzichten kann. Diese Situation könnte bei Personenhandelsgesellschaften bestehen, soweit dem Gesellschafter nach Kündigung ein Anspruch auf Abfindung gegen die Personengesellschaft zusteht. Den Ausgangspunkt der Überlegung bilden dabei die Einlagen.

3.1.2.1 Vorliegen eines adäquaten Inhaberrückgaberechts

Ein Gesellschafter kann nach dem gesetzlichen Statut seine Beteiligung durch ordentliche sowie außerordentliche Kündigung beenden.[28]

- *Ordentliche Kündigung*: Zwar ist es in bestimmten Fällen einer auf Zeit eingegangenen Gesellschaft möglich, das ordentliche Kündigungsrecht abzubedingen,[29] bei der in praxi üblichen Gestaltung einer auf unbestimmte Zeit gebildeten Gesellschaft besteht demgegenüber jedoch allein die Möglichkeit zur gesellschaftsvertraglichen Modifikation des ordentlichen Kündigungsrechts, nicht dagegen zu dessen Ausschluss.[30] Nur in Sonderfällen wird daher vom Fehlen eines adäquaten Rückgaberechts ausgegangen werden können.[31]
- *Außerordentliche Kündigung*: Die Möglichkeit eines Gesellschafters zur außerordentlichen Kündigung bildet nach herrschender Meinung zwingendes Recht.[32] Dieses Recht besitzt ein Gesellschafter jedoch nur unter der in der Regel sehr unwahrscheinlichen Bedingung, dass ihm eine weitere Zusammenarbeit nicht mehr zugemutet werden kann.[33] Ein solches Kündigungsrecht, dessen Entstehen vom Eintritt einer weder von der Personengesellschaft noch vom Gesellschafter zu beeinflussenden realitätsfernen Bedingung abhängt,[34] ist allerdings gemäß IAS 32.25 (a) nicht als adäquates Rückgaberecht im Sinne des IAS 32.18 (b) zu berücksichtigen. Das außerordentliche Kündigungsrecht bildet daher kein relevantes Inhaberrückgaberecht.[35]

---

28 Zur ordentlichen Kündigung vgl. §§ 105 Abs. 3, 723 BGB, 131 f. HGB – ggf. i. V. m. § 161 Abs. 2 HGB. Zur außerordentlichen Kündigung vgl. § 314 BGB.

29 Dies gilt nicht für auf die Lebenszeit eines Gesellschafters eingegangene Gesellschaften oder für Gesellschaften, die zwar auf eine bestimmte Dauer gebildet wurden, sich aber nach Ablauf dieser Zeit stillschweigend verlängern (§ 134 HGB). In diesen Fällen gilt dasselbe wie bei ohnehin auf unbestimmte Zeit gebildeten Gesellschaften.

30 Zum Beispiel durch die Etablierung einer Mindestdauer der Gesellschaft durch Festlegung einer verlängerten Kündigungsfrist (BGH, Urteil v. 17. 6. 1973 , NJW 53, S. 1217: ggf. bis zu 30 Jahre) zulässig – vgl. insgesamt BGH, Urteil v. 20. 12. 1956, NJW 57, S. 461; Sauter in Müller/Hoffmann (2002), § 7 Rz. 15 und Rz. 33.

31 Weitergehend Lüdenbach in Lüdenbach/Hoffmann (2005), § 20 Rz. 15a.

32 Vgl. Masuch in Sudhoff (2004), § 15 Rn. 23; Sauter in Müller/Hoffmann (2002), § 7 Rz. 16 ff. und Ulmer in Rebmann/Säcker/Rixecker (2004), § 723 RdNr. 74 ff., je m. w. N.

33 Vgl. Baumbach/Hopt (2003), § 133 Rn. 5 m. w. N.

34 Vgl. zur näheren Erläuterung IAS 32.AG28.

35 Vgl. IDW ERS HFA 9 n. F., Tz. 17.

Zusammenfassend ist damit festzuhalten, dass zumindest den Gesellschaftern einer auf unbestimmte Zeit oder auf Lebenszeit eines Gesellschafters eingegangenen oder auf bestimmte Dauer gebildeten Gesellschaft, die gleichwohl nach Ablauf dieser Zeit stillschweigend fortgesetzt wird, ein unabdingbares Recht zur Kündigung ihrer Gesellschaftsanteile zusteht. Dieses Kündigungsrecht ist zudem nach herrschender Meinung einem Inhaberrückgaberecht gleichzuachten.[36] In den meisten praktischen Fällen ist somit vom Vorliegen eines adäquaten Inhaberkündigungsrechts auszugehen.

3.1.2.2 Abfindungsanspruch gegen die Gesellschaft

Dem ausscheidenden Gesellschafter steht nach § 738 BGB ein Abfindungsanspruch zu. Dabei kann die Ermittlung des Abfindungsanspruchs im Gesellschaftsvertrag zwar unterschiedlich geregelt,[37] grundsätzlich aber nicht vollständig ausgeschlossen werden.[38] Der Abfindungsanspruch richtet sich beim Ausscheiden unter Fortbestand der Gesellschaft nach herrschender Meinung sowohl gegen die Gesellschafter als auch gegen die Gesellschaft, wobei der Gesellschaft eine primäre Schuldnerschaft zukommt.[39] Prinzipiell kann auch eine gesellschaftsrechtliche Vereinbarung, nach welcher sich die verbleibenden Gesellschafter zur Übernahme der Anteile des ausscheidenden Gesellschafters oder zur Leistung der Abfindungszahlung an den ausscheidenden Gesellschafter verpflichten, eine subsidiäre Verpflichtung der Gesellschaft nicht ausschließen.[40] In fast allen Fällen kann daher von einer Erfüllung auch dieser Voraussetzung für die Zurechnung der fraglichen Mittel zum Fremdkapital ausgegangen werden.

3.1.2.3 Zusammenfassung

Nach der hier in Übereinstimmung mit der herrschenden Meinung vertretenen Auslegung des IAS 32.18 (b) sind zunächst die beteiligungsbegründenden Einlagen der Gesellschafter durch das unabdingbare Recht zur Kündigung und den daraus resultierenden unabdingbaren Abfindungsanspruch, der sich zumindest subsidiär gegen die Gesellschaft richtet, regelmäßig als Fremdkapital zu qualifizieren.

---

36 Vgl. IDW ERS HFA 9 n. F., Tz. 46; Lüdenbach in Lüdenbach/Hoffmann (2005), § 20 Rz. 15a m. w. N.; Isert/Schaber (2005b), S. 2097; a. A. wohl noch Lüdenbach/Hoffmann (2004), S. 1043

37 Vgl. Abschnitt 3.2.

38 Anderes gilt bei Gesellschaften mit ideeller Zwecksetzung – vgl. BGH v. 2. 6. 1997, DStR 1997, S. 1377.

39 Vgl. nur Baumbach/Hopt (2003), § 131 Rn. 48; Piehler/Schulte in Gummert/Riegger/Weipert (2004), § 75 Rz. 13 und Masuch in Sudhoff (2004), § 20 Rn. 11, je m. w. N.

40 Vgl. IDW ERS HFA 9 n. F., Tz. 51; Breker/Harrison/Schmidt (2005), S. 471 m. w. N. Kritisch hingegen Lüdenbach/Hoffmann (2004), S. 1043.

Die Entnahmen, Gewinn- und Verlustanteile eines Gesellschafters sind im Falle der Kündigung, soweit sie nicht ohnehin einen direkten Auszahlungsanspruch des Gesellschafters bzw. Rückerstattungsanspruch der Gesellschaft mit sich bringen, bei der Bemessung des Abfindungsanspruches zu berücksichtigen. Dementsprechend führen Gewinne beim Ausscheiden eines Gesellschafters zu einem höheren Abfindungsanspruch und damit zu einem höheren Mittelabfluss auf Ebene der Gesellschaft, während Verluste und Entnahmen den Mittelabfluss verringern. Die Gewinne, Verluste und Entnahmen sind daher grundsätzlich ebenfalls als Fremdkapital zu klassifizieren.[41]

3.1.3 Anwendung auf gesamthänderische Rücklagen

Gesamthänderische Rücklagen sind nach Auffassung des IDW prinzipiell auch nach IAS/IFRS als Eigenkapital zu klassifizieren, sofern sich der Abfindungsanspruch der Gesellschafter nicht auch auf diese Beträge erstreckt.[42] Der Einordnung liegt dabei die Überlegung zugrunde, dass diese Mittel grundsätzlich auf Ebene der Gesellschaft nicht gekündigt werden können und sie damit der Gesellschaft dauerhaft zur Verfügung stehen. Im Fall der Berücksichtigung der Rücklagen im Rahmen der Abfindung führt das oben genannte ordentliche Kündigungsrecht aber auch in Bezug auf gesamthänderische Rücklagen zu einer Qualifikation als Fremdkapital.

3.2 Bewertung

Anders als nach HGB besitzt nach IAS/IFRS die Frage der Bewertung der analysierten Kapitalbestandteile eine ungleich höhere Bedeutung. Dies ist zum einen auf die Tatsache zurückzuführen, dass allein die überwiegende Zuordnung zum Fremdkapital eine originäre Bewertung überhaupt erst erlaubt, zum anderen aber auch auf die im Vergleich zum HGB umfangreicheren und komplizierteren Bestimmungen zur Fremdkapitalbewertung nach IAS/IFRS.

Die **Zugangsbewertung** der dem Fremdkapital zuzuordnenden Kapitalbestandteile erfolgt grundsätzlich mit dem beizulegenden Zeitwert.[43] Im vorliegenden Fall entspricht dieser Wert dem Barwert der Rückzahlungsansprüche, den die Gesellschafter erhielten, wenn sie ihre Anteile an der Personengesellschaft kündigen beziehungsweise anderweitig aus der Gesellschaft ausscheiden würden.[44] Die zentralen Elemente dieser Bewertung sind

41 Eine Ausnahme gilt hingegen, wenn der Gesellschaftsvertrag vorsieht, dass die Gewinnverwendung von einem Gesellschafterbeschluss abhängig sein soll – dazu IDW ERS HFA 9 n. F., Tz. 51.

42 Vgl. IDW ERS HFA 9 n. F., Tz. 51.

43 Vgl. IAS 39.43.

44 Vgl. Berger/Grünewald/Kolb (2005), S. 85 m. w. N.

damit die Bemessung des gesellschaftsrechtlichen Abfindungsanspruchs sowie die Modalitäten der Diskontierung.

- Gesellschaftsrechtlicher Abfindungsanspruch: Die Höhe des Rückzahlungsbetrags richtet nach den gesellschaftsvertraglichen Vereinbarungen beziehungsweise subsidiär nach allgemeinen gesetzlichen Regelungen beziehungsweise den von der Rechtsprechung daraus entwickelten Regelungen. Es ist daher eine Vielzahl individueller Gestaltungen möglich und zulässig.[45]

  Den gesetzlichen Grundfall bildet die Verkehrswertabfindung, bei der sich die Abfindung nach demjenigen Betrag richtet, den ein Käufer des gesamten Unternehmens bei einem Erwerb zu dem Tag des Ausscheidens zu zahlen bereit wäre.[46] Dieser Betrag entspricht grundsätzlich dem Fortführungswert der Unternehmen;[47] seine Ermittlung setzt prinzipiell eine Unternehmensbewertung unter Zugrundelegung investitionstheoretisch fundierter Modelle voraus.[48]

  Denkbar und zum Teil auch verbreitet sind stattdessen vor allem Buchwertklauseln, bei denen sich der Abfindungsanspruch nach der Höhe der (mangels abweichender Vereinbarungen: handelsrechtlichen) Bilanzpositionen mit Eigenkapitalcharakter richtet.[49] Beim Vorliegen einer solchen Klausel ist eine gesonderte Unternehmensbewertung regelmäßig nicht erforderlich – die Wertermittlung richtet sich nach der (ohnehin erstellten) Bilanz der Personenhandelsgesellschaft. Buchwertklauseln sind zwar generell zulässig; bei einem im Einzelfall groben Missverhältnis von Buch- und Verkehrswert gelangen sie allerdings nach ständiger Rechtsprechung nicht zur Anwendung, sondern werden im Wege der ergänzenden Vertragsauslegung durch eine angemessene Abfindung auf Basis der gesetzlichen Abfindungswertermittlung ersetzt.[50]
- Diskontierung: Die Abzinsung der Abfindungsansprüche erfolgt nach der Effektivzinsmethode[51] über die gesetzliche beziehungsweise vertragliche Kündigungsfrist.

---

45 Zu unterschiedlichen Varianten sowie den Grenzen zulässiger Gestaltungen vgl. Baumbach/Hopt (2003), § 131 Rn. 48 ff.; Pielert/Schulte in Gummert/Riegger/Weipert (2004), § 75 Rz. 8; Sauter in Müller/Hoffmann (2002), § 7 Rz. 148 ff.: BGH v. 9. 1. 1989, NJW 1989, S. 2686; BGH v. 2. 9. 1993, NJW 1993, S. 2103.

46 Vgl. Baumbach/Hopt (2003), § 131 Rn. 49.

47 Vgl. Pielert/Schulte in Gummert/Riegger/Weipert (2004), § 75 Rz. 26 m. w. N.

48 Vgl. BGH v. 24. 9. 1984, NJW 1985, S. 192; BGH v. 2. 9. 1993, NJW 1993, S. 2103. Infrage kommen damit vor allem Ertragswert- oder Discounted Cash Flow-Verfahren.

49 Zu Einzelheiten vgl. Baumbach/Hopt (2003), § 131 Rn. 64; Masuch in Sudhoff (2004), § 6 Rn. 28; Sauter in Müller/Hoffmann (2002), § 7 Rz. 155 ff.

50 Vgl. BGH v. 2. 6. 1997, DStR 1997, S. 1377; BGH v. 2. 9. 1993, NJW 1993, S. 2103; BGH v. 9. 1. 1989, NJW 1989, S. 2686; BGH v. 24. 9. 1984, NJW 1985, S. 192.

51 Vgl. IAS 39.49.

Für die **Folgebewertung** der Abfindungsansprüche sehen die IAS/IFRS als Regelmethode die Fortführung der Anschaffungskosten unter Beachtung der Effektivzinsmethode vor.[52] Diese Bewertungsmethode dürfte in den meisten Fällen jedoch zu nicht sachgerechten Ergebnissen führen,[53] da die Höhe des potenziellen Rückzahlungsbetrages – wie oben dargestellt wurde – von der wirtschaftlichen Entwicklung der Personengesellschaft abhängt und damit im Zeitablauf ggf. stark schwanken wird.[54] Um die Vermittlung eines zutreffenden Bildes der Vermögens-, Finanz- und Ertragslage sicherzustellen, wird daher in der Literatur unseres Erachtens zu Recht die nach IAS/IFRS ebenfalls zulässige Folgebewertung zum beizulegenden Zeitwert[55] favorisiert.[56] Die Gewinne und Verluste aus Änderungen des beizulegenden Zeitwertes der Anteile sind in diesem Fall erfolgswirksam in der Gewinn- und Verlustrechnung zu erfassen.[57]

3.3 Ausweis

Ähnlich zu den Vorschriften des HGB für alle Kaufleute[58] schreiben die IAS/IFRS nur eine grobe Mindestuntergliederung der Bilanz sowie der Gewinn- und Verlustrechnung vor.[59] Für die *Bilanz* wäre aus dieser Gliederung bzw. den zugehörigen Begriffsbestimmungen grundsätzlich zu folgern, dass es sich bei den fraglichen Kapitalien der Personengesellschaft, soweit sie im Fremdkapital zu erfassen sind, um einen Unterfall der „finanziellen Schulden" handelt.[60] Allerdings ist zu berücksichtigen, dass die vorgegebene Grobgliederung weiter unterteilt bzw. ergänzt werden muss, soweit dies für die Darstellung eines tatsächlichen Bildes der Vermögens-, Finanz- und Ertragslage erforderlich ist.[61] Überwiegend wird es daher zumindest zweckmäßig, wenn nicht gar erforderlich sein, die hier analysierten Kapitalbestandteile, soweit sie im Fremdkapital auszuweisen sind, in einem solchen gesonderten Posten, zum Beispiel unter der

52 Vgl. IAS 39.47, IAS 39.49.

53 Vgl. IDW ERS HFA 9 n. F., Tz. 50. Die Anwendung des Verfahrens der fortgeführten Anschaffungskosten nach der Effektivzinsmethode setzt voraus, dass zumindest annähernd Rückzahlungsbetrag und Rückzahlungszeitpunkt bestimmt werden können.

54 Der Zusammenhang zwischen Rückzahlungsbetrag und wirtschaftlicher Entwicklung der Gesellschaft variiert je nach Abfindungsvereinbarung (Buchwert oder Verkehrswert).

55 Vgl. IAS 39.47a.

56 IDW ERS HFA 9 n. F., Tz. 50; Vgl. Berger/Grünewald/Kolb (2005), S. 85; Hoffmann/ Lüdenbach (2005), S. 405 und Isert/Schaber (2005a), S. 362.

57 Vgl. IAS 39.55a.

58 Vgl. 3. Buch 1. Abschnitt HGB.

59 Vgl. IAS. 1.68 bzw. § 247 HGB für die Bilanz, IAS 1.81 bzw. § 242 Abs. 2 HGB für die Gewinn- und Verlustrechnung.

60 Vgl. IAS 1.68 (l).

61 Vgl. IAS 1.69 f., IAS 1.13.

Bezeichnung „von den Gesellschaftern langfristig zur Verfügung gestelltes Kapital", unmittelbar nach dem Eigenkapital auszuweisen.[62]

Korrespondierend zu Frage des Bilanzausweises ist zu klären, wie die Wertschwankungen der Bilanzansätze in der *Gewinn- und Verlustrechnung* bei der oben favorisierten erfolgswirksamen Folgebewertung zum beizulegenden Zeitwert abzubilden sind. Ein gesonderter Posten für solche Wertveränderungen ist in der Mindestgliederung nach IAS/IFRS nicht vorgesehen,[63] so dass der Ausweis prinzipiell in den „sonstigen Erträgen" beziehungsweise „sonstigen Aufwendungen" zu erfolgen hat.[64] Allerdings ist unseres Erachtens parallel zu Behandlung in der Bilanz auch für die Gewinn- und Verlustrechnung eine gesonderte Darstellung der Veränderung der Abfindungsansprüche zu befürworten, da eine solche Gliederung den Einblick in die Ertragslage des Unternehmens regelmäßig erheblich verbessern dürfte.[65] Diese Position sollte zweckmäßig unmittelbar vor dem Gewinn in die Gliederung der Gewinn- und Verlustrechung eingefügt werden und könnte zum Beispiel die Bezeichnung „Veränderung der Abfindungsansprüche von Gesellschaftern" tragen.[66]

3.4 Zusammenfassende Beispiele

Aus der regelmäßigen Zugehörigkeit der infragestehenden Kapitalbestandteile zum Fremdkapital ergeben sich – wie vorstehend im Detail gezeigt wurde – grundsätzlich von der bekannten Bilanzierung nach HGB abweichende Konsequenzen, die vor allem Bewertungs- und Ausweisfragen betreffen. Diese ungewohnte Bilanzierung soll nachfolgend unter der Prämisse der erfolgswirksamen Folgebewertung anhand zweier typisierter Beispielfälle zusammengefasst werden.

3.4.1 Einfache Buchwertabfindung

Im Fall einer Buchwertklausel entspricht die Summe der Abfindungsansprüche im einfachsten Fall allen den Gesellschaftern zuzurechnenden Bilanzpositionen mit (HGB)-Eigenkapitalcharakter. Wird vereinfachend – abgesehen von der Bilanzierung der infragestehenden Kapitalien – von einem Gleichklang der Bilanzierung nach HGB und IAS ausgegangen, so verändern sich die Abfindungsansprüche identisch mit dem Erfolg der Personenhandelsgesellschaft vor Berücksichtigung dieser Abfindungsansprüche. Unter Vernachlässigung der

62 Ein entsprechendes Vorgehen findet sich im Geschäftsbericht 2004 der Otto GmbH & Co. KG. Zu anderen Varianten und Bezeichnungen vgl. Lüdenbach in Lüdenbach/Hoffmann (2005), § 20 Rz. 18a und Lüdenbach/Hoffmann (2004), S. 1044 f.

63 Vgl. IAS. 1.81.

64 Vgl. IAS 1.91-92.

65 Vgl. IAS 1.83.

66 Zu weiteren Vorschlägen vgl. wiederum Lüdenbach/Hoffmann (2004), S. 1045.

Abzinsung der Abfindungsansprüche ergibt sich daher kein Gewinn und in der Bilanz grundsätzlich kein Eigenkapital: Es tritt das paradoxe Ergebnis ein, dass die Abfindungsverbindlichkeiten genau dem bilanziellen Wert der Aktiva abzüglich der übrigen Schulden entsprechen – auch nach erfolgreichen Jahren weist die Gesellschaft daher kein Eigenkapital aus.

Bilanz 01

Diverse Aktiva	200	Eigenkapital	0
		langfr. Kapital der Gesellschafter	100
		Übrige Schulden	100
	200		200

Bewertung der Anteile nach Buchwert: 200

GuV 02

	Umsatzerlöse	300
./.	Aufwand	200
	Gewinn vor Abfindung (Zufluss Kasse)	100
./.	Veränderungen der Abfindungsansprüche	100
	Gewinn	0

Bilanz 02

Diverse Aktiva	200	Eigenkapital	0
Kasse	100	langfr. Kapital der Gesellschafter	200
		Übrige Schulden	100
	300		300

3.4.2 Verkehrswertabfindung

Noch stärkere Konsequenzen können im Fall einer Verkehrswertabfindungsklausel auftreten, da bei Existenz von stillen Reserven einschließlich eines (zumindest teilweise) nichtbilanzierten Geschäfts- oder Firmenwertes die Abfindungsansprüche höher als das übrige bilanzierte Vermögen sein werden. Unter erneuter Vernachlässigung der Auswirkungen der oben genannten Abzinsung entsteht in dieser Situation ein Unternehmensergebnis, welches der Veränderung der stillen Reserven einschließlich des (nichtbilanzierten) Geschäfts- oder Firmenwertes entspricht. Wie die folgende Übersicht zeigt, resultiert beim Ansteigen dieser nichtbilanzierten Werte ein Verlust, welcher zur Einstellung eines entsprechenden Ausgleichspostens in die Bilanz zwingt; es kommt damit bilanztechnisch zwingend ceteris paribus zur Bildung von negativem Eigenkapital.

Bilanz 01

Aktiva		Passiva	
Diverse Aktiva	200	Eigenkapital	0
		langfr. Kapital der Gesellschafter	100
		Übrige Schulden	100
	200		200

Bewertung der Anteile nach Verkehrswert: 300

GuV 02

	Umsatzerlöse	300
./.	Aufwand	200
	Gewinn vor Abfindung (Zufluss Kasse)	100
./.	Veränderungen der Abfindungsansprüche	200
	Gewinn	-100

Bilanz 02

Aktiva		Passiva	
Diverse Aktiva	200	Eigenkapital	-100
Kasse	100	langfr. Kapital der Gesellschafter	300
		Übrige Schulden	100
	300		300

4 Beurteilung

4.1 Betriebswirtschaftliche Kritik

Unter betriebswirtschaftlichen Gesichtspunkten kommt der bilanziellen Kenngröße „Eigenkapital" zumindest nach traditionell-deutschem Verständnis eine hohe Bedeutung zu. Dies spiegelt sich zum einen in ihrer unmittelbaren Interpretation als Verlustauffangpotenzial[67], zum anderen aber auch in den zahlreichen bilanzanalytischen Kennzahlen wider, welche insbesondere im Bereich der Finanzierungsanalysen sowie der erfolgswirtschaftlichen Analysen unmittelbar oder mittelbar auf das Eigenkapital oder seine Bestandteile Bezug nehmen.[68]

Wie oben gezeigt wurde, wird bei vielen Personenhandelsgesellschaften im Falle einer Bilanzierung nach IAS/IFRS die Kenngröße „Eigenkapital" sich stark verringern, wenn nicht gar ganz verschwinden. Im Fall einer Verkehrswertabfindung bei gleichzeitiger Existenz stiller Reserven wird sich das Eigenkapital häufig sogar noch weiter vermindern (negatives Eigenkapital); zudem entsteht die paradoxe Situation, dass der Eigenkapitalausweis einer Personenhandelsgesellschaft umso schlechter ist, je höher diese stillen Reserven sind.[69]

67 Vgl. Wöhe (2005), S. 835 und Olfert (1997), S. 23 ff.

68 Vgl. Coenenberg (2005), S. 993 ff. und Wöhe (2005), S. 1058 ff.

69 Zur Kritik, inwieweit dieses Ergebnis noch mit dem Ziel einer den tatsächlichen Verhältnissen entsprechenden Darstellung der Vermögens-, Finanz- und Ertragslage in Übereinstimmung zu bringen ist, vgl. Berger/Grünewald/Kolb (2005), S. 87; Breker/Harrison/Schmidt (2005), S. 473; Lüdenbach in Lüdenbach/Hoffmann (2005), § 20 Rz. 18d und Hoffmann/Lüdenbach (2005), S. 407.

Unter Berücksichtigung dieser Erkenntnisse besteht das Risiko, dass sich bei einem Wechsel von der HGB- zur IAS/IFRS-Bilanzierung die auf das Eigenkapital bezogenen Kennzahlen negativ verändern und die Personengesellschaften dadurch mit allen vorstellbaren Folgen für Kreditvergabe, Lieferanten- und Kundenbeziehungen etc. insgesamt in ein schlechteres bilanzanalytisches Licht gerückt werden.[70] Diese Gefahr könnte zwar dadurch verhindert werden, dass im Rahmen von Aufbereitungsmaßnahmen das bilanzielle Eigenkapital in ein aussagekräftigeres bilanzanalytisches Eigenkapital überführt wird, welches dann der Kennzahlenbildung zugrunde gelegt wird. Jedoch ist es unseres Erachtens fraglich, ob aus einem IAS/IFRS-Abschluss die notwendigen Informationen überhaupt generiert werden können. In jedem Fall muss es aber paradox erscheinen, dass gerade aus der Anwendung der IAS/IFRS, die mit dem Anspruch aufwarten, entscheidungsnützliche Informationen zu liefern,[71] gegebenenfalls ein wesentlich höherer bilanzanalytischer Aufbereitungsaufwand resultiert, als er sich aus einer HGB-Rechnungslegung ergäbe.

Zumindest solange von den Rechnungslegungsadressaten eine adäquate und einfache Aufbereitung der Kapitalien der Personenhandelsgesellschaften vor allem im Hinblick auf ihre Qualitäten als Verlustauffangpotenzial nicht durchgeführt werden kann, ist daher unseres Erachtens aus unternehmerischer Sicht zu überlegen, ob überhaupt eine IAS/IFRS-Bilanz präsentiert werden soll, sofern nicht evtuell im Wege der Sachverhaltsgestaltung eine den praktischen Erfordernissen angemessene Lösung sichergestellt werden kann. Als solche Gestaltungsmöglichkeiten werden in der einschlägigen Literatur vor allem zwei Varianten diskutiert:

- Eine erste Möglichkeit besteht darin, die Dauer der Gesellschaft auf bestimmte (kurze) Zeit zu beschränken. Um die Gesellschaft nach Ablauf der bedungenen Frist nicht beenden zu müssen, wird vorgeschlagen, im Gesellschaftsvertrag zu regeln, dass bei einstimmigem Beschluss die Gesellschaft für eine weitere bestimmte Zeit fortgeführt werden kann.[72] Da im Fall einer auf bestimmte Zeit eingegangenen Gesellschaft ein ordentliches Kündigungsrecht nicht besteht, wären wie sich aus den vorstehenden Ausführungen ergibt die Einlagen der Gesellschafter in diesem Fall auch nach IAS/IFRS als Eigenkapital auszuweisen, da aus Sicht der Gesellschaft diese Mittel für die Dauer ihres Bestehens nicht entzogen werden können.

70 Diese Erkenntnis wurde von der Bilanzierungspraxis z. T. mit erheblichem Befremden und Kritik aufgenommen, wie u. a. die plakativen Titel einschlägiger Literaturbeiträge zeigen – vgl. Hoffmann/Lüdenbach (2004) und Lückmann (2005), je m. w. N.

71 Vgl. Fn. 12.

72 Falls der Zeitablauf der Gesellschaft nicht beachtet wird, gilt ansonsten die stillschweigende Fortsetzung der Gesellschaft. Es besteht dann wieder ein ordentliches Kündigungsrecht (§§ 132, 133 HGB – vgl. Baumbach/Hopt (2003), § 131 Rn. 11 u. § 134 Rn. 5), so dass ein Wechsel des Ausweises und der Bewertung unausweichlich wäre.

- Zum Teil wird auch aufgrund von IAS 32.25 (b) von einer Klassifikation der Einlagen als Eigenkapital ausgegangen, wenn bei einer auf unbestimmte Zeit eingegangenen Gesellschaft die Kündigung eines Gesellschafters aufgrund entsprechender gesellschaftsvertraglicher Gestaltung die Beendigung der Gesellschaft auslöst[73], selbst wenn gleichzeitig festgeschrieben wurde, dass eine Fortsetzung mit den verbleibenden Gesellschaftern aufgrund eines Gesellschaftsbeschlusses möglich ist.[74]

Zusammenfassend ist es damit gegebenenfalls möglich, durch entsprechende Vertragsgestaltung einen Ausweis als Eigenkapital zu erreichen, ohne die wirtschaftliche Verteilung von Rechten und Pflichten der Gesellschafter wesentlich zu verändern.[75] Ob sich die vorgeschlagenen Lösungen allerdings bei schon bestehenden Personengesellschaften durchsetzen lassen – es handelt sich schließlich um Änderungen des Gesellschaftsvertrages, für welche prinzipiell das Einstimmigkeitserfordernis gilt – muss allerdings unseres Erachtens bezweifelt werden. Es bleibt aus unternehmenspolitischer Sicht bei fehlender Durchsetzbarkeit entsprechender Änderungen des Gesellschaftsvertrags nur die Entscheidung über den Verzicht auf eine Rechnungslegung nach IAS/IFRS, um gegebenenfalls die oben genannten negativen betriebswirtschaftlichen Konsequenzen zu vermeiden.

4.2 Dogmatische Kritik

4.2.1 Offensichtliche Inkonsistenz

Im Hinblick auf die Bilanzierung von Eigenkapital bei Personengesellschaften entzündet sich Unmut an den oben skizzierten Eigenkapitalkriterien nach IAS/IFRS.[76] Anerkannt wird zwar, dass als Eigenkapital klassifizierte Mittel dem Unternehmen nicht kurzfristig wieder entzogen werden dürfen. Jedoch ergeben sich aus der von den IAS/IFRS gewählten Konkretisierung des Nachhaltigkeitserfordernisses zum Teil eigentümliche Konsequenzen, wie schon das nachfolgende Beispiel belegt, welches unseres Erachtens keiner weiteren Kommentierung bedarf.

Die A oHG ist auf fünf Jahre gegründet, ein ordentliches Kündigungsrecht existiert nicht. Die B oHG ist dagegen auf unbestimmte Zeit eingegangen, das ordentliche Kündigungsrecht der Gesellschafter wurde auf 30 Jahre ausgeschlossen. Während die Einlagen bei der A oHG im Eigenkapital gezeigt

---

73 Vgl. Koller in Koller/Roth/Morck (2005), § 132 Rz. 4.

74 Zu evtl. Problemen aufgrund der Bestimmtheitsanforderungen vgl. Lüdenbach/Hoffmann (2004), S. 1043 f.; zur fraglichen Tragfähigkeit dieser Lösung vgl. allerdings Breker/Harrison/Schmidt (2005), S. 471.

75 Vgl. Lüdenbach/Hoffmann (2004), S. 1045; Breker/Harrison/Schmidt (2005), S. 471.

76 Vgl. etwa Breker/Harrison/Schmidt (2005), S. 477; Lüdenbach/Hoffmann (2004), S. 1047 und Lückmann (2005), S. 39.

werden, handelt es sich bei den Einlagen beziehungsweise. dem korrespondierenden Abfindungsanspruch bei der B oHG um Fremdkapital, obwohl dieses dem Unternehmen wesentlich länger unentziehbar zur Verfügung steht.

4.2.2 Fehlende Rechtsformneutralität

Weiter wird kritisch angemerkt, dass die IAS/IFRS troTz. vorgeblicher Rechtsformneutralität ihren Überlegungen grundsätzlich die Struktur von Kapitalgesellschaften zugrunde legen, bei denen eine strikte Trennung zwischen Gesellschaftern und Gesellschaft vorliegt. Die besonderen gesellschaftsrechtlichen Gegebenheiten der Personengesellschaften, bei denen eine solch strikte Trennung gerade fehlt, blieben dagegen unbeachtet.[77]

Dieser Kritik ist unseres Erachtens durchaus eine gewisse Berechtigung zu konzedieren. So gilt zum Beispiel die oben genannte Regelung des IAS 32.18 (b) explizit nur für Personengesellschaften, Genossenschaften und Fonds, verletzt also schon expressis verbis das Prinzip der Rechtsformneutralität. Würden diese für Personengesellschaften, Genossenschaften und Fonds geltenden Überlegungen bezüglich der Dauerhaftigkeit der Kapitalüberlassung auch auf Kapitalgesellschaften angewendet, so wäre zumindest fraglich, inwieweit dem gezeichneten Kapital, soweit es über das gesetzliche Mindestkapital hinausgeht, dem Jahresergebnis sowie bestimmten Kapital- und Gewinnrücklagen eine derartige Eigenkapitalqualität zukämen. Schließlich können diese Kapitalien zumindest nach entsprechenden Gesellschafterbeschlüssen ausgekehrt werden.[78] Zwar wäre zu berücksichtigen, dass bei einer Kapitalgesellschaft bestimmte Stimmrechtsmehrheiten für die entsprechenden Verminderungen des Kapitals nötig sind, während bei einer Personenhandelsgesellschaft das Kündigungsrecht jedem einzelnen Gesellschafter zusteht. Zumindest im Fall, dass eine Kapitalgesellschaft mit entsprechender Mehrheit beteiligte Gesellschafter besitzt, liegt jedoch in Bezug auf die oben genannten Kapitalien durchaus eine ähnliche Situation wie bei einer Personenhandelsgesellschaft vor – die unterschiedliche Behandlung bei der Rechnungslegung erscheint insoweit nicht gerechtfertigt.[79]

Andererseits ist zu berücksichtigen, dass jedes Regelungssystem notwendigerweise eine Reihe von Typisierungen enthält, um seine (einfache) Anwendbarkeit zu gewährleisten. So wäre beispielsweise durchaus vertretbar pauschal anzunehmen, dass ein einzelner Gesellschafter einer Kapitalgesellschaft nicht über die notwendigen Mehrheiten zur Änderung der oben genannten Kapitalien verfügt. Unter einer solchen Prämisse wäre auch die Differenzierung der

77 Vgl. Lüdenbach in Lüdenbach/Hoffmann (2005), § 20 Rz. 17b ff.

78 Vgl. Lüdenbach in Lüdenbach/Hoffmann (2005), § 20 Rz. 17c f. und Lüdenbach/Hoffmann (2004), S. 1045.

79 Vgl. Lüdenbach in Lüdenbach/Hoffmann (2005), § 20 Rz. 17e.

IAS/IFRS in Abhängigkeit von der Rechtsform wieder erklärbar, denn zumindest für den Bereich der Kapitalgesellschaften wird auf diese Weise „unsäglichen Kasuistiken" vorgebeugt, wie selbst die Kritiker dieses Aspekts des IAS/IFRS-Eigenkapitalverständnisses zugestehen müssen.[80]

4.3 Zusammenfassung

In betriebswirtschaftlich-unternehmensplanerischer Hinsicht zeigt sich, dass die relevanten Bilanzierungsregeln der IAS/IFRS für deutsche Personengesellschaften häufig prohibitive Wirkungen entfalten, sofern nicht im Einzelfall durch spezifische Gestaltungen eine Bilanzierung als Eigenkapital erreicht werden kann. Unter dogmatischen Aspekten ist unseres Erachtens zu konstatieren, dass das Eigenkapitalverständnis der IAS/IFRS zwar unter den Gesichtspunkten der fraglichen Ausprägung des Nachhaltigkeitskriteriums wie auch seiner Rechtsformneutralität durchaus Anlass zu Kritik bietet, diese Kritik aber nicht überbetont werden sollte, zumal beispielsweise auch der Eigenkapitalbegriff nach HGB nicht auf jeden Sachverhalt konsistent angewendet wird.[81] Insgesamt ist allerdings eine Reformbedürftigkeit des IAS/IFRS-Eigenkapitalbegriffs festzustellen.

5 Ausblick

Das IASB und die ihm nachgeordneten Gremien haben die genannten Kritikpunkte sowie Schwierigkeiten für Personengesellschaften erkannt. Aufgrund der Bindung des IFRIC an die geltenden IAS/IFRS konnte im Rahmen der Stellungnahme zum Eigenkapital von Genossenschaften (IFRIC 2) noch keine befriedigende Lösung erreicht werden. Als Ergebnis eines aktuellen Projekts zur Behebung des Problems plant jedoch das IASB, den Ausweis durch den Inhaber kündbarer Finanzinstrumente als Eigenkapital vorzuschreiben, wenn das emittierende Unternehmen zu eine Rückzahlung zum Zeitwert der gewährten Mittel verpflichtet ist (sog. „instruments puttable at fair value").[82] Bei Anwendbarkeit einer Verkehrswertabfindung würde diese Regelung zwar bei deutschen Personenhandelsgesellschaften regelmäßig zu einem Ausweis von Eigenkapital führen. Probleme in Form von sachlich ungerechtfertigten Differenzierungen würden sich allerdings ergeben, wenn eine Abfindung des ausscheidenden

---

80 Vgl. Lüdenbach/Hoffmann (2004), S. 1045.

81 Beispielsweise sei verwiesen auf die gegensätzliche Bedeutung des Merkmals der Nachhaltigkeit für die Kapitalien von Personengesellschaften einerseits und im Hinblick auf die Eigenkapitalqualität von Genussrechten andererseits – zu ersteren vgl. die in Fn. 8 angegebenen Quellen, zu letzteren Küting/Kessler/Hayn in Küting/Weber (2002), HGB § 272 Rn. 240; Wengel (2001), S. 1317 und IDW St. HFA 1/1994, Abschnitt 2.1.

82 Vgl. http://www.iasb.org/uploaded_files/documents/8_133_upd0509.pdf, eingesehen am 16.11.2005.

Gesellschafters unterhalb des Zeitwertes vorgesehen ist. Selbst wenn die genannten Vorschläge umgesetzt werden sollten, ist von ihnen also keine allgemeine Lösung des Abgrenzungsproblems, sondern nur der „Versuch einer Reparatur unerwünschter Folgen“[83] zu erwarten.

Literatur

Adler/Düring/Schmaltz (1995-2001): Rechnungslegung und Prüfung der Unternehmen, 6. Aufl., Stuttgart 1995-2001.

Baetge, J./Kirsch, H.-J./Thiele, S. [Hrsg.] (2005): Bilanzen, 8. Aufl., Düsseldorf 2005.

Baumbach, A./Hopt, K. [Hrsg.] (2003): Handelsgesetzbuch mit GmbH & Co., Handelsklauseln, Bank- und Börsenrecht, Transportrecht (ohne Seerecht), 31. Aufl., München 2003.

Berger, R./Grünewald, H./Kolb, S. (2005): Zweifelsfragen bei der Abgrenzung von Eigen- und Fremdkapital bei Personenhandelsgesellschaften nach IFRS, in: Praxis der internationalen Rechnungslegung 2005, S. 83-88.

Bohl/Riese/Schlüter [Hrsg.] (2004): Beck'sches IFRS-Handbuch, München 2004.

Breker, N./Harrison, D./Schmidt, M. (2005): Die Abgrenzung von Eigen- und Fremdkapital, in: KoR 2005, S. 469-479.

Castan, E. et al. (Hrsg.) (2005): Beck'sches Handbuch der Rechnungslegung, München (Loseblatt, Stand 8/2005).

Coenenberg A. (2005): Jahresabschluss und Jahresabschlussanalyse, 20. Aufl., Stuttgart 2005.

Ellrott, H. et al. [Hrsg.] (2006): Beck'scher Bilanzkommentar, 6. Aufl., München 2006.

Gummert, H./Riegger, B./Weipert, L. [Hrsg.] (2004): Münchener Handbuch des Gesellschaftsrechts, Band 1, 2. Aufl., München 2004.

Hauser, H.-E. (2000): SMEs in Germany. Facts and Figures 2000, http://www.ifm-bonn.de/ergebnis/sem-in-germany.pdf, eingesehen am 14. 10. 2002.

Hillmer, H.-J. (2005): Neue Bilanzierungsregeln für den Mittelstand empfehlenswert?, in: KoR 2005, S. 176-178.

Hoffmann, W.-D./Lüdenbach, N. (2005): IFRS-Rechnungslegung für Personengesellschaften als Theater des Absurden, in: DB 2005, S. 404-409.

IDW (HFA 1/1994): Stellungnahme zur Behandlung von Genußrechten im Jahresabschluss von Kapitalgesellschaften, in: WPg 1994, S. 419-423.

IDW (HFA RS 7): Stellungsnahme des HFA zur Rechnungslegung bei Personenhandelsgesellschaften, in: WPg 2002, S. 1259-1264.

IDW (ERS HFA 9 n. F.): Entwurf einer Fortsetzung der IDW Stellungsnahme zur Rechnungslegung: Einzelfragen zur Bilanzierung von Finanzinstrumenten nach IFRS – Abgrenzung von Eigenkapital und Fremdkapital, in: WPg 2005, S. 670-676.

IDW (S 1): Grundsätze zur Durchführung von Unternehmensbewertungen, in: WPg 2005, S. 1303-1321.

IHK Koblenz (2005): Gründerreport 1. Halbjahr 2005, http://www.ihk-koblenz.de/gen_PDF/03112005_Gruenderreport1%20Halbjahr%202005.pdf, eingesehen am 26. 11. 2005.

Isert, D./Schaber, M. (2005a): Zur Abgrenzung von Eigenkapital und Fremdkapital nach IAS 32, in: KoR 2005, S. 299-310 und S. 357-365.

83 Vgl. Breker/Harrison/Schmidt (2005), S. 474.

Isert, D./Schaber, M. (2005b): Die Bilanzierung von Einlagen in Personenhandelsgesellschaften, Mezzanine-Kapital und andere Finanzinstrumente nach IFRS, in: DStR 2005, S. 2097-2100

Koller, I./Roth, W.-H./Morck, W. (2005), HGB Kommentar, 5. Aufl., München 2005.

Küting, K./Weber, C. [Hrsg.] (2002): Handbuch der Rechnungslegung Einzelabschluss, 5. Aufl., Stuttgart 2002.

Lückmann, R. (2005): Plötzlich ist das Eigenkapital weg, in: Handelsblatt vom 22. 6. 2005, S. 39.

Lüdenbach, N./Hoffmann, W.-D. (2004): Kein Eigenkapital in der IAS/IFRS-Bilanz von Personengesellschaften und Genossenschaften?, in: BB 2004, S. 1042-1047.

Lüdenbach, N./Hoffmann, W.-D. (2005): IAS/IFRS-Kommentar, 3. Aufl., Freiburg/Berlin 2005.

Leuschner, C.-F./Weller, H. (2005): Qualifizierung rückzahlbarer Kapitaltitel nach IAS 32 – ein Informationsgewinn, in: WPg 2005, S. 261-269.

Mühlenkamp, H. (2003): Zur Förderung der mittelständischen Wirtschaft durch Privatisierungsmaßnahmen und öffentliche Aufträge – oder: über die mangelnde Erfassung des Mittelstandes sowie der Mittelstandsförderung und ihrer Wirkung, in: R. Bouncken (Hrsg.): Management von KMU und Gründungsunternehmen. Festschrift für Egbert Kahle zum 60. Geburtstag, Wiesbaden 2003, S. 237-256.

Müller, W./Hoffmann, W.-D. [Hrsg.] (2002): Beck'sches Handbuch der Personengesellschaften, 2. Aufl., München 2002.

Olfert, K. (1997): Finanzierung, 9. Aufl., Ludwigshafen 1997.

Pellens, B./Füllbier, R./Gassen, J. (2004): Internationale Rechnungslegung, 5. Aufl., Stuttgart 2004.

Rebmann, K./Säcker, F./Rixecker R. [Hrsg.] (2004): Münchener Kommentar zum Bürgerlichen Gesetzbuch, 4. Aufl., München 2004.

Ruhnke, K. (2005): Rechnungslegung nach IFRS und HGB, Stuttgart 2005.

Sudhoff, H. (2004): Personengesellschaften, 8. Aufl., München 2004.

Szyperski, N./Nathusius, K. (1999): Probleme der Unternehmensgründung, 2. Aufl., Köln 1999

Thiele, S. (1998): Das Eigenkapital der Handelsgesellschaft. Rechtsformspezifische und rechtsformübergreifende Grundsätze für die Abgrenzung und den Ausweis des Eigenkapitals in der Handelsbilanz, Düsseldorf 1998.

Wagenhofer, A. (2005): Internationale Rechnungslegungsstandards – IAS/IFRS, Frankfurt a. M. 2005.

Wengel, T. (2001): Die handelsrechtliche Eigen- und Fremdkapitalqualität von Genussrechtskapital, in: DStR 2001, S. 1316-1324.

Wöhe, G. (2005): Einführung in die Allgemeine Betriebswirtschaftslehre, 22. Aufl., München 2005.

Kolibri 360 GmbH
Ferdinand-Jühlke-Straße 7
99095 Erfurt, Deutschland
produktsicherheit@kolibri360.de

Druck:
CPI Druckdienstleistungen GmbH
im Auftrag der
Kolibri 360 GmbH
Ferdinand-Jühlke-Str. 7
99095 Erfurt